季忠平　著

儀顧集
——古漢語與古文獻研究

中華書局

圖書在版編目(CIP)數據

儀顧集:古漢語與古文獻研究/季忠平著. —北京:中華書局,
2022.12
  ISBN 978-7-101-16013-0

  Ⅰ.儀…　Ⅱ.季…　Ⅲ.①古漢語-文集②古文獻學-中國-
文集　Ⅳ.①H109.2-53②G256.1-53

  中國版本圖書館 CIP 數據核字(2022)第 228855 號

書　　名　儀顧集——古漢語與古文獻研究
著　　者　季忠平
責任編輯　樊玉蘭
責任印製　陳麗娜
出版發行　中華書局
　　　　　(北京市豐臺區太平橋西里 38 號　100073)
　　　　　http://www.zhbc.com.cn
　　　　　E-mail:zhbc@zhbc.com.cn
印　　刷　三河市中晟雅豪印務有限公司
版　　次　2022 年 12 月第 1 版
　　　　　2022 年 12 月第 1 次印刷
規　　格　開本/920×1250 毫米　1/32
　　　　　印張 15¼　插頁 2　字數 352 千字
國際書號　ISBN 978-7-101-16013-0
定　　價　95.00 元

目 録

序

　　常熟夙稱文獻名邦,山水清佳,廩儲豐饒,自古及今,人才蔚興,多生賢達。所謂賢達,大致有二端,或以德行事功顯,或以言語著述聞。今讀季忠平君《儀顧集》,益深感觸焉。

　　海虞固言子故里,素重人文,忠平君則自少以俠自命,與鄉里群彥遊,率以氣節相高。及長,負笈金陵,入南京師範大學古文獻專業,初窺三百年來樸學門徑。學成返里,供職於常熟圖書館古籍部有年。嗣以志學之願不移,兩度赴復旦大學古籍整理研究所深造,先後攻讀碩士及博士學位。自求學以至留校,今已逾於廿載。君好學深思,處事有恒,所治以文獻及語言學為畛域,平居耽讀常見書,頗以得間自娛,流覽所及,多涉域外寫本、金石碑版等。沿章黃學派遺風,不喜治宋元以後書,自謂非僅專業訓練使然,亦以中古以前人物無論貴賤,多磊落有意致,非近世以來之暖暖姝姝,士風日趨於鄉願苟且者可比云。其言若此,其志可窺焉。茲檢點多年來研究論文,彙總結集,且為前此學業之小結。

　　觀忠平君所治,約分二類。其一為文獻校勘學。如《〈建康實錄〉宋本校勘芻議》《〈文館詞林〉校史札記》等,校訂文字訛誤,頗見功力。《〈建康實錄〉體例考》《〈建康實錄〉作者考》諸篇,則精研文本,多發前人之所未發。《實事以求是:淺議校勘的客觀與主觀》一篇,殺青甫就,述歷年治校勘學心得,金針度人,會心者讀此,於校勘事殆可思過半矣。若其避諱之考,如有關《後漢書》《晉書》《老子》諸篇,所論殊含新意,多具反隅之功。其二爲語言文字學。如於中古詞彙中,創立"語典詞"一類(君曾著《中古漢語語典詞研究》一書,本集中稱"雅言詞"者即此類),多所創獲,可助今人讀中古典籍,其有功於漢語史研究,洵非虛譽。忠平君於校勘及語言學浸淫既久,每思兼顧,故觀其近著,率多融合之作。集中論及《文館詞林》韻文之校點、"渭陽"式典故詞之標號、漢語史研究所涉避諱問題諸作,或以語言校定文獻之訛,或據文獻推求語言之實,以此知治語言當先自文獻作調查,治校勘則必就語言事考證,參審形音與博徵異本並重。凡此,皆爲君歷年治學授徒所三復其旨者,並世君子讀書而尚實事求是者,自當引爲同志焉。

忠平君研習校勘及語言學,師從吳金華先生前後十餘年。吳先生爲著名語言學、校勘學專家,於中古漢語詞彙造詣精深,尤以治《三國志》成就超邁時流,爲衆推服。所著《三國志校詁》《三國志叢考》及中古漢語研究諸集,莫不有聲遐邇。先生深耕原典、鍥而不捨之學風,忠平君侍坐日久,印象深刻。先生晚歲著述,忠平君多任助手,鑽研古典之外,復益以現代技術,羅列衆本,句比字櫛,校勘訓詁,每多心得。師徒相得,莫逆於心。忠平君敬重學術,蓋以求真爲指歸,無所曲橈,如集中《"數千萬"校議》一文,人或以異於師說爲慮,君則正以此爲守其師教者也。百餘年來,治漢語史者承前修遺軌,恪恭學問,代有傳人,教學相長,薪火遞傳,忠平君守先待後,責任攸長。

近人治陳壽書用力湛深而著名者,有沔陽盧慎之先生。所著《三國志集解》,胡綏之先生稱其"足與王先謙《漢書補注》《後漢書集解》鼎峙而三"(見《集解》序),又謂"王氏《漢書補注》《荀子集解》等書,竊嫌其零星說少。近時仿爲者殊夥,皆循舊軌。友人沔陽盧慎之爲《三國志集解》七十二卷,采摭浩博,弟勸以多加零星說,幸見聽從,益增美備矣"(載《許廎學林》卷二十)。慎之先生苦心孤詣,獨力成書,窮年兀兀,垂老不休,其書津逮後學,功不可没。昔親聞吳先生語,今人之編書條件,較諸慎之先生實後來居上,故理應後出轉精。竊知盧氏《集解》不僅成書艱難,出版尤爲周折。所見盧氏與友人胡先驌、王欣夫、石榮暲諸先生往來書信,《集解》於上世紀三十年代即已定稿,而正式出版則遷延廿年之久。據研究者新近揭示,《集解》初由商務印書館排印成紙型,嗣因"七七事變"而出版中輟。至五十年代初,"商館因公私合營,放棄紙型一半之權利",將該書紙型退還盧氏。此後,經盧氏友好熱心呼籲,百計籌謀,經與中華書局、商務印書館、科學出版社等機構反復磋商,至一九五七年,始由古籍出版社完成原商務版排印紙型影印(後中華之精裝縮印本、上海古籍社之標點本均由此出)。事有奇巧,其間爲《集解》付印出謀劃策、大聲疾呼,唯恐其湮没無聞者,首推復旦大學已故文獻學家王欣夫教授。欣夫先生早歲有《補三國兵志稿》之作,與盧慎老爲忘年知交,歷年聯絡各方、奔走交涉之書信日記,文字俱存,足供覆按,爲談《三國志》研究者不可不知,而草蛇灰綫,竟若爲後來吳、季等師弟子更登層樓而預留契機者。見賢思齊之餘,泚筆書此,仍爲忠平君論文結集,且賀且歌。壬寅季秋古烏傷吳格識於復旦大學光華西樓。

漢語史研究所涉避諱問題錐指

——以音韻、語法爲例

漢語在發展過程中,受到了中國傳統文化廣泛而深刻的影響。即以自漢朝以來盛行的避諱而言,這一特別的文化現象在漢語的語法、音韻、詞彙等方面留下了或明或暗的烙印。漢語史的研究,有必要結合避諱的調查。這種結合之所以必不可少,至少因爲兩個方面的原因:一方面,漢語史研究所依據的某個時代的材料,大部分經過了其後各個時代的傳鈔,其中多多少少會帶上各個時代避諱的印記,從追求材料真實的角度出發,研究者必須將這些後世累加的改動剔除或還原,才能保證研究結果的可靠;另一方面,漢語的某些發展變化,其背後的原因正是避諱,如果不結合避諱調查來作分析研究,那麼對於這些演變的理論解釋,往往會陷入隔靴搔癢的尷尬境地。漢語的三個要素中,詞彙受避諱的影響,爲數既多,且較明顯,容易獲得關注;而語音、語法方面所涉及的避諱情況,數量不多,又稍隱蔽,難以引起注意。有鑒於此,本文嘗試通過具體的例子,從語音、語法等角度來説明漢語史研究中關注避諱調查的必要性。

語　音

漢代鈔寫文書,爲避君主名諱多作改字。先秦的文獻經過漢代的傳鈔，涉諱之字多被改作他字。這種改字，如果正好發生在韻脚，則難免會使原來的韻文失韻。研究先秦古韻的人，有必要注意這一點，否則，見到處於韻脚地位而出韻的文字，不知其爲避諱所致而曲爲之說，難免南轅北轍。以前有人研究《老子》的韻文，就發生過這樣的事。

《老子》一書，在漢代因廣受推崇而被反復傳鈔，所以傳世的文本中，有很多漢代的避諱改字。例如其《德經五十四章》，通行的王弼注本，如清朝武英殿聚珍版本，便有以下的文字：

> 修之於身，其德乃真；修之於家，其德乃餘；修之於鄉，其德乃長；修之於國，其德乃豐；修之於天下，其德乃普。

與《老子》絶大部分的文字一樣，這一段文字，原也是韻文，但因爲其中存在著漢代的避諱改字，使得個別韻脚出現了無法入韻的情況。有人不明白這一點，便想盡辦法將這種因避諱而失韻的情況硬解釋爲押韻。例如清代的毛奇齡，在他的《古今通韻》卷一中便有如下的論述：

> 向疑《老子》"修之於鄉，其德乃長；修之於國，其德乃豐"，當是"豐"與"鄉"協，即東、陽之通。既得《易林》"功"、"國"之協，始知"鄉"、"長"，"豐"、"國"各自爲協，乃轆轤押法，猶未敢遽信也。最後讀《常武》詩，則"父"與"士"協，"國"與"戎"協，曠若發矇。蓋"國"隸職部，爲蒸之入聲，東、蒸本相通，故取爲協。然則協自有蹤迹，非偶然也。①

毛氏對於"國"這一入聲職部字與平聲東部的"豐"字相押的論述可信嗎？答案是否定的。因爲毛奇齡不知道，《老子》"修之於國"

———

① 《景印文淵閣四庫全書》經部小學類三，冊二四二，頁二五。

的"國"字，其實原作"邦"字，他所見到的版本作"國"，是因爲漢代人傳鈔該書時，爲避高祖劉邦諱所致。我們看到從湖北荆門郭店的戰國時期楚墓中出土的竹簡《老子》①，對應此處的文字即作"邦"，便可判定這一諱改的事實。

　　毛奇齡喜歡與當時著名的學者打筆仗，正如其《古文尚書冤詞》是針對閻若璩的名著《尚書古文疏證》一書而寫的那樣，這一部《古今通韻》實專"爲排斥顧炎武《音學五書》而作"②。但不知道是因爲没有細讀顧氏的著作，還是刻意避而不談，總之，顧炎武在《音學五書》之一《唐韻正》卷一"四江"的"邦"字條中引用《老子》此文論證的内容，毛奇齡完全置若罔聞：

　　　　邦，古音博工反。……《老子》：修之邦，其德乃豐。（頁二三〇）

　　顧炎武没有説明他所引的作"修之邦"的《老子》文本是何依據。在顧炎武的時代，只有極少數的《老子》版本，還保留著這個"邦"字，如經過唐代傅奕、宋代范應元整理的古本，而其他的通行的版本已經全部改"邦"作"國"了。除了傅、范的版本可以作證外，明清的學者們大多是依據《韓非子·解老》中引《老子》的文本作"修之邦"，來説明通行本《老子》中的"國"字爲"邦"字的避諱改字。例如明代的焦竑，在其《老子翼》中論及此處的"邦"字便已指出：

　　　　"邦"，一作"國"，漢人避高帝諱改之，於韻不叶，今從韓非本。③

　　顧炎武判定"國"爲諱改，很可能出於同樣的依據。

_____

① 《郭店楚墓竹簡》頁八（圖版），頁一一八（釋文）。
② 《四庫全書總目》經部小學類三《古今通韻》，頁三六八。
③ 《老子翼》卷五，《金陵叢書》甲集之四。

　　毛氏不顧前人所論,不審"邦""國"致異的原因,爲"國"與"豐"的押韻費盡心思輾轉解釋,遭到了乾嘉時期那些實事求是研究先秦古韻的學者如江永、孔廣森等人的批評。這些學者或引古本,或引《韓非子》,認爲此處原文當作"修之邦",今本改"邦"爲"國",乃沿襲漢代避諱所致。

　　江永《古韻標準》入聲第六部:

　　　　《老子》"修之於邦,其德乃豐",別本"邦"作"國",或是漢人避諱所改。《易林》"后稷農功,富利我國","國"亦是"邦"字。今人韻書引此叶"國古紅切",誤甚。①

　　孔廣森《詩聲類》卷四"陽聲四"之"邦"字條:

　　　　案《説文解字》:"邦,从邑,丰聲。"《釋名》曰:"邦,封也。封有功于是也。""邦"音同"封"明矣。《老子》"修之於國,其德乃豐",《韓非·解老篇》引作"修之邦",故與"豐"合韻,今本承漢避高帝諱而改耳。毛氏《古今通韻》乃謂"國"有"工"音,疏謬至此,則其他支離之説亦何足置辨!②

　　江有誥是繼段玉裁、王念孫之後研究上古音最有成就的一位學者,他在説明《老子》"修之邦"所涉及的漢諱的同時,還指出在利用古代文獻作爲古音研究的材料時,必須注意漢代人的避諱改字,有些上古韻文看似不押韻處,往往與漢人傳鈔時的避諱改字有關。他在《音學十書·古韻總論》中這樣説道:

　　　　漢人往往避諱改古書,如《詩》"下民有莊",與下"遑"韻,《天問》"能流厥莊"與上"亡"韻,"莊"改爲"嚴",避明帝諱也。

----

① 《古韻標準》卷四,《粵雅堂叢書》第四集。
② 《詩聲類》卷四,《續修四庫全書》經部小學類,册二四六,頁四〇七。

如《老子》“修之邦”與下“豐”韻，“邦”改爲“國”，避高帝諱也。
《史記》“啓”字悉改爲“開”①，避景帝諱也。然則古韻間有不
合，未必非漢人所改。（頁二三）

　　江有誥的這一認識，對於研究上古音的學者來説，非常重要。因
爲上古音研究所用的材料，除了出土的漢代以前的文獻以外，絶大多
數傳世的文獻都曾經過漢人的傳鈔，其中不免帶有漢人的避諱改字。
漢人的避諱改字，如上述“邦”改爲“國”之類，是換義近之字而求聲
音的不同。這種語音上的改動，假如出現在韻脚，則不免會讓原來的
韻文失韻。利用這樣的材料來作上古音的調查，如果不從避諱的角
度加以考察，那很可能會使自己的調查留下遺憾。

　　這種遺憾，即使是對江有誥這樣的學者來説，也似乎難免。雖然
在揭示《老子》中漢人避高帝名而改“邦”“國”的同時，江有誥也指出
了《史記》中有爲避景帝名而改“啓”爲“開”的事實，但他自己在爲調
查《老子》一書的用韻所作的《老子韻讀》中，對《老子》二十七章中涉
及“開”字的一段韻文，却並沒有從避諱的角度加以説明：

　　善行無轍㊟善言無瑕㊟音滴善計不用籌㊟初益反善閉無關
鍵而不可開善鍵無繩約而不可㊟音擊　支部。（頁一六四）

　　從該韻譜可以看出，江有誥認爲這段文字的韻脚分別爲“迹”
“謫”“策”“解”四字，押的是支部韻。然而，這裏有一個問題，即其中
的“善閉無關鍵而不可開”一句，既夾在韻文之中，又自成一句，照例
不應該不入韻，換句話説，“開”字的不入韻，非常可疑。

　　儘管可疑，但從江有誥的時代所取得的古音學的研究成果來看，
“開”字則確實不能與“迹”“謫”“策”“解”相押。江有誥本人在顧炎
武、江永、段玉裁等學者研究的基礎上，通過自己的潛心鑽研，將上古

---

① 傳世《史記》中尚多有“啓”字，如《夏本紀》禹之子名啓等，實未悉改也。

韻分成二十一部,其中支、脂、之三部各自獨立,根據他的《音學十書》中所列《古韻廿一部總目》,唐韻中平聲咍韻的全部,包括"開"字,在他的上古韻分部中屬於之部。從江有誥所列的這份《老子》韻譜來看,他可能覺得上古韻中之部的"開"字,是不能與支部的"迹""謫""策""解"等字通押的,因此在韻譜中將"開"字排除在韻脚之外。

江有誥是一位態度非常認真的學者,他既定了支、脂、之三分,便不再强求此處"開"字的入韻。事實上,在通篇押韻的篇章裏,夾了一句不韻的句子,總會讓人覺得別扭,所以有人將"開"字看作韻字,與"迹""謫""策""解"相押,如奚侗;也有人將這一段文字分成兩韻,將"開"與"解"單獨作爲一韻,如陳柱與高本漢①。

現在,我們有了出土的郭店楚簡《老子》、馬王堆帛書《老子》以及北京大學獲贈的西漢竹簡《老子》來作校勘,便可以知道,傳世的《老子》文本中的"開"字,在上述古本中多寫作"启"字,今本寫作"開",是爲避漢景帝劉启的名諱而作的改字。上述古本《老子》中,除了楚簡本殘闕外,馬王堆帛書甲、乙二本②,北京大學的西漢竹簡③,涉及上述傳世《老子》"善閉無關鍵而不可開"一句的文字,對應"開"字的,全部作"启"。

恢復了這個"启"字,那麼這段文字的用韻就必須重新審視。"启"在《廣韻》屬於上聲薺韻,江有誥的《古韻廿一部總目》,將唐韻齊薺霽三韻之半歸入古韻支部,這三韻的另一半則歸入古韻脂部。雖然他没有具體説明這三韻具體是哪些字歸入了支部,但有了這一條材料,在保持支脂之三分的前提下,從押韻的角度來看,恐怕是將

① 奚、陳、高三人有關此文韻讀,參見朱謙之《老子校釋·道經二十七章》,頁一一〇至一一一。
②《馬王堆漢墓帛書》[壹]甲本頁一二(釋文),簡一四五(圖版),乙本頁九七(釋文),簡二四二(圖版)。
③《北京大學藏西漢竹書》[貳],頁九七(簡號一九二)。

屬薺韻的這個"啓"字歸入支部更合乎上古音的事實吧。

毛奇齡在清代康乾時期,堪稱"大師"。他對古韻研究的成果,即上述《古今通韻》一書,曾進呈給康熙皇帝御覽,并得到褒獎①,到了乾隆年間修《四庫全書》的時候,該書與毛氏爲數衆多的著作一起被收入其中。儘管如此,這等不顧材料中的避諱事實而曲爲之説的做法,還是爲崇尚實事求是的當朝學者如孔廣森等所不齒。

與毛奇齡相比,江有誥在没有讀過戴震、孔廣森著作的情況下,獨自在古音研究方面所取得的成果,能够與兩位的發明不謀而合,如此閉門造車而出門合轍,最足以説明他的治學態度之嚴謹以及方法之得當。他對於古音研究中所涉及的避諱問題的認識,即使到今天也依然具有指導意義。至於他對於傳世《老子》二十七章中的"開"字的失韻,不著一字,儘管讓人有所遺憾,但其實也無可指責。或許他對於"開"字的出韻也是有疑問的,只不過他没有將這個疑問形諸文字而已,因爲在他所處的時代,無從獲得這個"開"字是漢人諱改"啓"字所致的文本證據,儘管江有誥很清楚漢人會因避景帝諱改"啓"作"開",但在没有具體材料佐證的情況下,他采取闕而不論的處理,這種多聞闕疑的態度,相比毛奇齡的師心自用,更應該爲真正的學者所取法。

語　法

對於漢語語法演變的研究,往往表現爲只争一字(當然其性質是詞),如果這個字正好涉及避諱改字,則麻煩也隨之而來。

一九三四年,剛從北京大學畢業進入中央研究院歷史語言研究所工作的丁聲樹,撰寫了《釋否定詞"弗""不"》一文。該文在分析

《周易》《詩經》《左傳》《禮記》《論語》《孟子》《國語》《墨子》等多種先秦文獻中"弗""不"二字的大量用例之後,將這兩個否定詞在語法上的區別,歸納爲四條:

　　一、"弗"字只用在省去賓語的外動詞或省去賓語的介詞之上。

　　二、内動詞,帶賓語的外動詞,帶有賓語的介詞,上面只用"不"字而不用"弗"字。

　　三、狀詞(形容詞副詞)之上也只用"不"字而不用"弗"字。

　　四、由這種情形看起來,"弗"字似乎是一個含有"代名詞性的賓語"的否定詞,略與"不之"二字相當;"不"字則只是一個單純的否定詞。

　　該文在一九三五年中央研究院歷史語言研究所出版的《慶祝蔡元培先生六十五歲論文集》刊登後,引起了語言學界的很大的反響,迄今爲止,中外學者圍繞這一問題的討論持續不斷。支持丁説的論著主要有王力《中國文法學初探》(《清華學報》十一卷一期,一九三六)、吕叔湘《論毋與勿》(《華西協合大學中國文化研究所集刊》,一九四一)、王力《漢語史稿》之《第三十八節　形容詞和副詞的發展》(科學出版社,一九五八)、仲叔《"弗"字的先秦用法》(《齊齊哈爾師范學院學報》第二期,一九八三)、黄岳洲《〈尚書〉"弗"字用法研究》(《語文研究》第四期,一九八六)等,反對丁説的則主要有黄景欣《秦漢以前古漢語中的否定詞"弗""不"研究》(《語言研究》第三期,一九五八)等。

　　因爲包括丁文在内的上述論著,在比較"弗""不"二字語法區別時,使用的語料都是經過了歷代傳鈔而流傳至今的先秦文獻,所以,現在筆者不得不説:這些論證都是不可靠的。原因是其論證的焦點,即"弗"字,涉及了漢代的避諱改字。

　　“弗”是漢昭帝的名字。《漢書・武帝紀》載,武帝臨終前,册立幼子劉弗陵爲太子,據顏師古注引張晏説可知,其後因爲“弗陵”二名難諱,故但名爲“弗”。同書《昭帝紀》顏注引荀悦説,謂“諱弗之字曰不”。也就是説,在昭帝即位以後,漢人爲避諱其名,傳鈔文書時會用“不”字來替代“弗”字。

　　我們檢閲出土的鈔於漢昭帝以前的文獻,比如郭店楚簡《老子》、馬王堆帛書《老子》及北京大學藏竹簡《老子》,可以發現,上述古本《老子》中,有大量的“弗”字,在傳世的其他《老子》版本中,已改作“不”字。筆者將上述古本《老子》中出現的“弗”字與傳世本《老子》中相應的文字作了校勘,製成了下面的表格:

《老子》諸本“弗”“不”異文表

章次	武英殿王弼注本語句	郭店楚簡	帛書甲本	帛書乙本	北大漢簡	河上公本	傅奕本	想爾注本
2	萬物作焉而不辭	弗	弗	弗	弗	不	不	闕
2	爲而不恃	弗	弗	弗	弗	不	不	闕
2	功成而弗居	弗	弗	弗	弗	弗	不	闕
2	夫唯不居	弗	弗	弗	弗	不	不	闕
2	是以不去	弗	弗	弗	弗	不	不	闕
4	或不盈	闕	闕	弗	弗	不	不	不
10	生而不有	闕	弗	弗	弗	不	不	不
10	長而不宰	闕	闕	弗	弗	不	不	不
14	視之不見	闕	弗	弗	弗	不	不	不
14	聽之不聞	闕	弗	弗	弗	不	不	不
14	搏之不得	闕	弗	弗	弗	不	不	不
22	不自矜故長	闕	弗	弗	弗	不	不	不
23	天地尚不能久	闕	闕	弗	弗	不	不	不

章次	武英殿王弼注本語句	郭店楚簡	帛書甲本	帛書乙本	北大漢簡	河上公本	傅奕本	想爾注本
24	故有道者不處	闕	闕	弗	弗	不	不	不
31	故有道者不處	闕	弗	闕	弗	不	不	不
31	勝而不美	弗	勿	勿	弗	不	不	不
34	生而不辭	闕	闕	闕	弗	不	不	不
34	功成不名有	闕	弗	弗	弗	不	不	不
34	而不爲主	闕	弗	弗	弗	不	不	不
41	不笑不足以爲道（上"不"字）	弗	闕	弗	弗	不	不	不
47	不行而知	闕	闕	闕	弗	不	不	不
47	不見而名	闕	闕	闕	弗	不	不	不
47	不爲而成	闕	闕	弗	弗	無	不	不
51	生而不有	闕	弗	闕	弗	不	不	不
51	爲而不恃	闕	弗	闕	弗	不	不	不
51	長而不宰	闕	弗	弗	弗	不	不	不
55	蜂蠆虺蛇不螫	弗	弗	弗	弗	不	不	不
55	攫鳥不搏	弗	弗	弗	弗	不	不	不
56	知者不言	弗	弗	弗	弗	不	不	不
56	言者不知	弗	弗	弗	弗	不	不	不
60	聖人亦不傷人	闕	弗	弗	弗	不	不	不
64	而不敢爲	弗	弗	弗	弗	不	不	不
66	處上而民不重	弗	弗	弗	弗	不	不	不
66	處前而民不害	弗	弗	弗	弗	不	不	不
66	樂推而不厭	弗	弗	弗	弗	不	不	不

續表

章次	武英殿王弼注本語句	郭店楚簡	帛書甲本	帛書乙本	北大漢簡	河上公本	傅奕本	想爾注本
68	善勝者不與	闕	弗	弗	弗	不	不	不
72	夫唯不厭	闕	弗	弗	弗	不	不	不
73	不召而自來	闕	不	弗	弗	不	不	不
77	爲而不恃	闕	闕	弗	弗	不	不	不
77	功成而不處	闕	闕	弗	弗	不	不	不
78	天下莫不知	闕	闕	弗	弗	不	不	不
81	利而不害	闕	闕	不	弗	不	不	不
81	爲而不爭	闕	闕	弗	弗	不	不	不

　　從該表可以看出，出土的古本《老子》中大量的“弗”字，在傳世的《老子》版本中，絕大多數被改成了“不”字，僅有一二處“弗”字保留。如果我們只拿傳世的《老子》作爲語料來比較“弗”“不”二字在語法上的區別，得出的結論，顯然是不可信的。

　　這種改“弗”作“不”的情況，不只發生在《老子》一書，其他經過漢人傳抄的經典也不乏其例。

　　例如《論語》一書，如果拿一九七三年在河北定州出土的竹簡本《論語》與傳世的今本相校，便同樣會發現今本中有大量的改“弗”爲“不”的情況存在，如今本《爲政》篇中“不知爲不知”，簡本實作“弗智爲弗智”①，等等。此簡本《論語》出於漢中山懷王劉脩之墓，抄寫年代至遲應在五鳳三年（前55）之前，從此簡本《論語》只避“邦”字而不避其他漢諱來看，很可能抄成於西漢初年。此簡本中所保留的與今本“不”字相對應的“弗”字，反映了傳世的《論語》文本經過漢人傳

———————

① 《定州漢墓竹簡論語》，頁一二。

鈔後避昭帝諱改字的事實。

　　憑借出土的文獻,我們可以清楚地看出這種漢人改"弗"爲"不"的事實。不過,即使只依據傳世的文獻,我們也可以推知,這種避諱改字的情況在流傳至今的先秦文獻文本中,也有大量存在。

　　例如《漢書·五行志》中有不少引用《左傳》的文字,如果我們拿這些引用的文字與傳世的《左傳》文本相校,則會發現,今本《左傳》中的很多"不"字,在《漢書·五行志》中實作"弗"。

　　例如《漢書》卷二七《五行志》:

　　　　《左氏傳》桓公十三年,楚屈瑕伐羅……楚子使賴人追之,弗及。(頁一三五六)①

　　其中"弗及"二字,清阮元刻《十三經注疏》本《左傳正義》卷七桓公十三年作"不及"。

　　又《五行志》:

　　　　襄公三十一年,公薨。季武子將立公子裯,穆叔曰:"是人也,居喪而不哀……若果立,必爲季氏憂。"武子弗聽,卒立之。(頁一三六〇)

　　其中"弗聽"二字,《史記·魯周公世家》(頁一五三九)同,而阮刻《左傳正義》卷四十襄公三十一年作"不聽"。

　　又《五行志》:

　　　　哀公十六年,孔丘卒……子贛曰:"……生弗能用,死而誄之,非禮也。"(頁一三八五)

　　其中"弗能用"三字,阮刻《左傳正義》卷六十哀公十六年作"不

－－－－－－－－－－
① 本書所引諸正史文字,除特別説明外,均來自於中華書局點校整理本,并標注頁碼,以便檢核。

能用"（頁二一七七）。

出現這種情況，大概是因爲到了《漢書》成書的年代，可以不避昭帝的名諱了。根據這些例子，恐怕我們有理由懷疑，今本《左傳》中的有些"不"字，有可能是漢人的諱改，漢代以前的文本原作"弗"字。

上述討論"弗""不"二字語法區別的文章，用來作爲論證語料的，都是那些傳世的先秦文獻的文本，而這些文本，又都經過了漢代人的傳鈔。漢人傳鈔這些文獻的時候，難免會像傳鈔《老子》《論語》那樣，爲了避漢昭帝的名諱，而將其中的很多"弗"字改成"不"。因此，上述文章中對傳世的先秦文獻中"弗""不"二字的統計，并不能真實反映先秦漢語中兩字的實際使用情況。經過漢人諱改後的先秦文獻的文本，其中的不少"不"字，原實作"弗"，這些"不"字，顯然具有"弗"字的性質，其所體現的語法特點，實際上爲"弗"字所有。換句話説，利用這樣的文本來給"弗""不"二字作統計歸納，那麼"弗"字的所有語法特點，至少在一部分"不"字上也會完全體現出來，因此，以這部分"不"字來與"弗"字作語法功能的比較，實際上是在對同一對象作"比較"，那當然是沒有意義的。因爲這樣的原因，上述文章中的結論，無論其正反，也都是不可輕信的。

丁聲樹先生寫作《釋否定詞"弗""不"》一文時，年僅二十五歲；此文的發表，在一定程度上爲他奠定了在語言學界的地位。丁先生終其一生，治學十分嚴謹，與之長期共事的呂叔湘先生對此最爲瞭解，曾稱讚他"懸格太高，要能顛撲不破才肯拿出來"①。我們看丁先生的著作，便會覺得呂先生所說并非虛譽。即使是本文討論的這一篇文章，其通過統計來作分析的研究方法無疑是正確的，唯一的遺憾，是用於統計的材料，因爲涉及到避諱，而帶有了後人淆亂的成分在，并不能真實地反映出調查對象的實際情況而已。這在以嚴謹著

_____

① 《中國語文》第四期，一九八九。

稱的丁先生來説,不過是白璧微瑕。晚年的丁先生自上世紀八十年代起便困於病榻,無法再從事學術研究。相信如果丁先生看到這些自八十年代以來陸續發表的出土文獻中所存在的"弗"字的話,他一定會對他早年所寫的這一篇文章有所反思的。

　　至於"不""弗"二字的語法區別,正如段玉裁在注《説文解字》"不"字時指出的那樣,二字的聲音在上古時截然有別,因此,這兩個字所記録的,一定是兩個不同的詞。這兩個詞雖然都有否定的意義,但從出土的鈔寫於漢昭帝以前的古本《老子》《論語》等文獻中"弗""不"二字並存的情況來看,二者理應有語法上的區別。不過要比較這樣的區別,最好是不用那些受到後人改動的傳世的文本,而只用可以確認是傳鈔於漢昭帝以前的文本,以此作爲調查材料所得出的結論,才有可能更接近事實。

　　學術研究中,如果材料有誤,那麽所有建立在材料基礎之上的工作便都失去了意義,因此,對研究材料作甄別分析,儘可能保證其真實可信,是從事一切科學研究最基礎的工作。出於這樣的考慮,在漢語史研究過程中,關注調查所使用的語料是否涉及避諱的問題,理應成爲一個不可或缺的環節。

主要參考文獻:

　　〔清〕阮元校刻:《十三經注疏》,中華書局,1980 年。

　　〔漢〕司馬遷撰:《史記》,中華書局,1959 年。

　　〔漢〕班固撰:《漢書》,中華書局,1962 年。

　　趙爾巽等撰:《清史稿》,中華書局,1977 年。

　　〔明〕焦竑撰:《老子翼》,《金陵叢書》甲集。

　　〔清〕顧炎武撰:《音學五書》,中華書局,1982 年。

　　〔清〕江永撰:《古韻標準》,《粵雅堂叢書》第四集。

　　〔清〕毛奇齡撰:《古今通韻》,《景印文淵閣四庫全書》本,臺灣商務印書館,1983 年。

〔清〕孔廣森:《詩聲類》,《續修四庫全書》,上海古籍出版社,2002 年。

〔清〕江有誥撰:《音學十書》,中華書局,1993 年。

荆門市博物館編:《郭店楚墓竹簡》,文物出版社,1998 年。

朱謙之撰:《老子校釋》,《新編諸子集成》,中華書局,1984 年。

國家文物局古文獻研究室編:《馬王堆漢墓帛書》[壹],文物出版社,1980 年。

河北省文物研究所定州漢墓竹簡整理小組編:《定州漢墓竹簡論語》,文物出版社,1997 年。

北京大學出土文獻研究所、朱鳳瀚編:《北京大學藏西漢竹書》[貳],上海古籍出版社,2012 年。

中古漢語雅言詞成詞方式初探

緒　論

　　清代以來,與先秦漢語詞彙研究相比,中古漢語的詞彙研究屬於較爲薄弱的環節。不過,從上個世紀中期開始,這方面的研究,因爲呂叔湘、蔣禮鴻等先生的宣導,經過衆多學者的努力,局面已有所改觀。但以往的研究,主要集中在對中古時期産生的帶有俗語性質的新詞方面;而對於與之相對應的同一時期産生的帶有典雅性質的新詞的研究,迄今還没有充分展開。在"獨尊儒術"統治思想以及崇尚典雅的社會風尚的影響下,存世的東漢以來的大量文獻,很多都帶著明顯的典雅特徵,其中的一個重要表現,就是存在著大量淵源於先秦經典的新詞。這類詞作爲中古漢語詞彙的一個重要組成部分,無疑是中古漢語詞彙研究中不可或缺的内容,亟須作爲專題進行系統的研究。本文把這類詞稱爲"雅言詞",擬從漢語詞彙學的角度將它作爲專題,來對它的成詞方式作初步的研究。

　　(一)雅言詞的定義

　　本文所説的雅言詞,是指東漢以來的漢語書面語中爲了追求典雅而使用的,利用先秦經典特別是儒家經典的語句、文詞改造生成的詞語。它的實質是典故詞,是典故構詞法的産物。

　　下面我們通過具體的例子對這一定義作進一步的説明。

《宋書·王弘傳》記載,元嘉五年春,大旱,時任侍中、司徒、揚州刺史、録尚書的王弘上表引咎遜位。在形容因爲自己的不稱職而帶來的後果時,這位東晉名相王導的曾孫這樣寫道:

> 遂令負乘之釁,彰著幽明;愆伏之災,患纏氓庶。上缺皇朝緝熙之美,下增官謗覆折之災。

對今天的讀者來説,這段話難懂的地方大概主要是"負乘""愆伏""緝熙""覆折"等詞語。如果對這些詞語作調查,就可以發現它們都來自儒家經典,它們的意義都與其出處有關。

"負乘"來自於《周易·解》六三:"負且乘,致寇至,貞吝。"王弼注:"處非其位,履非其正,以附於四,用夫柔邪以自媚者也。乘二負四,以容其身。寇之來也,自己所致,雖幸而免,正之所賤也。"上舉表文中的"負乘",正是根據了《周易》這段內容,表示因自己處非其任而招致災難的意思。

"愆伏"來自於《左傳·昭公四年》:"夫冰以風壯,而以風出,其藏之也周,其用之也徧,則冬無愆陽,夏無伏陰。"杜預注"愆陽":"愆,過也。謂冬溫。"又注"伏陰":"伏陰謂夏寒。""冬溫"和"夏寒"都是陰陽失調的反常現象,表中的"愆伏",就表示這種因陰陽失調而導致的氣候反常(大旱)的情況。

"緝熙"來自於《詩經·大雅·文王》:"穆穆文王,於緝熙敬止。"毛傳:"緝熙,光明也。"表文中"緝熙",也表示光明之義。

"覆折"來自於《周易·鼎》九四:"鼎折足,覆公餗,其形渥,凶。"王弼注:"處上體之下而又應初,既承且施,非己所堪,故曰'鼎折足'也。初已'出否',至四所盛,則已潔矣,故曰'覆公餗'也。渥,沾濡之貌也。既'覆公餗',體爲渥沾,知小謀大,不堪其任,受其至辱,災及其身,故曰'其形渥,凶'。"表中的"覆折",就是依據了《周易》的這一內容,表示因不堪其任而招致災難的意思。

　　王弘爲什麽要煞費苦心地用這幾個源自經典的詞語呢？其中最主要的原因，恐怕是因爲這是進呈皇帝御覽的文章，所以在修辭上應該儘量體現典雅的效果。

　　像"負乘""愆伏""緝熙""覆折"這樣的詞語，便是我們所要討論的雅言詞。之所以給這類詞冠以"雅言"之名，是依據了劉勰《文心雕龍・宗經》：

> 若稟經以制式，酌雅以富言，是仰山而鑄銅，煮海而爲鹽也。

　　所謂"酌雅以富言"，是要人們在宗法經典進行創作的時候，參考選用經典中雅正的語詞以豐富作品的語言。從《宗經》的具體内容來看，劉勰所謂的"經"，局限於《易》《書》《詩》《禮》《春秋》五經。雖然他所説的那種雅正語詞，可能與本文所論的這類詞並不完全一致，但無疑有著密切的聯繫，所以我們掇取"雅""言"二字，來作爲本文所論的這類詞的名稱。

　　從修辭的角度來看，雅言詞屬於典故的一部分，因爲傳統典故的概念是指詩文中引用的古代故事及有出處來歷的詞語。本文所討論的雅言詞只局限於出自先秦經典的詞語。

　　將雅言詞從中古漢語詞彙中獨立出來，是因爲它具有以下五個方面的特點：

　　1. 從成詞依據上看，這些詞都淵源於先秦經典中的語句。其中主要是儒家的經典，如《詩經》《周易》《尚書》等五經以及《論語》《孝經》等其他重要典籍；另外也包括像《老子》《莊子》之類在中古時期影響較大的典籍。

　　2. 從詞形上看，這些詞雖然本自經典，但都是利用經典的文句，通過截割、節縮、組合等方式創造出的新詞。

　　3. 從詞義上看，這些詞往往具有字面以外的深層意義，而這些深層意義都與所淵源的經典原文有著密切的聯繫。

4. 這些詞語雖然都源自先秦經典，但爲後人所創造使用是從東漢後開始的。

5. 人們使用這些詞，有一個明確的修辭目的——追求典雅。

這五個方面，是本文判定雅言詞的標準。

作爲本專題的研究對象，另外有兩點需要作説明：

1. 本文所論雅言詞，只局限於雙音節詞。

劉叔新的《漢語描寫詞彙學》，將現代漢語的詞彙單位，分成詞和固定語（詞的固定組合體）兩類。中古時期漢語的詞彙單位也不例外。作爲中古時期詞彙中詞的一部分，雅言詞的形態，與其他的漢語詞一樣，也應該具有單音節詞、雙音節詞、三音節詞的區分①。

根據對中古時期漢語詞彙的調查，我們有理由相信，中古時期確實存在有單音節的雅言詞，例如"矧"之類。不過，一方面，由於這類復活的單音節雅言詞，與雙音節的雅言詞擁有嶄新的詞形的特點不同，它們的詞形與經典中的詞形完全一樣，這便無法像雙音節雅言詞那樣直接從詞形上判斷其是否爲雅言詞；另一方面，很多先秦經典中的單音節詞，儘管在現存的西漢文獻中没有用例，但我們無法據此判定它們業已死亡，因爲有些單音節詞可能在通語中確已很少或不再使用，但它們仍有可能存活在方言裏，隨著通語與方言的相互影響轉化，它們有可能在某一時期重新出現在文獻中，因此，即使我們看到中古文獻中重新出現某個與先秦經典中相同的單音節詞，我們也很難斷定它的出現僅僅是寫作者爲了追求典雅而刻意使用的。由這兩個方面的原因可知，單音節雅言詞的判斷牽涉到更多窮盡性的語料調查，由於現在還不具備這樣的條件，所以本文暫時不將單音節雅言詞作爲研究對象。

---

① 按照劉叔新的説法，除音譯詞外，四音節以上的漢語詞是極少見的，雅言詞應該也不例外。

　　三音節雅言詞與單音節雅言詞相比,固然不存在詞形辨識的麻煩。但由於像"履虎尾"(出《周易·履》,表示處於險境)這樣的三音節雅言詞數量非常少,因此本文暫時也不涉及。

　　至於固定語,儘管其中淵源於經典的,也往往具有某些與雅言詞相同的性質,但從形態上講,畢竟與詞有著質的區別,因此本文也暫不涉及。

　　要之,本文選擇雙音節雅言詞作爲本專題的主要對象,出於兩個方面的考慮:首先,雙音節的雅言詞可以通過詞形判定它與經典語句的淵源關係;其次,這類詞在全部雅言詞中佔有壓倒性的比重,對它的系統研究可以大體反映雅言詞的特點。

　　2. 本文討論某個具體雅言詞時,除了從語法角度的判定外,注意結合從共時和歷時的角度對它的使用情況作調查,根據約定俗成的原則,判定其是否具有詞的性質。

　　由於中古時期所産生的文獻有相當一部分已經佚失,因此,即使傳世文獻中僅有的孤例,在當時也可能是一個通用的詞語,儘管如此,本文還是儘量避免使用這樣的孤例,以免影響論證的可靠性。如果某個源自經典的詞,在我們所調查的文獻中具有兩個以上的共時或歷時用例,並且彼此在意義上相同、相近或有密切的聯繫,能夠體現作爲詞所具有的社會性,這樣的詞才是本文據以論述的基礎材料。爲了儘量體現雅言詞使用的具體情況,本文在利用某一雅言詞展開論述的時候,除作特别説明外,原則上將提供兩個以上不同的用例。對具體詞的用例的選擇,首先考慮歷時使用情況,其次考慮共時使用情況。本文所提供的某一詞的用例,將儘可能展示該詞在中古文獻中大致的歷時使用情況。

　　(二)本專題所謂"中古"的起訖時間

　　本文所謂的"中古",包括西漢末年王莽時期至南宋末年,即公元1世紀初至13世紀末。

很多研究漢語史的學者都曾對漢語的歷史作出過不同的分期，例如王力的《漢語史稿》將漢語史分成了上古期、中古期、近代以及現代四個時期。其中的中古期包括公元 4 世紀到 12 世紀，相當於從東晉到南宋前半朝。與之相比，本文的"中古"，涵蓋時間更長，前後將近一千三百年。造成這種差異的原因主要是分期的依據不同。王力的依據是語法與語音的轉變，而本文依據的是所調查到的書面語中雅言詞萌芽與衰微的實際時間。

本文的"中古"，不僅與王力的分期有所不同，甚至與其他各家的分期也有所出入，但因爲其中的絕大部分時間屬於人們通常所理解的"中古"時期，爲了論述的方便，本文姑且借用這一稱呼。因此，本文的"中古漢語"，並不是指綜合考慮了語言諸要素的演變之後作出的嚴格意義上的漢語史分期，這一點是必須加以說明的。

吾師吳金華先生在《〈三國志〉雙音節雅言詞散論》一文中，曾就《三國志》中的雙音節雅言詞，指出其構詞方式有"截引式、縮略式、提要式、藏謎式"四種。以下我們將針對中古時期雙音節雅言詞的成詞方式，介紹對這一類新詞研究的一點心得。根據雅言詞與經典原句、語、詞的關係，我們將雅言詞的成詞方式初步歸納爲節縮、約舉、截割、組合、順承、附益等六種不同方式。就目前調查所及可知，雅言詞的創造與使用的例子可以說是成千上萬，我們的歸納也遵循了先賢"例不十、法不立"的原則，不過限於篇幅，本文對每一種成詞方式均各舉三詞，每一詞各列三個書證予以說明。

一、節縮

節縮，是指通過剔除經典文句或短語中相對次要的某些虛詞或修飾性成分，而將剩下的主要成分構成雙音節雅言詞的方式。

［例一］卑牧①

《周易・謙》有："謙謙君子,卑以自牧也。"王弼注："牧,養也。"中古時期的人們將"卑以自牧"剔去介詞"以"以及狀語"自",節縮成"卑牧"一詞,表示謙虛自守的意思。例如南朝宋文帝詔：

　　遠擬隆周經國之體,近述《大易》卑牧之志,三復沖旨,良用憮然。(《宋書・王弘傳》)

唐《楊氏墓誌並序》：

　　比委家伏事于先相公,因侍從浙江西道觀察處置使、禮部尚書至於潤州,柔遜卑牧,又逾七載,無何染疾,藥石無療。(《唐代墓誌彙編》大和 019)

宋程大昌《(辭免兼詹事)不允詔》：

　　攬觀推遜之言,具訒卑牧之意。李勣之屈資受委,曰求舊則有之;綺里之偉冠從遊,亦博致為貴矣。(《文忠集》卷一二三附)

［例二］納揆

《尚書・舜典》有："納於百揆,百揆時叙。"後人節縮出"納揆"一詞,表示總理朝政之意。例如南朝宋徐爰議國史限斷表：

　　神宗始於俾乂,上日兆於納揆。(《宋書・徐爰傳》)

隋高祖詔：

　　申明公穆……鉅鹿公子幹等,登庸納揆之時,草昧經綸之日,丹誠大節,心盡帝圖,茂績殊勳,力宣王府,宜弘其門緒,與國同休。(《隋書・高祖紀下》)

———————————

① 《漢語大詞典》未收此詞條。

宋徐鉉《祭文獻太子文》:

> 儲闈既正,鴻猷允塞,雖主器而納揆,更承顏而養德。(《騎省集》卷二〇)

[例三]星駕

《詩經‧鄘風‧定之方中》有:"星言夙駕,說于桑田。"後人節縮出"星駕"一詞,表示及早出發之意。例如東漢袁紹上書:

> 會公孫瓚師旅南馳,陸掠北境,臣即星駕席卷,與瓚交鋒。(《後漢書‧袁紹傳》)

南朝宋鮑照《謝隨恩被原表》:

> 但臣病久柴羸,不堪冒涉,小得趨馳,星駕登路,不勝荷佩之誠。(《鮑明遠集》卷九)

宋胡宿《與孫秘校》:

> 尋沿官牒,來戾士鄉,且知星駕之行,已赴瓜時之往。(《文恭集》卷三一)

二、約舉

約舉,是指選取經典中某個短語或句子的一部分作爲雅言詞,來表示整個短語或句子的意義的成詞方式。

這種方式與上述"節縮"的成詞方式的不同之處在於,節縮是剔去經典的短語或句子中非主要的成分,包括一些虛詞或修飾性詞,將主要成分壓縮成雙音節詞;而約舉則是取其一部分而舍去另一部分,對於經典的短語或句子而言,約舉成詞時所取的部分都是其主要成分,但是,所舍去的部分也往往是短語或句子中不可或缺的主要成分,結果造成了這樣一種情況,即通過約舉而形成的詞,從字面上看其語意往往是不完整的。

[例一]如喪

《尚書·舜典》有:"二十有八載,帝乃殂落。百姓如喪考妣,三載四海遏密八音。"後人據此約舉"如喪",以表示"如喪考妣"的意思。例如南朝陳高祖章皇后令:

> 大行皇帝奄捐萬國,率土哀號,普天如喪,窮酷煩冤,無所迨及。(《陳書·世祖紀》)

《白孔六帖》卷三八"登遐"條:

> 如喪之情(原注:如喪考妣)。

唐王維《爲兵部祭庫部王郎中文》:

> 某等何幸,得備官屬。泰然若春,溫兮如玉。去德何永,事生何促。五情如喪,百身不贖。(《王右丞集箋注》卷二七)

[例二]觀國

《周易·觀》六四:"觀國之光,利用賓于王。"按照王弼的解釋,"觀國之光"是指因處於帝王的身邊,而看到國家的儀仗的意思。後人約舉其中的"觀國",表示從政之意。例如南朝陳後主太建十四年詔:

> 人生一世,逢遇誠難,亦宜去此幽谷,翔茲天路,趨銅駝以觀國,望金馬而來庭。(《陳書·後主紀》)

北朝周高祖致沈重書:

> 昔申涪鮐背,方辭東國;公孫黃髮,始造西京。遂使道爲藝基,功參治本。今者一徵,諒兼其二。若居形聲而去影響,尚迷邦而忘觀國,非所謂也。(《周書·沈重傳》)

唐張説《酬崔光禄冬日述懷贈答》：

> 徐陳嘗並作，枚馬亦同時。各負當朝譽，俱承明主私。夫君邁前侣，觀國騁奇姿。（《張燕公集》卷七）

[例三] 維桑

《詩經·小雅·小弁》有：“維桑與梓，必恭敬止。”“桑與梓”本是故鄉的象徵，後人約舉其中的“維桑”，表示家鄉、故鄉，字也寫作“惟桑”。例如晉陸雲《歲暮賦》：

> 處孝敬於神丘兮，結衹慕于惟桑。瞻山川而物存兮，思六親而人亡。（《陸士龍集》卷一）

北周庾信《伯母東平郡夫人李氏墓誌銘》：

> 公之告老返維桑兮，閨門之内道彌彰兮。（《庾子山集》卷一六）

唐孟浩然《行至漢川作》：

> 坐欣沿溜下，信宿見維桑。（《孟浩然集》卷二）

三、截割

截割，是指利用經典的語句，進行截取割裂的成詞方式。

它與約舉的不同之處在於，約舉是取語句的一部分表示語句的全部意思，而截割則是以所截割的部分來表示語句中剩餘部分的意思。因爲這種成詞方式很獨特，前人多有關注，因而也有“歇後”“藏詞”“割裂”等多種不同的名稱。

由截割而形成的雅言詞中，有相當一部分詞具有一個共同的特點，那便是含有虛字。因爲含了這些虛字，這些雅言詞便有了區别於一般詞語的標記。前人所論及的"友于""孔懷""赫斯"等便是其例。值得注意的是,中古時期的人們似乎在刻意追求這種帶有虛字的別致的形式,因爲通過截割而成的雅言詞中,有爲數衆多的這樣的詞。

［例一］則哲

《尚書·皋陶謨》有:"知人則哲,能官人。"後人截取"則哲",表示"知人"之意,其中的"則"字,是表示"乃""就"的虛詞。例如東漢安帝貶樂成王萇詔:

> 朕無"則哲"之明,致簡統失序,罔以尉承大姬,增懷永歎。(《後漢書·樂成靖王黨傳》)

南朝宋文帝求賢詔:

> 周宗以寧,實由多士,漢室之隆,亦資得人。朕寐寤樂賢,爲日已久,而則哲難階,明揚莫效。用令遺才在野,管庫虛朝,永懷前載,慚德深矣。(《宋書·文帝紀》)

宋徐鉉《蔣莊武帝新廟碑銘》:

> 副君膺則哲之寄,有聖人之資。由上德而貞萬邦,用英才而總百揆。(《騎省集》卷一〇)

［例二］星言

《詩經·鄘風·定之方中》有:"星言夙駕,説于桑田。"後人截取"星言",表示"夙駕"之意,即早發、及時出發的意思。其中的"言"字是語助詞,没有實義。例如晉恭帝九錫文:

> 馬休、魯宗,阻兵内侮,驅率二方,連旗稱亂。公投袂星言,研其上略,江津之師,勢逾風電,回旆沔川,實繁震慴,二叛奔迸……(《宋書·武帝紀中》)

北朝周庾信《周柱國楚國公岐州刺史慕容公神道碑》:

> 屬以江南阻兵,渚宮邊敵,軍機警急,鋒鏑縱橫,公奉命星言,元戎啓路,總秦人之銳士,兼荆户之廣卒。(《文苑英華》卷九一九)

宋宋庠《賜彰信軍節度使同中書門下平章事王隨進謝到任馬詔》:

> 卿頃罷政機,近綏侯服,星言之部,時克偃藩,屬宣布之涓辰,序恩勤而累感。(《元憲集》卷二七)

[例三]或躍

《周易·乾》九四:"或躍在淵,無咎。"後人截取"或躍",表示"在淵",即帝王未登帝位之時。例如南朝宋劉義恭勸世祖即位表:

> 神祚明德,有所底止,而沖居或躍,未登天祚,非所以嚴重宗社,紹延七百。(《宋書·江夏文獻王義恭傳》)

唐張九齡《龍池聖德頌》:

> 中宗采識者之議,壓王氣而來遊;聖上處或躍之時,出飛龍以合應。(《曲江集》卷一)

《舊唐書·睿宗諸子傳論》:

> 讓皇帝守無咎於或躍,利終吉於勞謙,其用有光,其聞莫朽。

四、組合

組合,是指利用經典中的現成語句或内容,抽取其中的兩個單音節詞,組成一個雙音節新詞的成詞方式。

需要指出的是,組合形成雅言詞的兩個單音節詞,在經典中的意義往往具有同義或反義等聯繫。總的説來,通過這種方式所組成的雅言詞的兩個詞素多數具有並列的關係。

[例一]屏翰

《詩經·大雅·板》有:"大邦維屏,大宗維翰。"後人根據這一句,組成"屏翰"一詞,來稱呼護衛國家的王公重臣。例如南朝宋謝晦《悲人道》:

> 厲薄弱以爲政,實忘食於日旰。豈申甫之敢慕,庶惟宋之屏翰。(《宋書·謝晦傳》)

唐僖宗《鄭畋平章事制》:

> 其有道濟邦家,任已崇於屏翰;忠存宗社,義可貫於神明,宜徵帷幄之謀,重委廟堂之算。(《唐大詔令集》卷五〇)

宋劉攽《賀東陽郡王啓》:

> 注意所存,允協士民之望;撫封攸寄,益知屏翰之尊。(《彭城集》卷三一)

[例二]絲綸

《禮記·緇衣》有:"王言如絲,其出如綸。"後人據以組成"絲綸"一詞,用以表示帝王所言,有時直接作爲詔書的代名詞。例如南朝梁元帝檄文:

> 渙汗既行,絲綸爰被。我是以班師凱歸,休牛息馬。賊猶不悛。遂復矢流王屋,兵躍象魏。(《梁書·元帝紀》)

北朝魏王椿上疏:

> 訪讜辭於百辟,詔輿誦於四海。宸衷懇切,備在絲綸。(《魏書·王椿傳》)

唐李白《贈崔司户文昆季》:

攀龍九天上,忝列歲星臣。布衣侍丹墀,密勿草絲綸。才微
惠渥重,讒巧生緇磷。(《李太白文集》卷八)

[例三]岵屺①

《詩經·魏風·陟岵》有:"陟彼岵兮,瞻望父兮……陟彼屺兮,
瞻望母兮……"後人利用這一段內容,組合出"岵屺",作爲雅言詞,
以代稱父母。例如唐呂溫《送薛大信歸臨晉序》:

歲八月,以岵屺之戀,告予于歸。(《呂衡州集》卷三)

宋宋祁《楊太尉行狀》:

公七歲時已失岵屺,伯氏撫鞠而得其所。(《景文集》卷六一)

宋王珪《謝賜生日表二十二道》:

載及桑蓬之序,方深岵屺之思,念莫報於勍勞,敢饕承於恩
禮。(《華陽集》卷四四)

五、順承

順承,是指利用經典中現成的判斷句式或帶有判斷意味的語句
而形成雅言詞的成詞方式。

這種方式所形成的雅言詞的詞義,可以從經典的語句中直接
獲得。

[例一]樞機

《周易·繫辭上》有:"言行,君子之樞機。"後人利用這一判斷
句,將"樞機"作爲雅言詞,專指"言語"。例如南朝齊沈沖劾江謐疏:

至於蕃岳入授,列代恒規,勳戚出撫,前王彝則。而謐妄發

---

① 《漢語大詞典》未收此詞條。

樞機,坐構囂論。復敢貶謗儲后,不顧辭端,毀折宗王,每窮舌杪。(《南齊書·江謐傳》)

南朝陳陳暄《應詔語賦》:

　　覈生民之要技,實言語以爲前,樞機誠爲急務,筆札乃是次焉。(《藝文類聚》卷一九)

宋田錫《望京樓賦》:

　　葵藿載傾,雖見小人之意;樞機一發,豈知君子之機。(《咸平集》卷六)

[例二]家肥

《禮記·禮運》有:"父子篤,兄弟睦,夫婦和,家之肥也。"後人利用這一句話,將"家肥"作爲雅言詞,來形容"父子篤,兄弟睦,夫婦和"等家庭和睦之事。例如唐肅宗《肅宗皇帝答詔》:

　　朝升鵷行,並列承明,晚下雁序,同歸乃眷,家肥無忘國命。(《王右丞集箋注》卷一八附)

唐白居易《海州刺史裴君夫人李氏墓誌銘並序》:

　　夫人之從裴君也,歷官九任,凡三十一年,族睦家肥,輔佐之力也。(《白氏長慶集》卷六八)

宋宋庠《帥臣鄭守忠高化石元孫妻進封郡君制》:

　　蹈無攸之戒,既克家肥;助有爲之賢,實參戎重。(《元憲集》卷二六)

[例三]元良

《禮記·文王世子》有:"語曰:'樂正司業,父師司成。一有元良,萬國以貞。'世子之謂也。"後人根據這段內容,以"元良"作爲雅

言詞,指稱太子。例如南朝齊文惠太子疾篤上表:

> 臣地屬元良,業微三善,光道樹風,於焉蓋闕。(《南齊書·文惠太子傳》)

南朝梁陸倕《爲豫章王慶太子出宮表》:

> 臣聞周固本枝,實資明兩;漢啓磐石,必係元良,所以闡弘祚鼎,光崇守器。(《藝文類聚》卷一六)

宋歐陽修《慶東宮生辰四首》其三:

> 休符協上象,九月誕元良。(《文忠集》卷六)

六、附益

附益,是指根據經典中的内容,以經典的關鍵字眼爲中心,再附加上其他文字組成詞語的成詞方式。

通過這種方式製造的詞語,其意義都與關鍵字眼所在的經典内容有密切的聯繫,而其使用也往往具有求雅的修辭效果,因此也屬於雅言詞。

[例一]所天

《儀禮·喪服》有:"故父者,子之天也。"後人根據這一句,附益成"所天"一詞,表示父親。例如宋楊億《謝弟倚特賜進士第二等及第表》:

> 伏念臣爰從幼歲,即喪所天,無負郭之田園,以供糊口;有既孤之弟妹,俱未成人。(《武夷新集》卷一四)

宋余靖《謝分司表》:

> 此蓋伏遇皇帝陛下天覆無私,乾剛獨斷,念臣嘗經驅策,不避艱危,察臣本以公言,構成私隙,俾從散秩,歸奉所天,下以成

微臣就養之勤,上以全陛下退人之道。(《武溪集》卷一四)

宋楊萬里《送劉景明游長沙序》:

　　予與景明皆有服,相問則相泣相愬,以皆失所天,於是相吊。(《誠齋集》卷七八)

[例二]所怙

《詩經·小雅·蓼莪》有:"無父何怙?"後人據此,用"所怙"表示父親。例如東漢《郎中鄭固碑》:

　　乃遭氛災,隕命顛沛,家失所怙,國□忠直。(《隸釋》卷六)

唐韓愈《祭十二郎文》:

　　吾少孤,及長,不省所怙。(《昌黎文集》卷二三)

宋劉宰《代侄祭父成服文》:

　　方在髫齔,遽失所怙,畫抄夜誦,不間寒暑。(《漫塘集》卷二六)

[例三]居震

《周易·説卦》有:"震一索而得男,故謂之長男。"又有:"震爲雷,爲龍……爲長子。"因爲"太子"即"長男",後人根據《周易》的上述内容,將登上、處於太子之位稱爲"居震"。如南朝梁簡文帝《謝爲皇太子表》:

　　臣聞團暉麗天,浡雷居震,必資令德,寔建賢明。(《藝文類聚》卷一六)

唐薛元超《孝敬皇帝哀册文》:

　　欽惟妙質誕靈,居震若木,資芳咸池,毓潤韶襟。(《唐大詔令集》卷二六)

唐于志寧諫書:

> 是以周誦升儲,見匡毛、畢;漢盈居震,取資黃、綺。(《舊唐書·于志寧傳》)

結　語

以上介紹了雙音節雅言詞的六種成詞方式。從造詞原料上看,任學良《漢語造詞法》將漢語的造詞原料分成音節、形態標誌、詞、老化詞四類,與之相比,雅言詞的造詞原料,都是經典中的語句,大部分超出了四類之外。從成詞方式來看,王力《漢語史稿》將漢語的複音詞構成方式分爲三大類:1. 連綿字;2. 詞根加詞頭詞尾;3. 仿語的凝固化。任學良《漢語造詞法》則將複音詞的造詞方法分成詞法學、句法學、修辭學、語音學、綜合式等五種具體的造詞法。但無論是哪一種分類,都不能完全涵蓋雙音節雅言詞的特殊成詞方式。雅言詞的成詞方式,有些突破了一般漢語構詞方式的限制,成爲了中古時期漢語成詞的一種特殊形式,而通過這些特殊的形式產生了數量衆多的複音詞。作爲中古漢語複音詞的一個重要組成部分,雅言詞展示了漢語詞彙複音化的特殊途徑。這種特殊的成詞方式,反映了本民族獨特的文化背景,它不僅是中古漢語詞彙的明顯特點,應該也是漢語有別於其他語種的一個特色。

任何學術研究都是一個漸進的過程,本文既屬於初步的研究,疏漏不當之處在所難免,希望同道能不吝指正,以進一步填補這類詞的研究空白。

主要參考文獻:

陳望道:《修辭書發凡》,上海大江書鋪,1932 年。

董秀芳:《詞彙化:漢語雙音詞的衍生和發展》,四川民族出版社,2002 年。

蔣紹愚:《古漢語詞彙綱要》,北京大學出版社,1989 年。

蔣紹愚:《漢語詞彙語法史論文集》,商務印書館,2000 年。

李維琦:《修辭學》,湖南人民出版社,1986 年。

劉叔新:《漢語描寫詞彙學》,商務印書館,2005 年。

劉叔新:《複合詞結構的詞彙屬性——兼論語法學、詞彙學同構詞法的關係》,《中國語文》第 4 期,1990 年。

呂叔湘:《呂叔湘文集》,商務印書館,1992 年。

任學良:《漢語造詞法》,中國社會科學出版社,1981 年。

王力:《漢語史稿》,中華書局,1980 年。

吳金華:《世説新語考釋》,安徽教育出版社,1994 年。

吳金華:《古文獻整理與古漢語研究》,江蘇古籍出版社,2001 年。

吳金華:《〈三國志〉雙音節雅言詞散論》,《古漢語研究》第 2 期,2007 年。

向熹:《簡明漢語史》,高等教育出版社,1998 年。

張永言:《詞彙學簡論》,華中工學院出版社,1982 年。

論割裂的修辭意義及其他

作爲一種修辭方式,割裂又被稱爲歇後語、藏頭語、藏詞等,主要是指對儒家經典中的成語進行割裂,截取其中一部分作爲詞語,來表示剩餘部分内容的意義①。關於這種修辭方式的具體形式,陳望道先生有過較爲全面的介紹②,此不贅述。對於這一種修辭方式,前人多有非議。早在北齊,顏之推便反詰其"於義通乎"③,到南宋時,王楙也稱之爲"謬"④,至於當代,王力先生猶嫌其"不合語法"⑤。正是由於人們往往只計較於其不合常規的形式,因此很少論及這種特殊的方式所具有的修辭意義。本文試圖就此作一點粗淺的探討,同時對這一修辭方式所涉及的古籍整理、詞典編纂及詞彙研究作一點簡單的討論。

語言的研究,離不開對其所處時代的調查。一個時代的語言所表現出來的特點,往往取決於那個時代特定的社會情況。割裂這種特殊的修辭方式,從東漢開始出現,而盛行於六朝,也是由當時社會

---

① 有關這種修辭方式所涉及的詞的成詞方式,可參考收入本書的《中古漢語雅言詞成詞方式初探》中有關"截割"的論述。
② 詳《修辭學發凡》中有關"藏詞"的章節。陳先生所論有兩種形式,本文所及,止於其第一種形式,而不及其所謂"新型歇後語"。
③ 詳《顏氏家訓·文章篇》。
④ 詳《野客叢書》卷二十"詁厥友于等語"條。
⑤ 詳《漢語史稿》第四章有關"成語和典故"的章節。

的實際情況所決定的。從漢武帝起開始實行的“罷黜百家,獨尊儒術”的政策,爲儒生們提供了一條“利禄之路”,因此熟讀儒家經典很快成爲了一般人接受教育的主要方式。這樣經過相當長一段時間之後,到東漢末年時,儒家的經典儼然成爲了當時的知識分子共同的知識背景。魏晉南北朝特殊的社會現實,使語言的發展變得十分活躍。對身份的重視,使得貴族們努力在社會生活的各個方面盡力拉開與平民的距離,而其所受的文化教育是最能體現這種距離的一個方面。爲了體現其超凡脱俗,知識分子們儘量在他們的文章中,使用源自儒家經典而不爲當時口語所使用的詞彙,這成爲了那個時代書面語的明顯特點。

　　其中,較爲極端的做法就是對經典中的成語進行生硬的割裂。誠然,從語法的角度來看,所截取的部分往往是不完整的,不符合常見的構詞法,如王力先生所舉的“友于”等。在魏晉南北朝文獻中,通過這種割裂的方法造出的新詞數量很多,值得研究。這樣的割裂看起來似乎很隨意,沒有規律可循,其實不然。筆者通過對一定數量的這類詞的調查發現,這樣刻意的割裂無不有著一個明確的目的,那就是爲了避免出現常見的“俗詞”,而使文章典雅脱俗,這與當時整個貴族集團的風尚是一致的。這樣的例子不勝枚舉,限於篇幅,本文僅選取一些有代表性的來作説明。

　　我們就從王力先生提到的“友于”一詞説開去。“兄弟”這樣爲整個社會所普遍使用的詞語,如果在文章中直接使用,不足以體現作者與一般平民之間的差別,因此東漢時就已有人開始使用“友于”來表示兄弟之義①,以使文章脱俗。與之相類似的還有“孔懷”一詞。如《三國志·魏書·袁紹傳》注引《漢晉春秋》載審配獻袁譚書:

---

① 《後漢書·史弼傳》載史弼慮渤海王爲亂而所上的封事中便有用例。

是後又望將軍改往修來,克己復禮,追還孔懷如初之愛。

袁氏兄弟相爭,而審配事奉袁尚,信中所謂"孔懷如初",即"兄弟如初"之意。其中的"孔懷",便是兄弟之意。北齊顏之推發現陸機《與長沙顧母書》中,在寫到其從祖弟士璜之死時有"痛心拔腦,有如孔懷"的句子,於是他認爲:"心既痛矣,即爲甚思,何故言'有如'也? 觀其此意,當謂親兄弟爲孔懷。"顏氏的理解是正確的①。《詩經·小雅·常棣》有"死喪之威,兄弟孔懷"之句,截取"孔懷",正是爲了替代爲人所熟習的"兄弟"。又如《北齊書·高思好傳》載高思好與並州諸貴書:

幽母深宫,無復人子之禮;二弟殘戮,頓絶孔懷之義。

"孔懷之義"顯然即"兄弟之義"。值得指出的是,此處用"孔懷"來代替"兄弟",不僅在駢句中避免了與上文"弟"字相重,同時獲得了典雅的修辭效果。又如《晉書·熊遠傳》載熊遠上元帝疏:

姬公不曲繩於天倫,叔向不虧法於孔懷。

所謂"叔向不虧法於孔懷",是指叔向歷數其弟叔魚之罪,不因袒護其弟而枉法②。與上一例相同,這也是作者所刻意經營的駢句,從某種意義上説,出現用"孔懷"替代"兄弟",並不是偶然的。

與"友于"和"孔懷"一樣,爲了避開"兄弟"這樣的俗詞,魏晉南北朝的文人們還分別創造出了"脊令""在原""棠棣""具爾"等詞來表示兄弟之義。而與此相似,通過割裂,其他的人倫關係也有相應的代名詞,如用"貽厥"表示子孫等等。

有時,爲了避免使用太過直接的詞語,當時的文人們也往往通過

① 詳《顏氏家訓·文章篇》。
② 事見《左傳·昭公十四年》。

割裂這種修辭手段來達到委婉的效果,從本質上講,這也是一種求雅的表現。例如類似"帝王發怒"這樣的話,太過直露,不足以體現王者的超凡脱俗,於是文人們便利用《詩經·大雅·皇矣》中"王赫斯怒"這樣的句子,截取其中"赫斯"二字來表示"王怒"的意思。如《魏書·樓顏傳》載樓毅諫孝文帝南伐表:

> 京邑新遷,百姓易業,公私草創,生途索然。兼往歲弗稔,民多飢饉,二三之際,嗟惋易興。天道悠長,宜遵養時晦,願抑赫斯,以待後日。

顯而易見,"赫斯"正是指"帝王之怒"。

值得注意的是,這種修辭手段大量出現於詔疏及書信中。當然這些詔疏與書信,都出於受過良好教育的上層知識分子之手。無論是撰寫者還是閱讀者,都有著共同的知識背景。雙方在截取的詞語的使用與閱讀上,一如世尊拈花,迦葉微笑,在外人看來固然莫名其妙,其彼此間則有著很好的默契。在這一點上,割裂與典故的使用有很相似的地方,只不過典故是徵引歷史故事,而割裂則是截取經典語詞而已。

從以上例子可以看出,魏晉南北朝的文人們有意識地通過割截經典句子,來達到避俗求雅的目的。事實上,這種修辭的手段在當時的書面語中被廣泛使用,本文所論不過是管中之豹斑而已。全面揭示這一風行一時的語言現象,還有待於異日。

熟悉這一盛行於魏晉南北朝的修辭方式,對於閱讀整理中古文獻很有幫助;反之則會産生誤解。例如中華書局點校本《晉書·文明王皇后傳》載武帝詔:

> 外曾祖母故司徒王朗夫人楊氏,舅氏尊屬,鄭、劉二從母,先后至愛。每惟聖善,敦睦遺旨,渭陽之感,永懷靡及。其封楊夫人及從母爲鄉君,邑各五百戶。

　　僅讀此詔，很容易使人產生疑問，"敦睦遺旨"四字在句中顯得很突兀，到底是誰的"敦睦遺旨"呢？通讀其傳，自然明白是指武帝之母。其實，"聖善"後面的逗號應該去掉，讀作"每惟聖善敦睦遺旨"，原因是"聖善"在這裏就是母親的代名詞，"惟"的賓語是"遺旨"而不是"聖善"，"聖善敦睦"皆是修飾"遺旨"之詞。這句話的意思就是"每每想到母親（希望與上述各位）加深親愛關係的遺旨"。《詩·邶風·凱風》有"母氏聖善，我無令人"之句，截取"聖善"正是表示"母氏"之意。同樣的用例可以見於《晉書·簡文宣鄭太后傳》。鄭太后爲簡文帝生母，去世時簡文帝尚爲琅邪王，而簡文帝在位時因故未及追尊，至太元十九年時，孝武帝方下詔：

> 　　會稽太妃文母之德，徽音有融，誕載聖明，光延于晉。先帝追尊聖善，朝議不一，道以疑屈。朕述遵先志，常惕于心。今仰奉遺旨，依《陽秋》二漢孝懷皇帝故事，上太妃尊號曰簡文太后。

　　其中"追尊聖善"云云，即是"追尊母氏"。王粲《思親詩》："嗟我懷歸，弗克弗逞。聖善獨勞，莫慰其情。"其中的"聖善"顯然是指其母。凡此皆可供整理者參考。

　　同時，重視這種修辭的方式，對於詞典編纂來說，也具有重要的意義。兹舉《漢語大詞典》"作解"條爲例予以說明。其詞條全文如下：

> 　　謂解救百姓。唐包佶《慶祀雨師樂章·迎神》①："作解之功，樂惟有年。"唐劉禹錫《代杜司徒謝追贈表》："陛下應乾御極，作解庇人。"宋王禹偁《賀御樓肆赦表》："澤流率土，仍推作解之恩。"參見"解網""解愠"。

　　由於忽視了割裂，這一詞條不僅未能揭示語源，而且釋義也舍本

---

① "慶祀"不辭，"慶"當據《樂府詩集》卷六校改作"唐"。

求末。其實“作解”一詞，來自《周易》“解”卦的《象辭》，原文爲：“雷雨作，解。君子以赦過宥罪。”①古人截取“作解”二字②，來表示“赦過宥罪”之義。例如《舊唐書·玄宗本紀》載玄宗即位大赦詔：

　　承乾之道，既光被於無垠；作解之恩，思式覃於品物。當與億兆，同此惟新。可大赦天下，大辟罪已下咸赦除之。

聯繫上下文，不難看出，“作解之恩”便是赦宥之恩。這裏的“作解”應是截取《象辭》而得。再如《唐大詔令集》卷十載武宗會昌二年册尊號赦詔：

　　是用稽犧爻之作解，法虞書之肆赦。推恩宥過，與物同休。可大赦天下，自會昌二年四月二十三日昧爽已前，大辟罪已下，已發覺未發覺、已結正未結正、系囚見徒罪無輕重，咸赦除之。

根據詔中“犧爻之作解”等文字，則其詞之出於《象辭》，其義之爲“赦罪宥過”，更不容置疑。《漢語大詞典》該詞條所引王禹偁的書證，其實亦同此例。而所謂“解救百姓”之義，則顯然是由“赦罪宥過”之義引申而來。

此外，研究這種修辭方式，對於漢語史的研究也具有很重要的價值。這種修辭手段運用的結果，是創造出了很多新詞。換言之，這種修辭手段在一定程度上成爲了一種獨特的構詞法。從這個意義上說，儘管如王力先生所言，這種割裂是不合當時普遍的語法的，但是，認爲這種現象是消極的甚至是反動的，因而敬而遠之，却並不是從事詞彙研究的工作者所應有的態度。誠然，利用這一手段創造出來的

---

① 引文的標點，取準於北京大學出版社 1999 年 12 月出版的由李學勤主編的標點本《十三經注疏·周易正義》。

② 按《周易》中《象辭》的體例，“解”字無疑當單獨成句，古人理應通明此例，因此“作解”可以看作是一種特殊的割裂方式。

新詞,除了少數爲後人所沿用外,大部分僅使用於魏晉南北朝這一時期,然而,唯其如此,方才體現出研究這種修辭方式對於斷代詞彙史研究的重要意義。研究這種修辭方式,不僅可以揭示儒家經典對於後世書面語詞彙的具體影響,同時也能夠爲全面描述中古時期的詞彙面貌提供不可或缺的幫助。

主要參考文獻:

〔清〕阮元校刻:《十三經注疏》,中華書局,1980 年。

〔漢〕司馬遷撰:《史記》,中華書局,1959 年。

〔漢〕班固撰:《漢書》,中華書局,1962 年。

〔南朝宋〕范曄撰:《後漢書》,中華書局,1965 年。

〔晉〕陳壽撰:《三國志》,中華書局,1959 年。

〔唐〕房玄齡等撰:《晉書》,中華書局,1974 年。

〔唐〕李百藥撰:《北齊書》,中華書局,1972 年。

〔後晉〕劉昫撰:《舊唐書》,中華書局,1975 年。

〔宋〕宋敏求編:《唐大詔令集》,商務印書館,1959 年。

〔北齊〕顏之推撰,王利器集解:《顏氏家訓集解》,上海古籍出版社,1980 年。

陳望道:《修辭學發凡》,上海教育出版社,1976 年。

王力:《漢語史稿》,中華書局,1980 年。

論雅言詞研究與詞典編纂

　　所謂雅言詞,是指爲使文章典雅而使用的源自儒家經典的詞語。漢語史上,雅言詞曾風行一時,其中尤以六朝爲盛。這一方面是因爲"獨尊儒術"的政策推行幾百年後,儒家的經典已成爲了受教育者共同的知識背景,這爲雅言詞的出現提供了必要的條件;另一方面,六朝的上層人物普遍有著追求高雅脱俗的風尚,而顯示其受教育程度則是其中相當重要的一個方面,這爲雅言詞的大量使用提供了原動力。雅言詞的大量存在,成爲了中古漢語詞彙的一個重要特色。

　　詞典的立目釋義,依賴於詞彙研究的成果。由於以往對雅言詞缺乏系統的研究,不少詞典中有關雅言詞的條目,存在著各種各樣的問題。就拿反映了當今漢語詞彙研究成果的《漢語大詞典》(以下簡稱"《大詞典》")來説,不少屬於雅言詞的詞條,由於編纂者缺乏對這類詞的全面認識,或不能追溯其語源,或對古人使用這類詞的某些規律不瞭解,因而出現了不同程度的誤釋。本文選取其中一些較爲典型的例子,分别從雅言詞的語源、構成方式、意義及歷時考察等四個方面,對雅言詞研究在詞典編纂方面的意義作一個説明,並希望能以此爲《大詞典》的修訂工作提供一些參考。

一

　　中古時期的雅言詞,有不少是利用人們所熟悉的經文中的詞彙組合而來,所表達的意思自然也和經文中相應的內容有關,如果拋開其語源不論,則釋義難免出錯。如《大詞典》收有"選造"一詞,全文如下:

> 【選造】猶選建。《宋書·孝武帝紀》:"內難甫康,政訓未洽,衣食有仍耗之弊,選造無觀國之美。"

《大詞典》未能揭明"選造"一詞的語源,而將"造"理解爲"建",並進一步得出所謂"猶選建"的釋義,實屬望文生義。《大詞典》收有"選建"一詞,釋義爲"選才建國",這一意義並非爲"選造"所有。《大詞典》"選造"條所引的書證,來自於孝武帝孝建元年的一封詔書。爲了說明其釋義之誤,茲將書證所在的上下文轉引如下:

> 首食尚農,經邦本務,貢士察行,寧朝當道。內難甫康,政訓未洽,衣食有仍耗之弊,選造無觀國之美。昔衛文勤民,高宗恭默,卒能收賢岩穴,大殷季年。朕每側席疚懷,無忘鑒寐。凡諸守莅親民之官,可詳申舊條,勤盡地利。力田善蓄者,在所具以名聞。襃甄之科,精爲其格。四方秀孝,非才勿舉,獻答允值,即就銓擢。若止無可採,猶賜除署;若有不堪酬奉,虛竊榮薦,遣還田里,加以禁錮。

不難看見,這一段詔書反復申述的,無非是兩件事,即勸農與舉士。其中書證所引的文字,是在說明實行這兩件事的必要性,"衣食有仍耗之弊"是有關勸農的內容,而"選造無觀國之美"則屬於舉士的話語。其實"選造"一詞,源自《禮記·王制》:

> 命鄉論秀士。升之司徒,曰選士。司徒論選士之秀者,而升之學,曰俊士。升於司徒者不征於鄉,升於學者不征於司徒,曰造士。

東漢以來的文人,根據這段經文,創造出"選造"一詞,泛指通過

推選舉薦而產生的有才德之士,上述書證中的"選造"即爲此義。表
示這一意義的"選造"在六朝文獻中屢見不鮮,如《藝文類聚》卷三八
引梁簡文帝《求寧國臨城二公入學表》有"願得齒年國胄,隨肩選
造",卷四八引梁任昉《吏部郎表》有"爰在前世,實光選造"等等。而
《大詞典》收有"俊造"一詞,也本自《禮記》的這段經文,其成詞的方
式與"選造"相同,可以作爲參證。與"俊造"一樣,"選造"是名詞,正
與上文"衣食"相對。從這一點上説,"選造"也不可能相當於"選
建"。

二

有時,即使明確了雅言詞的來源,但如果不瞭解雅言詞的構成方
式,也很難正確理解雅言詞。例如,有不少雅言詞是通過割裂經文的
形式而形成的,如果我們瞭解割裂的目的在於避俗求雅,特點在於其
所割去的正是其所要表達的,那麼對通過割裂而產生的雅言詞便不
致於誤解,反之則很容易出現偏差。如《大詞典》"聖善"條:

【聖善】1.聰明賢良。《詩·邶風·凱風》:"母氏聖善,我無
令人。"毛傳:"聖,叡也。"鄭玄箋:"叡作聖,令,善也。母乃有叡
知之善德。"後專用以稱頌母德。(書證略)2.父母的代稱。《文
選·楊修〈答臨淄侯〉》:"伏惟君侯少長貴盛,體發旦之資,有聖
善之教。"呂向注:"聖善,謂植父武帝也。"《漢魏南北朝墓誌集
釋·北魏元彧墓誌》:"早違陟岵,兼喪孔懷,訓育所資,實唯聖
善。"唐張説《郎國長公主神道碑》:"免懷之歲,天奪聖善。"宋彭
乘《續墨客揮犀·豐城老人生子》:"東坡即席戲作八句,其警聯
云:'聖善方當而立歲,乃翁已及古稀年。'"

其第二個義項的釋義是不準確的,"聖善"只指母親,並不兼指父

親。“聖善”的這個義項，實際上是其作爲由割裂而産生的雅言詞的一個意義。而其所割裂的經文來自於《詩經·邶風·凱風》“母氏聖善”一句，割取“聖善”用於表示“母氏”，只是爲了避免直書人所熟知的“母親”之類的字樣，而達到求雅的目的。就《大詞典》所提供的四個書證來看，除第一個書證似乎有疑問外，後三個書證中的“聖善”都是指母親，兹分别簡單説明如下：第二書證中的“陟岵”與“孔懷”亦是源自《詩經》的雅言詞，分别指父親與兄弟；結合墓誌下文中又有“母子二人，更相爲氣”的字樣，可知書證所引文字的意思是由於墓主早年便没有了父兄，所以其教育是由母親一人承擔的，其中的“聖善”與表示父親的“陟岵”相對，當然是指其母親。第三書證所言之事，在《新唐書·諸帝公主傳》有相關的記載：“郇國公主，崔貴妃所生。三歲而妃薨，哭泣不食三日，如成人。”則其“聖善”指母親自然没有疑問。第四書證不過是在戲諷生子的這對夫婦妻子（妾）之年輕與丈夫之年老，將“聖善”與表示父親的“乃翁”相對，其義自然是指母親。即使是第一個書證，我們認爲其中所涉及的“聖善”亦不例外是指母親，所謂“聖善，謂植父武帝也”云云純屬吕向的臆斷，不可據信。楊修的這一段文字是在叙述曹植幼年之事，而從《三國志·魏書·武宣卞皇后傳》等有關内容來看，曹丕曹植兄弟幼年時應是由其母卞氏撫養教育的，曹操也曾稱讚卞氏“撫養諸子，有母儀之德”，“聖善之教”正指此事，“聖善”應該是指曹植的母親卞氏。

　　如果既不知雅言詞淵源所自，又不知其構詞特點，則解釋時出現錯誤更是難免的了。如《大詞典》“作解”條：

　　　　【作解】謂解救百姓。唐包佶《慶祀雨師樂章·迎神》①：“作解之功，樂惟有年。”唐劉禹錫《代杜司徒謝追贈表》：“陛下

---

① “慶”字于文義無取，當據《樂府詩集》卷六校改作“唐”。

應乾御極,作解庇人。"宋王禹偁《賀御樓肆赦表》:"澤流率土,仍推作解之恩。"參見"解網""解慍"。

僅從《大詞典》的釋義及所提供的書證來看,似乎沒有什麼問題,但實際上這樣的釋義是不可據信的。"作解"語出《周易·解》:"雷雨作解,君子以赦過宥罪。"後人從這句話截取"雷雨作解",用以表示"赦過宥罪"之義。如《唐代墓誌彙編》所收撰成於元和年間的《有唐故撫州法曹參軍員外置隴西李府君墓誌銘並序》:

> 冤氣未申於九重,謫官已聞於萬里,貶崖州澄邁縣尉。恭承詔命,遠達朱崖,天之愛人,事或見革。旋逢雷雨作解,量移撫州法曹,方聞霈澤,北望生還。

何以本來貶作邊遠的崖州的一個小小縣尉,"逢雷雨作解"後,便改爲撫州(今江西臨川一帶)主管司法的法曹?那是因爲"雷雨作解",便是赦免寬宥的意思。《大詞典》收有"雷雨作解"一詞,並説明了古人用此詞來表示赦過宥罪的意思,可惜没有更進一步説明,"雷雨作解"又可節縮成"作解",而同樣表示赦過宥罪的意思。例如《初學記》卷二十載唐中宗《慮囚制》:

> 禮防君子,自昔通規;律禁小人,由來共貫。朕情存革務,志在懲慝,欲申作解之恩,慮開僥倖之路,非所以納人軌物,垂裕後昆。

所謂"欲申作解之恩,慮開僥倖之路",意思是説想要推廣赦過宥罪之恩,但又擔心爲犯罪者打開了僥倖之路。又如《舊唐書·劉鄴傳》載鄴所上奏章:

> 故崖州司户參軍李德裕……頃以微累,竄于遐荒,既迫衰殘,竟歸冥寞。其子燁坐貶象州立山縣尉,去年遇陛下布惟新之命,覃作解之恩,移授郴州郴縣尉。

　　檢《舊唐書·懿宗本紀》可知,劉鄴所謂"去年遇陛下布惟新之命,覃作解之恩",是指前一年懿宗即位而實行大赦之事。這裏的"作解"正是赦罪之意。

　　回過頭來再看《大詞典》所提供的三個書證,其中後面兩個中的"作解"都無非是赦過宥罪之義。而第一個書證中的"作解",或可解釋爲"雷雨"之意,此處屬於割裂"雷雨作解"而以"作解"表示"雷雨"的用例,這樣看來,《大詞典》這一詞條因不明雅言詞而導致的失誤也許還不止一處。

三

　　要揭示雅言詞的意義,必須調查使用者對雅言詞所本經文意義的理解。例如根據我們的調查,由《詩經》篇目所形成的雅言詞,其意義往往與毛詩的詩序有關,如果撇開詩序不論,則容易出現誤解。《大詞典》中涉及《詩經》篇目的詞條,大都能聯繫詩序,抉發其雅言詞義,但也有一些詞條,尚待補充。例如《大詞典》收有"樛木"一詞:

> 【樛木】枝向下彎曲的樹。《詩·周南·樛木》:"南有樛木,葛藟纍之。"鄭玄箋:"木下曲曰樛。"《漢書·叙傳上》:"葛縣縣於樛木,詠《南風》以爲綏。"顔師古注:"樛木,下垂之木也。"唐黃滔《送君南浦賦》:"林駢樛木,摧誠而敢望合懽;洲躍嘉魚,取信而當期剖腹。"宋王安石《示安大師》詩:"踞堂俯視何所有,窈窕樛木垂楳櫨。"

　　《大詞典》的釋義只顧及了樛木的本義,而沒有涉及其作爲源自《詩經》的雅言詞義。《詩·周南·樛木序》:"樛木,后妃逮下也。言能逮下而無嫉妒之心焉。"魏晉南北朝以來的文人,利用這一詩序,以"樛木"爲詞,來表示婦女不嫉妒的品德。這樣的用例在當時的文獻中屢見不鮮，如《晉書·樂志上》載晉張華《中宮所歌》：

> 先王統大業，玄化漸八維。儀刑孚萬邦，内訓隆壼闈。皇英
> 垂帝典，大雅詠三妃。執德宣隆教，正位理厥機。含章體柔順，
> 帥禮蹈謙祗。螽斯弘慈惠，樛木逮幽微。徽音穆清風，高義邈不
> 追。遺榮參日月，百世仰餘暉。

其中"樛木"與"螽斯"對舉，兩詞都是來自《詩經》的雅言詞。所謂"樛木逮幽微"，意思是其不嫉妒的恩惠施及微賤者之身。又如《漢魏南北朝墓誌彙編·東魏·魏上宰侍中司徒公領尚書令太傅領太尉公假黃鉞九錫任城文宣王文琤太妃墓誌銘》：

> 太妃恭勳婦業，助治家道，中饋是宜，内政有序。務先窈窕，
> 不有妬忌之心；博進才賢，而無險詖之志。……《易》稱一人得
> 友，《詩》著三五在東①，以茲樛木之恩，成此螽斯之業。撫養異
> 宮，恩同己子，故能化自閨闈，聲聞邦國。

這裏的"樛木之恩"，主要是指不嫉妒的意思。這個意義的"樛木"，到唐代時也還有用例，如《文苑英華》卷四八一載唐皇甫瓊《對詞標文苑科策》：

> 伏惟聖母皇帝陛下闢陰陽之一氣，獨化初皇；啓日月之三
> 光，混成太極。……憂在進賢，道叶採苓之化；恩無不逮，德合樛
> 木之風。

由於有些詩序所包含的内容較多，因此，利用《詩經》篇目所形成的雅言詞，其意義往往會側重於詩序的某一方面，於是便會出現這樣

---

① 原文標點作"易稱一人，得文詩著，三五在東"，誤，今改正。又"文"當是"友"之形訛。"一人得友"，語出《易·損》六三爻辭"一人行則得其友"。"三五在東"見《詩·召南·小星》。

的情況:即同一個雅言詞往往具有多個不同的意義。在《大詞典》中,有一些詞條,注意到了雅言詞義與《詩序》內容的一部分關係,但並不全面,由此造成了一些失誤。如其"螽斯"條:

> 【螽斯】1. 蟲名。(略)2.《詩經》篇名。《詩·周南·螽斯序》:"螽斯,后妃子孫眾多也,言若螽斯不妬忌,則子孫眾多也。"後用爲多子之典實。《後漢書·皇后紀下·順烈梁皇后》:"夫陽以博施爲德,陰以不專爲義,螽斯則百,福之所由興也。"明陳汝元《金蓮記·慈訓》:"追昔緣成孔雀,期今慶衍螽斯。"清陳維崧《滿江紅·秋日幾士兄姬人生子詞以志喜》詞:"嫂已慶,螽斯緝;孫漸解,勝衣揖。"

誠然,中古文獻中有不少"螽斯"用例是表示多子的意思,但我們也發現還有大量的用例並不能用這一意思來作解釋。例如《晉書·明穆庾皇后傳》載明帝《立皇后册》:

> 夫坤德尚柔,婦道承姑,崇粢盛之禮,敦螽斯之義。是以利在永貞,克隆堂基,母儀天下,潛暢陰教。

又如《宋書·孝武文穆王皇后傳》:

> 宋世諸主,莫不嚴妬。太宗每疾之。……左光禄大夫江湛孫斆當尚世祖女,上乃使人爲斆作表讓婚,曰:"……夫螽斯之德,實致克昌;專妬之行,有妨繁衍。是以尚主之門,往往絕嗣;駙馬之身,通離釁咎。"

又如《唐代墓誌彙編·故繁昌縣令馬君墓誌》:

> 夫人常氏,門胄清華,容德兼蘊,外敷令淑,內含肅順,慕螽斯以立身,把關雎以砥行。所以合葬玄堂,庶千齡而不朽;同歸梓槨,與天地而長存。

在這些例子中的"螽斯"一詞,如果用"多子"之義來解釋都是無法説通的,顯然,這些"螽斯"應另有其義。根據上下文的内容,我們認爲這些例子中的"螽斯"一詞,都扣住了《詩·周南·螽斯序》中的"不妒忌"一點,而借指婦人不妒忌的美德。這是"螽斯"這一雅言詞的另一個常用意義。這樣的例子,對於今後的辭書編纂來説,具有一定的參考價值。

四

雅言詞使用的歷時考察,對於辭書編纂也有重要的意義。不同時代的人們對於經文的理解是有所不同的,各個時代賦予雅言詞以什麼意義,取決於那個時代的人們對於經文的理解,雅言詞的這一特點在詞典編纂時必須加以注意。如《大詞典》收有"遵養"一詞:

【遵養】謂順應時勢或環境而積蓄力量。《晉書·明帝紀》:"屬王敦挾震主之威,將移神器,帝崎嶇遵養,以弱制强,潛謀獨斷,廓清大祲。"宋蘇轍《論前後處置夏國乖方札子》:"夏人公然桀傲,不遣謝使,再遣兵馬蹂踐涇原,朝廷方務遵養,不復誅討。"明高啓《顧榮廟》詩:"崎嶇諸王幕,沉湎務遵養。"清王夫之《讀四書大全説·中庸第十八章》:"在夫子立言之旨,則以見時未至而事未起,則文王遵養以爲道;時已至而事已集,則武周憂勞以見功。"

這一詞條存在著明顯失誤。首先,没能揭明語源。"遵養"一詞語出《詩·周頌·酌》:"于鑠王師,遵養時晦。時純熙矣,是用大介。"《大詞典》收有"遵養時晦"一詞,並指明其語出《詩經》,不過,《大詞典》的"遵養"條並没有説明其與"遵養時晦"之間的聯繫。其次,釋義與書證也有錯誤。毛傳對"遵養時晦"一句是這樣解釋的:

"遵,率。養,取。晦,昧也。"鄭玄作箋稱:"率殷之叛國以事紂,養是
闇昧之君,以老其惡。"顯然,鄭玄將"養"理解爲"容忍、長養"的意
思。六朝時,人們根據這一理解,從《詩經》中截取"遵養",作爲表示
對壞人作一定程度寬容忍讓之意的一個詞語。這樣的用例在六朝的
文獻中比比皆是,如《晉書‧劉毅傳》載安帝《征劉毅詔》:

> 劉毅傲很凶戾,履霜日久,中間覆敗,宜即顯戮。晉法含弘,
> 復蒙寵授。曾不思愆內訟,怨望滋甚。賴宰輔藏疾,特加遵養,
> 遂復推轂陝西,寵榮隆泰,庶能洗心感遇,革音改意。而長惡不
> 悛,志爲姦宄,陵上虐下,縱逸無度。

詔中"遵養"的對象,無疑是劉毅,而"遵養"之義,應該是"容
忍"。又如《庾亮傳》載庾亮《與郗鑒牋》:

> (王導)挾震主之威以臨制百官,百官莫之敢忤。是先帝無
> 顧命之臣,勢屈于驕姦而遵養之也。趙賈之徒有無君之心,是而
> 可忍,孰不可忍!

其中的"遵養之",便是容忍王導的意思。再如《宋書‧廬陵孝
獻王義真傳》載文帝《追恤廬陵王義真詔》:

> 天未悔禍,運鍾屯險,群凶肆醜,專竊國柄,禍心潛搆,釁生
> 不圖。朕每永念雛恥,含痛內結,遵養姦慝,情禮未申。

以及《松滋侯子房傳》載明帝《徙松滋侯子房詔》:

> 陰慝已露,宜盡憲辟,實以方難未夷,曲加遵養。

其中的"遵養",顯然也都是容忍之義。

再看《大詞典》所提供的書證,《晉書‧明帝紀》中的"遵養"也難
說不是容忍的意思。其實,根據我們的調查,六朝時期,"遵養"的用
例幾乎都是容忍的意思。即使是唐代的文獻中,也依然存在著表示

容忍的"遵養"的用例,例如《文苑英華》卷六一三唐李嶠《爲魏王梁王賀賊帥李盡滅死及新殿成上禮食表》:

> 陛下乃眷愚悖,情深遵養,聊用七旬之舞,未加五戒之罰。

其中的"遵養"顯然也是容忍之義,這是因爲唐人對於《詩經》中這段内容的理解和六朝時人基本一致。孔穎達對"遵養時晦"的傳箋作進一步疏解時説:"(《釋詁》)又云:遵、率,循也。俱訓爲循,是遵得爲率。武王於紂,養而取之,故以養爲取。"可以看出,這一理解與毛傳鄭箋是一脉相承的。

不過,宋元以後,"遵養"一詞的意義開始有所變化,這是因爲宋人對相關經文的理解與前人有所不同。朱熹的《詩集傳》將"于鑠王師,遵養時晦"解釋爲:"言其初有于鑠之師而不用,退自循養,與時俱晦。"這樣的理解顯然與上述毛鄭孔諸人有所不同。宋代華鎮《越州跋縈先生趙萬宗傳》中有"鄭公遵養於樵風,逸少高舉于蘭渚"的用例,其中"遵養"一詞的意思,跟《大詞典》所列的宋代以來的書證一樣,與朱子的理解没有多大的區别。

主要參考文獻:

〔清〕阮元校刻:《十三經注疏》,中華書局,1980 年。

〔宋〕朱熹撰:《詩集傳》,上海古籍出版社,1980 年。

羅竹風:《漢語大詞典》,漢語大詞典出版社,1995 年。

〔宋〕李昉等撰:《文苑英華》,中華書局,1966 年。

〔清〕嚴可均校輯:《全上古三代秦漢三國六朝文》,中華書局,1980 年。

〔清〕董誥等:《全唐文》,中華書局,1983 年。

趙超:《漢魏南北朝墓誌彙編》,天津古籍出版社,1992 年。

周紹良、趙超:《唐代墓誌彙編》,上海古籍出版社,1992 年。

釋"介石"

——關於詞義演變及其原因

"介石"一詞,本自《周易》,唐代以來多用以表示"操守堅貞"之義。由於以往人們對於該詞在六朝時的用例缺少關注,因此對它的認識並不充分,甚至還有錯誤。例如《漢語大詞典》人部"介石"條:

> 1. 謂操守堅貞。語出《易·豫》:"介于石,不終日,貞吉。"《宋書·謝靈運傳》:"時來之機,悟先于介石,納隍之誠,一援於生民。"《北史·隋本紀下》:"豈美璞韜采,未值良工;將介石在懷,確乎難拔?"明陸采《明珠記·珠圓》:"義士施偷天之計,郎君秉介石之心。"2. 碑石①。(書證略)

關於這一條,存在兩個問題:一、誤舉書證。所舉《宋書·謝靈運傳》之例中"介石"之義與"操守堅貞"無涉。二、失立義項。"介石"一詞除了上述義項外,還有"徵兆""時機的急迫、稍縱即逝"或"及時把握時機"等意義。其用例常見於六朝時期的文獻。

先來看上述《宋書·謝靈運傳》的這個用例。這是謝靈運奉使在彭城慰勞征伐長安回來的劉裕所作的《撰征賦》中的文字。檢閱傳文,可以發現這裏的"介石"之義,與占卜有關。本傳載此賦之序稱:

> 值天祚攸興,昧弱授機,龜筮元謀,符瑞景徵。於是仰祗俯

---

① "碑石"一義,因與本文所論無涉,另當別論。

協，順天從兆，興止戈之師，躬暫勞之討。

六朝人行事好占卜。序文所示，劉裕之北伐，亦不例外。所謂"龜符元謀，符瑞景徵"即爲其事。其後正文又言及此事：

> 俟太平之曠期，屬應運之聖明。坤寄通於四瀆，乾假照於三辰。水潤土以顯比，火炎天而同人。惟上相之睿哲，當草昧而經綸。總九流以貞觀，協五才而平分。時來之機，悟先於介石，納隍之誠，一援於生民。龜筮允臧，人鬼同情。順天行誅，司典詳刑。樹牙選徒，秉鉞抗旍。弧矢罄楚孝之心智，戈棘單吳子之精靈。

據此可知北伐前所得之卦爲"坤""乾""比"與"同人"。這些卦均爲吉卦，所以下文又有"龜筮允臧，人鬼同情"之類的話。細繹文義，可以看出，"時來之機，悟先於介石"一句，是承上歌頌劉裕的，具體是稱贊作爲上相的劉裕，對形勢機會的覺悟，比"介石"還早。在這裏，"介石"是占卜所顯示的徵兆的代名詞。

由於"徵兆"所預示的機會若不加利用，則很快喪失意義，因此"介石"也多用以形容時機的急迫、稍縱即逝。例如《魏書·司馬紹傳》載司馬紹與王敦書：

> 公邁德樹勳，遐邇歸懷，任社稷之託，居總己之統，然道里長遠，江川阻深，動有介石之機，而回旋之間，固以有所喪矣。謂公宜入輔朝政，得旦夕諮諏，朝士亦僉以爲然。

《魏書》記載晉明帝司馬紹此書是因"王敦將篡，諷紹徵己"而作。上引文字是說王敦擔負著領導國家的重任，但是却遠處外藩，一旦有"介石之機"需要王敦作決定，等到通知他或他回來處理，機會很可能就喪失了，因此要求王敦從國家利益出發，入京師輔政，以便隨時諮詢。"介石之機"應是需要當機立斷、及時把握的時機。

又如《晉書·王敦傳》載王敦上疏：

> 自從信隗已來，刑罰不中，街談巷議，皆云如吳之將亡。……願出臣表，諮之朝臣，介石之幾，不俟終日，令諸軍早還，不至虛擾。

根據《晉書·王敦傳》等的有關記載，王敦於永昌元年起兵，是以誅劉隗爲名。在上此疏之前，王敦已上疏要求晉元帝誅殺劉隗，其中有"願陛下深垂省察，速斬隗首，則衆望厭服，皇祚復隆，隗首朝懸，諸軍夕退"等文字。據之可知，此疏"介石之幾，不俟終日"的意思是要元帝把握稍縱即逝的時機，當機立斷，立即誅殺劉隗，以使王敦所率領的軍隊撤退。

再如《梁書·元帝紀》載王僧辯表：

> 臣聞日月貞明，太陽不可以闕照；天地貞觀，乾道不可以久惕。……寶器存乎至重，介石慎於易差。黔首豈可少選無君，宗祧豈可一日無主。伏願陛下掃地升中，柴天改物。事迫凶危，運鍾擾攘，蓋不勞宗正奉詔，博士擇時，南面即可居尊，西向無所讓德。

這是王僧辯在獲悉簡文帝爲侯景所弑後，給當時湘東王蕭繹所上的表。在表中王僧辯希望蕭繹能抓住時機，立即即帝位，以免被別人奪得先機，出現如"赤眉更立盆子，隗囂託置高廟"[1]的不利局面。所謂"介石慎於易差"，也就是説時機稍縱即逝，要慎於把握的意思[2]。

由此再進一步引申，"介石"又有"及時把握時機"之義。如《宋

① 見王僧辯此表下文。
② 《梁書·元帝紀》中其後還載有王僧辯、徐陵等爲勸元帝即位所上三表，反復申明此義，可爲佐證。

書·武帝紀上》載晉安帝授劉裕策：

> 既而歲月屢遷，神器已遠，忠孝幽寄，實貫三靈。爾乃介石勝機，宣契畢舉，訴蒼天以爲正，揮義旅而一驅。

此文乃指劉裕元興三年二月起兵討伐桓玄之事。文中“介石勝機”之語，是指劉裕與何無忌等把握時機，果斷突襲桓修，成功斬殺桓修而起兵之事。

又如《魏書·陳建傳》載陳建上表：

> 愚謂時不再來，機宜易失，毫分之差，致悔千里。天與不取，反受其咎，所謂見而不作，過在介石者也。

很明顯，這裏的“介石”，也應當是把握時機、當機立斷的意思。

綜上所述，可以清楚地看出，在六朝的文獻中，“介石”之義多與“徵兆”“時機”相關，對六朝文獻中出現的“介石”用例的調查顯示，該詞並沒有後來所謂的“操守堅貞”之義。

六朝的人爲什麽會對“介石”有這樣的理解呢？這很可能是與《易·繫辭下》的這段文字有關：

> 子曰：“知幾其神乎？君子上交不諂，下交不瀆，其知幾乎？幾者，動之微，吉之先見者也。君子見幾而作，不俟終日。《易》曰：‘介于石，不終日，貞吉。’介如石焉，寧用終日，斷可識也。”

《繫辭》這一段文字的主要意思，是在説君子當“見幾而作，不俟終日”。引《豫》六二爻辭，是因爲《周易》中的該爻具有此義。從“介如石焉，寧用終日，斷可識也”①這樣的解釋，可以看出，“不俟終日”不過是在説明采取行動之迅捷果斷，也即對應“作”。那麽，爻辭中剩下的跟“見幾”之義有關的便只有“介于石”了。

---

① “介如石”即“介于石”，説見《經傳釋詞》卷一“于”字條。

《晉書·孫惠傳》中,記載了孫惠託名秦祕之而寫給東海王越的一封書信,其中下面的這段文字反映了當時人對於上述《繫辭》的理解:

> 時難獲而易失,機速變而成禍,介如石焉,實無終日,自求多福,惟君裁之!

而隋唐人將"介石"理解爲"操守堅貞",則應該來自對王弼注的理解。

《十三經注疏·周易正義》魏王弼於《豫》六二下注:

> 處豫之時,得位履中,安夫貞正,不求苟豫者也。順不苟從,豫不違中,是以上交不諂,下交不瀆。明禍福之所生,故不苟説;辯必然之理,故不改其操介如石焉,"不終日"明矣。[①]

唐孔穎達對此作疏:

> 介于石者,得位履中,安夫貞正,不苟求逸豫,上交不諂,下交不瀆,知幾事之初始,明禍福之所生,不苟求逸豫,守志耿介似於石。然見幾之速,不待終竟一日,去惡修善,恒守正得吉也。

孔疏中的"守志耿介似於石"無疑對應的是王注中"不改其操介如石焉",顯然是因爲王注的這句話,使那個時代的人們認爲"介石"有"操守堅貞"之義。

那麼,這裏就有一個疑問,那就是王弼注《周易》,排擊漢儒,掃去舊文,獨標新學,在六朝之時已儼然可以與以鄭玄爲代表的漢儒分庭抗禮[②],可是爲什麼王弼注《豫》六二時提到的"不改其操介如石焉"

---

① 所引《周易正義》中注疏的文字與標點,皆取準於北京大學出版社所出李學勤主編的標點本《十三經注疏》。
② 有關王弼注與鄭玄注自晉代以來並列學官的情況,可參閲《南齊書·陸澄傳》所載陸澄與王儉書。

一句,在六朝時從没有人理睬,非要到隋唐以後才大行其道呢?

這種情况的出現,很可能與不同時代的人對王弼注的解讀不同有關。

六朝人讀王弼注中"不改其操介如石焉"一句時,應該是以"不改其操"斷句,而以"介如石焉"屬下句。

如果仔細推敲上面所引的王弼對《豫》六二的注文及《繫辭》的有關文字,不難發現,王弼其實是在援引《繫辭》來解釋爻辭。其中"上交不諂,下交不瀆"爲照録《繫辭》原文,自不待言。即使是"介如石焉,'不終日'明矣",也不過是《繫辭》中"介如石焉,寧用終日,斷可識也"的一個簡略的表達。而上文"明禍福之所生,故不苟説;辯必然之理,故不改其操"是對"上交不諂,下交不瀆"的進一步申説。"不改其操"與"不苟説"相對成文。如果作這樣的解讀,那麼在王弼的注中,"介如石焉"就與操守没有什麽直接的聯繫,這應該就是爲什麽六朝人不用"介石"來形容操守的原因。

而從上引孔穎達的疏則可以看出,以孔穎達爲代表的隋唐人是以"介如石焉"屬上爲句,將"操介"讀爲一詞。應該説這並不是王注本意。因爲作那樣的句讀之後,緊接著下文所説的"'不終日'明矣"就顯得很突兀,爲什麽"不苟説""不改其操介如石焉",就能"'不終日'明矣"呢? 實在匪夷所思。正因如此,恪守疏不破注的孔穎達,在處理這一句時,也不得不改注中的順承語氣而爲疏中的轉折語氣,仔細玩讀,不難體會到這一點。

從《漢語大詞典》所引《北史·隋本紀》的例子來看[1],這種誤讀隋代時已經存在。自《周易正義》通行於世,生徒都奉孔疏爲圭臬,於是繆種流傳,"介石"之爲"操守堅貞",在唐以後的文獻中屢見迭出;而六朝人所理解的與"徵兆""時機"等有關的意義很快湮没無聞。

---

[1] 例文出自隋煬帝大業三年所下詔書,亦見《隋書·煬帝紀上》。

需要另外説明的是,"介石"之"介"字,也作"砎"。陸德明《經典釋文》於"介於石"下注:"介,古文作砎,馬作玠。"

因此,後來所習見的"介石",在較早的文獻裏往往作"砎石"。

如《晉書·伏滔傳》載伏滔《正淮論》下篇:

> 夫王淩面縛,得之於砎石;仲恭接刃,成之於後覺也。而高祖以之宵征,世宗以之發疾,豈不勤哉!

"仲恭"爲毌丘儉字,王淩與毌丘儉作亂的事分別見《三國志·魏書》二人的本傳。其中王淩之謀爲人告發,司馬懿預知之後,立即親征,僅九日便掩至其地,王淩不得已,面縛就擒。關於這兩人作亂的事,伏滔在本傳所載的《正淮論》上篇中已提及:

> 夫懸象著明,而休徵表於列宿;……昔妖星出於東南而弱楚以亡,飛孛橫於天漢而劉安誅絶,近則火星晨見而王淩首謀,長彗宵暎而毌丘襲亂。斯則表乎天時也。

顯然,上舉《正淮論》下篇的文字,正是承上篇此處文字而來,"得之於砎石"的意思是説司馬懿在預先得知有關預兆之後,立即把握時機,先發制人,一舉取得成功。這與其子司馬師在毌丘儉起兵之後被迫帶病應戰不同,"砎石"與"後覺"相對成文,正體現了這一不同。"砎石"在這裏有"預知徵兆"的意思。

據此再看《漢語大詞典》石部"砎"條:

> 堅硬。《晉書·桓温傳》:故員通貴於無滯,明哲尚于應機,砎如石焉,所以成務。

其中"砎"字之義究竟爲何,大可商榷①。但例文中"砎如石焉"

---

① 鄭玄釋此"砎"爲"磨砎",馬融所據本字作"玠",釋爲"投小石聲"。見《經典釋文》所引。

語出《周易·繫辭下》則無疑問,應當亦是"當機立斷"之義。

又其下"矼石"條:

> 堅硬的石頭。比喻耿介的氣質。《晉書·孔坦傳》:"知將
> 軍忿疾醜類,翻然同舉。承問欣豫,慶若在己。何知幾之先覺,
> 矼石之易悟哉。"

揆以上文所論,此條不僅没能説明"矼石"一詞淵源所自及其與
"介石"的關係,而且其釋義亦未得其實。

主要參考文獻:

〔清〕阮元校刻:《十三經注疏》,中華書局,1980 年。

〔晉〕陳壽撰:《三國志》,中華書局,1959 年。

〔唐〕房玄齡等撰:《晉書》,中華書局,1974 年。

〔南朝梁〕沈約撰:《宋書》,中華書局,1974 年。

〔唐〕姚思廉撰:《梁書》,中華書局,1973 年。

〔北齊〕魏收撰:《魏書》,中華書局,1974 年。

釋“蕃朝”

漢字的通假，往往具有時代性。同一個字，在某個時代可能與某個字相通假，而在另一個時代則與另外的字相通假。換句話說，同一個字，會在某一時期表示一個詞，而在另一個時期則表示另外一個詞。明確這一點對於“因聲求義”的訓詁來說，至關重要。《漢語大詞典》中有些條目的編者沒有對這一點給予足夠的重視，在揭示本字以及釋義方面出現了失誤。我們試以“蕃朝”一詞爲例略作說明。

《漢語大詞典》“蕃朝”條：

> 【蕃朝】指異國之朝廷。蕃，通“番”。《文選·陸機〈答賈長淵〉詩》：“往踐蕃朝，來步紫微。”李善注：“蕃朝，吳也。”《南史·顏竣傳》：“竣藉蕃朝之舊臣，每極陳得失。”

該詞條的編纂者沒有對“蕃”字通假的情況作歷時層面的考察，作出了錯誤的解釋。佐證釋義的兩個書證中的“蕃朝”實際都不是指“異國之朝廷”。

先看第一書證。顯然，李善注是編者釋義的根據；而之所以有“異國之朝廷”的釋義，大概是因爲編者將注中的“吳”理解成了曾經與西晉對抗的“孫吳”朝廷。這個理解是錯誤的。《文選》所載陸機此詩有序：

　　余昔爲太子洗馬，賈長淵以散騎常侍侍東宮積年①。余出補吳王郎中令，元康六年入爲尚書郎。魯公贈詩一篇，作此詩答之云爾。

李善注“余出補吳王郎中令”：

　　臧榮緒《晉書》曰：吳王晏，字平度，武帝第二十三子，封吳。又曰：吳王出鎮淮南，以機爲郎中令。

　　又李善注本詩“往踐蕃朝，來步紫微”一句，在“蕃朝，吳也”後還有：

　　紫微，至尊所居，謂爲尚書郎。

　　可知李善是將“往踐蕃朝，來步紫微”理解爲序中所言“出補吳王郎中令”及“入爲尚書郎”兩件事。這一理解也與《晉書·陸機傳》中“吳王晏出鎮淮南，以機爲郎中令，遷尚書中兵郎，轉殿中郎”等記載相合。由此可推斷，本例“蕃朝”通“藩朝”，實指晉朝的諸侯王國之一的吳國。關於此處“蕃”通“藩”情況，還有版本方面的證據：日本藏《文選集注》寫本殘卷、日本足利學校藏宋刊明州本六臣注《文選》、韓國奎章閣所藏六臣注《文選》、四部叢刊影印宋刊本六臣注《文選》載此詩及李善注，其文均作“藩朝”。而《六臣注文選》中呂向在李善注的基礎上進一步明確指出：

　　出爲吳王郎中令，故云“往踐藩朝”；入爲尚書，故云“來步紫微”。

　　綜上所述，今本《文選》中的“蕃朝”所指的這個吳國，絕對不能被稱爲“異國之朝廷”。

------

① 李善注本無下“侍”字，文不成義，五臣注本有，疑李注本原作重文符，傳寫脫落所致。

再看第二書證。先須説明,《南史》的這一記載,也見於《宋書·顔竣傳》,其文作:"竣藉蕃朝之舊,極陳得失。"[1]若本著反映語詞時代性的原則,則《漢語大詞典》引書證應首選《宋書》。而檢《宋書·顔竣傳》知,終顔竣一生,從未有任職"異國之朝廷"的履歷。本傳載顔竣很早就"出爲世祖撫軍主簿"。世祖即孝武帝劉駿,文帝三子,自元嘉十二年(五歲)到登基,一直封爲武陵王。本傳載顔竣在撫軍主簿任上,甚得劉駿愛遇,竣亦盡心補益。元嘉三十年,武陵王舉兵入討時,本傳記載:

> (顔竣)轉諮議參軍,領録事,任總外内,并造檄書。世祖發尋陽,便有疾,領録事自沈慶之以下,並不堪相見,唯竣出入卧内,斷決軍機。時世祖屢經危篤,不任咨稟,凡厥衆事,竣皆專斷施行。

據此可知顔竣在武陵王身邊的地位及受信任的程度。所謂"蕃朝之舊",是指顔竣在武陵王藩國任内與之結下的深厚感情。正因爲有這一層關係,在武陵王登基之後,顔竣才敢於"極陳得失"。試想,本例的"蕃朝"如果是指"異國之朝廷",那麼顔竣"藉蕃朝之舊"而極諫,豈不匪夷所思?顯然,此"蕃朝"也同樣通"藩朝"。《通志》卷一三五載有顔竣傳記,從文字内容來看,應該本自《南史·顔竣傳》,其字正作"藩朝",也正反映了其通假的事實。

對唐代以前的文獻中的"蕃朝"用例作調查,没有發現可以解釋爲"異國之朝廷"的例子。以《宋書》而言,全書"蕃朝"共有三處,除上舉之例外,一例爲《劉秀之傳》載孝武帝《恤劉秀之詔》:

---

[1]《宋書·顔竣傳》中的"蕃朝之舊"的"舊"字,是指"以往的交情、舊誼",文義已足,《南史》在其後添上了"臣"字,實屬蛇足,因爲"蕃朝之舊臣"所在皆是,不足憑藉,而"蕃朝之舊誼"則以顔竣爲最。從這一點來説,書證也以取《宋書》的文字爲好。

　　秀之識局明遠,才應通暢,誠著蕃朝,績宣累嶽。往歲逆臣交構,首義萬里,及職司端尹,贊戎兩宮,嘉謀徽譽,實彰朝野。

　　結合傳文,可知所謂"誠著蕃朝"是指劉秀之任武陵王的撫軍録事參軍、襄陽令時的表現。另一例爲《顔延之傳》載明帝《擢顔臭詔》:

　　前記室參軍、濟陽太守臭伏勤蕃朝,綢繆恩舊。可擢爲中書侍郎。

　　"伏勤蕃朝,綢繆恩舊"是指顔臭在明帝尚爲諸侯王時在其身邊任職以及兩人之間結下的深厚感情。同時代的文獻中,還有《南齊書·沈沖傳》所載世祖武帝《贈諡沈沖詔》的用例:

　　沖貞詳閑理,志局淹正。誠著蕃朝,績彰出内。不幸早世,朕甚悼之。

　　結合本傳可知,"誠著蕃朝"是表彰沈沖在多個諸侯王國任職時的忠誠表現。

　　古代典籍中"蕃"通"藩"的事實,不僅可從《漢語大詞典》的"蕃國""蕃扞"等條中獲得大量的證據,而且根據調查可以進一步確認,"蕃"通"藩"這一文字通假現象,在傳世的兩漢以來的文獻中有大量存在。如《史記·漢興以來諸侯王年表》:

　　諸侯稍微,大國不過十餘城,小侯不過數十里,上足以奉貢職,下足以供養祭祀,以蕃輔京師。

　　又如《漢書·淮南衡山濟北王傳贊》:

　　淮南、衡山親爲骨肉,疆土千里,列在諸侯,不務遵蕃臣職,以丞輔天子,而剸懷邪辟之計,謀爲畔逆,仍父子再亡國,各不終其身。

又如《後漢書·孝順帝紀》載延光四年尚書令劉光等上奏：

> 陛下正統,當奉宗廟,而姦臣交搆,遂令陛下龍潛蕃國,群僚遠近莫不失望。

李賢注"龍潛蕃國"：

> 從太子廢爲王,故曰龍潛蕃國。

類似的例子不勝枚舉。

魏晉南北朝文獻中的"蕃"通"藩",正是這一通假現象的延續。這種情況在當時很普遍。如曹植《與楊德祖書》的"吾雖薄德,位爲蕃侯",陸雲《祖考頌》的"聿來故宫,作蕃舊邑",《宋書·禮志一》的"宋冠皇太子及蕃王,亦一加也",又《魯爽傳》的"明大王殿下以睿茂居蕃,文武兼姿,遠邇欽傾",江淹《褚侍中爲征北長史詔》的"蕃佐須才,非良莫寄",庾信《周隴右總管長史贈太子少保豆盧公神道碑》的"公屢弼英蕃,頻相大府"。其中的"蕃",都應讀作"藩"。

魏晉南北朝文獻中,没有發現《漢語大詞典》所提到的"蕃"通"番",明確表示外國或外族的例子,這恐怕是因爲當時還没有將外國或少數民族稱爲"番"的語言事實。用"蕃"來表示外國或外族的用例,今天可以看到的,最早出現在唐代文獻中。拿著名詩人的詩歌來説,如杜甫《草堂》的"始聞蕃漢殊"、岑參《凱歌》的"蕃軍遥見漢家營"等,其中的"蕃"顯然相當於後來表示外國或外族之義的"番"。從音韻上講,"蕃"可通"番",自然没有疑問,關鍵是用"蕃"來通假表示外國或外族意義的"番",究竟發生在什麼時代。現在看來,這種通假可能開始於唐代。如果從這個角度來看《漢語大詞典》的兩條書證,那麼陸機的那條既然遠在唐前三百多年,其中的"蕃"自然不可能通表示外國之義的"番";就算是《南史》的那條,雖然其書爲唐人所編,但其所依據的原始材料也應該主要是南朝文獻,如前所揭,本例所涉及的文句,明顯本自《宋書》,而在沈約的時代,也是不可能用"蕃"來通假表示外國或外族的"番"的。

唐代的文獻中,魏晉南北朝文獻中常見的"蕃朝"一詞,開始以"藩朝"的面貌出現,如《新唐書·王知遠傳》載太宗璽書"朕昔在藩朝,早獲問道"。根據調查,我們推斷,從唐代開始,記錄這一與分封諸侯國有關的詞義時,逐漸確定用"藩"來代替"蕃"。這也就是爲什麽唐宋以來的文獻中出現"蕃朝"被改作"藩朝"現象的原因。

通過對這一個案的調查,可以看出,某個字的通假的具體情況,存在著歷時的差異。這一點在我們確定通假時必須加以注意。如本例所涉及的"蕃"字,在先秦文獻中或通"繁",表示繁茂;或通"藩",表示籬落或捍衛;兩漢開始到六朝時,多通"藩",表示藩國(這個"藩"的意義,當由先秦以來的籬落、捍衛之義引申而來);隋唐以後多通"番",表示外國或外族①。"蕃"字作爲通假字使用的具體情況有著明顯的時代特徵。

當然,調查某一個通假字的歷時演變的事實存在著很多具體的困難。其中較爲麻煩的,一是在於明確文獻中作爲通假字使用的某一個字,是來自於文獻作者本身,還是出自於文獻的傳抄者之手。二是在於出自傳抄者的通假字,其產生的具體時間也不易確定。因爲即使其所在的文獻版本,能明確判定其抄寫或刻印的具體時間,我們也難以將這一具體時間視作通假字產生的時間,原因是,無論是寫本還是刊本,其中的通假字顯然會有因襲前面版本的情況存在。

不過,如果我們能從漢語史的角度,調查某一個通假字所涉及的詞語的產生發展的情況,則也許可以對該通假字的使用上限作一個大致的推斷。例如通過調查我們知道,上述表示外國意義的"番"這一個詞,較早的用例,集中在唐代,那麼,我們可以推知,在這個意義

① 先秦文獻中也有一些"蕃"通"番"的現象存在,但未有涉及外國之義的例子。

上的“番”字的通假字“蕃”,其使用的上限或許可以暫定爲唐代。掌握了這一點,在我們對早於唐代數百年前的文獻中出現的可能是通假字的“蕃”字進行釋義的時候,就有了一個重要的參考,能在一定程度上避免作出錯誤的解釋。

我們相信《漢語大詞典》中因不明通假字的時代特點而産生釋義錯誤的,不會僅僅只有“蕃朝”一詞。今後要對《漢語大詞典》作全面的修訂,有必要對這方面的問題予以足够的重視。

主要參考文獻:

〔清〕阮元校刻:《十三經注疏》,中華書局,1980 年。

〔漢〕司馬遷撰:《史記》,中華書局,1959 年。

〔漢〕班固撰:《漢書》,中華書局,1962 年。

〔南朝宋〕范曄撰:《後漢書》,中華書局,1965 年。

〔晉〕陳壽撰:《三國志》,中華書局,1959 年。

〔唐〕房玄齡等撰:《晉書》,中華書局,1974 年。

〔南朝梁〕沈約撰:《宋書》,中華書局,1974 年。

〔梁〕蕭統編,〔唐〕李善注:《文選》,上海古籍出版社,1986 年。

辨析駢偶定句讀

——《册府元龜(校訂本)》標點平議

　　鳳凰出版社 2006 年出版的校訂本《册府元龜》,是一項投入了大量人力、物力而推出的古籍整理成果,理應成爲今人閱讀利用該書的首選。整理者們花費了大量的時間精力,爲全書洋洋一千多萬字施加了新式標點,這在很大程度上起到了幫助讀者閱讀理解的作用,功德無量。不過,智者千慮,難免一失。本人在利用校訂本從事日常研究的過程中,發現書中的有些標點還有可以商榷的餘地。就拿書中三十一部的總序和一千一百零四門的小序來説,由於作者大多是當時負有盛名的文士,因此每篇都充分體現了注重修辭的特點,尤其是駢偶的修辭手法更是比比皆是,然而,由於校訂者似乎未能對這一現象予以足夠的關注,以致出現了不少句子的斷句不當,不但使作者苦心經營的駢偶隱而不顯,同時也很可能會使讀者産生誤解或困惑,多少有點令人遺憾。筆者通過對《册府元龜》校訂本的序文中這類問題的全面調查,發現其個案涉及到全書不同卷次;同一類型的問題似乎也並不僅僅出現在《册府元龜》的整理本中,據筆者平時研讀所知,類似的現象在已出版的不少古文獻特別是文學文獻的整理本中,多少有所存在;這樣的現象又多關涉對中國古代歷史、文化等方面的認識與理解。筆者的認識固然粗淺,但因爲考慮到如果能以此引起相關的整理者在這方面的注意,也許對進一步提高古籍整理的品質不無小助,所以還是願意不避鄙陋的嫌疑,將這些問題揭示出來,以向專家請教。

就筆者不完全統計，校訂本全書序文中由於斷句不當而導致的破壞駢偶的情況有數百處。根據對這些情況的簡單分析，按其致誤的不同，可分成八類。囿於篇幅，本文每類只選取較爲典型的例子，合計六十四例。每例引文括注卷次、部門以及在校訂本中的冊數、頁碼，以備檢覈。

一、割裂主謂關係失駢例

[1]自秦遷周鼎，頗遵古制；逮於吳蜀，建號江左，禪代莫不追加號謚，充奉園邑，增建廟貌，聿修時祭。（卷一八九《閏位部·奉先》，三/2114）

“建號”“禪代”都宜屬上句。蜀國建號，不在江左；吳蜀亦未有禪代事。“吳蜀建號，江左禪代”是分說三國、南朝立國的駢句。割裂了原有的主謂關係，不僅破壞了駢偶的句式，同時也使文意與史實不符。

[2]奉先之誠，不匱昭享之義，有叙惟馨之薦，豐而且潔，非有詒也；致美之服，章而有量，不圖奢也。（卷二三五《列國君部·奉先》，三/2628）

“不匱”“有叙”都宜屬上句，“叙”後宜加句號。“不匱”的，是“奉先之誠”；“有叙”的，是“昭享之義”。強作割裂，不僅隱没了“奉先之誠不匱，昭享之義有叙”兩句的駢偶特點，同時也破壞了“惟馨之薦……”與“致美之服……”的駢偶關係。

[3]繇是宗廟之禮，斯備官闕之制，有典外夷之事，明習朝廷之政。有成量功以鈎校，則物無遁形；執詞而訊辨，則情咸有得。（卷六二〇《卿監部·舉職》，七/7175）

“斯備”“有典”“明習”“有成”都宜屬上句。“斯備”的，是“宗廟之禮”；“有典”的，是“宫闕之制”；“明習”的，是“外夷之事”；“有成”的，是“朝廷之政”。一組四句，並列説四事，都屬於卿監的職責，並不是只論“宗廟之禮”一個方面。四處割裂，不僅破壞駢偶，也使“宗廟之禮”難以總統其餘三事。

[4]始因私怨，構其事端，終爲深禍，危乎邦本。斯則猜賊者之議，得讒毀者之計，行故受枉被誅，莫不由是。（卷七四八《陪臣部·賊害》，九/8644）

“得”“行”都宜屬上句。所“得”者乃“猜賊者之議”，所“行”者乃“讒毀者之計”，奸佞之輩“議得”“計行”，故忠良之人“受枉被誅”；“行故”不成詞。

[5]喪從哀制，緣情之禮，斯在恩縣義斷，移孝之文足徵。故晉侯始墨，以從戎子騫。腰絰而服事，奪情順變，其來尚矣。（卷八六二《總録部·起復》，十/10045）

此段有三誤。“斯在”屬下句，一誤。“緣情之禮斯在”六字連讀，則正與上下文構成一對四六駢句。“晉侯始墨”與“以從戎”割裂，二誤。“子騫”與“腰絰以服事”割裂，三誤。“晉侯始墨以從戎”與“子騫腰絰而服事”相駢偶，分別用晉襄公及閔子騫居喪之典，事見《左傳·僖公三十三年》《公羊傳·宣公元年》。

[6]自知者，明既標於前訓，不能則止；亦著于格言，由審己以惟艱，爰修身而有待。（卷八六七《總録部·自知》，十/10102）

“明”宜屬上句，“訓”後逗號宜改分號，“止”後分號宜改逗號。“自知……前訓”與“不能……格言”相駢，前謂《老子》有“自知者明”，後謂《論語》有“不能則止”。兩引經典，事屬並列。

[7]若夫受誅於官者,非怨殺人,而義者勿讎,斯典經之丕訓,百代所不易。(卷八九六《總録部·復讎》,十/10403)

"非怨"宜屬上句,"殺人"宜屬下句。"受誅於官者非怨",意思是被政府依法判處死刑者其親友不該有怨仇之心;"殺人而義者勿讎",意思是雖殺人但合乎道義的人不該作爲報仇的對象。這兩句形成整齊的駢偶,並列説明兩種不應該復讎的情況。

[8]在天成象列宿,有風雨之好。唯人最靈,大欲存飲食之味,雖愛尚之或異,亦縱恣而無節。(卷九二八《總録部·嗜好》,十一/10755)

"列宿"宜屬下句,"好"後句號宜改爲分號。"列宿有風雨之好"與上下文構成一對四七駢句,文意本自《尚書·洪范》"庶民惟星,星有好風,星有好雨"一句,喻指世人如同天上群星,有各自的嗜好。

[9]禍福相倚,事乃無必壓溺。既至禮所不吊,命奚可説,天亦難忱,烏識其時?孰知其極?(卷九三一《總録部·枉横》,十一/10779)

"壓溺既至"宜作一句讀,"必"後宜加分號。"既至"的主語是"壓溺",不當割裂。"壓溺"是指土壓和水淹,這裏泛指意想不到的枉横之禍。"事乃無必壓溺"既不合於"枉横"的主題,"既至禮所不吊"又不知所云。"壓溺既至,禮所不吊"正與"禍福相倚,事乃無必"構成工整的駢偶。

二、割裂動賓關係失駢例

[10]夫以託霄極之尊,依蘿圖之盛,承本枝之蕃茂,膺磐石之疏封。是曰:君宗咸居屬籍,雖親疏之節著於字人,而善惡之

名紀乎惇史。（卷二六二《宗室部》，四／2971—2972）

"是曰君宗"不宜割裂。這裏的"曰"，意思是稱爲、稱作，對象是"君宗"這一名稱，而非"君宗咸居屬籍"這一事情。"夫以託霄極之尊……膺磐石之疏封"四句都是説帝王宗室的尊貴身份，"是曰君宗"與"咸居屬籍"相駢，"是曰君宗"是承上的總結，意思是"（前面所説的）這種人稱爲"君宗"，而"咸居屬籍"四字則是補充説明這一類人都記載在宗室的譜籍上，並蘊含啓下文"紀乎惇史"的意味。

［11］乃至行誅求之政，侵削于下畜；掊克之臣，聚斂爲務。（卷五一〇《邦計部·重斂》，六／5796）

"畜"字宜屬下句。"畜掊克之臣"句與"行誅求之政"句相駢偶，並列描述兩種重斂的手段。"下畜"不成詞。

［12］至於奉閒宴陪，豫游授簡，爲文無容宿搆，於坐立奏，焕然成章，非英氣積中，天機俊發，又安能翰動若飛，筆不停綴……（卷五五一《詞臣部·才敏》，七／6308）

"陪豫游""授簡爲文"都宜各作一句讀。"陪豫遊"與"奉閒宴"相駢，並説詞臣在皇帝身邊侍宴陪遊兩事；"授簡爲文，無容宿搆"與"於坐立奏，焕然成章"句相駢，分承陪遊與奉宴兩事，各寫詞臣的才思敏捷。

［13］《詩》曰："靖恭爾位，好是正直，況夫簡孚，庶獄審克。"九刑成震曜之威，當明慎之職，固宜謹奉彝憲，舉正爰書，絶去兩端，循用三尺。（卷六一七《刑法部·正直》，七／7138）

"庶獄"宜屬上句，"審克九刑"宜作一句讀。"簡孚庶獄"與"審克九刑"相駢，"簡孚""審克"二詞都來自《尚書·吕刑》，都表示審察、審覈的意思，"庶獄""九刑"正是所審覈的對象。附帶説明，自

"況夫"以下文字顯然非《詩經》內容,而屬於序文作者自撰的文字,不當闌入引號內。

[14]夫夷情得喪,忘懷榮辱;外儻蕩以無檢,中恬漠而自適;簡易威儀,脫略富貴;抗心俗表,不屑物議;任放肆志,率詣不羈;窮厄靡動,其情哀樂,罔嬰其慮:斯皆晏然自得,不以世務爲累者已。(卷八五五《總録部·曠達》,十/9954)

"其情"宜屬上句,"哀樂"宜屬下句。"窮厄靡動其情"與"哀樂罔嬰其慮"相駢,意思是説即使窮厄也未能改變其情懷,無論哀樂都不會縈繞在胸臆,而這正是曠達者的表現。原標點令人難以理解作者究竟想説什麼。

[15]又若予賜之典,所以優禮。大臣取請之文,所以俯從私願。(卷九〇六《總録部·假告》,十/10534)

"大臣"宜屬上句,"臣"後宜用分號。"予賜之典……"句與"取請之文……"句構成一對四六結構的駢句。"予賜"指"予告"與"賜告",是皇帝給予大臣的一種休假待遇,漢代只有二千石以上的高官才可以享受,所以此序説它是"所以優禮大臣"的制度;"大臣"是"優禮"的對象,不可割裂。

[16]乃至鬼神之事,著於方册而興。鄙斥之論,竺乾之教,布于華夏而行。毀訾之説,漢魏而下,蓋不乏其人矣。(卷九一六《總録部·偏執》,十一/10639)

"而興鄙斥之論"和"而行毀訾之説"二句不宜割裂,"論"後宜用分號,又"著於方册""布于華夏"似皆宜屬上句。"鬼神……之論"與"竺乾……之説"相駢,並説作者所不以爲然的兩種偏執情況。若依原標點,那麼不僅"鬼神之事"如何可以"著於方册而興"會令讀者困惑,同時也無法體現作者的對鬼神之事的褒貶去取。

　　[17]至有箕踞而傾倚,岸幘以嘯詠,跌宕適意,豪縱亂常,宜乎招負俗之累嬰,自貽之戚於戲。《書》云:"簡而無傲。"《詩》云:"彼交匪傲,萬福來求。"誠爲君子之道也。(卷九三〇《總録部·傲慢》,十一/10767)

　　"嬰",意爲遭受,其對象是"自貽之戚","嬰自貽之戚"與"招負俗之累"相駢,故"嬰"宜屬下句;又"於戲"是感歎詞,啓發下文,宜獨立成句,後面施感嘆號。

三、割裂狀中關係失駢例

　　[18]利權莫舉,經制靡修,信不可委。以計會之任,助于富庶之政也。(卷五一〇《邦計部·交結》,六/5802)

　　"委"後句號宜除去。"委以計會之任"與"助于富庶之政"相駢,跟現代漢語相比,"委以計會之任"是狀語後置的形式,意思相當於"將計會的職務相委任"。

　　[19]或怨爭於朝廷,或遷謗於祖裔,其於攻訐,以真害淪胥,而罹咎者蓋有之矣。(卷六〇八《學校部·讎嫉》,七/7019)

　　"以真害"宜屬上句,"淪胥"宜屬下句,"者"後宜用逗號。與現代漢語相比,"以""而"二字,在這裏都是後置的用以表示原因或方式的介詞,在它們前面的詞"攻訐"及"淪胥"則是所介的內容,組合在一起在句中充當狀語。相駢的"攻訐以真害,淪胥而罹咎"兩句,如用現代漢語來講分別是:因爲攻擊別人而遺留禍害,因爲受到牽連而遭遇災難。

　　[20]其或邪僻,任己慘毒,臨下寘之嚴憲,固其宜也。(卷六二六《環衛部·總序》,七/7240)

"任己"宜屬上句,"慘毒臨下"宜作一句讀,"下"後宜用逗號。"邪僻任己"與"慘毒臨下"相駢,"邪僻"與"慘毒"分別是修飾"任己"與"臨下"的方式狀語。

[21]或竭誠而濟難;或悉力以蕩寇,用能立事,當世流芳。策書論而次之,固亦以勸事君者之忠蓋爾。(卷六六七《內臣部・立功》,八/7691)

"當世"宜屬上句,"流芳策書"宜作一句讀,"書"後宜加逗號。"立事當世"與"流芳策書"相駢,"當世"與"策書"是表示處所的狀語,分別修飾"立事"與"流芳",只不過,由於是古漢語,這兩個狀語都處於後置的狀態,並且前面都省略了表示處所的介詞"於"。

[22]蓋夫五等疏爵,千乘承家,必有陪臣。用司厥政,固宜盡瘁,以委質陳,力以事公,競獻其忠,各專其霸。(卷七五〇《陪臣部・奔亡》,九/8667)

"以委質"宜屬上句,"陳"宜屬下句。"盡瘁以委質"與"陳力以事公"相駢,兩"以"字同屬表示方式的介詞,"盡瘁"與"陳力"都是狀語。附帶説明,"臣"後句號宜改爲逗號,"必有陪臣,用司厥政"也是一對駢句,表示一個完整的意思。修改了標點,可知這段文字全部由駢偶組成。

[23]或總括地志,或傳流人聞;遠者隔閡,九州曠絶;千載幽者,埋没泉壤;磨滅篆刻,不時而出。是爲奇怪眩惑,衆視莫質,所疑苟非,智賾萬殊,識洞群性,洽聞强記,目擊道存,則何以遍閱名數,周察毫芒,别白臧否,如指諸掌?(卷七九七《總録部・博物》,九/9250)

"九州"宜屬上句,"曠絶千載"宜作一句讀,"載"後宜加分號,"幽者"宜屬下句,"壤"後分號宜改逗號。"遠者……千載"與"幽者……篆刻"相駢,"九州"與"千載"分別是修飾"隔閡""曠絕"的狀語。附帶説明,後面的文字宜點作:"不時而出,是爲奇怪,眩惑衆視,莫質所疑。苟非智賾萬殊……"

[24]發於天資,難以學致;觀其夷險,無變寵辱。不篤酌之無倪,隤然處順,或蒙乎大難,遂濟於成功;或扇其高風,用敦於雅俗……(卷八五〇《總録部·器量》,十/9896)

"無變"宜屬上句,"寵辱不篤"("篤"於文義無取,疑爲"驚"之形訛)宜作一句讀,"篤"後宜加逗號。"夷險無變"與"寵辱不篤"相駢,"夷險"與"寵辱"都是表示所處狀態的狀語,分別修飾"無變"與"不篤"。原標點使文意晦澀難懂。

[25]三代以降,六禮具,舉冕迎,不以爲重。廟見必主於肅,御輪莫雁,其儀克恭。施衿結褵,所戒尤慎。(卷八五三《總録部·姻好》,十/9931)

"舉"宜屬上句,"冕迎"宜屬下句,"重"後句號宜改爲逗號,"恭"後句號宜改爲分號。"具",通"俱",不僅作爲修飾謂語"舉"的程度狀語,同時作爲虛詞,與上句的虛詞"以"相對應。原標點埋没了作者在這段文字中全部用駢的良苦用心。

[26]至若受施而不背,求舊而不遺金石,其心風雨無變,乃行之常也,安可造次而忘之哉?(卷八六五《總録部·報恩》,十/10077)

"金石"宜屬下句,"心"後宜加逗號。"金石其心"與"風雨無變"相駢,"金石"是形容"心"(這裏當屬動詞)的狀語,意思是像金石一樣堅持自己的信念不動搖。

[27]其有省親,故留移疾當解,或坐稽違之責,或撥避事之

尤,悉著於篇,以懲不恪。(卷九〇六《總録部·假告》,十/10534)

"故留"宜屬上句。據"故"字可知,"省親"是"留"的原因,"省親故留"與"移疾當解"構成工整的駢偶。

四、割裂語詞失駢例

[28]而歷代以還,或因三光之謫,見水旱之作沴,憂勞戒懼,諮求讜議,斯亦聖哲之常道也。(卷一〇二《帝王部·招諫》,二/1114)

"見"宜屬上句。"謫見"指天象所表現出的對人事的譴責,例如《漢書·成帝紀》載詔有"乃者,日蝕星隕,謫見於天"。"三光之謫見"與"水旱之作沴"相駢。凡割裂語詞以致失去駢偶的情況,往往一旦指明所割裂的語詞,句子之間的駢偶關係不言自明,爲節省篇幅,以下同類例子大多略去從駢偶的角度來作分析的內容,而只對被割裂的詞語作簡單討論,用以論證的其他文獻的用例,也僅取一例爲限。

[29]朝聘有常,使介交騖,飲食宴樂,迨浹於家,陪升降揖讓,無廢於兵革。(卷二四三《列國君部·宴享》,三/2719)

"陪"宜屬上句。"家陪"指公卿大夫之家。《文選·東京賦》有"命膳夫以大饗,饔餼浹乎家陪"。

[30]守境者克寧其封,守備患者無憚乎天癘。(卷三九〇《將帥部·警備》,五/4406)

"守"宜屬上句。"封守"指邊疆。《尚書·畢命》有"申畫郊圻,慎固封守"。

[31] 其後因時立法，或暫罷而尋復出，令生奸益，繁文而密網，沿革之制，於兹可見，貪涼之弊，莫之能救。（卷四九三《邦計部·山澤》，六/5585）

"出令生奸"宜作一句讀，"益"宜屬下句，"復"後宜加分號。短語"出令生奸"指國家頒佈法律，而酷吏却利用它來羅致罪名。《漢書·禮樂志二》有"今漢繼秦之後，雖欲治之，無可奈何。法出而姦生，令下而詐起，一歲之獄以萬千數，如以湯止沸，沸俞甚而無益"。

[32] 謹官常以宿業形譔，次而垂訓，道義兼精，望實增茂。（卷六〇一《學校部·恩獎》，七/6934）

"形譔"宜屬下句。"譔"通"撰"，"譔（撰）次"原指撰寫編排，《後漢書·曹褒傳》有"褒既受命，乃次序禮事，依準舊典，雜以五經讖記之文，撰次天子至於庶人冠婚吉凶終始制度，以爲百五十篇"。本文則用作名詞，指所撰編的文獻。

[33] 然則便僻側媚，群言之攸，棄中正清直，公朝之所尚，則有内貞外順，博聞多識，推行實之攸異，稱治迹之第一，膺兹眘簡，寔于周行。（卷六二〇《卿監部·選任》，七/7173）

"棄"宜屬上句。此處的"攸"相當於"所"，用法如《易·坤》之"君子有攸往"之"攸"，"便僻側媚……"與"中正清直……"相駢對，分説兩種截然不同的品行及公論對這兩種品行的不同態度，"攸棄"與"所尚"相對應。

[34] 兹所以重燕翼之，謀增盤維之固者也。（卷七一一《宫臣部·褒寵》，八/8199）

"謀"宜屬上句。短語"燕翼之謀"本自《詩·大雅·文王有聲》"詒厥孫謀，以燕翼子"，指爲子孫所作的謀劃。唐陳子昂《唐故袁州參軍李府君妻清河張氏墓誌銘》有"箕裘之業載隆,燕翼之謀不殞"。

[35]至有臨危制變,而奮厥庸佐,命裁難而申其術,居上治民而成務,切問近對以盡規……(卷九〇〇《總録部·自薦》,十/10454)

"佐"宜屬下句,"變"後逗號宜去。"佐命"指輔助帝王順應天命而登基。《後漢書·朱浮傳》有"伯通以名字典郡,有佐命之功"。

[36]是故賢者樂道,君子不憂,安德而忘貧,好禮而不懾,雖曲肱飲水,其樂只。且在甕牖繩樞,何賤之有。(卷九〇二《總録部·安貧》,十/10486)

"且"宜屬上句,後宜加分號。"其樂只且"出自《詩·王風·君子陽陽》"君子陽陽,左執簧,右招我由房,其樂只且"。

[37]乃有乘艱虞之會,履崇高之位,謀人之國策,慮之匪臧,遭事之變,進退之無措。(卷九〇九《總録部·憂懼》,十/10567)

"策"宜屬下句,"臧"後宜改分號。"策慮"猶計謀。漢劉歆《遂初賦》有"攄趙奢之策慮,威謀完乎金城"。

[38]夫以髮膚所稟,保抱而成;凱風自南,載傷于生;鞠昊天罔極,何報于劬勞。(卷九二三《總録部·不孝》,十一/10702)

"鞠"宜屬上句。"生鞠"指父母的養育之恩,本自《詩·小雅·蓼莪》"父兮生我,母兮鞠我"。宋鄭俠《觀孔義甫與謝致仕詩有感》有"慈烏於反哺,知以報生鞠"。

五、誤合語詞失駢例

[39]豈不以居司牧之重法,天地之量務,掞光大之德,以叶

亭育之義哉？（卷一二六《帝王部・納降》，二/1371）

"法""務"都宜屬下句。整理者將"重法""量務"看作雙音節詞，誤。此處的"法""務"都是單音節詞，"法"指效法，"務"指務必，分别與上下文的"居""以"相駢。

［40］至於顧待終始，感槩存亡，必舊人而是圖，雖小忿而無廢，豈唯忠諒之節類，王臣而匪躬，抑亦沮勸之方，俾懦夫而增氣。（卷二〇九《閏位部・念功》，三/2344）

"類"宜屬下句，"躬"後逗號宜改分號。"節類"不成詞；"豈唯……匪躬"與"抑亦……增氣"相駢，"節"對應"方"，"類"對應"俾"。

［41］而能勵骨鯁之操，蘊貞諒之志，臨大節而有守膺，切問而無謟。（卷四六〇《臺省部・正直》，六/5186）

"膺"宜屬下句。"膺"是單音節詞，這裏表示接受；"膺切問而無謟"與"臨大節而有守"相駢，意思是接受皇帝的諮詢而没有隱諱；"守膺"不成詞。

［42］救時之弊，乃至於申嚴濟民之殘式，從乎寬裕，杜周所謂三尺法，亦何常之有哉？（卷六〇九《刑法部・定律令》，七/7028）

"式"宜屬下句，"嚴"後宜加分號。"殘"與"式"分别爲單音節詞，"式"相當於"以"，與《尚書・盤庚下》有"式敷民德"之"式"相似；作爲虚詞，正與上文"乃"字相駢。

［43］故三代之禮，周制彌文官居其方政。乃用乂大，則有行人之職，次則有掌客之名，咸領於秋卿，動繫於國體。（卷六二一《卿監部・司賓》，七/7190）

"大"宜屬下句,"文""方"後宜加逗號,"官居其方""政乃用乂"各作一句讀。"大則有行人之職"與"次則有掌客之名"相駢;"乂大"不成詞。

[44]夫虛明之境,蓋動作之微機,夷曠之懷實,性情之懿範,誠標準而無暇,因陶冶之所成。(卷八五〇《總録部·器量》,十/9896)

"實"宜屬下句,"機"後逗號宜改分號。"虛明之境"句與"夷曠之懷"句相駢,"實"對應"蓋";"懷實"不成詞。

[45]西漢而下,則有居丞弼之任,亮采乎邦家,處爪牙之權式,遏於亂略,以至引籍於扃禁,影纏於文陛,奄丁艱疚,聿去班列。(卷八六二《總録部·起復》,十/10045)

"式"宜屬下句,"家"後逗號宜改分號。"式遏"來自於《詩·大雅·民勞》"式遏寇虐",作爲雙音節詞,在駢句中與同屬雙音節詞的"亮采"相對應;"權式"不成詞。

[46]而乃心起於貪事,即於佞民之有過,則俾之作禮,以贖其正刑。僧之犯法,則屈其常憲,而不懼惠姦。(卷九二七《總録部·佞佛》,十一/10747)

"事"宜屬下句,"佞"後宜加句號,"刑"後句號宜改分號。"貪""事"分別爲單音節詞,"心起於貪"與"事即於佞"構成工整的駢偶。

六、誤合二意爲一意失駢例

[47]《傳》曰:"智者不惑。"又曰:"識者不求所告。"蓋觀乎事機,非智則不周察乎人情,非識則不達。(卷七一一《宮臣部·智識》,八/8197-8198)

"周"後宜加分號。結合上下文可知，本段所論，包括"智""識"兩方面，"察乎人情"關乎"識"；"非智則不周"與"非識則不達"相對應。原標點未能區分這兩層意思，同時破壞了駢偶的關係。

[48]是故率而爲道，抱以爲朴，任真則有全德。蓋寡愚智長短，自殊厥趣，剛柔緩急，各顯諸用。（卷八三五《總録部·性質》，十/9699）

"有"後宜加逗號，"全德"後句號宜移至"寡"後。"任真則有"與"全德蓋寡"相駢，分别從兩個方面評價"率而爲道，抱以爲樸"做法的性質。

[49]至乃字育孤幼，養治疴瘵，恭順兼極，勞苦無憚，脊令急難之義，以之而彰，塤箎和樂之美，於是乎在孔子曰："孝悌也者，其爲人之本與？信君子之所務也已。"（卷八五一《總録部·友悌》，十/9911）

"彰"後宜加分號，"在"後宜加句號。相駢的"脊令急難之義，以之而彰"與"塤箎和樂之美，於是乎在"兩句都使用了來自《詩經》的典故，根據《詩經》的相關篇章，可知前者是指兄弟在遇到急難時的相互幫助，後者則是指兄弟在日常相處時的和諧融洽，這是有所區别的兩層意思。附帶説明一下，"信君子之所務也已"一句乃序文作者自撰，非孔子語，故"已"後引號宜移至"與"後。

[50]夫有負藉甚之才，抱夷曠之性；居軒冕之貴，不以嬰懷顧簿領之繁。常多暇日，或締交接坐，或群從侍遊。（卷八六七《總録部·遊宴》，十/10107）

"懷"後宜加分號，"繁"後句號宜改逗號。"居軒冕之貴"是説遊宴者身份的高貴，與之相駢的"顧簿領之繁"則是説遊宴者公務的繁忙。原標點未能體現作者的這兩層意思。

［51］中古以還，英偉間出，乃有遭死生之變，而泊然無撓遘艱虞之會，而毅然有守，不溺於私愛，不徇於拘忌……（卷八九五《總錄部·達命》，十/10389）

"撓"後宜加分號，"變"與"會"後似可不加逗號。"遭死生之變而泊然無撓"與"遘艱虞之會而毅然有守"相駢，所説的是兩種不同的情況。

［52］蓋天因咎徵之，或興以厭，當而爲法；六祈之義，所以號變；而徼福五行之氣，所以克勝而迭至，斯乃祝社禄而求永貞者也。（卷九〇六《總錄部·禳厭》，十/10531）

"或興"宜屬上句，"以厭"宜屬下句，"而徼福"宜屬上句（"天"字於文義無取，疑爲"夫"之形訛）。"因咎徵之或興"與"以厭當而爲法"相駢，前叙災異之興，後舉人事所爲。又"厭當"爲詞，不可割裂。"六祈……徼福"與"五行……迭至"相駢，前述禳厭之目的，後言禳厭之結果。原文皆作駢偶，句各一意，層次清晰，數處誤斷，不僅文意糾葛難通，駢儷之美亦蕩然無存。

［53］至或慷慨自負，高亢靡屈，言必忤物，動皆違俗，因坐事而被譴，致失行之貽譏。罹乎悔尤，至於顛沛流離委棄，固足痛惜者哉。（卷九一五《總錄部·廢滯》，十一/10631）

"沛"後宜加逗號，"譏"後句號宜改逗號。"罹乎悔尤""至於顛沛"是一對工整的駢句，承上説明遭廢滯之人的結果；既文義相連，則"譏"後不宜句斷。

［54］君者，天也，無所不恭，一節以趨，靡遑於待駕三命而俯，以至於循墻。（卷九三〇《總錄部·不恭》，十一/10771）

"駕"後宜加分號。"一節以趨"句與"三命而俯"句相駢，分別描述臣子尊敬君主的不同表現:前者本自《禮記·玉藻》,是説臣子快速出發以回應天子的召唤;後者本自《左傳·昭公七年》,是説臣子低伏身軀以表示對君子命令的敬畏。

七、割裂駢句入他句例

[55]其或察其操履,悉其素尚,苟位未充量,姑待以遠期。若名浮於實,前知其敗事,《傳》所謂"惟君知臣"者,蓋得之矣。(卷二〇四《閏位部·知臣》,三/2291)

"期"後句號宜改分號。"苟位……遠期"與"若名……敗事"二句,分承"察""悉"之語,並説兩種"知臣"之事,文既相駢,意猶未盡,不宜句斷。

[56]乃有畏遠名勢,推避光寵,深戒盛滿,固懷冲挹,薦賢而自訟者。期乎達人,引年而斂迹者。表乎知止,或形於封疏,極其剖陳;或面述至誠,發於悃愊。(卷四六三《臺省部·謙退》,六/5233)

二"者"後句號宜改逗號,"人"後逗號宜改分號。"薦賢……達人"與"引年……知止"是一對駢句,所以各説"謙""退"二事。

[57]夫言者,樞機務乎發而必中。辭比林藪,有以多爲貴者,通其變則靡俟乎終日,順其理則無過於天下。(卷七四四《陪臣部·有詞》,九/8589)

"樞機"宜屬上句,"中"後句號宜改逗號。"言者……必中"與"辭比……貴者"爲一對駢句,分説陪臣"有詞"的兩個方面,前者謂言語之謹慎,後者言辭令之博贍。

[58]古之君子,進思盡忠,有犯無隱,在公正色。當官而行

者,何嘗不以尊主庇民爲心,濟時利物爲務。(卷七四六《陪臣部·公正》,九/8611)

"色"後句號宜改逗號,"隱"後逗號或可改分號。"進思……無隱"與"在公……而行"相駢。"進思……行者"皆所以形容"古之君子"之語,中間不當句斷。

[59]雖復繁於簿領,終靡厭於官曹。政經是勤,吏事攸攝,幹蟲之謂,兹亦足稱。在公之心,於焉是取。(卷八四四《總録部·勤幹》,十/9811)

"攝"後逗號宜改句號,"稱"後句號宜改分號。先須説明,"蟲"爲"蠱"之訛,"幹蠱"本自《易·蠱》"幹父之蠱",校訂本底本作"蠱"正得其實,校勘記稱據宋本改作"蟲",不可取。"在公"出自《詩·召南·小星》"夙夜在公"。"幹蠱……足稱"與"在公……是取"相駢,前者言幹,後者言勤,各據典故,分説本序主題的兩個方面。

[60]故先儒引殊塗同歸之言,以爲六經之支裔,使之逢時效用。何甞霸者之佐,去聖逾遠,猶賢外野之求。(卷八五四《總録部·立言》,十/9942)

"用"後句號宜改逗號,"佐"後逗號宜改分號。"逢時……之佐"與"去聖……之求"相駢,並承"使之"二字,原標點既没其駢偶,又割裂其文意。

[61]自非時厥中庸,好是正直,執不回之道,守無頗之性,則焉能獻替可否。不以讎而掩賢,閲實憲章;不以親而害法,臨事盡節,靡顧於妻孥;當官而行,罔避於權右……(卷九〇一《總録部·公直》,十/10466)

"否"後句號宜改逗號,"賢"後逗號宜改分號,"章"後分號宜改逗號。"獻替……掩賢"與"閱實……害法"相駢，並承"則焉能"三字，原標點既誤割一句爲二，復錯用分號，難免有負作者苦心。

八、似駢實誤例

[62]後世或諸侯歸時，事於宰旅，四夷奉國，琛於外府，叙賓以昭德，班勞以策勳，習射以講禮。（卷一〇九《帝王部·宴享》，二/1184）

"時""國"後逗號都宜除去。"諸侯歸時事于宰旅"可參考《左傳·襄公二十六年》"晉士起將歸時事於宰旅"，"國琛"指國寶，所謂"奉國琛"，是指少數民族爲了表示對中國的敬意而進獻珍寶，《詩·魯頌·泮水》"憬彼淮夷，來獻其琛"便是指這類事情。

[63]豈止問安之訓道，映於龍樓，致美之風事，光於甲觀而已哉。（卷二五八《儲宫部·孝友》，三/2934）

"道""事"都宜屬下句，"樓"後逗號宜改分號。古人用"道映""事光"的例子如《魏書·盧昶傳》載昶上奏有："舉賢黜佞之詔，道映於堯先；進思納諫之言，事光於舜右。""訓道"既不合於文義，"風事"又不成詞。

[64]秦漢而降，以選尚爲重，義取於承配，勢極於崇盛，曷嘗不慎擇世胄，參求儁望。或奮勳之族隆，象賢之美；或貴戚之懿篤，因親之好。（卷三〇〇《外戚部·選尚》，四/3382）

"隆""篤"二字都宜屬下句。本序的主題是皇帝選擇婚配對象，結合上下文的意思，可知所選的對象，或者是功臣子女即"奮勳之族"（照應上文"儁望"。又："奮勳"于文義無取，疑爲"舊勳"之誤），或者是皇帝親戚中的美好者即"貴戚之懿"（照應上文"世胄"），選前者的目的是爲了"隆象賢之美",而選後者則是爲了"篤因親之好"。

主要參考文獻:

〔清〕阮元校刻:《十三經注疏》,中華書局,1980 年。

〔漢〕司馬遷撰:《史記》,中華書局,1959 年。

〔漢〕班固撰:《漢書》,中華書局,1962 年。

〔南朝宋〕范曄撰:《後漢書》,中華書局,1965 年。

〔晉〕陳壽撰:《三國志》,中華書局,1959 年。

〔宋〕王欽若等撰,周勛初等校訂:《册府元龜(校訂本)》,鳳凰出版社,2006 年。

典故校勘芻議

——以《册府元龜(校訂本)》序文爲例

清代段玉裁《經韻樓集》卷十二《與諸同志論校書之難》稱"校書之難,非照本改字不訛不漏之難,定其是非之難"。古籍校勘時,校勘者要判定任何一處訛奪衍倒,都必須作出令人信服的論證。這種論證,從什麽角度展開都有可能,或憑借歷史事實,或依據邏輯推理,完全視校勘的具體對象而定。本文要揭示的,是通過調查用典這一修辭手段來進行校勘論證的系列個案。

這些個案都來自鳳凰出版社 2006 年 12 月出版的《册府元龜(校訂本)》(以下簡稱"校訂本")。本書作爲"南京大學古典文獻研究所專刊",獲得了"國家'985 工程''漢語言文學與民族認同'哲學社會科學創新基地項目"等多個項目的資助。其校訂整理工作由周勛初先生主持,南京大學古典文獻研究所承擔完成。陳尚君先生評價此書稱:"這是至今爲止中國學者采用新式標點和科學整理方法完成的最爲宏大的單本古籍整理工程,也是此部列名宋四大書的空前大類書在宋、明兩代四次刊本以後的一個全新的文本,對於中古文史研究具有極其重大的學術意義。"①

校訂者以明代崇禎年間黃國琦的建陽刻本爲底本,以殘存的兩

① 《古代類書整理的重大收獲——評校訂本〈册府元龜〉》,載《古典文獻研究》第十一輯,南京大學古典文獻研究所主辦,鳳凰出版社,2008 年 1 月。

種南宋時期的蜀刻本爲校本,通過大量的校勘工作,訂正了明本中爲數衆多的文字訛誤,功不可没。然而,正如古人所言,"校書如掃落葉,隨掃隨有",任何一部古籍的校勘,很難説有完善的時候,《册府元龜》的這個新校訂本當然也不例外。就拿本人通讀過的這部類書各部門的序文來説,便存在著不少校勘方面的疑點,有待進一步推敲。這些序文,據宋晁公武《郡齋讀書後志》卷二中有關《册府元龜》的記載,原由參與編寫此書的十五位學者分別撰寫,但書成上呈後,宋真宗以爲各序體制不一,因此指定由李維、錢惟演、陳彭年、劉筠、夏竦等五人負責撰寫,再交付楊億竄定。由於這些序文都是由當時一流的文章好手精心撰作而成,因此每一篇都非常講究修辭,如頻繁用典,即大量使用本自先秦兩漢經典的典故詞①,便是其明顯的一個特點。校訂者在校訂這些序文時,對這一類詞語的關注似乎不夠充分,因此遺留了不少與用典有關的文字校勘問題有待探討。如果今天要在校訂本的基礎上,從考察用典的角度繼續推進《册府元龜》的整理工作,那麽,對校訂本的這些序文,至少還可以進一步做以下兩個方面的工作:一是根據典故判定版本異文的是非;二是憑借典故來推求那些並無版本異文的疑誤。下面分別從這兩方面,揭示一些具體的個案,並略作議論。

一、版本有異文,可據典故而判其是非

　　[1]於是折珪以慰其心,遣使以達其意,或委質以從命,或脩

---

① 本文所論及的典故詞,大多也可稱爲"語典詞",有關這一類詞,可以參考拙著《中古漢語語典詞研究》(學林出版社,2013年10月)。

貢以稱藩……（卷二一五《閏位部·招懷》，三/2411）①

此卷中華書局影印《宋本册府元龜》（以下簡稱"宋本"）闕。"折珪"，當從文淵閣四庫全書本（以下簡稱"四庫本"）作"析珪"。"析珪"亦作"析圭"。《漢書·司馬相如傳下》載相如《喻巴蜀》有"故有剖符之封，析圭而爵"句，清王先謙《漢書補注》注此稱："《周禮·大宗伯》：'以玉作六瑞，以等邦國：王執鎮圭，公執桓圭，侯執信圭，伯執躬圭。'析圭而爵，言分圭而爵之也。此蓋古語。析即分頒之義，非中分爲二。"王説可信。本書的其他序文，亦有以"析珪（圭）"爲典的例子，如卷二三九《列國君部·有禮》："若乃受裂地之封，膺析珪之位。"（三/2677）本文作"析珪"，即爲授爵的代稱，正合"招懷"的題旨。

又卷三〇四《外戚部·賢行》序："況夫漸潤皇孃，託屬丹掖，折圭分爵，累紫重金。"（四/3437）以及本書卷七〇〇《牧守部·貪黷》序："荷折圭剖符之寵，膺百城千里之寄。"（八/8082）前者宋本闕此卷，後者宋本同，這兩處的"折圭"，都應當從四庫本作"析圭"爲是，其誤正與本例相同。

[2]蓋所以隆親親以興仁，資蠅蠅而流詠，使其枝葉扶踈，以大庇本根，犬牙相錯，以夾輔王室者也。（卷二八二《宗室部·承襲》，四/3181）

此卷宋本闕。"蠅蠅"不成詞，當從四庫本作"繩繩"。"繩繩而流詠"，實指《詩經·周南·螽斯》"宜爾子孫繩繩兮"句，"繩繩"有衆多、不絶之意，正與本序所述宗室承襲事相契合。

[3]與天鵝在梁而濡翼②，負旦乘而致寇，興積薪之歎，思五

---

① 本文所舉例文文字、句讀皆取準校訂本，並括注卷數、部門、所在校訂本册數及頁碼，以便覆核。

② "天"字於文義無取，當從四庫本作"夫"。

鼎之食者,不可同年而語也。(卷三三〇《宰輔部·退讓》,四/3718)

此卷宋本闕。"負旦乘",當從四庫本作"負且乘"。《周易·解卦》:"六三:負且乘,致寇至。"後人多以"負且乘"爲典,喻指因貪婪而自取敗亡。如宋楊億《武夷新集》卷十三《代樞密陳諫議讓表》:"既負且乘,豈致寇以非遙;居高必危,亦疾顛而是懼。"宋鄭獬《郧溪集》卷十一《謝賜對衣鞍轡馬表》:"蓋器與名非假人之物,而負且乘乃致寇之資。"本文用此典,與上句所用《詩經·曹風·候人》之典相對舉,同樣表示諷刺居非其位者的意思。

[4]况夫三軍之帥,百夫之特,有斬將搴旗之勇,卻適捕虜之勞,足以經武貞帥,開地斥境。(卷三七五《將帥部·褒異》,五/4246)

"貞帥",四庫本同,當從宋本作"貞師"。《周易·師卦》有"師貞,丈人吉,無咎。《彖》曰:師,衆也;貞,正也。"後人據此以"貞師"爲典,表領軍征戰之意。如《唐大詔令集》卷五九載《郭子儀東京畿山東河南諸道元帥制》:"但以氛祲未清,軍戎是急,爰求碩德,仗以貞師,宜承重委,克濟多難。"與本序同屬《將帥部》的其他序文,也有不少用"貞師"表示領軍作戰之意的例子,如卷四一七《將帥部·德義》:"用能貞師經武,翼主庇民。"(五/4734)卷四二四《將帥部·死事》:"矧夫處分閫之任,總貞師之寄,所以式遏寇虐,作固垣翰。"(五/4802)卷四三一《將帥部·器度》:"通而能暇,是謂能軍,以此貞師,何用不克?"(五/4878)本序的"貞師",應該也不例外。

[5]宜乎錫以土宇,紀之祈嘗者哉。(卷四一七《將帥部·受命忘家》,五/4745)

此卷宋本闕。"祈嘗",當從四庫本作"旂常"。《周禮·春官·

司常》："司常掌九旗之物名,各有屬,以待國事。日月爲常,交龍爲旂……及國之大閲,贊司馬頒旗物:王建大常,諸侯建旂。"後人據此以"旂常"作爲與封賞有關的典故詞。如《唐大詔令集》卷三九《册贈渤海王文》："固以功著旂常,譽光圖史者矣。"唐白居易《白氏長慶集》卷五〇《劉總弟約等五人並除刺史賜紫男及姪六人除贊善洗馬衛佐賜緋同制》："茂勳大節,書於旂常。"宋王禹偁《小畜集》卷一六《李氏園亭記》："屢有軍功,銘於旂常。"上揭用例都與"紀之旂常"相類似,可作參證。

這裏順便説明一下,本書同卷《將帥部·不顧親》序有"宜乎錫以茅土,紀之旂嘗者矣"(五/4742)一句,其中的"旂嘗",也以從四庫本作"旂常"爲宜。雖然古書有"嘗""常"相通的例子,但大多限於副詞的情況,與旗子相關的這個意義的"常",古人一般是不寫作"嘗"的。

[6]自昔兵車之會,資扉之給,曷嘗不以宿飽爲念哉!(卷四八五《邦計部·濟軍》,六/5497)

"資扉",四庫本同,當從宋本作"資屝"。"資屝"出自《左傳·僖公四年》："若出於陳鄭之間,共其資糧屝屨,其可也。"其中"屝"字意爲草屨。後人據此多以"資屝"指軍用物資,如唐李商隱《李義山文集箋注》卷一《爲懷州李中丞謝上表》："況潞潛逆孽,許出全師,繫此州兵,横制賊境,兼聲勢之任,有資屝之須。"卷五《爲絳郡公上崔相公啓》："有南遷之降虜,有西出之成師,資屝所供,餫牽之備,未嘗造次,敢怠躬親。"宋代人對《左傳》的這段話當然也不會陌生,就拿最後審定本書各序的楊億來説,《宋史·楊億傳》載其疏文便有:"自曹光實、白守榮、馬紹忠及王榮之敗,資糧屝屨,所失至多。"因此,《册府元龜》的序文中用"資屝"這種具有典故意味的詞也在情理之中。

[7]乃有失稽古之意，違詳審之理，或叙述漏略，或高下非宜，既不切於事機，且有辱於編命。（卷五五三《詞臣部·謬誤》，七/6331）

校訂本於“編命”下出校記：“編，原作‘綸’，據宋本改。”今檢宋本，其字殘損，是作“編”還是作“綸”不容易分辨。“編命”不成詞，此處當依底本及四庫本作“綸命”。《禮記·緇衣》有“王言如絲，其出如綸；王言如綸，其出如綍”，後人據此以“綸命”代指皇帝詔書、詔旨。如宋王溥《唐會要》卷五七《翰林院》：“故事：中書以黃白二麻爲綸命輕重之辨。”宋王禹偁《小畜集》卷二四《爲兵部向侍郎謝恩表》：“豈謂尊號皇帝陛下特頒綸命，俾佐鼎司，職在弼諧，事關理亂。”宋蘇頌《蘇魏公文集》卷四〇《謝尚書左丞》：“進貳鼎司，豈瑣才之宜稱；遽辭綸命，荷中札之批還。”詞臣職掌詔書，故本序以“綸命”爲皇帝詔令之典。

[8]夫居專城之任，責共守之功，既須才賢，必資果斷，乃可以外申幹國之力，内成庇民之術者也。（卷六九八《牧守部·懦劣》，八/8062）

“共守”，庫本同，校訂本出校記：“守，宋本作‘理’。”疑此處當從宋本作“共理”爲得作者意。“共理”，實即“共治”，乃宋人沿用唐人諱改之詞。所謂“共治”，本自漢宣帝所言。《漢書·循吏傳》載：“及至孝宣，繇仄陋而登至尊……及拜刺史守相，輒親見問，觀其所繇，退而考察所行以質其言，有名實不相應，必知其所以然。常稱曰：‘庶民所以安其田里而亡歎息愁恨之心者，政平訟理也。與我共此者，其唯良二千石乎！’”後人遂創“共治”一詞以引此事，用爲良牧守之典。如《晉書·劉波傳》載波上疏：“昔漢宣有云：‘與我共治天下者，其惟良二千石乎！’”《南齊書·虞玩之傳》載玩之上表：“古之共治天下，唯良二千石。”唐白居易《白氏長慶集》卷五五《除裴向同州刺史制》：

"況征賦猶重,人庶未康,實望良才,與之共治。"亦有因避高宗李治之諱而改稱"共理"以指此典者,如《唐大詔令集》卷一百載景雲元年十一月《揀擇刺史制》:"且共理天下者,在良二千石。"其詞在唐代通行既久,宋人也遂沿用。如宋楊億《武夷新集》卷七《送集賢李學士員外知歙州序》:"四十歲專城而居,雖盡美矣;二千石與我共理,厥惟勉旃。"宋包拯《包孝肅奏議集》卷三《請選用提轉長吏官》:"昔漢宣帝曰:'與我共理天下者,其惟良二千石乎。'"其中最值得玩味的,是負責《册府元龜》各篇序文最終定稿的楊億的例子,其文以"專城"與"共理"對舉,與本序宋本的文字若合符契。

[9]夫家陪攸設,命曰諸侯之臣;德用克彰,乃爲臣室之慕。（卷七三七《陪臣部·賢德》,九/8508）

"臣室",校訂本出校記:"臣,原作'巨',據宋本改。"四庫本與底本同,此當以作"巨室"爲是。《孟子·離婁上》:"爲政不難,不得罪於巨室。巨室之所慕,一國慕之。"趙岐注:"巨室,大家也,謂賢卿大夫之家。"本序以"巨室之慕"爲典,切合題旨,正所以説陪臣之賢德。

[10]爰動子衿之刺,聿興墻面之誚。（卷八一一《總録部·晚學》,九/9439）

"子矜",當從宋本、四庫本作"子衿"。此"子衿"指《詩經·鄭風·子衿》篇。詩序稱此詩乃"刺學校廢也",後人據此多以"子衿"用爲廢學之典。如《晉書·馮跋載記》載跋下書:"自頃喪難,禮崩樂壞,閭閻絶諷誦之音,後生無庠序之教,子衿之歎復興于今。"《宋書·武帝紀下》載武帝永初三年正月乙丑詔:"遂令學校荒廢,講誦蔑聞……後生大懼於墻面,故老竊歎於子衿。"本序以"子衿之刺"爲典,與下文典出《尚書·周官》之"墻面之誚"相駢,皆指廢學,與上揭宋武帝詔文很相似。

　　［11］或化流於千里，或仁洽於一國。（卷八二〇《總録部・立祠》，十/9540）

　　"一國"，四庫本同，當從宋本作"一同"。《左傳・襄公二十五年》："且夫天子之地一圻，列國一同，自是以衰。"杜預注"一同"曰"方百里"。本書序文，往往以"一同"爲典，稱方圓百里之地。如卷二三五《列國君部・建國》："大者著乎賜履，小亦僅乎一同，藩屏輔衛，於是乎在。"（三/2620）卷七〇一《令長部・總序》："夫一同之地，有社稷焉，有吏民焉。"（八/8095）卷七〇一《令長部・選任》："令長參五等之列，列一同之政，苟非選任，曷補風化？"（八/8096）卷七〇七《令長部・貪黷》："一同之地，禍福所由；百乘之賦，豐約斯繫。"（八/8155）以修辭而言，本文既與"千里"相對，自是以作"一同"爲勝。

　　［12］雖復繁於簿領，終靡厭於官曹。政經是勤，吏事攸攝，幹蠱之謂，兹亦足稱。在公之心，於焉是取。（卷八四四《總録部・勤幹》，十/9811）

　　"幹蟲"，宋本字迹模糊，不可明辨，當從四庫本作"幹蠱"。《周易・蠱卦》初六："幹父之蠱，有子，考無咎。"後人據此以"幹蠱"表示子承父業或勤於事功之意。即如本書序文，也多有其例，如卷六二六《環衛部・總序》："此乃副類能之選，著幹蠱之譽，勤勞以奉上，嚴毅以居位。"（七/7240）卷六六五《内臣部・總序》："其有宣翊佐之績，著討伐之效，彰幹蠱之業，擅薦能之美。"（八/7665）卷七〇一《令長部・選任》："若非務其幹蠱，守以廉勤，恕察民情，精深理道，則曷能與於此哉！"（八/8096）卷七五一《總録部・總序》："勵清白之節，勤幹蠱之業。"（九/8682）所揭末條，既與本文同在一部之内，雖有總序小序之別，縱未必爲一人所寫，然其意義相近，尤足參證。

二、版本無異文，可藉典故而推其正誤

　　[13]雖復舉八議之典，蒙三宥之惠，煩一尺之詔，屈廷尉之請，猶或長惡不悛，罔顧顛覆，以至遷削土宇，陷於不義。（卷二九七《宗室部·譴讓》，四／3343）

　　此卷宋本闕。"一尺"，四庫本同。"一尺"疑爲"尺一"之誤倒。漢代用長一尺一寸之簡牘書寫詔書。《史記·匈奴列傳》載"漢遺單于書，牘以尺一寸。"《後漢書·李雲傳》載雲上書，中有"尺一拜用不經御省"句，李賢有注："尺一之板謂詔策也。見《漢官儀》也。"後人據此以"尺一"爲詔書之典。如南朝陳徐陵《報尹義尚書》："所以降尺一之書，馳軺軒之使。"《唐大詔令集》卷一二一《復田承嗣官爵制》："以下尺一之詔，徵縣道之師。"宋人亦用此典，即如本書卷四五○《將帥部·譴讓》序文，亦有"是以頒尺一以致語①，遣使者以問狀"（五／5076）。

　　[14]用宣戒詔，克貞師律。（卷四五四《將帥部·豪橫》，五／5103）

　　此卷宋本闕。"戒詔"，四庫本同。疑此當是"戒昭"形近之訛。"戒昭"出自《左傳·宣公二年》："戒昭果毅以聽之之謂禮。"後人據此以"戒昭"寓領軍、征戰、軍威諸義。即以宋代人爲例，如宋徐鉉《騎省集》卷七載《魏王宣州大都督制》："當畿服之地，則任輔翊之重；有戒昭之績，乃增督護之威。"又如同爲本書之序，卷三七○《將帥部·忠》："若乃任以牙爪，委以心膂，總戒昭之寄，當帥臣之重。"（五／4181）卷四一四《將帥部·赴援》："摧猛敵以遏寇虐，驅黠虜以

――――――――――

　　①　"語"，四庫本作"詰"，於義爲長。

寧疆場，戎昭克振，戰功以成。”（五/4689）卷四四一《將帥部·敗衄》：“若乃奉戎昭之寄，任素厲之威。”（五/4970）卷四四五《將帥部·逗撓》：“夫閫閫外之寄，總戎昭之重，固當決機制勝，因時乘便，摧堅履險以思克敵。”（五/5018）上揭諸序與本文同屬《將帥部》序文，可相印證。

[15]豈有斗筲微器，濫鼎鼐之用；樸樕庸才，荷梁棟之任？由是彼已興刺，代斲致誚。（卷三三五《宰輔部·不稱》，四/3773）

此卷宋本闕。“彼已”當是“彼己”之訛。檢黃國琦刻本作“巳”，四庫本作“已”。我們知道，“己”“已”“巳”是三個意義截然不同的詞，但古書無論寫本還是刊本，三字的形體却往往不加區分，須憑上下文判定究爲何字。“彼巳”“彼已”皆不成詞，唯有作“彼己”爲得實。“彼己”通“彼其”，《詩經·曹風·候人》有“彼其之子，不稱其服”，《左傳·僖公二十四年》引作“彼己”，後人據此以“彼己”爲典，譏刺才德與職位不相稱者。如《三國志·魏書·陳思王傳》載曹植《求自試表》：“今臣無德可述，無功可紀，若此終年，無益國朝，將挂風人彼己之譏①。”本文“彼己興刺”，與下句典出《老子》之“代斲致誚”相駢，應視爲用《候人》之典。

[16]所謂勸穡以固本，原生以利人，斯之謂矣。（卷七〇三《令長部·勸課》，八/8121）

此卷宋本闕。“原生”，四庫本同。“原生”於文義無取，疑爲“厚生”之形訛。“厚生”，語出《尚書·大禹謨》：“正德、利用、厚生惟和。”孔穎達疏：“厚生，謂薄征徭，輕賦稅，不奪農時，令民生計溫厚，

---

① “彼己”，中華書局點校本作“彼其”，此據武英殿本。

衣食豐足,故所以養民也。"本書他部之序,每以"厚生"爲典,如卷一一五《帝王部·籍田》:"且以訓化天下,使民厚生而勤業也。"（二/1251）卷一九八《閏位部·節儉》:"厚生而務本,克己以率下。"（三/2221）卷六八一《牧守部·謠頌》:"厚生以興利,遏强以去惡。"（八/7846）卷六八四《牧守部·課最》:"亦未有不邁德敦教,厚生美俗,而致尤異之課者矣。"（八/7877）其中尤以卷六七八《牧守部·勸課》"《書》曰厚生以養民"（八/7816）一句,文義最與本序相近,足資參證。

[17]走原之鹿,逐之者非一;止室之烏,瞻之者靡定。（卷四五三《將帥部·翻覆》,五/5091）

此卷宋本闕。"止室之烏",四庫本作"止室之烏"。此疑當作"止屋之烏"。《詩經·小雅·正月》有"瞻烏爰止,于誰之屋",鄭玄箋:"視烏集於富人之屋,以言今民亦當求明君而歸之。"《詩經》此"屋"字,用其本義,即今日所謂"屋頂",而"室"則無此義。烏鴉停在屋頂,方可爲人所瞻見,入於室中,則不可見矣。上句"逐鹿"用《史記·淮陰侯列傳》之典,此句與之相對,均表示形勢未定之意,似當用《正月》"瞻烏"之典,以作"止屋之烏"爲宜。以駢偶而言,"烏"與"鹿"均爲具體動物之專名,對仗工整;而"鳥"則爲表示類屬之通名,與"鹿"不侔。

[18]流徙者加之存撫,夭折者與之藏斂。（卷一四六《帝王部·恤下》,二/1629）

校訂本出校記稱:"折,原誤作'札',據宋本改。"今檢宋本、四庫本、明刻本實無異文,其字皆作"札"。其實作"夭札"未必有誤。《左傳·昭公四年》:"癘疾不降,民不夭札。"杜預注此稱"短折爲夭,夭死爲札。""夭札"一詞,宋代人亦有用例,如田錫《咸平集》卷十二《問喘牛論》："理道成則兆民悦，則富且壽，故民無怨嗟愁憤、悲傷夭札。"今人多見"夭折"而罕用"夭札"，雖二詞意義相近，但此處似宜從宋本作"夭札"，以存古書原貌。

以上所揭，是筆者通讀《册府元龜（校訂本）》各部門序文所發現的涉及典故的部分校例。筆者對這些例子所作的論證，雖然恪守先賢言必有徵的教訓，但其中或許也難免疏漏。通過這些例子，可以看出校訂本的文本中遺留了不少與典故相關的校勘問題。事實上，筆者在考察《册府元龜》序文的用典時所發現的校訂本中遺留的此類校勘問題，數量遠不止上揭諸例，不僅如此，因爲同樣的原因，校訂本序文還存在著不少涉及典故的句讀問題。通過對上揭諸例的調查論證，筆者以爲至少有以下兩個方面值得引起關注。

其一是對四庫本校勘價值的認識。

根據校訂本書前所列《校點説明》可知，在本書的校訂過程中，四庫本只是參校本。這種處理，一定程度上體現了當今學界對於四庫本校勘價值的認識。實際上，現在看來，四庫本之書，雖然不免有傳鈔之誤以及出於政治原因的纂改，但其時正當清代考據學鼎盛之際，從事四庫全書校勘工作的，至少有相當一部分是像戴震這樣的飽學之士，因此，其書所展現的當時學者的校訂成果，時至今日依然具有很高的學術價值，切不可以其爲四庫本而一概輕易抹殺。

本人往年曾校勘唐許嵩《建康實録》一書，即以文淵閣《四庫全書》本與其祖本宋紹興本作對校，發現四庫館臣校正宋本之誤處爲數不少①。現在只就《册府元龜》各部序文所涉及典故的文字來看，通過將四庫本與宋刻本、明刻本作校勘，可以清楚地看出，這幾種刻本特別是明刻本中的這一類訛誤，有不少已在四庫本中得到校正。校

---

① 收入本書的《四庫全書校勘管窺》對此有所論述。

訂本的整理者如果能將四庫本作爲重要校本，與底本作完全的對校，那麼底本上這些涉及典故的訛誤有相當一部分便可以被發現。至少在校正涉及典故的文字訛誤方面，《册府元龜》四庫本體現了包括四庫館臣在内的前輩學者的校勘成果，今天要對《册府元龜》作整理，這些成果依然具有不可或缺的參考價值。

　　其二是今天如何更好地從事涉及典故的校勘工作。

　　以《册府元龜》的整理而言，包括四庫館臣在内的前輩學者之所以能比今天整理者更多地發現、更好地解決明黄國琦刻本中的涉及典故的訛誤①，乃是因爲時代讓他們擁有了一個較爲明顯的優勢。衆所周知，因爲時代的原因，與今天的整理者相比，前輩學者們普遍對於典故所依據的典源文獻更爲熟稔，對於典故的運用更容易作出判斷。這大概是今天的學者不得不承認的一個事實。

　　有鑒於此，筆者以爲今天的學者在整理古典文獻特別是那些修辭意味强烈的文章時，對於可能涉及用典的文字，應該引起足夠的重視。從形式上看，典面文字是聯繫典源的重要依據，典面文字如果有誤，便很可能無法指向典源，用典也就不再成立。導致用典不成立的訛文，往往不僅其自身不能成詞，亦會令所在句子的意義變得難於索解，如上揭"蠅蠅""祈嘗""子矜""幹蠱"等等。這種令人費解的文字，熟悉典故的前輩學者一看便可知其錯誤所在，但對今天的整理者來説，則往往成爲了挑戰，這也正是今天從事文獻整理的工作重點，無論如何不能輕易放過，否則難辭"以其昏昏使人昭昭"之譏。對於一些似是而非的異文，也應該引起足夠的警惕。例如上揭"編命"

① 據文淵閣本《四庫全書總目》卷一三五記載，《四庫全書》中的《册府元龜》版本爲"内府藏本"。據邵懿辰《四庫簡明目録標注》等書所記，可知乾隆時該書完整的版本應當源出明代黄國琦刻本，因此，《册府元龜》文淵閣《四庫全書》本與黄國琦刻本所不同的文字，除了傳鈔之誤外，都可以視作包括四庫館臣在内的後人對黄國琦刻本的校改。

“資庳”“一國”“折珪”“共守”“臣室”等例,必須對與之相對應的異文作深入細緻的考察,盡力糾正來自傳鈔過程的文字訛誤,恢復文本的原貌,以使這些用典得以表達更深刻的意義,不致埋没撰作者的良苦用心。

校正涉及典故的文字訛誤,關鍵在於對相關典故的判定。如上所述,因爲時代的差異,今人已很難如四庫館臣那樣,憑借對經典的熟悉,即可輕易地對典故作出判斷。古典文獻中的用典,永遠會對整理者提出學習經典文獻的要求。今天的學者應該通過加强學習,儘量縮少與前輩學者在文獻熟悉程度上的差距。不過,另一方面,時代的差異也並非意味著,與四庫館臣那樣的學者相比,今天的整理者完全處於劣勢。新的時代也讓我們獲得了前輩學者難以企及的優勢,這種時代優勢的表現之一,便是電子文獻的檢索。在典故校勘方面,電子文獻檢索可以在發現異文、判斷用典、追索典源、尋求參證等方面,爲今天的整理者提供不可或缺的重要幫助。如果今天的整理者能在文獻學習與電腦運用兩個方面同時下功夫,那麼,在典故校勘這一點上,趕上甚至超越前輩學者,也許並非完全没有可能。

主要參考文獻:

〔清〕阮元校刻:《十三經注疏》,中華書局,1980 年。

〔漢〕司馬遷撰:《史記》,中華書局,1959 年。

〔漢〕班固撰:《漢書》,中華書局,1962 年。

〔南朝宋〕范曄撰:《後漢書》,中華書局,1965 年。

〔晉〕陳壽撰:《三國志》,中華書局,1959 年。

〔唐〕房玄齡等撰:《晉書》,中華書局,1974 年。

〔南朝梁〕沈約撰:《宋書》,中華書局,1974 年。

〔南朝梁〕蕭子顯撰:《南齊書》,中華書局,1972 年。

〔唐〕姚思廉撰:《梁書》,中華書局,1973 年。

〔唐〕姚思廉撰:《陳書》,中華書局,1972 年。

〔北齊〕魏收撰:《魏書》,中華書局,1974 年。

〔宋〕王欽若等撰:《宋本册府元龜》,中華書局,1989 年。

〔宋〕宋敏求編:《唐大詔令集》,商務印書館,1969 年。

〔宋〕王欽若等撰:《册府元龜》,明崇禎黄國琦刻本。

〔宋〕王欽若等撰:《册府元龜》,《景印文淵閣四庫全書》本,臺灣商務印書館,1983 年。

〔宋〕王欽若等撰,周勛初等校訂:《册府元龜（校訂本）》,鳳凰出版社,2006 年。

關於"渭陽"式典故詞的標號問題

——二十四史標號研究舉隅

　　中華書局 1959 年出版的點校本《史記》在所附《點校後記》中指出:"標號的用或不用以及怎麼樣用,對於如何瞭解原文大有關係。"這裏所謂的"標號",是指點校者給古籍中的地名、人名、書名等等專用名詞所加的專名號,具體地說,就是給地名、人名之類的專名標上一條直綫,給書名、舞曲名等等標上一條波浪綫。現在看來,上述"標號"工作在二十四史的修訂工程中雖然總體上不是令人頭疼的事情,但其中仍然不乏有待研究的難題。本文所要討論的典故詞"渭陽"的標號問題,就是難題之一。鑒於這個難題至少已涉及到《後漢書》《晉書》《宋書》《南齊書》《梁書》《陳書》《隋書》《魏書》《南史》《北史》《舊唐書》等十一部史籍的標號工作,所以筆者覺得不能不予以關注。

　　本文所謂的典故詞"渭陽",典出《詩經·秦風·渭陽》一詩,表示舅甥情誼或舅氏之意。該詞雖然與《詩經·秦風·渭陽》有關,但它已不再是《渭陽》篇的篇名,也不再是《渭陽》篇中的地名。因此,凡是在《詩經》以後的典籍中出現的"渭陽",如果確實是指代《詩經·秦風·渭陽》一詩的篇名,那就必須加書名綫;如果是表示地名的"渭陽",則屬專有名詞,那就必須加專名綫;如果既非篇名、又非地名,而是一個表示與"舅氏"相關意思的典故詞,那就不應當加書名綫或地名綫。鑒於以往中華書局點校本諸史的整理者在處理"渭陽"一類詞時,出現了有時標書名綫、有時標地名綫、有時不加任何標號的不同做法,没有一個統一的認識標準,而這種標號上的混亂現象不但牽涉到語言和文化的研究,更重要的是關係到二十四史標號的規範問題,故不揣固陋,論列如下。

一

典故詞"渭陽"作爲"舅氏"或"舅甥之情"的同義詞語,是中古時代的士人根據《詩經・秦風・渭陽》一詩所創造的一個新詞。《毛詩》序説:

> 《渭陽》,康公念母也。康公之母,晉獻公之女。文公遭麗姬之難,未反,而秦姬卒。穆公納文公,康公時爲大子,贈送文公于渭之陽,念母之不見也,我見舅氏,如母存焉。及其即位,思而作是詩也。

東漢以來,人們根據詩序的解釋,將"渭陽"一詞作爲典故,與外祖一族聯係起來。《世説新語・言語》所載三國魏明帝築館事,就真實地反映了這種情況:

> 魏明帝爲外祖母築館於甄氏。既成,自行視,謂左右曰:"館當以何爲名?"侍中繆襲曰:"陛下聖思齊於哲王,罔極過於曾閔。此館之興,情鍾舅氏,宜以渭陽爲名。"

從"情鍾舅氏,宜以渭陽爲名"云云,可推知繆襲之所以取館名爲"渭陽",應該是依據了《渭陽》一詩,藉以體現明帝念懷舅氏的心情;而《世説新語》的作者將其選録入"言語"一類,也正是出於欣賞繆氏的用典的心理。又《三國志・魏書・后妃傳》記載明帝因"思念舅氏不已",故爲其大興土木,而"名其里曰渭陽里",也屬於類似的事情。

　　當時的文人，往往根據《詩經》，將“渭陽”作爲一個具有典故性質的新詞，用來表示舅舅與外甥相互之間的情誼，或直接指稱舅舅，以追求典雅的修辭效果。這種文化現象在傳世的文獻中，留下了大量的例子。如《隸釋》卷九載《費鳳別碑》：

　　　　夫人篤舊好，不以存亡改。文平感渭陽，淒愴益以甚。

其中的“渭陽”，即爲典故詞，表示舅甥之情。又如晉棗腆《贈石季倫》詩：

　　　　我舅敷命，于彼徐方。載詠陟岡，言念渭陽。乃溯洪流，汎身艅艎。

所謂“言念渭陽”，猶言思念舅氏，決不是懷念“渭陽”那個地方。

　　筆者發現，二十四史特別是宋代以前的諸史中，也有不少用“渭陽”來表示舅甥情誼或代稱舅舅的例子。各史的整理者在對這一典故詞施加標號時竟有著四種完全不同的處理方法：1. 加表示篇名的書名綫；2. 加表示地名的專名綫；3. 單就其中的“渭”加表示地名的專名綫；4. 不加任何標號。更有趣的是，上述的標號矛盾現象，不僅出自不同史書的整理者之手；即使是同一史書的整理者，也存在著標號前後不一的情況；情況最嚴重的是，在記載了同一件事情的不同史書中，整理者對典故詞“渭陽”竟然施加了三種完全不同的標號。上述標號的矛盾現象顯然意味著整理者對典故詞“渭陽”的含義不甚了然，又必然會使讀者陷入莫衷一是的泥潭；更何況從二十四史整理的體例統一的角度來看，諸史中出現的“渭陽”一詞的標號分歧問題，既關係到“專名”與“非專名”的界限問題，又關係到二十四史修訂工作的標號規範問題，因此無論如何也有深入研究的必要①。

---

① 展開討論的史書的例文篇幅，以體現“渭陽”表示甥舅之誼爲限。無法在較短的篇幅內體現的，則加簡注説明。

二

有些史書的整理者，將屬於典故詞的"渭陽"，當作《詩經·秦風·渭陽》的篇名，錯加了表示篇名的書名綫。

例如《後漢書·馬防傳》載章帝詔：

> 舅氏一門，俱就國封，四時陵廟無助祭先后者，朕甚傷之。其令許侯思愆田廬，有司勿復請，以慰朕《渭陽》之情。（頁八五七）①

在這裏，整理者之所以爲"渭陽"加了書名綫，大約是誤解了李賢爲此"渭陽"二字所作的注：

> 《渭陽》，《詩·秦風》也。秦康公送舅晉文公于渭之陽，念母之不見也。其詩曰："我見舅氏，如母存焉。"

其實，上引李賢注的內容，只是向讀者指明"渭陽"一詞的典源，而不是說詔書的"渭陽"就是《詩經》的篇名。如果李賢只是爲了揭示文中的"渭陽"是《詩經》的一篇，那麼只須注上"《渭陽》，《詩·秦風》也"六字即可，又何必再加上其他有助於説明"渭陽"一詞意義的文字？從上文的"舅氏一門"云云可以看出，詔書的"渭陽之情"顯然指外甥對舅氏一族的感情，其中的"渭陽"屬詔書爲了追求典雅而使用的具有典故性質的詞語，不當加書名綫。

又如《宋書·袁湛傳》：

> 初，陳郡謝重，王胡之外孫，於諸舅禮敬多闕。重子絢，湛之

---

① 原文標點爲豎排書名綫，今改爲橫排書名號。又所舉例文中，除非涉及所討論的內容，原點校本上所加的專名綫等也從省。所舉例子分別括注其所在中華書局點校本中的頁碼，以便檢核。

甥也,嘗於公座陵湛,湛正色謂曰:"汝便是兩世無《渭陽》之情。"絢有愧色。(頁一四九八)

謝絢與乃父謝重,對各自的舅舅均缺乏禮敬之情,所以遭到袁湛的訓斥。如果我們將袁湛話中的"渭陽"用"舅甥"來代替,應該不會影響其主要意思的表達;唯一微妙的區別在於,與用沒有表情的"舅甥"一詞相比,使用典出《詩經》的典故詞"渭陽"暗含了舅甥關係本當和睦的諷刺意味。這裏的"渭陽",雖然典出《詩經》,但顯然與表示篇名的"渭陽"有本質的區別,因此也不當用書名綫。

再如《舊唐書·崔沔傳》:

> 所以父以尊崇,母以厭降,豈亡愛敬,宜存倫序……此先王不易之道。前聖所志,後賢所傳,其來久矣……往修新禮,時改舊章,漸廣《渭陽》之恩,不遵洙、泗之典①。(頁四九三一)

"漸廣渭陽之恩",是指皇帝逐漸提高對舅氏一族恩情的意思,其中的"渭陽"當然也是表示舅甥關係的典故詞,而不是指《詩經》篇名,因此不該加書名綫;如果照上面標成"漸廣《渭陽》之恩",試問,該怎麼理解其中"《渭陽》篇的恩情"呢?

如果說,上引數例"渭陽"的標號雖然不妥,但我們只要細心參詳,還是可以判斷出"渭陽"的大概含義的話,那麼,在下面的例子中,點校本的標號就難免讓今天的讀者感到困惑了。

例如《魏書·清河王傳》:

> 司空高肇以帝舅寵任,既擅威權,謀去良宗……懌因侍宴酒酣,乃謂肇曰:"天子兄弟,詎有幾人,而炎炎不息。昔王莽頭禿,亦藉《渭陽》之資,遂篡漢室,今君曲形見矣,恐復終成亂階。"

---

① "洙""泗"二字,點校本分別加了專名綫,但從"洙泗"一詞在文中的實際意義看,以不加爲妥。二十四史中利用地名形成的典故詞,也應準此。

（頁五九一）

標成"亦藉《渭陽》之資"的這一句,究竟是什麼意思? 如果理解成王莽熟讀《詩經·秦風·渭陽》篇,那麼王莽又怎能僅憑這一點而"遂篡漢室"呢? 檢《漢書·王莽傳》可知,王莽是孝元皇后弟弟的兒子,雖然因爲父親早死,他未能像叔伯及堂兄弟一樣輕易獲得爵位,但是最終還是依靠了世父王鳳的託付,而拜爲黃門郎,進入仕途。所謂的"藉渭陽之資",正是指憑借了其父親是皇帝舅舅的這一層關係。顯然,這裏的"渭陽"屬典故詞,非指《詩經》篇名,不當加書名綫。

　　類似於上述給典故詞"渭陽"加書名綫的例子,還見於點校本二十四史中的《晉書·楊駿傳》"《渭陽》之思"（頁一一八〇）;《南齊書·陳顯達傳》"《渭陽》之悲"（頁四九二、四九三）,《蕭赤斧傳》"曾無《渭陽》追遠之情"（頁六六八）,《江祏傳》"舅殊無《渭陽》之情"（頁七五一）;《梁書·武帝紀上》"或《渭陽》餘感"（頁六）,《張弘策傳》"興感《渭陽》"（頁二〇七）;等等。

三

　　給典故詞"渭陽"加書名綫,容易引起讀者的誤解,已如上論;與之相比,爲典故詞"渭陽"加上表示地名的專名綫,或單就其中的"渭"字加表示水名的專名綫的做法,則更容易使讀者陷入難以理解的困境。

　　例如《舊唐書·李靖傳論》:

　　　衛公將家子,綽有渭陽之風。（頁二四九三）

整理者給"渭陽"一詞加上專名綫,應該是爲了提示這裏的"渭陽"是個地名。如果受了這樣的提示,那麼我們無論如何也不會明白"綽有渭陽之風"是在表彰李靖的什麼優點,因爲遍考史實,我們實在看不到李靖與"渭陽"這一地區有什麼關係。根據本傳可知,李靖是隋代名將韓擒虎的外甥,稱其"綽有渭陽之風",正是贊美李靖有韓擒虎的大將風范。這裏的"渭陽",作爲典故詞,實屬"舅舅"的代名詞,如果我們撇開修辭不論,代之以"舅氏""舅父""乃舅"之類的詞語,毫不影響意思的表達。顯然,不以專名綫對"渭陽"作標識,反而有助於讀者不受地名標號的錯誤干擾而直接獲得正確的理解。

又如《南史・晉安王子懋傳》:

> (于)琳之從二百人仗自入齋,子懋笑謂之曰:"不意渭陽,翻成梟鏡。"(頁一一一二)

這段文字記載的是于琳之帶了二百人去殺蕭子懋時發生的事情。整理者在"渭陽"下加了專名綫後,讀者很自然會將其看作是一個地名。但這樣一來,這段文字便令人費解:爲什麼蕭子懋在臨死之前,會刻意提到遠在北方無論與他還是與于琳之都毫无關係的"渭陽"地區?而且從詞義上看,表示地名的"渭陽",也無法與下文表示兇戾寡恩之人的"梟鏡"一詞相對應。很清楚,這裏的"渭陽"絕不是地名,而是指蕭子懋的舅舅于琳之其人,因爲根據本傳前文記載,于琳之爲子懋母阮氏同産弟于瑶之之兄。明乎此,我們不難看出,如果給這樣的典故詞加上表示地名的專名綫,那就只能在古書的"閱讀與理解"上起到干擾讀者的不良作用。

這一類的例子點校本中也有不少,例如《隋書・獨孤陁傳》有"言念渭陽之情"(頁一七九一);《南史・袁湛傳》有"汝便是兩世無渭陽情"(頁六九七),《江祏傳》有"舅殊無渭陽之情"(頁一一八二),《阮孝緒傳》有"王諸子篤渭陽之情"(頁一八九五);《北史・清河王懌傳》有"亦藉渭陽之資"(頁七一六)等等。

我們還注意到,有些史書的點校本中,甚至出現了給典故詞"渭陽"中的"渭"單獨加上專名綫的情況。

例如《舊唐書·禮儀志七》：

> 又母之昆弟，情切渭陽，翟輔訟舅之冤，甯氏宅甥之相，我之出也，義亦殷焉。（頁一〇二六）

這裏的“渭陽”，也表示甥舅情誼，而非“渭水之北”的意思。現在給“渭”字下標專名綫，意味著“渭陽”的“渭”指的是唐代的渭水，這不是叫讀者“丈二和尚摸不著頭腦”嗎？

類似的例子，本志下文有“漸廣渭陽之恩”（頁一〇三二），《魏書·禮志一》有“同渭陽之遠感”（頁二七五一）等。

四

上揭點校本二十四史中典故詞“渭陽”的標號分歧，難免使人產生混亂的感覺。不僅不同史書的整理者有著不同的處理方式；即使是同一史書，也存在著前後不統一的事實；甚至於在記載同一事情的不同史書中，整理者對這個詞語竟采用了多達三種完全不同的標號。例如有關袁湛訓斥謝絢的記載，表示完全相同意思的“渭陽”一詞，在《宋書》《晉書》和《南史》中竟出現了加書名綫、加專名綫以及不加標號三種完全不同的處理方式。以歷史的眼光來看，我們當然不能因目前存在的這種不統一的現象，而對前輩學者求全責備；但隨著學術研究的推進，如果從代表今天學術水準的角度出發，那麼，這樣的混亂顯然有必要在當前的修訂工作中加以解決。

要解決專名標號問題，首先必須研究清楚專名與非專名的界限，也就是必須弄清有關詞語所表達的概念，並由此明確該詞的性質。我們知道，語言中的每個詞都有外部結構，即記錄該詞的語音或文字；每一個詞又都有內部結構，即該詞所表達的概念。我們之所以給某些詞（文字）加上書名綫或專名綫，既是爲了提示該詞（文字）所表達的概念,説明它是書名、篇名等等;同時也是爲了給該詞(文字)的外部結構作一個標識,避免由字面而引起混淆,幫助讀者更準確地理解原文。正是從這一原則出發,點校本二十四史中出現實爲《詩經》篇名的"渭陽"時,整理者都照例加上了書名綫,對於今天的讀者來説,這當然是必要的。

例如《北齊書·楊愔傳》:

> (楊愔)六歲學史書,十一受《詩》、《易》,好《左氏春秋》,幼喪母,曾詣舅源子恭。子恭與之飲。問讀何書,曰:"誦《詩》。"子恭曰:"誦至《渭陽》未邪。"愔便號泣感噎。(頁四五三)

從上下文看,"渭陽"無疑是指《詩經》篇名。給它標上書名綫,自然是有益於讀者的做法。同樣的例子也見於《舊唐書·禮儀志七》:

> 故周王念齊,每稱舅甥之國;秦伯懷晉,實切《渭陽》之詩。(頁一〇一九)

而當史書中出現確爲地名的"渭陽"時,整理者也都加上了專名綫。例如《史記·孝文本紀》:

> 趙人新垣平以望氣見,因説上設立渭陽五廟。(頁四三〇)

又如《魏書·島夷劉裕傳》:

> 赫連屈丐掠渭陽,義真遣沈田子率軍討之。(頁二一三四)

類似的例子很多,這裏就不一一列舉了。這些符號的使用,無疑都有助於讀者理解這些"渭陽"所代表的概念。與此相反,如果不是《詩經》的篇名却爲之加上書名綫,或者不是地名而爲之加專名綫,那就必然導致誤讀。點校本二十四史中典故詞"渭陽"的標號所存在的問題表明,通過研究各個詞語的實際意義,明確其性質,以決定其標號處理,是擺在修訂者面前的一項重要任務。

五

由有關袁湛、蕭子懋、劉暄等人的記載中"渭陽"一詞出現在口語裏的事實可知,六朝時,用"渭陽"作爲典故詞,表示舅甥情誼或指稱舅父的情況,至少在上層社會中較爲普遍。唐宋以迄明清,作爲典故詞使用的"渭陽"用例,文獻中也層見叠出。對於"渭陽"一詞的這種典故性質,以往史書的整理者也并非完全没有認識。

例如上揭《南齊書·江祏傳》中"舅殊無渭陽之情"一條,清代乾隆時的學者萬承蒼就在《殿本考證》中説過:

> 按《渭陽》之詩,言甥之致情於舅也,後人多反用之。《南史·晉安王子懋傳》"不意渭陽,翻成梟鏡"亦以"渭陽"爲舅氏之稱。

這條材料,對於相關史書的整理者來説,理應是重要的參考,可惜不知道爲什麽,即使是《殿本考證》所針對的《南齊書·江祏傳》,點校本也没能反映出這一點。

此外,即使是現代的整理者,也不乏對這種事實有正確認識的。以成於衆手的點校本《晉書》爲例,有些整理者對書中出現的典故詞"渭陽"就没有施加任何標號。

例如《成帝紀論》:

> 成帝因削弱之資,守江、淮之地,政出渭陽,聲乖威服。(頁一八七)

"政出渭陽",猶言政出舅氏。紀文中稱成帝"少爲舅氏所制"云云,就是指成帝爲其舅庾冰所左右的事實。由此可見,這裏的"渭陽"完全是舅氏的代名詞。整理者對"渭陽"一詞不施加任何標號,應該就是出於這樣的考察。

　　類似的處理，還有《文明王皇后傳》的“渭陽之感”（頁九五二），《羊聃傳》的“以慰太妃渭陽之思”（頁一三八四），《謝安傳》的“可謂世無渭陽情也”（頁二〇八八），《王愷傳》的“王愷地即渭陽”（頁二四二二），《慕容皝載記》的“陛下深敦渭陽”（頁二八一九），等等。這種不曾將典故詞“渭陽”誤解成《詩經》篇名或地名的事實，體現了當時的整理者對典故詞的正確認識，應該作爲今天從事修訂工作的學者的重要參考。

六

　　作爲個案，“渭陽”一詞的標號分歧，典型地反映出了二十四史點校本在處理這類根據《詩經》篇名而形成的典故詞的標點時所存在的問題。就筆者所見，“渭陽”式的典故詞，在古書中並不少見。三百篇中相當一部分篇名的文字，都曾被東漢以來的文人根據詩序或内容，賦予特定的意思，成爲了全新的雙音節詞。儘管從字面上看，這些詞都與“渭陽”一樣，與《詩經》的某一篇名相同，但從所記録的概念來看，這些詞都不再是指《詩經》的某一篇名，而是表示與該詩的詩序或詩句相關的特定的意思，因此，對於這一類詞，實在應該將它看作普通的詞語，而不能再施加任何表示專名意義的標號。從這個角度檢視以往二十四史點校本，就可以發現還有很多與《詩經》篇名相關的詞語的標點，有重新推敲的必要。限以篇幅，以下略舉數例作爲發凡。

　　1. 螽斯、樛木

　　《後漢書·襄楷傳》載楷上疏：

　　　　今宮女數千，未聞慶育。宜修德省刑，以廣《螽斯》之祚。

（頁一〇七八）

李賢有注：

> 《詩·國風序》曰："《螽斯》，后妃子孫衆多也，言若螽斯不
> 妒忌則子孫衆多也。"注云："螽斯，蚣蝑也。凡有情慾者無不妒
> 忌，唯蚣蝑不爾，各得受氣而生子，故以喻焉①。"

據李注可知，這個"螽斯"，是古人依據《詩經·國風·螽斯》序而創
造的一個表示多子之意的詞語，雖然其詞義與《螽斯》篇有關，但已不
是專指《螽斯》篇的篇名。如果在文中用"多子"代替"螽斯"，不會影
響基本意思的表達，而襄楷之所以舍"多子"之類的詞而代之以"螽
斯"，是考慮到在修辭典雅的同時，該詞暗含的"后妃子孫衆多"之義
也更切合皇帝的身份。因此，這裏的"螽斯"不應加書名綫。本書
《荀爽傳》有"四曰配陽施，祈螽斯"（頁二〇五五）、《三國志·魏書·
高柔傳》有"則螽斯之徵，可庶而致矣"（頁六八六）等，其中的"螽斯"
一詞的詞義與本例相似，整理者均未加書名綫，不失爲妥當的處理。

　　同時我們也注意到，由於《螽斯》篇序語涉"不妒忌"，因此，後人
也有將"螽斯"作爲典故詞，表示女人不妒忌的美德的用例。點校本
中對這樣的"螽斯"加書名綫，同樣是不合適的。如《南史·王誕傳》
載宋孝武帝使人爲江敩所作表：

> 夫《螽斯》之德，實致克昌，專妬之行，有妨繁衍。（頁六二
> 〇）

　　將"螽斯"與"專妒"對舉，顯然也是指不妒忌的美德。《晉書·
明穆庾皇后傳》有"敦螽斯之義"（頁九七三）、《宋書·孝武文穆王皇

---

① 檢阮元校刻《十三經注疏》鄭玄箋知，"故以喻焉"四字實爲李賢之語，不應闌
入鄭箋。攷以四字，唐人似也未將"螽斯"看作篇名。

后傳》有"夫螽斯之德"（頁一二九二）等，以往的整理者均未加書名綫，可供參考。

與"螽斯"相似的，還有典故詞"樛木"。該詞的詞義本自《詩經·周南·樛木》序：

> 《樛木》，后妃逮下也。言能逮下而無嫉妬之心焉。

後人據此將"樛木"作爲典故詞，形容女人不嫉妬的品德。與上舉的"螽斯"一樣，這樣的詞該不該加書名綫，也值得斟酌。如《晉書·樂志上》所載張華《中宮所歌》有如下標點的文字：

> 《螽斯》弘慈惠，《樛木》逮幽微。（頁六九一）

其中的"樛木"與"螽斯"一樣，也是指皇后不妒忌的美德，恐怕也應該與"螽斯"一起去掉書名綫爲是。

2. 考槃、兔罝

《晉書·苻堅載記》附《王猛傳》載苻堅語：

> 卿昔蟠蟠布衣，朕龍潛弱冠……朕奇卿於暫見，擬卿爲卧龍，卿亦異朕於一言，迥《考槃》之雅志，豈不精契神交，千載之會！（頁二九三二）

這是苻堅因王猛表讓加官而對王猛所説的一段話。所謂"迥考槃之雅志"，是指本傳所載王猛與苻堅一見之下，便放棄隱居之心而追隨苻堅之事。其中的"考槃"來自《詩經·衛風·考槃》序：

> 《考槃》，刺莊公也。不能繼先公之業，使賢者退而窮處。

此處"考槃"，僅僅是依據了詩序的部分內容而形成的表示賢者隱居的典故詞。需要指出的是，雖然《考槃》詩句有"考槃在澗"，毛傳有"考，成；槃，樂也"的解釋，但我們覺得，後人用"考槃"表示隱居，應該是依據了序的説明，所以本例的"考槃"，大概不能看作是直接套用

《詩經》的原文,而表示"成樂"之意;退一步講,即使將其看作是直接套用《詩經》的原文,那麼書名綫也無從加起。我們看到《晉書·陸雲傳》有"考槃下位"(頁一四八四)、《杜夷傳》有"考槃空谷"(頁二三五三)、《劉聰載記》有"欲使幽谷無考槃"(頁二六七一),《舊唐書·司空圖傳》有"自考槃高卧"(頁五〇三八)等例,其中的"考槃"均未加書名綫,這無疑是正確的處理。

　　與"考槃"類似的,又有"兔罝"一詞。見於《宋書·宗炳傳》載武帝詔:

　　　　吾忝大寵,思延賢彦,而《兔罝》潛處,《考槃》未臻,側席丘園,良增虛佇。南陽宗炳、雁門周續之,並植操幽棲,無悶巾褐,可下辟召,以禮屈之。(頁二二七八)

此詔旨在辟召隱居的宗炳等人,詔中的"考槃"一詞,是指像宗炳、周續之這樣"未臻"而"潛處"的賢人的代名詞,不宜加書名綫以作限制。而詔中"兔罝"一詞的性質,與"考槃"相似,它的詞義本自《詩經·國風·兔罝》序:

　　　　《兔罝》,后妃之化也。關雎之化行,則莫不好德,賢人眾多矣。

因此,詔中的"兔罝",也是賢人的代名詞,自然也不能加書名綫來作錯誤的限制。

　　3. 皇華、四牡

　　《宋書·謝靈運傳》載靈運《撰征賦》:

　　　　天子感《東山》之劬勞①,慶格天之光大,明發興於鑒寐,使

---

① "東山"也是據《詩經·國風·東山》篇序而創造的典故詞,這裏表示征伐之義,也不宜加書名綫。爲避行文枝蔓,特兹加注。

臣遵于原隰。余攝官承乏,謬充殊役,《皇華》愧於先《雅》,靡鹽頡於征人。以仲冬就行,分春反命。(頁一七四四)

《皇華》即《詩經·小雅·皇皇者華》的簡稱,稱其"愧於先《雅》",令人費解。因爲根據該詩序:"《皇皇者華》,君遣使臣也。送之以禮樂,言遠而有光華也。"我們無法看出其詩何愧之有。其實,細讀例文,不難理解謝靈運所使用的"皇華",是據上述詩序而製造的典故詞,表示奉命出使之義。所謂的"皇華愧於先《雅》",是作者對自己充任使臣不稱職的謙遜表達。將"皇華"作爲與使臣相關的典故詞來使用,史書不乏其例,如《宋書·明帝紀》有"每盡皇華之旨"(頁一五四),《梁書·元帝紀》有"況臣等顯奉皇華"(頁一三〇),《陳書·徐陵傳》有"遊客豈皇華之勢"(頁三二八),《魏書·高聰傳》有"善勖皇華"(頁一五二〇),《隋書·裴矩傳》有"故皇華遣使"(頁一五八〇),等等,以往的整理者均未加書名綫,可供參考。

與"皇華"類似的,則有"四牡"一詞。如《魏書·高陽王雍傳》載雍表:

> 又蕃使之人,必抽朝彦。或歷嶮千餘,或履危萬里,登有死亡之憂,咸懷不返之感,魂骨奉忠,以尸將命。先朝賞格,酬以爵品;今朝改式,止及階勞。折以代考,有乖使望。非所以獎勵《皇華》而敦崇《四牡》者也。(頁五五四)

"《皇華》"怎麼獎勵?"《四牡》"又如何敦崇? 其實這裏的"皇華"與前面所提到的用例類似,是使者之義的典雅表達。而"四牡"一詞,也不外乎此。《詩經·小雅·四牡》序:

> 《四牡》,勞使臣之來也。有功而見知則説矣。

可知上文的"四牡"也是典故詞,表示犒勞使臣之義,自然也不該加書名綫。

以上例子可以看出,點校本二十四史中與《詩經》篇名相關的典故詞,以往的整理者所施加的標號,有很多需要重新考慮。今天的修訂者有必要對這一點引起重視。

七

前所刺舉的,屬於給已經不再是指《詩經》篇名的詞語誤加書名綫的例子。這裏再附帶說明一種相反的情況,即點校本二十四史中還存在著未給《詩經》的某些篇名加書名綫的事實。例如《魏書·李彪傳》載彪表:

> 禮云:臣有大喪,君三年不呼其門。此聖人緣情制禮,以終孝子之情者也。周季陵夷,喪禮稍亡,是以要經即戎,素冠作刺,逮于虐秦,殆皆泯矣。(頁一三八八)

據《詩經·檜風·素冠》序"《素冠》,刺不能三年也。"可知,例文的"素冠",實僅指《素冠》篇,應該取準於《南齊書·王敬則傳》"固已《風》《雅》作刺"(頁四八六)及《南齊書·高帝紀上》"豈直《小宛》興刺"(頁一五)等例加書名綫。而《北史·李彪傳》"素冠"(頁一四五八)也未加書名綫,同誤。這種情況也須引起修訂者的注意。

以上是筆者對點校本二十四史中與《詩經》篇名有關的典故詞的標號問題的討論。如今點校本二十四史修訂工程正在緊張進行中,本人有幸也忝與其役;本文的寫作,完全出於愿爲這一工程稍盡綿薄之力的想法。如果從事二十四史修訂工作的專家學者,在處理這一類與《詩經》篇目有關的詞語的標號時,能因此不囿於這類詞語的外形,而對其所表達的實際意義細加審視,再作定奪,或更推而廣之,兼及於其他類似的詞語的標號處理,那麼本文的目的便已達到;倘若從事其他古文獻整理的工作者也以爲本文不無借鑒的价值,則不勝榮幸。限於學識,文有不逮,幸大雅君子有以教之。

主要參考文獻:

〔清〕阮元校刻:《十三經注疏》,中華書局,1980 年。

〔漢〕司馬遷撰:《史記》,中華書局,1959 年。

〔南朝宋〕范曄撰:《後漢書》,中華書局,1965 年。

〔晉〕陳壽撰:《三國志》,中華書局,1959 年。

〔唐〕房玄齡等撰:《晉書》,中華書局,1974 年。

〔南朝梁〕沈約撰:《宋書》,中華書局,1974 年。

〔南朝梁〕蕭子顯撰:《南齊書》,中華書局,1972 年。

〔唐〕姚思廉撰:《梁書》,中華書局,1973 年。

〔唐〕姚思廉撰:《陳書》,中華書局,1972 年。

〔唐〕李百藥撰:《北齊書》,中華書局,1972 年。

〔唐〕魏徵、〔唐〕令狐德棻撰:《隋書》,中華書局,1973 年。

〔唐〕李延壽撰:《南史》,中華書局,1974 年。

〔唐〕李延壽撰:《北史》,中華書局,1974 年。

〔後晉〕劉昫撰:《舊唐書》,中華書局,1975 年。

〔宋〕歐陽修、〔宋〕宋祁撰:《新唐書》,中華書局,1975 年。

吳金華:《〈三國志〉雙音節雅言詞散論》,《古漢語研究》,2007 年第 2 期。

吳金華:《略説古漢語複音詞中的典故詞》,《語言研究》,2008 年第 1 期。

"數千萬"校議

業師吳金華先生猝然辭世,已近五年,雖然古人所謂心喪的期限早已過去,但懷念之情依然時時湧在心間。清明時節,再次捧讀《三國志校詁》一書,以紓悲傷,更覺勝義稠叠,啓益神智。其間有所疑問,想如昔日就先生請益,而幽明異路,無可奈何,於是撰作札記,聊以寄托追思。

《三國志校詁》"三國志卷三校詁":

> 且軍師在外數千萬人,一日之費,非徒千金,舉天下之賦以奉此役,猶將不給。(《魏志三·明帝紀》注引《魏略》/頁一〇五)
>
> 盧弼《集解》:元本"千"作"十"。
>
> 華按:當從元本。此時魏國人口約有四百五十萬,其中能從軍出征者不過數十萬而已,斷無"軍師在外數千萬人"之理。《孫子兵法·兵戰》曰:"日費千金,然後十萬之師舉矣。"此既云"一日之費非徒千金",則"數千萬人"當作"數十萬人"乃合情理。《群書治要》卷二十五、《資治通鑑》卷七十三亦作"數十萬人",可見唐宋人所見多有不誤者,應據正。(頁三二)

今按,如果將宋本的"數千萬"理解成今天所說的"幾千萬",那麽,魏國軍隊在外者確實不可能有如此之衆,元本作"十",似乎更近情理,不過,由此而斷言元本得實還是有所不安,因爲,近古的宋本的"數千萬",或許還可以作另外的理解,即表示接近於萬的約數,相當於"成千上萬"的意思。

　　"數千萬"不指具體數量而只表示數量近千近萬之多的用例,先秦似乎就已存在。我們看《墨子・尚同中》①:

> 故古者聖王唯而以尚同以爲正長,是故上下情請爲通。上有隱事遺利,下得而利之;下有蓄怨積害,上得而除之。是以數千萬里之外有爲善者,其室人未徧知,鄉里未徧聞,天子得而賞之。數千萬里之外有爲不善者,其室人未徧知,鄉里未徧聞,天子得而罰之。(頁一二〇)

又其書《天志下》:

> 今天下之諸侯,將猶皆侵凌攻伐兼并,此爲殺一不辜人者,數千萬矣;此爲踰人之墻垣、格人之子女者,與角人府庫、竊人金玉蚤絫者,數千萬矣;踰人之欄牢、竊人之牛馬者,與入人之場園、竊人之桃李瓜薑者,數千萬矣。(頁三二二)

這幾個"數千萬",似乎都不能理解爲"幾千萬",而應該理解爲"數量以千以萬計"的意思。或者説這些"數千萬"都只是數以千以萬計的虛指,用以極言其遠其多,而不是指幾千萬的具體數字。

　　兩漢以來的文獻中,"數千萬"用以表示近萬的約數的例子層出不窮。例如《漢書・西南夷兩粵朝鮮傳》②載趙佗上漢皇帝書:

> 老夫身定百邑之地,東西南北數千萬里,帶甲百萬有餘,然北面而臣事漢,何也? 不敢背先人之故。(頁三八五二)

這裏的"數千萬",無法理解爲"幾千萬"。有關南粵國的領地,本傳

---

① 下引《墨子》兩處文字,皆取自中華書局所出吳毓江《墨子校注》之孫啓治點校本。

② 本文所引諸史文字,皆取準於中華書局原點校本,並括注所在頁碼,以便檢核。

中有兩處相關的叙述。一處是秦末陳勝作亂時,當時的南海尉任囂
生病將死,召見了時任龍川令的趙佗,勸他以南海爲國,稱"南海辟
遠……且番禺負山阻險,南北東西數千里"(頁三八四七)。另一處
爲高后去世時,漢朝罷攻南粤之兵,"佗因此以兵威財物賂遺閩粤、西
甌駱,役屬焉"(頁三八四八),這樣使他控制的範圍達到了"東西萬
餘里"(頁三八四八)。上述趙佗致文帝書,即寫成於此後不久文帝
初即位之時,因此,書中所稱"東西南北數千萬里",對應的正是這
"東西萬餘里"的範圍。此書是趙佗向文帝示好求和之書,書中表達
了趙佗願意聽從文帝規勸,不再稱帝而臣屬於漢的心意,儘管不無誇
張,但從情理上講,他不至於在這封自稱"昧死再拜以聞皇帝陛下"的
書中將其領土故意誇大一千倍,所以此處的"數千萬",只能理解爲
"成千上萬"。

又如《漢書·王尊傳》:

> 久之,河水盛溢,泛浸瓠子金隄,老弱奔走,恐水大決爲害。
> 尊躬率吏民,投沈白馬,祀水神河伯。尊親執圭璧,使巫策祝,請
> 以身填金隄,因止宿,廬居隄上。吏民數千萬人爭叩頭救止尊,
> 尊終不肯去。(頁三二三七)

如果我們把這裏的"數千萬"理解爲"幾千萬",那麼幾千萬人爭先恐
後一齊叩頭救止王尊的情形,絕對是空前絕後的場面,擁有這等影響
力的王尊恐怕要算是人類歷史上絕無僅有的人物了,這樣的事情可
能嗎?我們根據《漢書·地理志》,統計王尊所處的西漢晚期全國總
人口不過約六千萬,便會覺得這樣的事情無法想象;而從王尊此時擔
任太守的東郡的人口來看,更可確認此事絕無發生的可能,因爲據
《漢書·地理志上》記載,西漢時東郡共有"户四十萬一千二百九十
七,口百六十五萬九千二十八"。所以,此處的"數千萬",恐怕也只
能理解爲"成千上萬"。

再如《後漢書·龐參傳》載洛陽令祝良得罪龐參事：

　　（祝）良能得百姓心，洛陽吏人守闕請代其罪者，日有數千萬人，詔乃原刑。（頁一六九一）

與上述西漢東郡的情況類似，東漢洛陽吏人（“人”應該是“民”字的諱改）的人數，當然也不可能有幾千萬之多。每天“守闕請代其罪者”的數量，最多也只能是“成千上萬”。

另外如《後漢紀·光武皇帝紀》建武二年：

　　（耿）弇曰：“王郎雖破，天下兵革乃始耳。今使者來，欲罷兵，不聽也。銅馬、赤眉之屬數千萬人，所向無前，聖公不能辦也，敗必不久。”（頁二八）

以及《宋書·天文志四》：

　　大明五年正月……有流星數千萬，或長或短，或大或小，並西行，至曉而止。（頁七五一）

這些例子中的“數千萬”，大概也是理解爲“成千上萬”較爲合理。

兩漢以來，類似用“數千萬”來表示近萬約數的固定方式，還有用“數百千”“數十百”來表示近千和近百的約數的方式。

先看“數百千”的例子。例如《漢書·嚴助傳》載淮南王安所上諫止征閩越書：

　　今發兵行數千里，資衣糧，入越地，輿轎而隃領，挖舟而入水，行數百千里，夾以深林叢竹，水道上下擊石，林中多蝮蛇猛獸，夏月暑時，歐泄霍亂之病相隨屬也，曾未施兵接刃，死傷者必衆矣。（頁二七七九）

淮南王書這一段文字分兩層說明征閩越的困難，其中先稱“發兵行數千里”，此指發兵遠行幾千里後到達閩越地，重在說明路途的遙遠；自

"入越地"後,則重在説明行軍之艱難,其中"行數百千里",是指在閩越的峻嶺險水間需行經的里數,不過淮南王並不是要以此與前面"數千里"的長途跋涉較長短,而是旨在説明入越地後輿轎挓舟而行的艱難路程,雖然百千等於十萬,但以閩越有限的區域來看,這裏的"數百千里"顯然不會是指"幾十萬里",而只可能表示"成百上千里"的意思。此淮南王書上文有:

> 臣聞越非有城郭邑里也,處谿谷之間,篁竹之中,習於水鬬,便於用舟,地深昧而多水險……以地圖察其山川要塞,相去不過寸數,而間獨數百千里,阻險林叢弗能盡著。(頁二七七八)

此"數百千里"之下,顔師古有注稱"或八九百里,或千里也",意即爲近千的約數。

又如《漢書·陳咸傳》:

> 起家復爲南陽太守。所居以殺伐立威,豪猾吏及大姓犯法,輒論輸府,以律程作司空,爲地白木杵,舂不中程,或私解脱鉗釱,衣服不如法,輒加罪笞。督作劇,不勝痛,自絞死,歲數百千人,久者蟲出腐爛,家不得收。(頁二九〇一)

據《漢書·地理志》的記載,當時的南陽郡人口不過近二百萬,如果將這裏的"數百千人"理解爲"幾十萬人",那麼這近二百萬的男女老幼之中,犯法論罪的"豪猾吏及大姓",其不堪勞作之苦而自殺的人數每年高達數十萬,這當然是不可能的。如果真有此事,那陳咸豈止是有漢一代,簡直就是中國有史以來首屈一指的酷吏了。

又如《漢書·司馬相如傳上》載相如《上林賦》有:

> 若此者數百千處,娛游往來,宮宿館舍,庖厨不徙,後宮不移,百官備具。(頁二五六三)

儘管司馬相如在《上林賦》中極盡誇張之能事,此處的"數百千處",

亦不乏誇張，但也不過是説有"成百上千處"，而不可能是匪夷所思的
"數十萬處"。

又如《史記·田敬仲完世家》：

> 宣王喜文學游説之士，自如騶衍、淳于髡、田駢、接予、慎到、
> 環淵之徒七十六人，皆賜列第，爲上大夫，不治而議論。是以齊
> 稷下學士復盛，且數百千人。（頁一八九五）

稷下學士再多，應該亦不可能有數十萬人，當時如果有成百上千人坐
而論道，已堪稱一時之盛。

又如《史記·貨殖列傳》：

> 昔唐人都河東，殷人都河内，周人都河南。夫三河在天下之
> 中，若鼎足，王者所更居也，建國各數百千歲，土地小狹，民人衆，
> 都國諸侯所聚會，故其俗纖儉習事。（頁三二六二至三二六三）

在漢代人的歷史觀中，唐、殷、周等朝所建國都，歷時不過數百上千
年，不可能會有數十萬年之久。

又如《後漢書·光武帝紀上》：

> 六月己卯，光武遂與營部俱進，自將步騎千餘，前去大軍四
> 五里而陳。尋、邑亦遣兵數千合戰。光武奔之，斬首數十
> 級。……光武復進，尋、邑兵却，諸部共乘之，斬首數百千級。連
> 勝，遂前。（頁八）

這是昆陽之戰中劉秀召集援兵趕回昆陽時的作戰記録。當時，正緊
緊包圍昆陽的王尋、王邑只"遣兵數千"與劉秀的"步騎千餘"合戰，
所以此戰無論劉秀怎麼神勇，就算他的軍隊將王尋、王邑派來作戰的
部隊全殲，亦不過斬首數千級，因此這裏的"數百千級"，只可能是
"成百上千級"的意思。袁宏《後漢紀》卷一記此事，對應的文字作
"斬首數百級"，亦可以作爲旁證。

另外如《後漢書》中《劉盆子傳》：

> 時掖庭中宮女猶有數百千人，自更始敗後，幽閉殿內。（頁四八二）

《鄭玄傳》：

> 玄自游學，十餘年乃歸鄉里。家貧，客耕東萊，學徒相隨已數百千人。（頁一二〇七）

《三國志·魏書·烏丸傳》注引《魏書》：

> 常推募勇健能理決鬭訟相侵犯者爲大人，邑落各有小帥，不世繼也。數百千落自爲一部，大人有所召呼，刻木爲信，邑落傳行，無文字，而部衆莫敢違犯。（頁八三一）

這些例子中的"數百千"，應該都只能理解爲成百上千的意思。

再看"數十百"的例子。例如《漢書·食貨志》引賈誼上書：

> 卒然邊境有急，數十百萬之衆，國胡以餽之？（頁一一二九）

雖然"十百"爲千，但賈誼的時代，顯然不會有幾千萬的軍隊，賈誼決不可能以此來説事，所以這裏的"數十百萬"，只能理解爲"幾十、上百萬"。

又如《史記·項羽本紀》：

> 於是籍遂拔劍斬守頭。項梁持守頭，佩其印綬。門下大驚，擾亂，籍所擊殺數十百人。（頁二九七）

司馬貞《索隱》注此"數十百"稱：

> 此不定數也。自百已下或至八十九十，故云數十百。

而《漢書·項籍傳》記此事亦作"籍所擊殺數十百人"，其下顏師古有注：

> 數十百人者,八九十乃至百也。他皆類此。(頁一七九七)

又《史記·項羽本紀》:

> 項王乃馳,復斬漢一都尉,殺數十百人,復聚其騎,亡其兩騎耳。(頁三三四至三三五)

此處的"數十百"與上一例相類似。

又《史記·高祖本紀》:

> 乃令樊噲召劉季。劉季之衆已數十百人矣。(頁三四九)

其下《索隱》有注:

> 《漢書》作"數百人"。劉伯莊云"言數十人或至百人",則是百人已下也。

又如《後漢書·袁術傳》:

> 初,術在南陽,户口尚數十百萬,而不修法度,以鈔掠爲資,奢恣無厭,百姓患之。(頁二四三九)

而據今本《後漢書》所附晉司馬彪《郡國志》,則東漢時南陽郡的户口數量如下:

> 南陽郡,三十七城,户五十二萬八千五百五十一,口二百四十三萬九千六百一十八。(頁三四七六)

由此可知,《袁術傳》中的"數十百"表示的應該是"近百"的意思。

這種用"數千萬""數百千""數十百"表示近萬近千近百約數的方式,即使到唐代,仍有用例。即以"數千萬"而言,例如唐初獨孤及《唐故開府儀同三司試太常卿懷州刺史太子少傅楊公遺愛碑頌》:

> 皇帝嗣位二載,河内得賢二千石曰猗氏楊承仙者……公既至……然後濬決古溝,引丹水以溉田,田之污萊遂爲沃野,衣食

河內數千萬口,流人襁負,不召自至,如歸市焉。

儘管這樣,但從上引唐劉伯莊注《史記‧高祖本紀》"數十百"、司馬貞注《史記‧項羽本紀》"數十百"以及顏師古注《漢書‧項籍傳》"數十百"和《漢書‧嚴助傳》"數百千"來看,或許一般的唐人對這種表達方式已開始出現理解困難。這種情況,唐代以後似乎又有了進一步的發展。

例如《文苑英華》卷六二五載唐劉彤《論鹽鐵表》有:

臣聞漢之五葉,孝武爲政,一廐馬三十萬匹,後宮數千萬人。

南宋彭叔夏《文苑英華辨證》卷二就此作辨證云:

劉彤《論鹽鐵表》"孝武爲政,廐馬三十萬匹,後宮數千萬",按《貢禹傳》"孝武取好女數千人以填後宮",今云數千萬,疑非。

他恐怕是將"數千萬"理解成了"幾千萬"。

劉彤此表,撰寫於開元元年,也見載於《舊唐書‧食貨志上》,對應的相關文字作"後宮數萬人"。兩相比較,可知《舊唐書》此表已有刪節,而《文苑英華》所載則更爲完整,一定程度上可以説後者更接近於此表原貌。表中所言的"數千萬人",約相當於《漢書‧貢禹傳》的"數千人",《舊唐書‧食貨志》引作"數萬人",與《貢禹傳》的"數千人"相差懸殊,如果不是傳鈔者的無心漏鈔,則很可能是《舊唐書》的編寫者或傳鈔者因語言上的隔閡而有意作出的改動。

與"十百"和"百千"不同,漢語基數中向來有"千萬"的固定形式,因此,與"數十百"和"數百千"相比,"數千萬"容易爲後人所誤解。由於"近萬"與"千萬"相差了一千倍,所以表示近萬約數的"數千萬"往往會讓唐宋以來的人感到不合情理,從而作出改動。例如《漢書‧梁孝王傳》:

於是孝王築東苑,方三百餘里,廣睢陽城七十里,大治宮室,為復道,自宫連屬於平臺三十餘里。得賜天子旌旗,從千乘萬騎,出稱警,入言趯,儗於天子。……多作兵弩弓數十萬,而府庫金錢且百鉅萬。(頁二二〇八)

其中的"數十萬",再造善本影印中國國家圖書館所藏宋嘉定十七年白鷺洲書院刻本作"數千萬",所附宋祁校記曰:"'千'萬一作'十'。"則宋祁所見版本作"千萬",而當時已有以"十"代"千"的版本了。事實上,再造善本影印中國國家圖書館所藏北宋刻遞修本,便作"數十萬",而再造善本影印北京大學圖書館藏宋慶元元年建安劉元起刻本以及再造善本影印中國國家圖書館藏宋蔡琪家塾刻本則均作"數千萬"。王先謙《漢書補注》據汲古閣本作"數十萬",出校稱"官本'十'作'千'",引宋祁曰:'千'萬一作'十'"。中華書局 1962 年出版的《漢書》點校本以《漢書補注》本為底本,徑作"數十萬"而没有出校。現在看來,如果説梁孝王製作了幾十萬(即"數十萬")的弩弓兵器有可能的話,那麽説他製作了成千上萬(即"數千萬")的弩弓兵器自然也是合乎情理的,因此,作"數千萬"的版本未必有誤,如果今天的整理本一定要作"數十萬"的話,也以出校指明別本作"數千萬"為上。

　　至於吴先生所引證的,對應《三國志·明帝紀》裴注中的"數千萬"在《群書治要》和《資治通鑑》中都作"數十萬",也許也並不能完全排除是後人有意無意改動原文的結果。

　　古書在傳寫過程中發生的訛誤可以分成傳寫者的無心之誤和有意改動兩種,無心之誤乃因傳寫者的一時疏忽,比較容易發現而得以改正;而有意的改動,則往往是出於語言的隔閡,因為改過之後似乎更合乎後人的理解,所以更容易為後人所接受認可。《三國志校詁》中,校正因為語言的隔閡而產生的文字訛誤的例子,比比皆是,上述宋本中的"數千萬",在元、明的版本中被改作"數十萬",或許也還屬於同一類的性質。

　　清代戴東原與人論學，有"但宜推求，勿爲株守"八字，足以令後學知所趨向。吳師往日授業，亦始終以此義相勖勉。今雖與師陰陽相隔，服事無途，猶不敢因無犯而有隱，以辜負昔日之諄諄。

主要參考文獻：

　　吳金華：《三國志校詁》，江蘇古籍出版社，1990 年。

　　〔漢〕司馬遷撰：《史記》，中華書局，1959 年。

　　〔漢〕班固撰：《漢書》，中華書局，1962 年。

　　〔南朝宋〕范曄撰：《後漢書》，中華書局，1965 年。

　　〔漢〕荀悅、〔晉〕袁宏著，張烈點校：《兩漢紀》，中華書局，2002 年。

　　〔晉〕陳壽撰：《三國志》，中華書局，1959 年。

　　〔南朝梁〕沈約撰：《宋書》，中華書局，1974 年。

　　〔後晉〕劉昫撰：《舊唐書》，中華書局，1975 年。

　　〔宋〕司馬光撰：《資治通鑑》，中華書局，1956 年。

　　〔宋〕李昉等撰：《文苑英華》，中華書局，1966 年。

　　〔唐〕魏徵撰：《群書治要》，《古典研究會叢書》影印唐抄本，（日本東京）汲古書院，1989 年。

　　〔清〕王先謙撰：《漢書補注》，上海古籍出版社，2008 年。

　　吳毓江：《墨子校注》，中華書局，1993 年。

正史唐諱語詞例説

——以《後漢書》爲中心

　　《史記》等前四史流傳到唐代，不免要經歷傳鈔的過程。與傳鈔其他典籍一樣，唐人在傳鈔這些正史的時候，也會帶上避諱的烙印。唐代傳鈔典籍時所作的避諱處理，主要有兩種方式①，一是改字，一是爲字不成。爲字不成的，畢竟基本保留了原字的信息，一旦時過境遷不須再諱，即可補爲完字，故不易造成文字訛誤；但改字避諱的，由於往往取義近之字替代，有些固然不難發現，但也有些則非常隱蔽，因此，儘管唐代以後的人們，對這樣的唐諱做了不少回改的工作，但時至今日，通行的前四史版本，如中華書局點校本，其正文中還是遺留了一部分唐代避諱的改字。這些史書既成書於唐代之前，那麽書中的所有唐諱都不是其書的原貌。對於從事這些史書整理的學者來説，僅僅本著恢復典籍原貌的宗旨，便理應對這些唐諱作揭示回改，更何况其中有一部分諱改的文字，其回改與否，對於文義的理解大有出入，尤其亟待揭示論證。本文主要圍繞點校本前四史正文中的這一類改避的唐諱作討論，以供從事相關研究的專家參考。

---

① 此外，唐人避諱的方式還有闕字不書。然《唐會要》卷二三載高宗顯慶五年詔云："比見鈔寫古典，至于朕名，或缺其點畫，或隨便改換，恐六籍雅言，會意多爽；九流通義，指事全違，誠非立書之本。自今以後，繕寫舊典文書，並宜使成，不須隨義改易。"據此可知初唐人鈔寫典籍的時候，闕字避諱的方式似乎較少用到，故此置而不論。

　　這一類的唐諱數量衆多,限於篇幅,筆者只選取今本前四史中出現的"吏人"一詞作爲典型,通過研究該詞構詞的特點及其在漢語詞彙史上表現出的反常現象,并結合文本内容分析以及文獻調查來論證其唐諱的性質。希望以此爲個案,探討如何通過語言方面的調查來揭示典籍中的避諱現象。

　　本文所討論的這類唐諱,集中體現在《後漢書》中。由於要深入論證《後漢書》中的這類唐諱,必須將涉及唐諱的詞語置於漢語詞彙史的背景之下,而前四史在一定程度上反映了從西漢到三國這一時期的漢語書面詞彙的發展歷史;另外,前四史中除《後漢書》外的三史,或多或少也帶有這一類的唐諱,因此,雖然本文論證的重點是《後漢書》中的唐諱,但調查的范圍則覆蓋前四史。不僅如此,因論證所需,某些語料的調查下限一直延伸到劉宋時期甚至更晚的正史文獻。

一

　　唐人傳鈔典籍時,遇太宗名字中的"民"字,往往諱改爲"人"。雖然唐以後的人們作了不少回改的工作,但即使是像經書這樣的重要典籍,當日的諱改在今天通行的版本中仍然留有一鱗半爪。如今本《尚書·堯典》中有"敬授人時"一句,《史記·五帝本紀》、《漢書·律曆志上》及《李尋傳》、《説苑·辨物》等引《尚書》都作"敬授民時"。而李賢注《後漢書·劉陶傳》引《尚書》則作"敬授人時",可見唐以前所傳《尚書》的版本,其文字應爲"敬授民時",今本作"敬授人時",當是唐人所改。

　　由於"人"和"民"畢竟多數的時候意義有別,因此,這樣的諱改難免會破壞典籍原本的文義,令讀者感到困惑。例如,唐以前的典籍中有"吏民"一詞,表示官吏和平民之意,唐人傳鈔這些典籍時,因爲要避其中的"民"字,便改成了"吏人"。由於與屬并列結構的"吏民"

一詞相比,作爲偏正結構的詞,漢語中的"吏人"一詞所能表達的,不外乎兩種意義,即官員或官府中的胥吏,但無論哪種意義都并不包括平民,因此,典籍中的"吏民"被唐人改成"吏人"後,原來所要表示的官吏和平民的意思,便變成了僅表示官或吏的意思,這種改變往往成爲我們閲讀理解的障礙。

我們看《史記·陳豨傳》的例子:

> (高祖十年)九月,(陳豨)遂與王黄等反,自立爲代王,劫略趙、代。上聞,廼赦趙、代吏人爲豨所誑誤劫略者,皆赦之。(頁二六四〇)

這個例子中的"吏人",無論是指官員還是胥吏,都會讓我們感到困惑,因爲在當時的形勢下,不管高祖下令只赦免官員,還是只赦免胥吏,都不合乎情理。

如果《陳豨傳》中的"吏人"是指官員的話,并不符合當時的形勢。高祖之所以要下赦免之令,是希望儘可能地瓦解陳豨反叛集團,徹底孤立陳豨,如果只是赦免官員,那麼這樣的命令只會使那些本來只是被陳豨所劫略裹脅的百姓,因絶望而死心塌地追隨陳豨孤注一擲,這絶不是高祖所希望發生的事。本傳下文的記載,從一個側面反映了當時的形勢:

> 上問周昌曰:"趙亦有壯士可令將者乎?"對曰:"有四人。"四人謁,上謾罵曰:"豎子能爲將乎?"四人慙伏。上封之各千户,以爲將。左右諫曰:"從入蜀、漢,伐楚,功未徧行,今此何功而封?"上曰:"非若所知!陳豨反,邯鄲以北皆豨有,吾以羽檄徵天下兵,未有至者,今唯獨邯鄲中兵耳。吾胡愛四千户封四人,不以慰趙子弟!"(頁二六四〇至二六四一)

這件事足以説明當時形勢的嚴峻。試想,處於那樣的窘境,高祖會只允諾赦免陳豨集團中那些數量有限的官員,而不同意赦免那些數量衆多而對戰局形勢起著決定作用的平民嗎?

如果這裏的"吏人"是指官府中的胥吏雜役的話又如何呢? 當然更不符合當時的情形。對於漢高祖來説,當時趙代之地的這類人物與正式官員相比,身份地位較低,數量也很有限,并不是左右形勢的重要人物,根本没有必要專門爲他們頒布赦令,因此,高祖下令所要赦免的,決不會只是這一類人。

因爲有上述的困惑,所以筆者懷疑,《陳豨傳》的這個"吏人",司馬遷的原文應該作"吏民",指官吏和平民,今本改"民"爲"人",是唐人在傳鈔《史記》時避唐太宗諱所致。高祖只有"赦趙、代吏民爲豨所註誤劫略者",也即赦免趙、代爲陳豨所裹脅的官吏和平民,才能使瓦解的效應最大程度地延及陳豨身邊的人,最終達到孤立陳豨的目的。

筆者的懷疑,在文獻方面也得到了有力的支持。《漢書‧陳豨傳》記此事作:

> 豨稱病,遂與王黄等反,自立爲代王,劫略趙、代。上聞,乃赦吏民爲豨所註誤劫略者。(頁一八九二)

而荀悦《漢紀》卷四記此事也作:

> 令吏民爲豨所劫略皆赦其罪。

其中與《史記‧陳豨傳》中的"吏人"相對應的文字,兩書均作"吏民",這都從文獻的角度爲筆者的假設提供了證據。

不僅如此,即使是《史記》本書,也爲筆者懷疑《史記‧陳豨傳》中的"吏人"是唐人的諱改提供了有力的證據。我們看《高祖本紀》中有關陳豨造反時高祖下此赦令的詳細記載:

> 八月,趙相國陳豨反代地。上曰:"豨嘗爲吾使,甚有信。代

地吾所急也,故封豨爲列侯,以相國守代,今乃與王黃等劫掠代地! 代地吏民非有罪也,其赦代吏民。"(頁三八七)

從令中兩次出現的"吏民"一詞來看,高祖的原意確實是不僅赦免官吏,同時也赦免百姓。這一記言之文,當是《史記·陳豨傳》記事之文所本。再看《漢書·高帝紀下》的記載,則似乎更爲明確:

> 九月,代相國陳豨反。上曰:"豨嘗爲吾使,甚有信。代地吾所急,故封豨爲列侯,以相國守代,今乃與王黃等劫掠代地! 吏民非有罪也,能去豨、黃來歸者,皆赦之。"(頁六八)

所謂"吏民非有罪也,能去豨、黃來歸者,皆赦之"云云,意思是只要是能離開陳豨、王黃二人而來歸順的,不論其身份是吏是民,一律赦免。

又《史記·高祖本紀》載高祖十二年平定陳豨之亂後有:

> 赦代地吏民爲陳豨、趙利所劫掠者,皆赦之。(頁三九一)

值得注意的是,這一大赦實行於平定陳豨之亂後。其時爲陳豨所劫掠的平民,一定已有犯下叛亂罪行的,這些平民尚且可以赦免,那麼當陳豨剛叛亂時,被劫略的平民多數可能僅有叛亂之名而尚無其實,自然更應當在赦免之列。

而漢高祖的這種平定叛亂時爲瓦解叛亂集團而允諾赦免被"詿誤"的"吏民",平定反叛後又踐諾實赦"吏民"的做法,其兒子文帝也曾效法過。文帝征討謀反的濟北王時所采取的措施,也可以作爲筆者有關"吏民"推斷的旁證,我們看《史記·孝文本紀》:

> 廼詔有司曰:"濟北王背德反上,詿誤吏民,爲大逆。濟北吏民兵未至先自定,及以軍地邑降者,皆赦之,復官爵。與王興居去來,亦赦之。"八月,破濟北軍,虜其王。赦濟北吏民與王反者。
> (頁四二六)

　　文帝所爲,幾乎就是乃父平定陳豨之亂所采取策略的翻版,而其赦免的對象,也正是"吏民"而非"吏人"。

　　此外,類似的赦免措施也常見於西漢以後的諸正史中,所赦免的對象,幾乎都是包括平民在内的人。例如《三國志・魏書・三少帝紀》載高貴鄉公正元二年閏月"壬子,復特赦淮南士民諸爲儉、欽所詿誤者"(頁一三三),又載甘露二年五月"丙子,赦淮南將吏士民爲(諸葛)誕所詿誤者"(頁一三九)。這也可以看作是對漢高祖這一做法的一種效仿。類似的例子屢見不鮮,限於篇幅,這裏就不一一列舉了。

　　綜上所述,筆者覺得,"赦趙、代吏民爲豨所詿誤劫略者"才是高祖的本意,也只有下達這樣的命令才符合當時實際的形勢。僅從這個意義上來説,今本《史記・陳豨傳》中的"吏人"應該有必要回改作"吏民"。

二

　　"吏人"一詞,在點校本《史記》中共出現了三例。與上揭的這一例一樣,另外兩例的性質,筆者也懷疑屬唐人的諱改,其原文應該作"吏民"。下面分別對這兩例作一點簡單的分析。

　　1.《史記・高祖本紀》:

　　　　(陳恢)乃踰城見沛公,曰:"……宛,大郡之都也,連城數十,人民衆,積蓄多,吏人自以爲降必死,故皆堅守乘城。今足下盡日止攻,士死傷者必多……"(頁三五九至三六〇)

　　這裏記載的,是沛公圍攻宛城時,南陽守舍人陳恢説服沛公棄攻約降之事。陳恢的説辭中,提到被圍的宛城内"人民衆",無非是要説明可用於守城的人多;但是如果按照下文所説的只有"吏人自以爲降必死,故皆堅守乘城"的話,那麼,"人民衆"這一點在宛城被圍時除了會加速宛城内的糧食消耗外,還有什麼意義? 這不等於告訴沛公,攻下宛城并非難事麼? 這絶對不是陳恢游説的本意,沛公也不會聽了這樣的説辭便止攻約降,因此陳恢所説的"自以爲降必死,故皆堅守乘城"的人,一定不會僅僅指"吏人"這一小部分人,而是"吏民",即宛城内包括官吏平民在内的所有人。從情理上講,《高祖本紀》記載沛公在圍攻宛城之前,攻打城陽、潁陽等地均有屠城的行爲,宛城百姓主動參與守城,也在情理之中。因此,只有作"吏民自以爲降必死,故皆堅守乘城",前文所説的"人民衆"才會有著落,也唯有這樣,才能讓沛公充分認識到强攻宛城可能招致的嚴重後果,從而作出明智的選擇。

筆者所作的這個"吏人"原是"吏民"的推斷,在與司馬遷同時代的劉向的《新序》中也可以得到證明。其《善謀》篇記同一件事作:

於是恢乃踰城見沛公,曰:"……宛,大郡之都也,連城數十,人民衆,蓄積多,其吏民自以爲降而死,故皆堅守乘城。"

而《漢書・高帝紀上》的記載同樣可以爲筆者的推斷提供支持:

(陳恢)乃踰城見沛公,曰:"……宛郡縣連城數十,其吏民自以爲降必死,故皆堅守乘城。"①(頁一九)

此外,北宋本《通典》卷一五八記此事作:

乃踰城見沛公,曰:"……宛,大郡之都也,連城數十,民庶衆,積蓄多,吏民自以爲降必死,故皆堅守乘城。"

值得注意的是,與《漢書》相比,《通典》的這段文字與《史記》更爲接近,或原本自《史記》也未可知。而其中"人民"作"民庶",則很

---

① 《漢紀》卷一載陳恢語作"宛吏懼死皆堅守",疑"吏"下脱"民"字。

可能是唐人原爲避太宗諱改“人民”爲“人庶”，唐以後人以“人庶”爲可疑，不明唐人諱改之字是“庶”而非“人”，以致誤回改作“民庶”，這説明《通典》在傳刻過程中，其唐諱已遭後人回改。從該文作“吏民”來看，如果這也屬唐以後人的回改，那麽回改者或許也與筆者一樣，認爲此處作“吏民”更合乎史實。

2.《史記·高祖本紀》：

> （沛公）召諸縣父老豪桀曰：“父老苦秦苛法久矣……與父老約，法三章耳：殺人者死，傷人及盜抵罪。餘悉除去秦法。諸吏人皆案堵如故。凡吾所以來，爲父老除害，非有所侵暴，無恐！”（頁三六二）

其中的“吏人”，也應當是“吏民”的諱改。沛公攻入關中後，因爲擔心引起秦人的驚恐而導致局面失控，才召集“父老豪桀”即主要是平民的代表作了這次講話。其中先後三次提及“父老”，充分説明沛公所要曉喻的對象，也就是他所擔心不安定的因素，主要是秦地普通民衆。但中間突然插入一句“諸吏人皆案堵如故”的話，説話的對象突然換成了“吏人”，似乎又只希望故秦官吏安居如故，與平民無關，顯得很突兀。而《漢書·高帝紀上》同記高祖此語則作：

> ……餘悉除去秦法。吏民皆按堵如故。凡吾所以來，爲父兄除害，非有所侵暴，毋恐！（頁二三）

《史記》中令人起疑的“吏人”，《漢書》正作“吏民”。可以説，《漢書》所保留的這一文字面貌，才真正符合當時沛公所要表達的實際意思，即希望秦地的官吏與平民都保持原有正常的生活秩序，不要因沛公軍隊的到來而發生動亂。

筆者也注意到《資治通鑑》卷九的相關記載：

> ……諸吏民皆案堵如故。凡吾所以來，爲父老除害，非有所

侵暴,無恐!

從"吏民"前有"諸"字,以及不作"父兄"而作"父老"、不作"毋恐"而作"無恐"等異文情況來看,《資治通鑑》的這段文字更可能是本自於《史記》而非《漢書》。與今本《史記》作"吏人"不同,《資治通鑑》作"吏民",有兩種可能:一是《資治通鑑》編者尚能看到仍然作"吏民"的《史記》版本;二是《資治通鑑》的編者也認爲傳本《史記》作"吏人"是唐人的諱改,不符合沛公的原意,從而作了回改。

三

從上面的分析可知,洋洋一百三十篇五十餘萬字的今本《史記》中,僅有的三個"吏人"用例都屬唐諱,原文都應該作"吏民",表示官吏和平民。而表示這個意義的"吏民",今本《史記》全書共出現了將近三十次。至少,可以這樣說,西漢時代表示"官吏和平民"這樣的意義,人們習慣使用"吏民"這樣的詞,而不是"吏人"。《史記》是這樣,成書於東漢的《漢書》更體現了這一點:全書"吏民"的用例多達二百多處,而"吏人"則一例也沒有。

上述《史記》《漢書》中所體現的這種西漢時期的語言現象,到了三國乃至西晉時期,依然表現得十分明顯。西晉陳壽所撰《三國志》,全書正文中"吏人"用例一處不見,"吏民"用例則高達八十多例。即使是劉宋時裴松之的《三國志》注文,其中絕大部分的內容都是引用三國前後的各家文獻,遍檢這些注文,也只發現一處"吏人"的用例,而"吏民"的用例則有近六十例。這裏,有必要對裴注中這一個可疑的"吏人"孤例作一番考察。

《三國志・魏書・張既傳》注引《魏略》:

太和中,諸葛亮出隴右,吏民騷動。天水、南安太守各棄郡東下,(殷)楚獨據隴西,召會吏民,謂之曰:"太守無恩德。今蜀兵至,諸郡吏民皆已應之,此亦諸卿富貴之秋也。太守本爲國家守郡,義在必死,卿諸人便可取太守頭持往。"吏民皆涕淚,言"死生當與明府同,無有二心"。楚復言:"卿曹若不願,我爲卿畫一計。今東二郡已去,必將寇來,但可共堅守。若國家救到,寇必去,是爲一郡守義,人人獲爵寵也。若官救不到,蜀攻日急,爾乃取太守以降,未爲晚也。"吏民遂城守。而南安果將蜀兵,就攻隴西。楚聞賊到,乃遣長史馬顒出門設陳,而自於城上曉謂蜀帥,言:"卿能斷隴,使東兵不上,一月之中,則隴西吏人不攻自服;卿若不能,虛自疲弊耳。"(頁四七三)

仔細體會殷楚曉喻蜀帥的話中所提到的這個"吏人",可以發現應該就是指他前面"召會"來并爲之"畫一計"的那些"吏民"。所說"使東兵不上",即畫計所謂"官救不到",而"隴西吏人不攻自服",也就是對"吏民"所說的"取太守以降"。這樣說來,殷楚話中的"不攻自服"者,顯然不是只指隴西的官吏,也應包括當地百姓。這讓人懷疑其原文應該作"吏民"才合乎當時的情形。再者,且不說前文五作"吏民",而此處突然作"吏人"之可疑,即以殷楚一人之言,前文則稱"諸郡吏民皆已應之",此處又作"則隴西吏人不攻自服",所指稱者當爲同一類人,語出一人而一作"吏民"一作"吏人",這也讓人懷疑這個《三國志》裴注中的孤例,原文也應該取準前殷楚語例作"吏民",今作"吏人"很可能是後人傳寫所改。

退一步講,就算上面的這個孤例并不存在傳寫改字的問題,恐怕那也只能說殷楚使用"吏人"一詞表示的是官吏的意思,我們還是可以說,西漢時期用"吏民"而不是"吏人"來表示官吏與平民的意思的用詞特點,到了三國時期依然如故,畢竟,《三國志》全書(包括裴注)有著一百四十個左右用"吏民"來表示官吏與平民的例子呢。

四

　　但是,《史記》《漢書》《三國志》中表現出來的這種只用"吏民"而不用"吏人"來表示官吏和平民之意的語言現象,在范曄的《後漢書》中,突然變得不復存在:全書共出現了一百四十多例的"吏人",而且幾乎全部是用以表示官吏和平民這樣的意義。

　　那麼,會不會存在這種情況,即范曄《後漢書》中之所以大量出現用以表示官吏和平民之意的"吏人",是因爲到了范曄所處的劉宋時代,漢語中已經有了用"吏人"來表示官吏和平民之意的詞語,范曄不過是用當時的語言追記東漢的史事而已呢?

　　筆者覺得存在這種情況的可能性很小,主要有兩方面的理由:

　　首先,用"吏人"這樣的詞來表達官吏和平民這樣的意思,違背了同類漢語詞的表義特性。

　　如前所説,"吏人"屬於偏正結構的詞,其核心詞素是"人",而"吏"則是起限制作用的詞素。也就是説,從詞的結構上講,"吏人"這樣的詞,只能指一類人,即"人"中屬於"吏"的那一部分;這個詞的内涵中,絶對不包含平民。

　　在先唐典籍中出現用"吏人"表達官吏和平民之意的反常現象,是緣於唐人傳鈔這些典籍時不得已的處理。實際上,在唐人自撰的文字中,大概也是儘量避免使用以"吏人"表示官吏和平民之意的這種古怪用法的。

　　其次,從漢語詞彙史的角度來看,范曄所處的時代恐怕也并不存在用"吏人"來表示官吏和平民之意的事實。

　　在史言史,我們就以范曄前後的幾部正史爲限,來看看這方面的語言事實。

　　就歷時層面而言,如前所述,范曄之前的史書,如《史記》《漢書》和《三國志》都只用"吏民"而不用"吏人"來表示官吏和平民之意。范曄之後的史書,如《南齊書》也只用"吏民"表示官吏和平民之意。

就共時層面而言,同處劉宋時期而略晚於范曄的沈約所撰寫的《宋書》中,共出現了三個"吏人"的用例,分別是卷四六《趙伯符傳》二例以及卷四八《朱齡石傳》一例。對於這三個用例,也需要作一番説明。

關於今本《宋書》的卷四六,宋人曾作如下案語①:

> 臣穆等案《高氏小史》,《趙倫之傳》下有《到彥之傳》,而此書獨闕。約之史法,諸帝稱廟號,而謂魏爲虜。今帝稱帝號,魏稱魏主,與《南史》體同,而傳末又無史臣論,疑非約書。然其辭差與《南史》異,故特存焉。(頁一四○○)

而清代學者萬承蒼更進一步指出此卷的可疑之處②:

> 《張邵傳》首云"會稽太守裕之弟也","裕"乃武帝諱,不宜直犯。張暢自有傳,今重附於《張邵傳》後,尤失點檢。

據此,雖然該卷是不是一定補自《南史》還不好説,但説它并非沈書之舊應該是沒有問題的,所以卷四六的這兩個"吏人"用例,嚴格説來,不能視作沈約《宋書》的語料,故此置而不論。

如此説來,《宋書》中"吏人"的用例,最多也只有卷四八《朱齡石傳》一例了,下面我們來看看這個用例:

> 喪亂之後,武康人姚係祖招聚亡命,專爲劫盜,所居險阻,郡縣畏憚不能討。齡石至縣,僞與係祖親厚,召爲參軍。係祖恃其

---

① 見點校本《宋書》卷四六所附。清代學者認爲撰者是宋人鄭穆,説見武英殿本《宋書》所附《考證》。
② 見武英殿本《宋書》所附《考證》。

兄弟徒黨强盛,謂齡石必不敢圖己,乃出應召。齡石潛結腹心,知其居處塗徑,乃要係祖宴會,叱左右斬之。乃率吏人馳至其家,掩其不備,莫有得舉手者,悉斬係祖兄弟,殺數十人,自是一郡得清。(頁一四二二)

筆者分析這一個"吏人"很可能是指作爲武康令的朱齡石的手下,即僚屬差役一類,而不包括平民。朱齡石殺姚係祖後進而掩殺其兄弟,純屬偷襲,而偷襲不但要儘可能的迅速,還要儘可能的隱秘,這兩方面恐怕都不允許朱齡石動員平民參與此事。這裏的"吏人",并不能視作表示官吏和平民之意的"吏人"用例。

綜上所述,從西漢到南朝梁的這幾部正史所反映的語言事實來看,無論是歷時層面,還是共時層面,都無法爲范曄所處的時代有用"吏人"來表示官吏和平民之意的現象提供有力的證據。

五

以上筆者從漢語史的角度對表示官吏和平民之意的"吏人"一詞作了調查。從調查的結果來看,遲至范曄所處的時代,漢語詞彙中還没有用"吏人"表示官吏和平民之意的語言事實。

然而在另一方面,我們倒可以在文獻方面發現大量證據,可以證明唐人在傳鈔典籍時有將原文中的"吏民"諱改作"吏人"的事實存在。就拿今本《後漢書》來説,李賢作注時所引用的典籍,其原文作"吏民"的,往往被改爲"吏人"。下面舉一些涉及正史的例子來説明這方面的情况。

1. 卷二八上《馮衍傳》"衍恐伯玉必懷周趙之憂上黨復有前年之禍"注:

《史記》曰:趙孝成王時,韓上黨(太)守馮亭使人至趙曰:

"韓不守上黨,入之於秦,其吏人皆安爲趙,不欲爲秦……"(頁九七二)

其中的"吏人",檢《史記·趙世家》實作"吏民"。

2. 卷五三《徐穉傳》"太守華歆禮請相見固病不詣"注:

> 《魏志》曰:歆字子魚,平原人。爲豫章太守。爲政清淨不煩,吏人咸感而愛之。(頁一七四八)

其中的"吏人",檢《三國志·魏書·華歆傳》實作"吏民"。

3. 卷七七《酷吏傳序》"違衆用己表其難測之智"注:

> 《前書》嚴延年爲河南太守,衆人所謂當死者一朝出之,所謂當生者詭殺之,吏人莫能測其用意深淺也。(頁二四八八)

其中的"吏人",檢《漢書·嚴延年傳》實作"吏民"。

4. 卷七九《召馴傳》"曾祖信臣元帝時爲少府"注:

> 《前書》信臣字翁卿,爲南陽太守,吏人親愛,號曰"召父"。(頁二五七三)

其中的"吏人",檢《漢書·召信臣傳》實作"吏民"。

這些例子足以證明,唐人在傳鈔《史記》《漢書》《三國志》等正史時,確實存在著將原文中的"吏民"改爲"吏人"的事實。唐人既然可以因爲避諱而改上述三種正史中的"吏民"爲"吏人",當然也完全可能改《後漢書》中的"吏民"爲"吏人"。

我們說《後漢書》中"吏人"屬唐諱,以上這些來自於注文的例子畢竟只是旁證,通過與相關文獻作比較,我們還可以在正文中獲得一些更爲直接的證據。

我們知道,《後漢書》中有關東漢末年的部分内容,《三國志》中也有記載,取兩書作比較,也可以發現今本《後漢書》中的有些"吏人"有諱改的嫌疑。

例如卷七五《劉焉傳》:

> 州從事賈龍,先領兵數百人在犍爲,遂糾合吏人攻相,破之。(頁二四三二)

《三國志·蜀書·劉焉傳》記此事作:

> 州從事賈龍(素)領〔家〕兵數百人在犍爲東界,攝斂吏民,得千餘人,攻相等,數日破走。(頁八六六)

兩相比較,《三國志》的"攝斂吏民",顯然與《後漢書》的"糾合吏人"是同一件事情。

又如卷五八《臧洪傳》:

> 洪説超曰:"……今郡境尚全,吏人殷富,若動桴鼓,可得二萬人。"(頁一八八五)

又:

> 將吏皆垂泣曰:"明府之於袁氏,本無怨隙,今爲郡將之故,自致危困,吏人何忍當捨明府去也?"(頁一八九一)

這兩處記言的文字,在《三國志·魏書·臧洪傳》分別作:

> 今郡境尚全,吏民殷富,若動枹鼓,可得二萬人。(頁二三一)

> 明府與袁氏本無怨隙,今爲本朝郡將之故,自致殘困,吏民何忍當捨明府去也!(頁二三六)

《後漢書》中的"吏人",在《三國志》中都作"吏民"。

後面的這兩例尤其值得注意。由於兩例在《三國志》和《後漢書》中同屬記言之文,考慮到范曄刻意改動記言之文中較爲重要的詞語的可能性很小,因此,筆者更有理由相信,這兩例中的"吏人"可能是唐人諱改"吏民"所致,而不是出於范曄之手。

六

如果結合分析今本《後漢書》中"吏人"所在的文本內容,則這些"吏人"絕大多數非常可疑。

其中最爲可疑的,是出現在《後漢書》中所直接引用的東漢文獻中的"吏人"。這些用例所在的各種文獻,其寫成的時間覆蓋了整個東漢時期。通過調查,我們可以看到一個耐人尋味的現象,在西漢文獻中還寂寂無聞的"吏人"一詞,突然大量出現在東漢初年的文書中,并活躍在整個東漢時期,但一進入三國時代,便突然不再現身。從語言具有社會性的角度來看這樣的現象,很難理解。

仔細分析《後漢書》中這類"吏人"用例所在的引文,可知該詞所表達的官吏之意往往與文意不合;如果再結合與記載了該文獻的其他典籍作比較,可以看出這些"吏人"很可能是唐人的諱改,若作"吏民",表示官吏與平民之意,則更合乎情理。下面列舉其中較爲典型的若干"吏人"例,來分析其唐諱的性質。

1. 卷一上《光武帝紀上》:

> 九月,赤眉入長安,更始奔高陵。辛未,詔曰:"更始破敗,棄城逃走,妻子裸袒,流冗道路。朕甚愍之。今封更始爲淮陽王。吏人敢有賊害者,罪同大逆。"(頁二四)

這個例子中的"吏人"便非常可疑。詔書稱"吏人敢有賊害者,罪同大逆",那麽,作爲百姓,既非"吏人",如果他們賊害更始又該作何處置? 是否不在此詔所禁之列? 根據《後漢書》的記載,更始雖然懦弱無能,畢竟是光武族兄;而更始爲謝禄縊殺後,"光武聞而傷焉",可以説,光武此詔確實是要禁止天下所有人對更始的傷害,非僅止於

"吏人"而已,所以,這裏的"吏人",范曄所記録的詔書原文應該是作"吏民",因爲只有作"吏民",才可能涵蓋所有有可能傷害更始的人。《後漢紀》卷三記此事作"詔封更始爲淮陽王,敢有害及妻子者,罪大逆",雖是以記事之文概述此詔内容,但也是明確説明此詔旨在禁絶所有人對更始的傷害,而不是局限於"吏人"一端。《資治通鑑》卷四〇記此詔作"吏民敢有賊害者,罪同大逆",當得其實,這也許是因爲北宋時候的人們還能見到未經唐人諱改的光武詔文。

2. 卷一三《隗囂傳》:

> 囂乃上疏謝曰:"吏人聞大兵卒至,驚恐自救,臣囂不能禁止。"(頁五二七)

隗囂深得人心,割據一方,光武知其終不爲用,故發兵征討,這是隗囂在建武六年率軍與官兵公然對抗并取得大勝的託詞。但要將大敗官兵,僅僅説成是一小部分"吏人"的行爲所致,顯然是缺乏説服力的。如果與官兵作戰者只是"吏人",那麽,隗囂無法完全推卸自己對手下官吏管理不力的責任。只有將面廣量大的平民拉進來,才能最大程度地淡化身爲一方之主者率軍與官兵對抗這一事件性質的嚴重性。《後漢紀》卷五記此疏,其中的"吏人"正作"吏民",可以説,只有這樣才可以充分體現隗疏的外交辭令意味。

3. 卷一六《鄧禹傳》:

> 帝以關中未定,而禹久不進兵,下敕曰:"司徒,堯也;亡賊,桀也。長安吏人,遑遑無所依歸。宜以時進討,鎮慰西京,繫百姓之心。"(頁六〇三)

光武帝以堯、桀爲喻,是希望鄧禹能盡快進兵關中,拯救百姓於水火之中。改"吏民"爲"吏人",使得光武敕文所謂長安中"遑遑無所依歸"的,僅僅指官吏,不但大大削弱了鄧禹軍隊替天行道的色彩,且使下文"繫百姓之心"一句也失去了照應。《資治通鑑》卷四〇記此敕書,其文正作"吏民",當存其真。而本書卷三三《朱浮傳》載浮上疏有"百姓遑遑,無所繫心"語,與此文意相似,可爲參證。

4. 卷四二《光武十王列傳》:

> 四年春,車駕近出,觀覽城第,尋聞當遂校獵河内,蒼即上書諫曰:"……臣知車駕今出,事從約省,所過吏人諷誦《甘棠》之德①。"(頁一四三四)

其中的"甘棠",典出《詩經·召南·甘棠》,原是人民贊美召伯的詩篇名,後人據此將其作爲表達對君主恩惠的贊美之詞。古代文獻記載中,"諷誦甘棠之德"這樣的行爲,其發起者總不外乎平民百姓。皇帝的出行,受騷擾最嚴重的是底層的平民;皇帝的好壞,只有由他統治的百姓來説才是公論,因此,如果只是有"吏人"歌頌皇帝的"甘棠之德",是遠不足以説明他像召公那樣受人民愛戴的。明帝想必瞭解這個道理,劉蒼當然更清楚,因此劉蒼是不會只舉"吏人"的贊美來作爲對明帝出行務從省約的高度評價的。《後漢紀》卷九記此書,其中的"吏人",正作"吏民",這才是劉蒼上書的原貌。

如果説范曄在處理上述引用文獻的原始材料時作一些删節,那是完全有可能的,但要説他會不厭其煩一一改動原始文獻中某一個語詞,則這樣的可能性非常小,這類引文中出現的"吏人",通過與其他文獻的比較,并結合分析文義,其屬唐諱的性質是不難看出的。

---

① 點校本將"甘棠"二字加上了書名號,其實這裏的"甘棠"已不是實指《詩經》中的詩篇,而是利用《詩經》創造的具有典故性質的詞語,不當加書名號作錯誤的限定。説詳本書《關於"渭陽"式典故詞的標號問題》,原載郭錫良、魯國堯先生主編的《中國語言學》第四期。

七

不僅出現在上述引文中的"吏人"令人疑惑,即使是出現在范曄叙述性的記事之文中的"吏人",有不少也非常可疑,因爲這些"吏人",如果只是表示官吏的話,完全不符合當時的實際情况。

筆者懷疑有些"吏人"所在的内容不合史實,有些是因爲與之相關的數量記載,顯然不合於"吏人"這一種身份。我們來看下面的這些例子:

1. 卷一八《吳漢傳》:

> 十五年,復率揚武將軍馬成、捕虜將軍馬武北擊匈奴,徙鴈門、代郡、上谷吏人六萬餘口,置居庸、常〔山〕關以東。(頁六八三)

三地官吏有"六萬"之衆,已足以啓人疑竇。遷徙雁門等三地人至居庸、常山關以東,應該是爲了使這些人避免遭到匈奴的侵略,但只遷官吏,豈不是意味著抛棄平民?且不論三地官吏是否有如此之衆,若一時遷出這些官吏,那麽三地的行政如何維持?按照古人的習慣,如果以"口"稱人數中,那麽一定是兼及男女老少,從這一點上來看,這裏的"吏人",也更應該作"吏民"爲是。而今本《後漢書》所附司馬彪《天文志上》對此事的記載,又爲筆者的推測提供了有力的證據:

> (建武)十二年正月己未,小星流百枚以上,或西北,或正北,或東北,二夜止。六月戊戌晨,小流星百枚以上,四面行。小星者,庶民之類。流行者,移徙之象也。或西北,或東北,或四面行,皆小民流移之徵。是時西北討公孫述,北征盧芳。匈奴助芳侵邊,漢遣將軍馬武、騎都尉劉納、閻興軍下曲陽、臨平、呼沱,以

備胡。匈奴入河東，中國未安，米穀荒貴，民或流散。後三年，吳漢、馬武又徙鴈門、代郡、上谷、關西縣吏民六萬餘口，置常〔山〕關、居庸關以東，以避胡寇。是小民流移之應。（頁三二二一）

這段文字，不僅相關的關鍵詞正作“吏民”，更重要的是，該文將吳漢等徙鴈門等地“吏民六萬餘口”，與三年前發生的流星雨聯係起來，稱爲“小民流移之應”，這充分説明吳漢等所遷，主要是平民。另外，本書《光武帝紀下》也同樣明確記載了此次所遷的對象主要是平民：

（建武十五年）二月，徙雁門、代郡、上谷三郡民，置常〔山〕關、居庸關以東。（頁六四）

《後漢紀》卷七記此事亦作：

十五年春二月，大司馬吳漢將馬武等徙雁門、代郡、上谷民，遷中山，以備胡寇。

凡此都足以證明今本“吏人”當是唐人的諱改。

由此筆者聯想到《後漢書》中所記録另外幾次遷徙“吏人”的事情，由於其性質與上述遷徙“吏民”的性質相似，所以筆者懷疑這些記録中的“吏人”，原文也應該作“吏民”。例如卷一下《光武帝紀下》：

是歲，省五原郡，徙其吏人置河東。（頁七三）

《後漢紀》卷七記此事則作：

省五原郡，徙其吏民于河東。

2. 卷四二《光武十王列傳》：

（中山簡王焉）永元二年薨……（和帝）大爲修冢塋，開神道，平夷吏人冢墓以千數，作者萬餘人。（頁一四五〇）

　　和帝爲中山王修陵墓,平夷陵園區内原有冢墓,但數以千計的冢墓竟然全部是官吏所葬,如此巧合,令人費解。《資治通鑑》卷四二記此事作"平夷吏民冢墓以千數",倒是合乎情理。

　　3. 卷九〇《烏桓傳》:

　　　　及(袁)紹子尚敗,奔蹋頓。時幽、冀吏人奔烏桓者十萬餘户,尚欲憑其兵力,復圖中國。(頁二九八四)

　　"幽、冀吏人奔烏桓者十萬餘户","吏人"數量之大不可想象,而以"户"稱吏人之數也不合於常例。《通志》卷二〇〇《烏桓傳》全據《後漢書・烏桓傳》,其記此事作"幽、冀吏民奔烏桓者十萬餘户",或依舊本,可爲旁證。

　　4. 卷一六《鄧訓傳》:

　　　　永平中,理虖沱、石臼河,從都慮至羊腸倉,欲令通漕。太原吏人苦役,連年無成,轉運所經三百八十九隘,前後没溺死者不可勝筭。(頁六〇八)

　　從事勞役的,想必不會只是"吏人",苦於勞役的,首當其衝的自然是平民。"前後没溺死者不可勝筭"的,其中的絶大部分必定是平民。

　　5. 卷八六《南蠻西南夷列傳》:

　　　　武陵蠻亦更攻其郡,太守陳奉率吏人擊破之,斬首三千餘級,降者二千餘人。(頁二八三四)

　　武陵郡全郡的"吏人",能有多少? 如果陳奉僅僅是率其"吏人"參戰,不可能贏得如此大的戰果。

　　上面列舉的這些例子,是今本《後漢書》正文中出現的"吏人"用例中,由相關的數量記載與"吏人"的身份不合而可推知爲唐人諱改的案例。

八

　　還有一部分出現在今本《後漢書》記事文中的"吏人"用例,涉及到當時國家所采取的某些制度,如果我們考察該制度的相關背景,并結合調查同一制度的不同記載,則不難看出有些記載中的"吏人"也爲"吏民"之諱改。

　　例如卷四二《光武十王列傳》:

　　　　其後荆復呼相工謂曰:"我貌類先帝。先帝三十得天下,我今亦三十,可起兵未?"相者詣吏告之,荆惶恐,自繫獄。帝復加恩,不考極其事,下詔不得臣屬吏人,唯食租如故,使相、中尉謹宿衛之。(頁一四四八)

　　這裏就牽涉到漢朝對諸侯國"臣其所食吏民"的一項制度,根據《後漢書・百官志五》"列侯"條的記載:

　　　　列侯,所食縣爲侯國。本注曰:承秦爵二十等,爲徹侯,金印紫綬,以賞有功。功大者食縣,小者食鄉、亭,得臣其所食吏民。(頁三六三〇)

　　所謂"得臣其所食吏民",是指諸侯能夠以其侯國內的官吏與平民爲臣①,讓他們完全聽命於自己。這原是給有功諸侯的一項政治待遇。而《通典》卷三一"歷代王侯封爵"條,關於東漢封爵制度又有"罪侯歸國不得臣吏民"的記載。可見諸侯的這一項待遇,在東漢往往會因其犯罪而被剝奪。

　　但是,上舉《光武十王列傳》有關廣陵王劉荆犯罪歸國後所受的

――――――――

① 列侯尚"得臣其所食吏民",王自然是不在話下。

相關處罰,却與此項制度有一個很大的不同。劉荆原爲山陽王,雖數有謀逆的言行,但明帝念他是同母所生,一直不忍心加罪,僅徙封廣陵王,遣之國。然而劉荆不思悔改,依然口出狂言,明帝不得已,才對他實行了進一步的管制措施。文中提到的"使相、中尉謹宿衛之"云云,實際就是將廣陵王軟禁起來,并責成中央任命的廣陵國相及中尉嚴加看管,可見對劉荆的限制不可謂不嚴。但是,根據今本《後漢書》的文字,則劉荆所受的處罰,不是"不得臣吏民",而是"不得臣屬吏人",對象的不同,似乎爲劉荆留了很大的餘地,這與上述制度顯然不合。以漢朝官吏爲臣的行爲即"臣屬吏人"固然是明令禁止了,但是否可以以平民爲臣呢? 詔令却并没有明確。這樣的詔令中明顯留有漏洞,不利於徹底杜絕劉荆培植自己勢力的可能性。對比《後漢紀》卷一○對此事的記載,可知明帝詔書原文其實并没有這樣的漏洞:

> 相者告吏,荆自繫獄。上復不忍考訊,詔曰:"荆數年之間,大罪二矣,其赦荆罪,不得臣其吏民。"

根據這份詔書,可知明帝是要禁止劉荆以廣陵國內的官吏或平民爲臣,這倒是與《通典》所記載的制度完全相符。筆者認爲這樣的嚴格限制才符合當時的實際情況。因爲只有采取這樣的措施,才能最大限度地防止劉荆重新組織力量圖謀不軌。事實上,本傳所載劉荆之後的所作所爲,也從一個側面證實了當時對他管制的嚴厲:

> 荆猶不改。其後使巫祭祀祝詛,有司舉奏,請誅之,荆自殺。

(頁一四四八)

諸如巫祝之類的事情,原屬極隱秘的行爲,也能被有司檢舉,可見其管制之嚴;而劉荆於苟延性命之際,尚且如此怙惡不悛,他的皇帝兄弟又怎能允許他以其王國之內的平民爲臣,而任由他支使?

　　除了《後漢紀》記載的明帝詔書原文以外,《資治通鑑》卷四五記本事也作"詔不得臣屬吏民",由此筆者相信,范曄《後漢書》中本自明帝詔書的文字,原文應作"不得臣屬吏民",今本作"吏人",當是唐人傳鈔時諱改所致。

　　而《通典》關於東漢"罪侯歸國不得臣吏民"的記載,除了爲上面的推斷提供進一步的旁證以外,也使筆者懷疑今本《後漢書》中的類似的"吏人"用例也與本例一樣屬唐人的諱改。

　　例如卷二三《竇憲傳》:

　　　　(竇)瓌以素自修,不被逼迫,明年坐稟假貧人,徙封羅侯,不得臣吏人。(頁八二〇)

　　又如卷四二《光武十王列傳》:

　　　　建初二年,肅宗封英子种楚侯,五弟皆爲列侯,並不得置相臣吏人。(頁一四三〇)

　　此兩例所記,都是所謂的罪侯,其中的"吏人",原文當準以前例作"吏民"爲是。其後例《通志》卷七九上作"并不得置相臣吏民",可爲旁證。

　　而卷二四《馬援傳》:

　　　　本郡復殺康,而防及廖子遵皆坐徙封丹陽。防爲翟鄉侯,租歲限三百萬,不得臣吏民。(頁八五八)

　　其文作"不得臣吏民",未嘗不是范書之舊。

九

　　還有一些"吏人"的用例,通過與同類事情的其他記載相比較,也不難發現其唐諱性質。

例如,歷史上的許多內亂外患,其表現之一往往是殺害"吏民",在前四史的其他三史中,有著大量這樣的記載。如《史記·孝文本紀》"間者累年匈奴並暴邊境,多殺吏民"、《漢書·賈捐之傳》"珠厓虜殺吏民,背畔爲逆"、《三國志·魏書·烏桓傳》"(張純)寇略青徐幽冀四州,殺略吏民"等等。但是,在《後漢書》的不少記載中,這些遭到殺害的對象突然變成了僅局限於"吏人"一類,似乎這些發動內亂外患的人,都對當時的平民網開一面,這是不符合當時的歷史事實的。例如下面的這些例子:

1. 卷八五《高句驪傳》:

　　夏,(句驪)復與遼東鮮卑八千餘人攻遼隊,殺略吏人。蔡諷等追擊於新昌,戰歿。(頁二八一五)

《三國志·魏書·東夷傳》記此事作:

　　宮密遣軍攻玄菟,焚燒候城,入遼隧,殺吏民。後宮復犯遼東,蔡風輕將吏士追討之,軍敗没。(頁八四五)

比較兩書的記載,則《後漢書》"殺略吏人"一句所要表達的意思,應該就相當於《三國志》中的"殺吏民",則"吏人"很可能是唐人所改。

2. 卷五《孝安帝紀》:

　　(永初五年三月)夫餘夷犯塞,殺傷吏人。(頁二一七)

本書卷八五《夫餘傳》記此事則作:

　　至安帝永初五年,夫餘王始將步騎七八千人寇鈔樂浪,殺傷吏民。(頁二八一二)

3. 卷二〇《祭肜傳》:

　　當是時,匈奴、鮮卑及赤山烏桓連和彊盛,數入塞殺略吏人。

（頁七四四）

《資治通鑑》卷四三建武十七年：

> 匈奴、鮮卑、赤山烏桓數連兵入塞，殺略吏民。

4. 卷八七《西羌傳》：

> 中元元年，武都參狼羌反，殺略吏人，太守與戰不勝，隴西太守劉盱遣從事辛都、監軍掾李苞，將五千人赴武都，與羌戰，斬其酋豪，首虜千餘人。（頁二八七九）

《通志》卷一九五《四夷傳二》載：

> 中元元年武都參狼羌反，殺掠吏民。

5. 卷八九《南匈奴傳》：

> 於是新降胡遂相驚動，十五部二十餘萬人皆反畔，脅立前單于屯屠何子奠鞬日逐王逢侯爲單于，遂殺略吏人，燔燒郵亭廬帳。（頁二九五五至二九五六）

《資治通鑑》卷四八記此事作：

> 脅立前單于屯屠何子奠鞬日逐王逢侯爲單于，遂殺略吏民，燔燒郵亭、廬帳。

又《東漢會要》卷四〇、《通志》卷一九九《四夷傳六》記此事皆作"殺略吏民"。

6. 卷九〇《烏桓鮮卑列傳》：

> （延熹）九年夏，遂分騎數萬人入緣邊九郡，並殺掠吏人，於是復遣張奐擊之，鮮卑乃出塞去。（頁二九八九）

同書卷六五《張奐傳》：

（延熹）九年春，徵拜大司農。鮮卑聞奐去，其夏，遂招結南匈奴、烏桓數道入塞，或五六千騎，或三四千騎，寇掠緣邊九郡，殺略百姓。（頁二一三九）

《張奐傳》既稱"殺掠百姓"，則《烏桓鮮卑列傳》中的"吏人"原應作"吏民"無疑。

上述匈奴、鮮卑、烏桓等邊疆少數民族入侵内地奪取物資時，只殺"吏人"而不殺平民，與其他史書中同類事情的記載迥然不同，顯然不合情理。上揭的這些"吏人"，都應該是唐人的諱改。

十

沿著上述思路，我們還可以找到更多的與上揭的這些"吏人"性質相同的例子。例如，有關漢魏時期的記載中，我們經常可以看到有些良吏，因爲善治而深得民心，他們去世後，吏民立祠以作紀念；有些甚至還活著時，吏民便爲之立祠祈福。這在《漢書》《三國志》中都有不少例子。《漢書》中如《胡建傳》：

……建自殺。吏民稱冤，至今渭城立其祠。（頁二九一二）

又如《文翁傳》：

文翁終於蜀，吏民爲立祠堂，歲時祭祀不絶。（頁三六二七）

而《三國志》中如《魏書·賈逵傳》：

薨，謚曰肅侯……豫州吏民追思之，爲刻石立祠。（頁四八四）

又如《吳書·陸遜傳》裴注引《機雲别傳》：

雲爲吳王郎中令，出宰浚儀，甚有惠政，吏民懷之，生爲立

祠。（頁一三六〇）

《後漢書》中，也有類似的記載。例如《王堂傳》：

> 拜巴郡太守……巴、庸清静，吏民生爲立祠。（頁一一〇五）

又如《周嘉傳》：

> 遷零陵太守，視事七年，卒，零陵頌其遺愛，吏民爲立祠焉。
> （頁二六七六）

但與上述例子相比，《後漢書》中下面的這些例子，爲官員立祠者由"吏民"變成了"吏人"。通過與其他文獻的記載相比較，我們也很容易看出，這些"吏人"，實際是唐人對"吏民"的諱改。

例如《祭肜傳》：

> （肜）既卒……遼東吏人爲立祠，四時奉祭焉。（頁七四六）

《資治通鑑》卷四五東漢永平十六年記此事作：

> （肜）既卒……遼東吏民爲立祠，四時奉祭焉。

又如《侯霸傳》：

> 霸薨……臨淮吏人共爲立祠，四時祭焉。（頁九〇二）

《後漢紀》卷七記此事作：

> 臨淮吏民聞霸薨，莫不隕涕，共爲立祠，四時祭之。

又如《張綱傳》：

> 綱自被疾，吏人咸爲祠祀祈福。（頁一八一九）

《群書治要》卷二三記此事作：

> 綱自被疾，吏民咸爲祠祀求福。

又如《任延傳》：

延視事四年,徵詣洛陽,以病稽留,左轉睢陽令,九真吏人生爲立祠。(頁二四六二)

《群書治要》卷二四記此事作:

延視事四年,徵詣洛陽,九真吏民生爲立祠。

兩漢以來,由"吏民"爲愛民善治的父母官立祠的行爲,一直作爲良吏的難能可貴的標志之一。如果這一行爲的實施者僅僅是"吏人",顯然難以説明官吏是否愛民;而只有當實施者中包括平民,才足以反映良吏深得民心。如果我們結合上述"吏人"爲之立祠的這些官吏的作爲,可以清楚地看出這些良吏無不深諳治道,體恤民情,造福一方,那麼,這些"吏人"原本應作"吏民",這一點應該是不言而喻的。

十一

其實,説今本《後漢書》中有些"吏人"屬于唐人的諱改,還有一定的版本依據。

當然,自唐代李賢注《後漢書》後,因李賢注的重要價值,這一注本《後漢書》幾乎成爲了通行的《後漢書》的唯一文本,而李賢注《後漢書》時對書中的所涉及的唐諱作了改避的處理,因而就通行的《後漢書》而言,我們難以找到未經唐人諱改的版本。這裏所説的"版本依據",實指《群書治要》一書。

唐貞觀五年,魏徵等奉敕編撰了《群書治要》五十卷,以供太宗治國之用。這部書的體例,是將之前的經史子三類經典近七十種書中有關治國的内容輯出成書。由於唐武德九年玄武門之變後,大權在握的李世民隨即頒布了要求臣下對其二名不偏諱的命令,因此,魏徵在貞觀初年編纂此書的時候,并不對上述經典中單獨出現的"世""民"二字作改避處理。雖然這部書大約在宋朝時便已在中土佚失,但日本宮内廳書陵部藏有金澤文庫的古鈔本，存其書四十七卷。儘管此鈔本實爲日本僧人據更早的鈔本重鈔於日本鎌倉時代①，但還是可以説在一定程度上保留了近七十種書未經唐人諱改的面貌。

《群書治要》中卷二一至卷二四是有關范曄《後漢書》的内容。這些内容全部是由《後漢書》删節而成。所節取的文本，除了極個別的地方爲了銜接的需要略有改動外，絶大多數的文字都直接移自《後漢書》原文，就校勘而言，未嘗不可以將這部分文本看作是《後漢書》的一個較早的間接版本。

筆者仔細調查上述古鈔本中卷二一至二四的文本，並結合與今本《後漢書》作校勘，就可以發現兩個現象：一、古鈔本中没有一處"吏人"的用例；二、今本《後漢書》相關的"吏人"用例，在古鈔本《群書治要》所對應的文本中無一例外都作"吏民"②。下面筆者將《群書治要》與《後漢書》涉及"吏人"與"吏民"的所有異文例子，通過表格的形式列舉出來：

《後漢書》與《群書治要》關於"吏人""吏民"異文對照表

	點校本《後漢書》有關"吏人"例	點校本《後漢書》文字所在卷/頁	古鈔本《群書治要》與《後漢書》對應文字	古鈔本《群書治要》所在卷
1	得吏人與郎交關謗毁者數千章	一 上／一四至一五	得吏民與郎交關謗毁者數千章	二一
2	及吏人條書相告不得聽受	三／一四八	及吏民條書相告不得聽受	二一
3	吏人同聲謂之不煩	三／一四八	吏民同聲謂之不煩	二一

---

① 從這一鈔本中的某些"民"字等作闕筆處理來看，這一日本鈔本所依據的底本，可能有一部分是唐人鈔成於高宗朝之後。

② 古鈔本中有一部分"吏民"的用例，今本《後漢書》亦同作"吏民"。今本《後漢書》中的這些"吏民"，很可能屬唐以後人的回改。

續表

	點校本《後漢書》有關 "吏人"例	點校本《後漢書》文字所在卷/頁	古鈔本《群書治要》與《後漢書》對應文字	古鈔本《群書治要》所在卷
4	吏人親愛而不忍欺之	二五/八六九	吏民親愛而不忍欺之	二一
5	於是吏人信服	二五/八七四	於是吏民信服	二一
6	綱自被疾吏人咸爲祠祀祈福	五六/一八一九	綱自被疾吏民咸爲祠祀祈福	二三
7	九真吏人生爲立祠	七六/二四六二	九真吏民生爲立祠	二四
8	皆爲吏人豪右所徭役	八七/二八八六	皆爲吏民豪右所徭役	二四

　　之所以會出現表中所列的"吏人"與"吏民"的差異，合理的解釋應該是《群書治要》編成於太宗貞觀五年，故不須偏諱太宗二名，而李賢始注《後漢書》在高宗上元二年，其時已經偏諱太宗二名①。

十二

　　以上筆者選取了今本《後漢書》正文中部分"吏人"的例子，來説明其唐諱的性質。這些例子在一定程度上反映了唐人傳鈔《後漢書》時諱改原文中的"吏民"的情況。如果我們結合漢語詞彙史的調查，那麽在上述論證的基礎上，還可以進一步大膽推斷，今本《後漢書》中凡所有據上下文可推知其所指爲"官吏和平民"之意的"吏人"，均爲唐人傳鈔此書時的諱改，范曄原文實作"吏民"。

　　由"吏民"被諱改作"吏人"這一個案可以看出，唐人在鈔寫典籍的時候，爲了避諱，會機械替換某一詞中的涉諱字眼，這不僅破壞了

① 從《舊唐書·高宗本紀上》載高宗即位不久便改"民部尚書"爲"户部尚書"來看，偏諱太宗二名的情況大概從高宗初年便已開始了。

原詞的文字外形,諱改後的"新詞"又往往會導致人們閱讀這些典籍時產生困惑。從有利於讀者的角度出發,這一類的唐諱亟待揭示。

點校本《後漢書》正文中,像"吏人"這樣的唐諱詞語不在少數。即以涉及"民"的詞語而言,如"流民"改爲"流人",前者指流離失所的平民百姓,後者則指流放的犯人,對象身份完全不同;又如改"庶民"爲"庶人",後者一旦涉及法律,便是專指區別於奴婢和有罪者的平民,而前者則指更廣泛意義上的一般百姓,兩者的身份與適用的范圍也有著明顯的區別。但是,在今本《後漢書》正文中,因避"民"字而改"流民"爲"流人"、改"庶民"爲"庶人"的情況便大量存在,諱改與否甚至在一卷之中前後互見。有關這方面的情況,前賢如錢大昕在其《廿二史考異·後漢書卷一》中便已有一定程度的揭示。不過,這樣的認識似乎并未引起以前的整理者足夠的重視,錢氏所揭示的這些唐人諱改范書原文的情況,在點校本《後漢書》中大多依然如故,整理者也沒有撰寫校勘記對此作説明。

這裏有必要説明的是,錢大昕同時指出,傳本李賢注《後漢書》正文中的唐代諱改曾爲宋以來的校書者作過部分回改,但因爲有些回改失之機械,以致出現了誤改的情況。錢氏在這方面的認識有些爲點校本《後漢書》所吸收,例如點校本《後漢書·光武帝紀下》有"見徒免爲庶(民)〔人〕"(頁五一),整理者專門撰寫校勘記,引錢大昕説,以爲當作"庶人"爲是:

> 見徒免爲庶人(民)〔人〕:《集解》引錢大昕説,謂章懷注《范史》,避太宗諱,"民"字皆改爲"人"。今本仍有作"民"者,則宋以後校書者回改。然亦有不當改而妄改者。此"庶民"本當作"庶人",校書者不知庶民與庶人有別,而一例改之。凡律言"庶人"者,對奴婢及有罪者而言,與它處泛稱"庶民"者不同。今據錢説回改。下十一年、十二年、十三年、十四年同。

這當然是没有問題的①,因爲一個詞被宋人作了這樣的誤改後,不僅變成了不同意義的另外一個詞,而且也改變了《後漢書》原來的面貌。但問題是,從語詞的角度來看,無論是"庶民"與"庶人",還是"吏民"與"吏人"、"流民"與"流人",都屬於意義有别的兩個不同詞語;而從古籍整理的角度來看,無論是宋人的誤改還是唐人的諱改,也都屬於破壞《後漢書》原貌的情況,我們又怎麼能只揪住宋人的一二"庶民"不放,却對唐人的大量"吏人""流人"之類置之不論?

十三

對今本《後漢書》正文中存在的這一類唐諱語詞作揭示與回改,其重要性并不僅僅局限於恢復《後漢書》原貌一端。這項工作是否受到重視以及完成的好壞,還會直接影響到其他領域的相關學術研究,這也正是體現古籍整理工作意義的一個重要方面。即以漢語史研究而言,認識并揭示這類唐諱,對於正確描寫斷代詞彙史有著不可或缺的意義。如果我們不能清楚地認識到今本《後漢書》中大量存在的"吏人"這類詞語的唐諱性質,那麼在利用今本《後漢書》作爲漢語史調查的語料時,勢必會作出錯誤的判斷。

就拿在一定程度上代表了上世紀漢語詞彙史調查成果的《漢語大詞典》來説,其相關的條目便反映出了這類唐諱研究的必要性。我

---

① 不過,點校本《後漢書》的整理者對屬同樣性質的其他"庶民",處理的態度有所不同。例如卷七《孝桓帝紀》(頁二九三)"没入者免爲庶民"一句,整理者僅出校記(頁三二二)稱:"按:'民'當作'人',此後人回改之誤。"其正文文字依然保留了"庶民"字樣,并没有像上述《光武帝紀下》通過圓方括號明確校改處理。

們來看《漢語大詞典》的"吏人"條：

> 【吏人】1.指官府中的胥吏或差役。（書證略）2.泛指當官的人。（書證略）3.官吏與庶民。《後漢書·袁安傳》："除陰平長、任城令，所在吏人畏而愛之。"又《方術傳上·任文公》："五月一日，當有大水，其變已至，不可防救，宜令吏人豫爲其備。"

其中"官吏與庶民"這一義項下所列的兩個書證，全部來自於《後漢書》。《漢語大詞典》的使用者中，恐怕會有不少人根據這兩個書證認爲，至少在范曄的時代，存在著有用"吏人"一詞來表示"官吏與庶民"的語言事實。然而實際的情況卻并不是這樣。

其中來自《袁安傳》的第一個書證中的"吏人"，參考其他文獻，不難發現其有唐人諱改的嫌疑。這一記載也見於袁宏《後漢紀》卷十《孝明皇帝紀下》，其相關的文字作：

> （袁安）舉孝廉爲郎、謁者、陰平長、任城令。所在吏民畏而愛之。

又鄭樵《通志》卷一百九下《袁安傳》亦作：

> 除陰平長，任城令，所在吏民畏而愛之。

而來自《任文公傳》的第二個書證，雖然唐以後的文獻轉載此文多作"吏人"，但筆者注意到《太平御覽》卷五九引范曄《後漢書》此文，其相關的文字作：

> 五月一日，當有大水，其變以至，不可防救，宜令民吏預爲其備。

對應"吏人"的文字作"民吏"，《太平御覽》所引范曄《後漢書》出現與今本《後漢書》文字差異的原因，不外乎兩種可能：一、"民吏"是范書的原貌,今本《後漢書》已失真①;二、范書原作"吏民",《太平御覽》作"民吏"屬誤倒。從校勘的角度來看,如果范書原作"吏民",倒作"民吏"確實很有可能,但要既倒且誤,變成"人吏",則可能性不大。不管怎樣,根據《太平御覽》的這一條材料,任文公欲令預備之人中包括"平民"則殆無疑義。我們再看看《後漢書》中緊接著書證所引文字的下文:

> 刺史不聽,文公獨儲大船,百姓或聞,頗有爲防者。到其日旱烈,文公急命促載,使白刺史,刺史笑之。日將中,天北雲起,須臾大雨,至晡時,湔水涌起十餘丈,突壞廬舍,所害數千人。文公遂以占術馳名。(頁二七○七)

文公之所以一定要刺史下令,恐怕一是怕私人發布那樣的消息,會招致"妖言惑衆"的罪名;二是要利用政府的行政系統,有效擴大對水災預防的程度與範圍。推原文公之所以汲汲於讓別人對水災作預備,其本意應該是爲了使水災對人類的損害降至最低的程度,而不是只爲了向少數"吏人"獻媚。再説,如果范曄原文作"吏人",則文中所特別記載的水災後果"突壞廬舍,所害數千人"云云,其中的"數千人",當然主要是指平民,似乎作者根本無意明確説明"吏人"的受災情況,這樣豈不也與前文失去了照應? 這樣看來,這個書證中的"吏人",也很可能是由唐人的諱改所致。

在《漢語大詞典》中,像"吏人"這樣,引用先唐文獻作爲較早書證,并不作任何有關避諱説明的條目大量存在。這一類的條目,容易

① 范曄撰《後漢書》時,有可能曾使用過"民吏"一詞。今本《後漢書·第五倫傳》有"蜀地肥饒,人吏富實"(頁一三九八)一句,《白孔六帖》卷四二"謹擇十三"類"選孤介"條載第五倫事作"民吏富",結合《後漢紀》卷一○《孝明皇帝紀》記第五倫事有"蜀地肥饒,民多富實",則范書原文很可能是作"民吏"。今本《第五倫傳》的"人吏",從構詞法的角度看很古怪,是否真的有這樣的詞語,而不是由唐人諱改"民吏"所致,是很可懷疑的。

引起讀者的誤解，是顯而易見的，而導致這種情況的出現，一個重要的原因是我們對傳世先唐典籍中的唐諱缺乏足够的關注與認識，即使只從這一點來説，對今本《後漢書》中的唐諱作充分的研究揭示，也具有重要的意義。

主要參考文獻：

〔清〕阮元校刻：《十三經注疏》，中華書局，1980 年。

〔漢〕司馬遷撰：《史記》，中華書局，1959 年。

〔漢〕班固撰：《漢書》，中華書局，1962 年。

〔南朝宋〕范曄撰：《後漢書》，中華書局，1965 年。

〔晉〕陳壽撰：《三國志》，中華書局，1959 年。

〔唐〕房玄齡等撰：《晉書》，中華書局，1974 年。

〔南朝梁〕沈約撰：《宋書》，中華書局，1974 年。

〔後晉〕劉昫撰：《舊唐書》，中華書局，1975 年。

〔唐〕魏徵撰：《群書治要》，《古典研究會業書》影印唐抄本，（日本東京）汲古書院，1989 年。

〔唐〕歐陽詢撰：《藝文類聚》，上海古籍出版社，1965 年。

〔唐〕劉知幾撰：《史通》，《四部叢刊》，商務印書館，1929 年。

〔唐〕吳兢撰：《貞觀政要》，《四部叢刊》，商務印書館，1929 年。

〔唐〕杜佑撰：《通典》，上海人民出版社，2008 年。

〔宋〕歐陽修、〔宋〕宋祁撰：《新唐書》，中華書局，1975 年。

〔宋〕宋敏求編：《唐大詔令集》，商務印書館，1969 年。

〔宋〕李昉等撰：《太平御覽》，中華書局，1960 年。

〔宋〕王欽若等撰：《册府元龜》，中華書局，1989 年。

〔清〕周廣業撰：《經史避名匯考》，北京圖書館出版社，1999 年。

〔清〕錢大昕撰：《廿二史考異》，上海古籍出版社，2004 年。

陳垣：《史諱舉例》，上海書店出版社，1997 年。

是"光武"還是"世祖"

——點校本《後漢書》唐諱錐指

引　言

北京中華書局 1965 年出版的范曄《後漢書》點校整理本,匯聚了前輩學者對此書整理研究的豐碩成果,在舊本的基礎上做了大量恢復范書原貌的工作,在《後漢書》的流傳史上具有里程碑式的意義,迄今爲止還是今人取資利用的一個重要版本。

與通行的《後漢書》其他版本一樣,該點校本附有唐李賢注。李賢在作注的同時,曾對范書原文中涉及唐諱的文字作過改避的處理。關於這方面的事實,宋以來學者如劉攽、錢大昕、周廣業、李慈銘、張森楷等都有所論述;他們的研究成果部分已爲該點校本《後漢書》所吸收。不過,今天看來,前輩學者對於李賢注本《後漢書》正文中避唐諱的現象,認識還是有限的;他們明確提出需要回改的唐諱,實際也只占全書正文中唐諱的極少的一部分;因此,點校本《後漢書》正文中,尚遺留有大量唐諱,這仍然是有待進一步展開深入研究的重要課題。這一課題的研究涉及到文化史、史書編纂學、語言學、校勘學等多個研究領域。

例如點校本《後漢書》中不少地方稱劉秀爲"光武",究竟是范書原貌,還是范書原作"世祖",因涉及唐太宗李世民諱而被唐人作了改動的結果？這便是一個牽涉到《後漢書》編纂體例的問題。

　　而對這類問題的研究又關乎古文獻整理的原則問題。由於古文獻的整理旨在恢復其原貌，因此，如果點校本《後漢書》中的"光武"屬於唐人的諱改，那麼本著恢復范曄《後漢書》本來面貌的原則，就有必要在充分論證的前提下，對這些唐諱作回改。鑒於此類唐諱的揭示對於切實推進點校本《後漢書》的整理工作具有現實意義，筆者嘗試從史書編纂學的角度，對點校本《後漢書》中大量"光武"之稱的唐諱性質展開研究，現將一得之見敷演成文，請益於大雅。

　　本文的論述主要從兩個方面展開：一、通過將《後漢書》與《史記》《漢書》《三國志》《宋書》等紀傳體史書在編纂體例方面作比較，揭示點校本《後漢書》中劉秀即位以前所稱"光武"的唐諱性質；二、通過對《後漢書》有關東漢諸帝的稱呼在廟號與謚號使用方面存在嚴格區別的體例調查，揭示點校本《後漢書》中與"顯宗（明帝）""肅宗（章帝）"相對應的劉秀之稱"光武"的唐諱性質。

一　《光武帝紀》之劉秀初稱"光武"

　　點校本《後漢書·光武帝紀》中①，在劉秀即皇帝位以前，稱之爲"光武"。通過將《後漢書》與《史記》《漢書》《三國志》《宋書》等前後紀傳體史書的編纂體例作比較，筆者認爲這些"光武"，范曄原文應爲"世祖"。

　　范曄在撰寫《後漢書》時，雖然"詳觀古今著述及評論，殆少可意

---

① 關於《光武帝紀》的篇名，業師吳金華先生以爲原當作《世祖光武帝紀》，所以去"世祖"二字，也是爲避唐太宗諱。筆者揆以同書《顯宗孝明帝紀》《肅宗孝章帝紀》二紀篇名，深以師説爲是。唯以范曄未如《史記》《漢書》二書有自序，原書標目果爲如何，已難以確證，故兹略而不論。

者"①,但并非一空依傍,自鑄新體。作爲一部紀傳體史書,《後漢書》的體例絕大部分模仿自《史記》《漢書》《三國志》等書。因此,將《後漢書》與這些史書作體例上的比較,有助於推斷書中的唐諱。

清周廣業《經史避名匯考》卷一五論及唐太宗諱時,提到《後漢書·光武帝紀》中劉秀稱呼所涉及的避諱:

> 今觀《後漢書·光武紀》建武元年以前皆稱"光武",二年後皆稱帝,獨更始二年"世祖因發旁縣,得四千人"一稱"世祖",則知范書本皆"世祖",其曰"光武",乃章懷所改,而此偶遺者耳。

筆者認爲周氏的觀點是可取的,下面從六個方面再作申證:

一、與前後諸史相比,點校本《後漢書·光武帝紀》以諡號"光武"稱即位前的劉秀,這種筆法前無繼承,後乏追隨。

清趙翼《廿二史札記》卷四指出:

> 《光武紀》開首即稱"光武",至即位後稱"帝",此仿班書《高祖紀》初稱"高祖"、繼稱"沛公"、稱"漢王"、即位稱"帝"之例也。

趙翼的這段話,揭示了《光武帝紀》模仿前代紀傳體史書體例的事實,不過其中有兩點需作進一步的説明。

首先,文中提及的這種體例,并不是班固的始創,而是沿自《史記·高祖本紀》。這種對開國君主隨時間與身份不同而改稱的體例,自司馬遷創立之後,不僅爲《漢書》《三國志》所繼承,也爲後世的各家正史如《宋書》《南齊書》《梁書》《陳書》《北齊書》等等所恪守②。

----

① 見范曄《獄中與諸甥姪書》,中華書局點校本《後漢書》卷首附。
② 范曄撰寫《後漢書》時,《東觀漢記》是他的重要參考,按理説有必要作體例的比較,但《東觀漢記》是東漢時官修的史書,對於劉秀,行文時多以臣子的口吻稱其爲"上",因此筆者在所討論的這一點上,難以作爲參照。

　　其次，"光武"與"高祖"這兩種稱呼，實際性質并不相同。《史記·高祖本紀》《漢書·高帝紀》中作爲劉邦的初稱的"高祖"，其實是一個比較特殊的稱呼。根據二書記載，劉邦死後，群臣以爲劉邦"起細微，撥亂世反之正，平定天下，爲漢太祖，功最高"，上尊號稱爲"高皇帝"，這是謐號而不是廟號①。景帝以前，劉邦的廟不稱"太祖廟"而稱"高皇帝廟"，景帝元年准丞相申屠嘉等奏，才將高皇帝廟確立爲"帝者太祖之廟"，同時將孝文皇帝廟確立爲"帝者太宗之廟"②。如果準以稱劉邦爲"高祖"的做法，那麼，文帝可以稱爲"孝文宗"或簡稱"文宗"，事實上，後人對漢文帝并沒有這樣的稱呼。高祖的廟號"太祖"遲至景帝元年方才確立，因此漢人在景帝以前稱去世的劉邦爲"高皇帝"或"高帝"，景帝以後才開始稱之爲"高祖"。《史記·高祖本紀》《漢書·高帝紀》初稱劉邦爲"高祖"，這一稱呼實際上結合了劉邦作爲已故漢朝開國皇帝的謐號"高皇帝"與廟號"太祖"，應該看作是禮儀未備時代的特殊産物。

　　與此略有不同的是，由於自漢文帝開始，君主的廟號與謐號就有了明確的區分，因此，馬、班之後的史家在撰寫開國君主的本紀時，便大多采取以廟號作爲開國君主的初稱的做法。如范曄之前的陳壽，在相當於魏國開國君主曹操的《三國志·魏書·武帝紀》中記載曹操封魏公前的事迹時，便都用曹操的廟號"太祖"作爲初稱；而范曄之後的沈約，在《宋書·武帝紀》中記載劉裕封豫昌郡公之前的事迹時，也是用劉裕的廟號"高祖"作爲初稱。

　　與《三國志·魏書·武帝紀》《宋書·武帝紀》相比，點校本《後漢書·光武帝紀》對開國君主劉秀的初稱用謐號"光武"非廟號"世祖"的做法，可謂別具一格，令人懷疑。

────────────

① 見《漢書·高帝紀下》顏師古注。
② 見《史記·孝文本紀》《漢書·景帝紀》。

二、有版本證據可以證明范書原作"世祖"。

當然,通行的《後漢書》都附有李賢注,因此,難以獲得不避唐諱的《後漢書》版本以作取證之用;不過,有間接的版本,例如由魏徵編成於唐貞觀年間的《群書治要》一書。根據《貞觀政要》、兩《唐書》等書的記載,李世民於武德九年便要求臣下對其名字實行"二名不偏諱",即對文籍中單獨出現的"世""民"二字,不須作改字避諱。魏徵"採摭群書"而編纂《群書治要》時,忠實地遵守了這一點。書中對於群書中出現的"世"字(後面不連"民"者),不作改避。該書來自《後漢書·光武帝紀》的文字,可以作爲間接的版本證據,證明今本的"光武",范曄原文是作"世祖"。

《群書治要》卷二一《後漢書一》有關劉秀本紀的内容,應該節縮自范曄《後漢書·光武帝紀》,這在一定程度上可以看作是《後漢書·光武帝紀》的一個早於李賢注本的版本。在這段來自《後漢書》的文字中,記載劉秀稱帝之前的事迹,對劉秀的稱呼全部是廟號"世祖"。這應該是范書的原貌,因爲如果范書原作"光武",魏徵没有必要不厭其煩一一改爲"世祖"。

三、以范曄的史識,他在記載劉秀作爲開國之君的本紀中,將廟號"世祖"而不是諡號"光武"作爲其初稱,是理所當然。

廟號,是皇帝去世之後,其後代皇帝根據他對皇朝的功德所評定的名號,供太廟立室奉祀之用;而諡號則是根據其生前的品行事迹所給予的稱號。唐劉知幾在《史通·稱謂》中説:

> 古者天子廟號,祖有功而宗有德,始自三代,迄于兩漢,名實相允,今古共傳。降及曹氏,祖名多濫,必無慚德,其惟武王,故陳壽《國志》獨呼武曰"祖",至於文、明,但稱"帝"而已。自晉已還,竊號者非一。如康、穆兩帝,劉、蕭二朝,梁簡文兄弟,齊武成昆季,斯或承家之僻王,或亡國之庸主,不諡"虚"、"謬",爲幸已

多，猶曰"祖"、"宗"，孰云其可。

顯然，對於已故皇帝來說，帶有"祖""宗"字樣的廟號的尊貴程度，要遠高於謚號。劉秀作爲漢朝宗族，有開創東漢朝的莫大功勞，按照古禮"祖有功而宗有德"的説法，將其廟號定爲"世祖"，確實如劉知幾所説的"名實相允"。廟號"世祖"相比謚號"光武"，無論是從功勞還是宗法的角度，都更能突出劉秀在東漢朝的地位。將廟號作爲初稱，才可以體現范曄作爲史家的見識。

四、從范曄所處的時代來看，他將廟號作爲劉秀的初稱，是人情之常。

范曄生活的劉宋時代，廟號成爲了已故皇帝必備的最重要的尊號。從上引《史通·稱謂》可以看出，兩漢時不妄給予的廟號，到晉宋以後已成了濫施的溢美之號。但是唯其濫施，方足以透露出那個時代對於廟號的重視程度，儘管這種重視已喪失了兩漢時的那種嚴肅的意義。身處這樣的時代，范曄在撰寫有關劉秀的本紀時，沒有理由捨至高無上的廟號而取下一等的謚號來作爲劉秀的初稱。

五、《後漢書》有關明帝即位前稱廟號"顯宗"的記載，可以作爲類推的旁證。

此舉三例如下：

1.《臧宫傳》"時顯宗爲東海王"（頁六九五）；

2.《劉隆傳》"時顯宗爲東海公"（頁七八一）；

3.《桓榮傳》"時顯宗始立爲皇太子"（頁一二五〇）。

六、李賢作注時，需注"世祖"處，則改爲"光武"，這也可以作爲李賢可能改正文中"世祖"爲"光武"的旁證。

例如點校本《孝安帝紀》："（延光三年二月）癸巳，告祀二祖、六宗。"（頁二三八）又《楊震傳》："陛下不顧二祖之勤止，追慕五宗之美蹤。"（頁一七七八）

對於這兩處正文中出現的"二祖",李賢都注作:"二祖:高祖、光武也。"

顯然,注中的"光武",若作"世祖"更爲貼切,之所以舍"世祖"而作"光武",應該是爲了避太宗諱。

以上六個方面,可以幫助我們推斷點校本《後漢書·光武帝紀》中凡劉秀即位以前的"光武"的稱呼,都屬於唐人爲避太宗諱而作的改稱。既然這樣,如果從恢復范書原貌的角度來看,不僅《群書治要》所載的相關部分可據以回改,即使《群書治要》所不載的文字,凡屬此類也可參考回改。

二　諸傳之劉秀初稱"光武"

如上所述,《光武帝紀》中即位前的劉秀稱"光武"屬於唐諱,范曄原文作"世祖",那《後漢書》其他紀傳中有關即位前的劉秀稱"光武"的例子,是否也屬於同樣的情況呢? 在經過與其他諸史作體例比較,同時結合與《群書治要》對應文本中的"世祖"稱呼的比較以及對點校本《後漢書》中保留的大量"世祖"稱呼的調查後,筆者有了肯定的回答。

既然《後漢書·光武帝紀》中對即位前的劉秀稱"世祖"是沿用之前的紀傳體史書的體例,那麽,在我們調查《後漢書》別的紀傳是否存在同樣的筆法之前,有必要瞭解《史記》《漢書》《三國志》等書除劉邦、曹操二人的本紀外的其他紀傳中,是如何稱呼劉、曹二人的。

有關本紀的部分,筆者將在下文結合《後漢書》內部體例的調查時再作討論,這裏先討論本紀以外的傳記中的情況。

先看《史記》《漢書》的情況。筆者發現兩書在本紀以外的世家、列傳中,涉及劉邦的記載,也遵循根據其身份的不同而改稱的體例,稱成爲"沛公"以前的劉邦爲"高祖"。

例如《史記·蕭相國世家》：

> 蕭相國何者，沛豐人也……高祖爲布衣時，何數以吏事護高祖。高祖爲亭長，常左右之。高祖以吏繇咸陽，吏皆送奉錢三，何獨以五……及高祖起爲沛公，何常爲丞督事。沛公至咸陽，諸將皆爭走金帛財物之府分之，何獨先入收秦丞相御史律令圖書藏之。沛公爲漢王，以何爲丞相……漢王所以具知天下阨塞，户口多少……以何具得秦圖書也。（頁二〇一三至二〇一四）

《漢書·蕭何傳》也沿用了這一體例①。與蕭何傳記一樣，其他從一開始追隨劉邦的曹參、樊噲、夏侯嬰、王陵諸人的傳記中，《史記》《漢書》也都體現出同樣的體例，對稱“沛公”以前的劉邦，使用了“高祖”的稱呼。

再看《三國志》的情況。我們取與蕭何的情況類似的夏侯惇爲例，看《魏書·夏侯惇傳》：

> 夏侯惇字元讓……太祖初起，惇常爲裨將，從征伐。太祖行奮武將軍，以惇爲司馬……太祖征陶謙，留惇守濮陽……（建安）二十四年，太祖軍于摩陂，召惇常與同載……（頁二六七至二六八）

與上引蕭何傳記中對劉邦的稱呼略有不同，在《魏書·夏侯惇傳》中，涉及曹操的記載，直到建安二十四年仍稱曹操爲“太祖”②，并不因其身份改變而改稱“公”或“王”。《三國志》中其餘各傳對曹操的稱呼與此相同。

---

① 不過《漢書·蕭何傳》作“沛公所以具知……”，與《史記·蕭相國世家》略有不同。考諸史實，當以《漢書》記載爲精確。
② 據《三國志·魏書·武帝紀》記載，曹操於建安十八年封魏公，二十一年封魏王。

　　儘管這樣,還是可以説,范曄之前的三種重要紀傳體史書中,除開國君主的本紀外,其他傳記也都以"廟號"作爲開國君主的初稱。

　　那麽,范曄在撰寫《後漢書》各傳時有没有沿用這樣的體例呢?在比較了《後漢書》與《群書治要》等書中相關的劉秀稱呼,并對點校本《後漢書》除《光武帝紀》外其他各傳中的劉秀稱呼作了充分調查後,筆者認爲《後漢書》的各傳,涉及劉秀稱帝以前的記載,范曄原文亦遵從《史記》《漢書》《三國志》等書的體例,稱劉秀爲"世祖",點校本中相關的"光武"稱呼,應該屬於唐人的諱改。

　　例如點校本《後漢書·祭遵傳》記載祭遵在劉秀即位以前的事迹,有以下的内容:

> 祭遵字弟孫,潁川潁陽人也……及光武破王尋等,還過潁陽,遵以縣吏數進見,光武愛其容儀,署爲門下史。從征河北,爲軍市令。舍中兒犯法,遵格殺之。光武怒,命收遵。時主簿陳副諫曰……光武乃貰之,以爲刺姦將軍。(頁七三八至七三九)

檢《群書治要》卷二一《祭遵傳》相對應的部分作:

> 祭遵字弟孫,潁川人也。從征河北,爲軍市令。世祖舍中兒犯法,遵格殺之。世祖怒,命收遵,時主簿陳副諫曰……世祖乃貰之,以爲刺奸將軍。

　　點校本《後漢書·祭遵傳》中後兩處"光武",《群書治要》均作"世祖","世祖"應該是范曄的原文。又《群書治要》的《祭遵傳》限於體例,非常簡略,由於前文省略過甚,不得已在"舍中兒"前冠以"世祖"二字,可以設想,魏徵等在此處加"世祖"二字時,必然會依據《後漢書·祭遵傳》此前文字中對劉秀的稱謂,因此可以推知,上引《後漢書·祭遵傳》中前面的兩處"光武",范曄原文也應該作"世祖"。

又如點校本《後漢書·逸民傳》記嚴光在劉秀即位前事有：

> 少有高名，與光武同遊學。及光武即位，乃變姓名，隱身不
> 見。帝思其賢，乃令物色訪之。（頁二七六三）

檢《群書治要》卷二四《嚴光傳》相對應的部分作：

> 少有高名，與世祖同遊學。及世祖即位，光乃變名姓，隱身
> 不見。帝乃令以物色訪之。

通過比較可以推斷點校本《後漢書·逸民傳》兩處"光武"，也屬
於唐代的諱改。

其實，范曄原文在各傳中稱即位前的劉秀爲"世祖"的事實，不僅
在引用《後漢書》的其他文獻中有所反映，即使在點校本《後漢書》本
書中，也留有明顯的痕迹。

通過對點校本《後漢書》各傳中對劉秀稱呼的調查，我們發現，有
兩卷列傳即卷二一《任李萬邳劉耿列傳》和卷二二《朱景王杜馬劉傅
堅馬列傳》，對劉秀的稱呼與其他各卷有著明顯的區別。與其他傳中
稱劉秀爲"光武"不同，這兩卷中稱即位以前的劉秀幾乎全爲"世
祖"，其中卷二一"世祖"共出現四十一處，"光武"則未見；而卷二二
"世祖"共出現二十九處，"光武"只出現了三處，而其中有兩處出現
在范曄爲中興二十八將所寫的論中，另當別論；只有一處出現在對史
事的記載中①。

我們以卷二二的《朱祐傳》作爲典型來説明具體的情況：

> 朱祐字仲先，南陽宛人也。少孤，歸外家復陽劉氏，往來春
> 陵，世祖與伯升皆親愛之。伯升拜大司徒，以祐爲護軍。及世

---

① 此"光武"出現在卷二二《杜茂傳》中，其文作"初歸光武於河北，爲中堅將軍，
常從征伐。世祖即位，拜大將軍，封樂鄉侯"。從次句即出現"世祖"來看，這
一處的"光武"應該屬唐人的諱改。

祖爲大司馬,討河北,復以祐爲護軍,常見親幸,舍止於中。祐侍讌,從容曰:"長安政亂,公有日角之相,此天命也。"世祖曰:"召刺姦收護軍!"祐乃不敢復言。從征河北,常力戰陷陣,以爲偏將軍,封安陽侯。世祖即位,拜爲建義大將軍。建武二年,更封堵陽侯。冬,與諸將擊鄧奉于淯陽,祐軍敗,爲奉所獲。明年,奉破,乃肉袒因祐降。帝復祐位而厚加慰賜。遣擊新野、隨,皆平之……(以下本傳稱劉秀皆爲"帝",文略)(頁七六九)

在記載朱祐事迹的這段文字中,以劉秀即位爲界,之前(包括即位)全以"世祖"稱劉秀,之後則改爲"帝"。傳中的這種筆法,與先前我們所論證的《光武帝紀》中范曄原來的筆法是完全一致的。

除了記載雲臺二十八將的這兩卷外,點校本《後漢書》中,還有不少稱即位前(包括即位)的劉秀爲"世祖"的例子,如下所列:

1. 卷二四《馬援傳》"世祖即位"(頁八二九);

2. 卷二八上《桓譚傳》"世祖即位"(頁九五六);

3. 卷二八上《馮衍傳》"及世祖即位"(頁九六九);

4. 卷三一《郭伋傳》"世祖即位"(頁一〇九一);

5. 卷三一《張堪傳》"世祖微時"(頁一一〇〇);

6. 卷三二《樊宏傳》"世祖即位"(頁一一二〇);

7. 卷三七《丁鴻傳》"世祖略地潁陽"、"世祖大喜"(頁一二六二)、"綝從世祖征伐"(頁一二六三);

8. 卷七九上《歐陽歙傳》"世祖平河北""世祖即位"(頁二五五五),等等。

在充斥著唐諱的點校本《後漢書》中,這些"世祖"的用例,在一定程度上體現了范曄原文的面貌。

三　范書中廟號與謚號之區別使用

除了上述通過將《後漢書》與前後諸史作體例比較來揭示書中唐諱的途徑外,我們還可以依據《後漢書》本身的體例來推知唐諱所在。

自《春秋》以來,中國的史家一向以其一字寓褒貶的所謂"春秋筆法"作爲自己編撰史書的典範。在每一部史書中,這種"春秋筆法"各有其不同的表現方式。范曄在《後漢書》中的"春秋筆法",一個重要的具體表現,便是通過"廟號"與"謚號"的嚴格的區別使用,來體現他對東漢各朝皇帝鮮明的褒貶。

正如上引《史通·稱謂》篇中稱贊兩漢天子廟號能遵守"祖有功而宗有德"的原則而"名實相允"那樣,兩漢時,人們對於廟號的態度總的説來還是比較嚴肅的。這一點從東漢末年大臣議奪先朝皇帝廟號的事情就可以看出。

根據《後漢書·祭祀志下》的記載,終東漢之世,曾有過"祖""宗"廟號的,共有七人:世祖光武帝,顯宗孝明帝、肅宗孝章帝、穆宗孝和帝、恭宗孝安帝、敬宗孝順帝、威宗孝桓帝。不過,到初平年間,由董卓、蔡邕等上書稱"以和帝以下功德無殊,而有過差,不應爲宗",最終奪去了和帝以下穆宗至威宗的廟號。自此以後,爲後世所公認的具有"祖""宗"廟號的東漢皇帝,便只有世祖光武、顯宗孝明、肅宗孝章三位。當然這也從一個側面反映出廟號相對於謚號具有更尊貴的地位。

從點校本《後漢書》可以看出,范曄在是否對東漢諸帝以廟號相稱這一點上,依據了初平年間議定的結果,即自和帝以下諸帝,除記載其廟號曾稱爲"某宗"一見之外,不以"某宗"之類的廟號稱和帝以下諸帝①,對於明帝、章帝,則往往稱其廟號,形成了鮮明的區別。這種區別在明、章二帝與和帝等在一篇之中并提時,顯得格外醒目。

這裏選取點校本《後漢書·任隗傳》作爲典型,來進一步説明范曄在《後漢書》中對諸帝區別稱呼的良苦用心。我們看《任隗傳》的有關內容:

> 隗字仲和,少好黄老,清静寡欲,所得奉秩,常以賑恤宗族,收養孤寡。顯宗聞之,擢奉朝請,遷羽林左監、虎賁中郎將,又遷長水校尉。肅宗即位,雅相敬愛,數稱其行,以爲將作大匠。將作大匠自建武以來常謁者兼之,至隗廼置真焉。建初五年,遷太僕,八年,代竇固爲光禄勳,所歷皆有稱。章和元年,拜司空。隗義行内修,不求名譽,而以沈正見重於世。和帝即位,大將軍竇憲秉權,專作威福,内外朝臣莫不震懾。時憲擊匈奴,國用勞費,隗奏議徵憲還,前後十上。獨與司徒袁安同心畢力,持重處正,鯁言直議,無所回隱,語在《袁安傳》。永元四年薨,子屯嗣。帝追思隗忠,擢屯爲步兵校尉……(頁七五三至七五四)

在這一段短短的文字裏,從"顯宗聞之""肅宗即位""和帝即位"等表述中,可以清楚地看出范曄對這三位皇帝在使用廟號還是謚號相稱上的嚴格區分。這種明確對不同皇帝區別使用廟號與謚號的例子在點校本《後漢書》中大量存在,這體現了范曄通過名號的使用表現其褒貶的"春秋筆法"。

但是,在點校本《後漢書》中,這種通過以廟號相稱的方式來表示褒揚的"春秋筆法",似乎只針對顯、肅二宗才使用,至於世祖,絕大多數的時候只是與和帝之流一樣,以"光武"這樣的謚號相稱。

---

① 點校本《後漢書》稱和帝以下諸帝爲"某宗"的,只有《孝安帝紀》卷首"恭宗孝安皇帝諱祜"一例,清錢大昕以爲此"恭宗"爲一時失删者,説詳《廿二史考異》卷一〇。

這一類的"光武",如果不是唐諱,便很難讓人理解。

四　《光武帝紀贊》之"光武"

點校本《後漢書·光武帝紀贊》中劉秀的稱呼"光武",便屬於唐諱,因爲此處的這種謚號用法,違反了范曄在其他地方所表現出的廟號與謚號的使用體例。

范曄在《獄中與諸甥姪書》中,對前人所作諸史,均頗有微詞。即使是對"最有高名"的《漢書》,也譏其"既任情無例,不可甲乙辨,後贊於理近無所得"。而對於自己所作的《後漢書》諸贊,其賞嘆之情,乃至自稱"不知所以稱之",可以説到了無以復加的程度。

但是,如果我們根據點校本《後漢書》的文字,來比較各篇本紀後的贊文中對紀主的稱呼,則難免會覺得范曄在譏笑班固的同時,即使是自己最得意的贊文,像《光武帝紀贊》中稱"光武誕命"云云,也犯了"任情無例"的毛病。

爲了説明問題,我們排比諸紀贊語中對紀主的稱呼如下:《光武帝紀贊》稱"光武",《顯宗孝明帝紀贊》稱"顯宗",《肅宗孝章帝紀贊》稱"肅宗",《孝和孝殤帝紀贊》稱"孝和"、稱"殤",《孝安帝紀贊》稱"安",《孝順孝沖孝質帝紀贊》稱"孝順"、稱"沖"、稱"質",《孝桓帝紀贊》稱"桓",《孝靈帝紀贊》稱"靈",《孝獻帝紀贊》稱"獻"。

諸帝贊中,范曄對和帝以下諸帝貶損有加,對明帝、章帝則有褒無貶。"顯宗""肅宗"與"孝和""安"之流的不同稱呼,確實體現了范曄通過廟號與謚號使用的嚴格區別來表現他對諸帝的褒貶的"春秋筆法"。問題是,儘管點校本的《光武帝紀贊》與明、章二帝贊相比,可謂不惜筆墨,用遠大於二贊的篇幅,對光武帝極盡頌揚之能事,然而,與明、章二帝以"宗"的身份獲得以廟號相稱的待遇不同,光武帝以"祖"之尊卻降格爲與和帝之流庸主一樣以謚號相稱,這完全違反了范曄在其他帝紀中所恪守的"春秋筆法"。

這是體例上明顯的硬傷。假如原稿真的作如此處理,無疑這是"任情無例"的典型例子。

筆者覺得,以范曄對其《後漢書》諸贊"無一字空設"的自許,完全不應該出現這樣的硬傷。《光武帝紀贊》中對劉秀的稱呼,唐人諱改成"光武",完全破壞了范曄在其他各贊中所恪守的體例;只有作"世祖",才能使范曄對贊語的自負有起碼的理由。

對於《光武帝紀贊》中的這個"光武誕命",點校本有校勘記:

> 光武誕命　按:《校補》謂《文選》"光武"作"世祖"。(頁九四)

可以說,《文選》不作"光武"而作"世祖",應該是保留了范曄原文的面貌。

五　述親屬關係所涉及之"光武"

點校本《後漢書》有關與劉秀有親屬關係的人物紀傳中,敘述親屬關係時所用的"光武",也違反了范曄所恪守的廟號與諡號區別使用的體例,屬於唐諱。

點校本《顯宗孝明帝紀》述明帝與劉秀父子關係稱:"顯宗孝明皇帝諱莊,光武第四子也。"(頁九五)

檢其他帝紀記述紀主與前朝皇帝的親屬關係,對於前朝的皇帝,分別為兩類截然不同的稱呼:

一、對於有公認廟號的皇帝,以其廟號相稱。例如:

1.《肅宗孝章帝紀》記章帝為"顯宗第五子也"(頁一二九);

2.《孝和孝殤帝紀》記和帝為"肅宗第四子也"(頁一六九);

3.《孝安帝紀》記安帝為"肅宗孫也"(頁二〇三);

4.《孝順孝沖孝質帝紀》記質帝爲"肅宗玄孫也"（頁二七六）；

5.《孝桓帝紀》記桓帝爲"肅宗曾孫也"（頁二八七）；

6.《孝靈帝紀》記靈帝爲"肅宗玄孫也"（頁三二七）。

二、對於和帝以下被董卓、蔡邕等除去廟號的皇帝，以其謚號相稱。例如：

1.《孝和孝殤帝紀》記殤帝爲"和帝少子也"（頁一九五）；

2.《孝順孝沖孝質帝紀》記順帝爲"安帝之子也"（頁二四九）、記沖帝爲"順帝之子也"（頁二七五）；

3.《孝獻帝紀》記獻帝爲"靈帝中子也"（頁三六七）。

從排比的所有帝紀的材料來看，除了《顯宗孝明帝紀》外，其餘各紀在記述紀主與前朝皇帝親屬關係時，對前朝皇帝的稱呼，在使用廟號還是謚號這一點上，有著嚴格的區分。這在《孝和孝殤帝紀》及《孝順孝沖孝質帝紀》二紀中表現最爲明顯。既然這樣，《顯宗孝明帝紀》中應該作"世祖第四子也"，才合乎范曄在其他各紀中所嚴守的體例。

筆者這樣說，還有版本上的依據。《群書治要》卷二一節縮自《後漢書·顯宗孝明帝紀》的文字中，相關的内容正作："孝明皇帝諱莊，世祖第四子也。"

此外，作爲范曄撰寫《後漢書》的一個重要藍本的《東觀漢記》，在明帝本紀中叙述明帝與劉秀的親屬關係時，也作："孝明皇帝，世祖中子也。"[①]

這或許也可以作爲一個旁證。

與此相似，凡點校本《後漢書》中與劉氏皇族有關的人物傳記，在叙述傳主與劉秀的親屬關係時，稱劉秀爲"光武"的，也應屬於唐人的

① 見《藝文類聚》卷一二《帝王部》引。《藝文類聚》成書於唐武德年間，不須避"世"字。

諱改。例如：

1.《劉玄劉盆子列傳》稱劉玄爲“光武族兄也”（頁四六七）；

2.《宗室四王三侯列傳》稱劉縯爲“光武之長兄也”（頁五四九）；

3. 同上稱劉良爲“光武之叔父也”（頁五五八）；

4. 同上稱劉祉爲“光武族兄春陵康侯敞之子也”（頁五六〇）；

5. 同上稱劉歙爲“光武族父也”（頁五六三）；

6. 同上稱劉賜爲“光武族兄也”（頁五六四）；

7. 同上稱劉順爲“光武族兄也”（頁五六六）；

8. 同上稱劉嘉爲“光武族兄也”（頁五六七），等等。

以上諸傳中的“光武”，范曄原文都應該是作“世祖”。范曄的這種筆法在點校本《後漢書》中也留有痕迹，例如《樊陰列傳》稱樊宏爲“世祖之舅”（頁一一一九），這與《群書治要》卷二二《樊宏傳》的相關記載完全相同。

六　與顯宗肅宗并提之“光武”

如前所論，范曄在對東漢皇帝的稱呼上，有著嚴格的區分，這種區分體現了范曄的“春秋筆法”。明確了這一點，我們可以范曄用“顯宗”“肅宗”稱明、章二帝的情況爲參考，推斷與之相對應的“光武”的唐諱性質。這樣，《後漢書》中所有劉秀和顯宗、肅宗并提的場合，凡稱劉秀爲不倫不類的“光武”的，范曄的原文恐怕都應該是“世祖”。

下面我們刺舉一些具體的例子以作説明：

1.《肅宗孝章帝紀》：

（元和三年二月）癸酉，還幸元氏，祠光武、顯宗於縣舍正堂；明日又祠顯宗于始生堂，皆奏樂。三月丙子，詔高邑令祠光武於

即位壇。（頁一五五）

2.《張衡傳》：

> 初，光武善讖，及顯宗、肅宗因祖述焉。（頁一九二二）

3.《周黃徐姜申屠列傳》序：

> 仲叔同郡荀恁，字君大，少亦脩清節。資財千萬，父越卒，悉散與九族。隱居山澤，以求厥志。王莽末，匈奴寇其本縣廣武，聞恁名節，相約不入荀氏閭。光武徵，以病不至。永平初，東平王蒼爲驃騎將軍，開東閣延賢俊，辟而應焉。及後朝會，顯宗戲之曰："先帝徵君不至，驃騎辟君而來，何也？"（頁一七四〇）

4.《第五倫傳》：

> 建武二十七年，舉孝廉，補淮陽國醫工長，隨王之國。光武召見，甚異之。二十九年，從王朝京師，隨官屬得會見，帝問以政事，倫因此酬對政道，帝大悅……永平五年，坐法徵，老小攀車叩馬，嘷呼相隨，日裁行數里，不得前。倫乃僞止亭舍，陰乘船去。衆知，復追之。及詣廷尉，吏民上書守闕者千餘人。是時顯宗方案梁松事，亦多爲松訟者。帝患之，詔公車諸爲梁氏及會稽太守上書者勿復受。會帝幸廷尉錄囚徒，得免歸田里……數歲拜爲宕渠令……遷蜀郡太守……視事七歲，肅宗初立，擢自遠郡，代牟融爲司空。帝以明德太后故，尊崇舅氏馬廖，兄弟並居職任。廖等傾身交結，冠蓋之士爭赴趣之。倫以后族過盛，欲令朝廷抑損其權，上疏曰……（頁一三九六至一三九八）

5.《鍾離意傳》：

> 建武十四年，會稽大疫，死者萬數，意獨身自隱親，經給醫藥，所部多蒙全濟。舉孝廉，再遷，辟大司徒侯霸府。詔部送徒

詣河内,時冬寒,徒病不能行。路過弘農,意輒移屬縣使作徒衣,縣不得已與之,而上書言狀,意亦具以聞。光武得奏,以視霸曰:"君所使掾何乃仁於用心? 誠良吏也!"……顯宗即位,徵爲尚書。時交阯太守張恢,坐臧千金,徵還伏法,以資物簿入大司農,詔班賜群臣。意得珠璣,悉以委地而不拜賜,帝怪而問其故……(頁一四〇六至一四〇七)

6.《宋均傳》:

後爲謁者。會武陵蠻反,圍武威將軍劉尚,詔使均乘傳發江夏奔命三千人往救之……光武嘉其功,迎賜以金帛,令過家上冢……永平元年,遷東海相……顯宗以其能,七年,徵拜尚書令。(頁一四一二至一四一三)

7.《光武十王列傳》:

荆性刻急隱害,有才能而喜文法。光武崩,大行在前殿,荆哭不哀,而作飛書……顯宗以荆母弟,祕其事,遣荆出止河南宮。(頁一四四六至一四四八)

8.《任延傳》:

建武初,延上書愿乞骸骨,歸拜王庭。詔徵爲九真太守。光武引見,賜馬雜繒,令妻子留洛陽……左轉召陵令。顯宗即位,拜穎川太守。(頁二四六二至二四六三)

9.《樊曄傳》:

與光武少游舊。建武初,徵爲侍御史,遷河東都尉,引見雲臺。初,光武微時,嘗以事拘於新野,曄爲市吏,餽餌一笥,帝德之不忘……永平中,顯宗追思曄在天水時政能,以爲後人莫之及,詔賜家錢百萬。(頁二四九一至二四九二)

10.《譙玄傳》：

　　時兵戈累年，莫能脩尚學業，玄獨訓諸子勤習經書。建武十一年卒。明年，天下平定，玄弟慶以狀詣闕自陳。光武美之，策詔本郡祠以中牢，敕所在還玄家錢。……（玄子）瑛善説《易》，以授顯宗，爲北宮衛士令。（頁二六六八）

　　類似的例子還有，限於篇幅，只舉以上十例。在這些例子中，"光武"赫然與"顯宗""肅宗"同時出現在一篇之中，甚至一句之中；如果我們承認范曄有所謂的"春秋筆法"的話，那麽這樣的"光武"便不該出現，原文只有作"世祖"才合乎體例。

七　與顯宗肅宗相對應之"光武"

　　在一篇之中，與"顯宗""肅宗"并提的"光武"，其唐諱的性質是顯而易見的。推而廣之，只要相同場合下，劉秀被稱"光武"，而明、章二帝是被稱爲"顯宗""肅宗"的，那麽這樣的"光武"，范曄原文理應是作"世祖"；這樣的話，即使不是出現在同一篇中，我們也可以通過與書中其他相應部分的"顯宗""肅宗"作類比，來推斷單獨出現的"光武"的唐諱性質。

　　其實我們所推斷的《光武帝紀贊》中的"光武誕命"、《顯宗孝明帝紀》中"光武第四子也"中的"光武"屬唐諱，便屬這一類的例子；除此以外，點校本《後漢書》中相同的例子不勝枚舉，限於篇幅，下面僅舉三例以爲發凡。

　　先看兩個較爲簡單的例子：

　　1.《竇融傳》："（竇）友子固，亦尚光武女涅陽公主。"（頁八〇八）又《梁松傳》："松字伯孫，少爲郎，尚光武女舞陰長公主，再遷虎賁中郎將。"（頁一一七〇）

對比《來歙傳》:"(來)褒子稜,尚顯宗女武安公主。"(頁五九〇)又《鄧禹傳》:"(鄧)乾尚顯宗女沁水公主……昌安侯襲嗣子藩,亦尚顯宗女平皋長公主。"(頁六〇六)又《耿弇傳》:"牟平侯舒卒,子襲嗣。尚顯宗女隆慮公主。"(頁七一四)又《王霸傳》:"(王)度尚顯宗女浚儀長公主。"(頁七三八)又《馮魴傳》:"子柱嗣,尚顯宗女獲嘉長公主。"(頁一一四九)

需要指出的是,其中《竇融傳》的例子,在《藝文類聚》卷一六《公主部》引范曄《後漢書》正作"世祖"①。另外,遍檢《後漢書》,未見有稱"明帝女某"的例子,也就是説,所有明帝的女兒,若冠以父稱,都稱"顯宗女某",這樣看來,《竇融傳》和《梁松傳》的二處"光武",也只有相應作"世祖",才合乎范曄在其他地方所體現的一貫體例。

2.《顯宗孝明帝紀》:"顯宗孝明皇帝諱莊,光武第四子也。母陰皇后。帝生而豐下,十歲能通《春秋》,光武奇之。"(頁九五)

對比《肅宗孝章帝紀》:"肅宗孝章皇帝諱炟,顯宗第五子也。母賈貴人。永平三年,立爲皇太子。少寬容,好儒術,顯宗器重之。"(頁一二九)

顯而易見,《顯宗孝明帝紀》中除了上文已經討論過的"光武第四子也"中的"光武"是唐諱外,"光武奇之"的"光武"也應該與《肅宗孝章帝紀》中的"顯宗"相應作"世祖"。

再看一個稍微複雜一點的例子。

點校本《後漢書》中,凡是明、章二帝在大臣的傳記中首次出現,幾乎全部稱廟號②,下文再見則稱"帝";而如果是和帝以下諸帝首次

① 見上海古籍出版社汪紹楹點校本《藝文類聚》頁三〇五。其文作"又子固,亦尚世祖女沮陽公主"。"又""沮"二字疑有誤。

② 遍檢《後漢書》諸傳,只有《方術列傳》有"初,章帝時有壽光侯者"(頁二七四九)云云一例,其餘稱"明帝""章帝"的情況,不是出現在范曄的序、論、贊中,便是出現在記言之文中,記事則幾乎全部用"顯宗""肅宗"稱明、章二帝。

出現在大臣傳中，則稱諡號作"某帝"，下文再見同稱"帝"。

　　稱"顯宗"者，如《賈逵傳》：

　　　　尤明《左氏傳》、《國語》，爲之《解詁》五十一篇，永平中，上
　　疏獻之。顯宗重其書，寫藏祕館。時有神雀集宮殿官府，冠羽有
　　五采色，帝異之，以問臨邑侯劉復，復不能對，薦逵博物多識，帝
　　乃召見逵，問之。（頁一二三五）

　　稱"肅宗"者，如《淳于恭傳》：

　　　　建初元年，肅宗下詔美恭素行，告郡賜帛二十匹，遣詣公車，
　　除爲議郎。引見極日，訪以政事，遷侍中騎都尉，禮待甚優。其
　　所薦名賢，無不徵用。進對陳政，皆本道德，帝與之言，未嘗不稱
　　善。（頁一三〇一）

　　稱"和帝"者，如《王渙傳》：

　　　　（陳）寵風聲大行，入爲大司農。和帝問曰："在郡何以爲
　　理？"寵頓首謝曰："臣任功曹王渙以簡賢選能……"帝大悦。渙
　　由此顯名。（頁二四六八）

　　與之相比，光武帝在大臣傳中首次出現，除了上面討論的在即位
之前稱"光武"外，即使在即位之後，也只是稱其爲"光武"，截然不同
於明、章二帝，而下文再見稱"帝"，則又與明、章二帝之例相同。

　　例如《伏隆傳》：

　　　　隆字伯文，少以節操立名，仕郡督郵。建武二年，詣懷宮，光
　　武甚親接之……隆招懷綏緝，多來降附。帝嘉其功，比之酈生。
　　（頁八九八至八九九）

　　又《侯霸傳》：

　　　　建武四年，光武徵霸與車駕會壽春，拜尚書令……十三年，

霸薨,帝深傷惜之,親自臨吊。(頁九〇二)

又《宣秉傳》:

> 建武元年,拜御史中丞。光武特詔御史中丞與司隸校尉、尚書令會同并專席而坐,故京師號曰"三獨坐"……秉性節約,常服布被,蔬食瓦器。帝嘗幸其府舍,見而歎曰……(頁九二七)

又《張湛傳》:

> 建武初,爲左馮翊……五年,拜光禄勳。光武臨朝,或有惰容,湛輒陳諫其失。常乘白馬,帝每見湛,輒言"白馬生且復諫矣"。(頁九二九)

這樣的例子很多,其中的光武帝之所以淪爲與和帝之流同例的境地,完全是拜唐人避太宗諱改字所賜。

結　語

中華書局點校本《後漢書》中,存在著大量稱劉秀爲"光武"的情況,這當然并不全是爲避唐太宗諱的結果,其中不少是屬於范曄《後漢書》的原貌。正因爲存在著這類的情況,如果要本著恢復范書原貌的宗旨,那麼甄別所有唐諱便成爲了點校本《後漢書》修訂過程中一項亟待解決的重要工作。這項工作涉及到很多方面的具體調查,要作徹底的揭示并不是輕而易舉的事情。限於篇幅,本文只從體例的角度嘗試作一些推敲,所涉及的只是其中很少的一部分,掛一漏萬,那是很自然的。眼下中華書局組織的點校本《後漢書》修訂工作正在進行之中,本文的討論也許能爲恢復范書之舊提供一定的參考。此外,筆者也希望本文能爲唐代避諱文化研究提供具體的材料,同時能對相關的古代文獻整理有所裨益。

主要參考文獻：

〔漢〕司馬遷撰：《史記》，中華書局，1959 年。

〔漢〕班固撰：《漢書》，中華書局，1962 年。

〔南朝宋〕范曄撰：《後漢書》，中華書局，1965 年。

〔晉〕陳壽撰：《三國志》，中華書局，1959 年。

〔南朝梁〕沈約撰：《宋書》，中華書局，1974 年。

〔後晉〕劉昫撰：《舊唐書》，中華書局，1975 年。

〔宋〕歐陽修、〔宋〕宋祁撰：《新唐書》，中華書局，1975 年。

〔漢〕劉珍等撰，吳樹平校注：《東觀漢記校注》，中州古籍出版社，1987 年。

周天游輯注：《八家後漢書輯注》，上海古籍出版社，1986 年。

〔清〕王先謙撰：《後漢書集解》，影印虛受堂刊本，中華書局，1984 年。

〔唐〕魏徵撰：《群書治要》，《古典研究會叢書》影印唐抄本，（日本東京）汲古書院，1989 年。

〔唐〕歐陽詢撰：《藝文類聚》，上海古籍出版社，1965 年。

〔宋〕李昉等撰：《太平御覽》，影印宋本，中華書局，1960 年。

〔唐〕劉知幾撰：《史通》，《四部叢刊》影印明萬曆刊本，商務印書館，1929 年。

〔唐〕吳兢撰：《貞觀政要》，《四部叢刊》影印明成化刊本，商務印書館，1934 年。

〔清〕周廣業撰：《經史避名匯考》，影印清鈔本，北京圖書館出版社，1999 年。

陳垣：《史諱舉例》，上海書店出版社，1997 年。

〔清〕趙翼撰，王樹民校證：《廿二史札記校證》，中華書局，1984 年。

〔清〕錢大昕撰：《廿二史考異》，上海古籍出版社，2004 年。

《晉書》不偏諱唐太宗二名論

引　言

　　北京中華書局的《晉書》點校本，自 1974 年面世以來，成爲了有著廣泛影響的一個《晉書》傳本。這個版本承襲了傳世諸本所共有的大量唐代避諱。就點校本《晉書》的修訂工作來説，如果要遵循力求恢復《晉書》原貌的宗旨，那麼對這些唐諱就有作深入研究的必要。今本《晉書》的唐諱方面，有一個矛盾的現象首先應該引起關注，即書中不僅有不少明顯避唐太宗名"世""民"二字的情況，同時又大量存在赫然不避此二字的事實。這種現象啓人疑竇：房玄齡等人在貞觀年間修撰《晉書》時究竟是否需對唐太宗"世""民"二名作改避？換句話説，點校本《晉書》中大量存在的對"世""民"二字的避諱，其性質究竟是房玄齡等撰寫《晉書》時所作的原始改避呢，還是書成之後唐代人在傳抄《晉書》的過程中追加的諱改？對今本《晉書》中存在的爲這兩個字所作的改避的性質的判定，直接關係到如何正確認識《晉書》的原貌，對於《晉書》的整理來説，無疑是亟待解決的一項工作。

　　中華書局點校本《晉書》的整理者將書中對唐太宗李世民的避諱，與對唐高祖的李淵及其父李昞、祖李虎以及唐高宗李治的避諱一視同仁，統稱爲"唐人避諱改"，并不區分何爲修撰時的改避，何爲傳鈔時的追改。卷二三《樂志下》關於"武視江湖"的這條校勘記便反映出了這樣的認識：

> 武視江湖　《宋志》四、《樂府詩集》一九"武"作"虎"，是原文。作"武"者乃唐人避諱改。下《天序》"勒蝤武"同。歌詞中"虎"改"獸"，改"武"，改"藏"者不一而足。其他"淵"字、"世"字、"民"字、"治"字被改者亦多，不一一出校。(頁七二〇)

今天，如果我們從古籍整理的原則出發，來審視前輩學者的這一處理，則難免有所遺憾。因爲這樣的處理，抹去了唐人撰寫《晉書》時的原始諱避與唐人傳鈔《晉書》時的追加改避之間的差別，既不利於讀者清楚認識《晉書》撰成時的原貌，也不利於讀者準確瞭解《晉書》在撰寫與傳鈔過程中的所發生的避諱事實。

事實上，早在清代，學者們便已不滿足於對《晉書》中的這一現象僅作如上的籠統揭示。如李慈銘便對《晉書》中的唐諱作了更深一步的研究，他認爲，書中對"世""民"二字的避諱，是房玄齡等撰寫時所爲；其不避者，則爲唐以後人的回改。其《越縵堂讀史札記全編·晉書札記》卷二對《晉書·刑法志》中"然人者，冥也"一句有如下案語：

> 慈銘案："人者，冥也。"本作"民者，冥也"。此唐人避太宗諱改"人"字。太宗雖有生時二名不連偶者不避之詔，然當日臣下已皆避改。《晉書》中於"世"字"民"字回避者甚多，并有諱"治"字者，則又高宗時所追改。此卷上文如"人至愚而不可欺也"、"人無所錯矣"皆本是"民"字，今《晉書》中多有"世"字"民"字者，又是唐以後人所回改耳。

李氏將《晉書》中的唐諱分成兩類，即史臣修撰所改避和後人傳鈔時所追加，并將書中對"世""民"二字的改避，看作是史臣修撰時所爲。李慈銘之所以汲汲於對《晉書》中的唐諱作上述區分，是因爲他很清楚作這樣的區分對於認識與恢復《晉書》文本的原貌所具有的文獻學意義。

不過，筆者根據對《晉書》中有關對唐太宗二名偏諱的調查，發現李慈銘的推斷與事實并不相符。實際的情況是，房玄齡等在貞觀年間撰寫《晉書》時，對太宗的二名并不偏諱；也就是說，通行的《晉書》版本中存在的對太宗二名偏諱的現象，發生在唐人傳鈔《晉書》的過程中，并不是《晉書》撰成時的原貌。

這樣的調查結果，也與其他前輩學者對於同樣撰成於唐代貞觀年間的其他正史中的相關唐諱的認識相一致。就拿李慈銘之前的清代學者錢大昕來說，通過對《隋書》中遇唐太宗二名避否不一現象的分析，他判定唐人在貞觀年間撰修正史時，并不偏諱太宗二名。我們看《廿二史考異》卷三三《隋書一》中有關《隋書·高祖紀上》的這條札記：

> 漢太尉震八代孫鉉。《北史》"代"作"世"。按：《隋史》成於唐太宗時，其時不避"世"字。如王世積、陰世師、馮世基、薛世雄、虞世基諸人，傳皆未回避。此紀"風骨不似代間人"，"代稱純孝"、"彰不代之業"、"精採不代"、"周輔乃宏道於代"，"代俗之徒"，"德爲代範"，"與代推移"，"行歌避代"，皆唐人追改；而"風流映世"，"世子"，"世孫"，"世禄"，"世人"及"韋世康"、"王世積"、"虞世基"之類，仍用本文者，蓋唐以後人又據它書回改，而改之復不能盡此。民部尚書之"民"不諱，而啓民可汗則改爲"啓人"，賀若弼、柳䛒、薛世雄、突厥諸傳仍稱啓民，皆因校書者展轉改易，非史家之例不一也。

雖然在錢氏著作中，我們并沒有發現他對於《晉書》是否偏諱太宗二名的具體研究，但既然《晉書》與《隋書》一樣撰成於貞觀年間，則這條札記所體現的認識，同樣適用於《晉書》，自然是不言而喻的。

也許是因爲錢大昕雖然揭示了貞觀年間史臣撰修正史時不偏諱太宗二名的事實，但其著作中并沒有就這一點展開充分的論證，因

此,錢氏的這一認識,并沒有完全被後人接受。例如中華書局點校本
《隋書·高祖紀上》對錢氏所涉及的這段文字的校勘記便稱:

> 漢太尉震八代孫鉉　"代"應作"世",唐人諱改。按本書中
> "世"、"代"雜出,其他避諱字也有類似情況,當是唐時修史非出
> 於一人之手,前後并不一致,而後人校史時又有回改。以後凡遇
> 有這種避諱情況,只在某一避諱字第一次出現時出校記。

與錢氏不同,《隋書》的整理者似乎排除了唐人在傳鈔《隋書》的
過程中發生過追改避諱的可能,而將書中對"世""民"二字的避諱完
全歸之於修史者所爲。不僅如此,錢氏的上述觀點,似乎也未被《晉
書》等其他修撰於貞觀年間的正史的整理者所接受。

有鑒於此,筆者嘗試對《晉書》原文不偏諱唐太宗二名的事實作
進一步的論證。這樣的論證,對於判斷點校本《晉書》中的唐諱何爲
撰寫者所爲何爲傳鈔者所致,也許略有小助;對於推斷其他撰成於貞
觀年間的正史的避諱情況,可能也不乏參考的價值。

以下擬從唐太宗避諱詔令、本書避諱體例、史臣自撰文字、今本
《晉書》有高宗諱等角度,對上述觀點展開論述。

一、關於不避"世""民"的明令

唐貞觀二十年,房玄齡、褚遂良等人奉太宗詔撰修《晉書》,約閲
二年書成①。房、褚諸人在撰修《晉書》時,遇到當朝天子名字中的

---

① 太宗修《晉書》詔見《唐大詔令集》卷八一,記頒於貞觀二十年,《册府元龜》卷
五五六亦記此詔頒於貞觀二十年閏三月。然《舊唐書·房玄齡傳》載"至二
十年書成",揆以情理,似不可能,疑"二十"下脱"二"字。據《舊唐書》卷一
九九上《東夷·新羅傳》記載,貞觀二十二年,太宗賜新羅國使者物中有"新
撰《晉書》",則此書或成於此年。

"世""民"二字,究竟是否應該避諱,自然是必須面對的一個敏感問題。不過實際的情況是,對於這些史臣來說,他們有李世民業已頒布的有關不須偏諱其二名的明令可依,恐怕根本不必費心對單獨出現的"世""民"二字作任何形式的改避。唐吳兢《貞觀政要》卷七《禮樂第二十九》較早地記載了李世民的這一命令:

> 太宗初即位,謂侍臣曰:"準禮,名,終將諱之。前古帝王亦不生諱其名,故周文王名昌,《周詩》云'克昌厥後';春秋時魯莊公名同,十六年《經》書'齊侯宋公同盟于幽'。唯近代諸帝,妄爲節制,特令生避其諱,理非通允,宜有改張。"因詔曰:"依禮,二名義不偏諱。尼父達聖,非無前指。近世以來,曲爲節制,兩字兼避,廢闕已多,率意而行,有違經語。今宜依據禮典,務從簡約,仰效先哲,垂法將來。其官號、人名及公私文籍有'世'及'民'兩字不連讀,並不須避。"

據《舊唐書·太宗本紀上》的記載,此令頒布於武德九年六月己巳,其時玄武門之變剛過去九天。這足以說明這位氣度不凡的君主,對於"近代諸帝"生諱其名及"近世"二名偏諱的做法早就大不以爲然。李世民既稱欲以此令"垂法將來",那麼至少在他當政的時代,唐人并不需要對單獨出現的"世""民"二字作避諱。

事實上,武德九年頒布的這一詔令,在太宗貞觀年間得到了普遍的遵奉。根據《舊唐書·高宗本紀上》記載,貞觀二十三年太宗去世後,高宗即位,當時的大臣上奏要求下詔對其名"治"字作避諱,高宗"以貞觀時不諱先帝二字,不許",這從一個側面反映了貞觀年間對"世""民"二字不作避諱的事實。就令中具體提到的官號、人名等方面來說,官號如"民部尚書",直到高宗即位後才改爲"户部尚書"①;人名如"虞世南",貞觀十二年虞氏去世後太宗手敕以及數年後因夢

---

① 見《舊唐書·高宗本紀上》。

見虞氏所下制①，這兩篇文書中均直呼其名"虞世南"，説明虞世南對自己名字中的"世"字未作改避。又如"李勣"，據《舊唐書·李勣傳》載本"名世勣，永徽中以犯太宗諱，單名勣"。這些事實都反映出，終太宗之世官私上下對武德九年這一詔令的尊重。

貞觀二十二年修成的《晉書》，自然屬於令中所謂的"公私文籍"，理應不須偏諱"世""民"二字。據《舊唐書·房玄齡傳》的記載，此書因爲"太宗自著宣、武二帝及陸機、王羲之四論，於是總題云'御撰'"。這樣一部由李世民署名的具有權威性質的《晉書》，修成之後，自然不單單只是爲了享受藏於秘府的待遇，最終必然要頒示天下，如果書中對"世""民"二字曲加諱改，那豈不是讓天下人覺得這位皇帝口是心非、出爾反爾？因此，從這個意義上講，房、褚等史臣應該没有理由故意置前令而不顧，陷君主於難堪。

二、與"淵"字避諱的區別

上述明令，固然可依，但實際的情況究竟如何呢？下面我們通過對照《晉書》對唐高祖李淵名字的避諱情況，來調查史臣修撰時遇到"世""民"二字是否作了改避。

《晉書》既始撰於貞觀二十年，那麽，房玄齡等在撰寫時，理應對已去世的唐高祖李淵的名字作避諱處理。實際的情況也正是如此。遍檢《晉書》一百三十卷，我們發現"淵"字只出現了一次，即《晉書·袁宏傳》載袁宏《三國名臣贊》"秉志淵塞"。筆者推測這個"淵"字很可能是後人回改的結果，因爲此語本自《詩經》"秉心塞淵"，而《文選》載袁宏此文作"秉心淵塞"，後人很容易據以回改。除此以外，《晉書》行文凡涉及"淵"字無不作了嚴格的避諱。

---

① 見《舊唐書·虞世南傳》。

這種嚴格避"淵"的情況,原則上都應該是本書作者在撰寫時所爲。也就是説,這種情況保留了作者對於應該避諱的文字所作處理的原貌。根據這一點,我們考慮以《晉書》中的人名爲對象,通過比較今本《晉書》中涉及"淵"字的人名與涉及"世""民"的人名在避諱方面的具體情況,來探討《晉書》的作者是否對"世""民"二字作改避。之所以選擇人名作爲説明的對象,一則是因爲史書中人名果真犯作者所諱,則在所必避;二則因爲人名固定,一經改避,往往有其他文獻可以證明。

通過比較,筆者發現,《晉書》中涉及"淵"字的人名與涉及"世""民"二字的人名,在避諱方面表現出方式與數量上的明顯差異。

1. 避諱方式的截然不同。

《晉書》諸傳,如遇傳主之名涉及"淵"字,一律采取舍名不書而只稱其字,并加特别説明的避諱方式。

如卷六九《戴若思傳》:"戴若思,廣陵人也,名犯高祖廟諱。"(頁一八四六)卷一百一《劉元海載記》:"劉元海,新興匈奴人,冒頓之後也。名犯高祖廟諱,故稱其字焉。"(頁二六四四)

考慮到後人傳鈔時的追諱,最多只會局限於對文章中犯諱的個别字作改換,而不會在正文中加入説明避諱的文字,因此我們認爲上述這種表述方式,應該是作者在撰寫時的避諱原貌。也就是説,這種方式是《晉書》作者在處理傳主名犯皇帝諱時的一種體例。那麼,這種體例在傳主名涉及"世""民"時是否也有體現呢? 我們看下面的例子:

卷八五《諸葛長民傳》:"諸葛長民,琅邪陽郡人也。有文武幹用,然不持行檢,無鄉曲之譽。"(頁二二一二)卷七四《桓石民傳》:"石民弱冠知名,衛將軍謝安引爲參軍。"(頁一九四六)

顯然,上述體例并没有在這裏表現出來。而這種直呼其名的方式,表明《晉書》的作者根本就不需要對"世""民"作避諱。

2. 避諱數量的巨大反差。

據前所述,《晉書》唯一出現的"淵"字與人名無關,這也就意味著全書人名中所有涉及"淵"字的均已作了改避。改避方式多種多樣,涉及人名也爲數衆多。表一反映的,是筆者搜集的《晉書》中人名避"淵"字的部分材料。

表一　《晉書》涉"淵"人名避諱表

序數	名	字	避諱方式	證明避諱的材料
1	戴淵	若思	名犯稱字	卷六九《戴若思傳》只稱其字,並稱"名犯高祖廟諱"。
2	劉淵	元海	名犯稱字	卷一百一《劉元海載記》只稱其字,并稱"名犯高祖廟諱,故稱其字焉"。
3	公孫淵	文懿	名犯稱字	卷一《宣帝紀》載"及遼東太守公孫文懿反",其人即公孫淵,其事見《三國志·魏書·公孫淵傳》。
4	胡淵	世元	名犯稱字	卷五七《胡奮傳》載"(胡)烈子世元年十八",《三國志·魏書·鍾會傳》注引《晉諸公贊》載其名"淵"。
5	江泉		名犯改避	卷四九《羊聃傳》載"大鴻臚陳留江泉以能食爲穀伯",《太平御覽》卷三七八引《晉中興書》記此事作"江淵"。
6	趙泉		名犯改避	卷一一三《苻堅載記上》載"著作郎趙泉、車敬等已死",《史通》卷一二有"前秦史官初有趙淵車敬梁熙韋譚"。
7	張泉		名犯改避	卷一一八《姚興載記下》載"靈臺令張泉又言於(姚)興曰……",《魏書》卷九一《張淵傳》載"(淵)又仕姚興父子,爲靈臺令"。
8	謝泉、謝川		名犯改避	卷七九《謝奕傳》:"(奕)三子:泉、靖、玄。泉早有名譽,歷義興太守。"同卷《謝萬傳》:"時謝氏尤彥秀者,稱封、胡、羯、末。封謂韶,胡謂朗,羯謂玄,末謂川,皆其小字也。"《世說新語·賢媛篇》稱"封胡,謝韶小字。遏末,謝淵小字。韶字穆度,萬子,車騎司馬。淵字叔度,奕第二子,義興太守。時人稱其尤彥秀者"。

續表

序數	名	字	避諱方式	證明避諱的材料
9	賈謐	長深	字犯改避	見卷四〇《賈謐傳》，《文選·答賈長淵詩》李善注引王隱《晉書》作"字長淵"。
10	王允之	深猷	字犯改避	見卷七六《王允之傳》，《太平御覽》卷三九六、四三二兩引《晉中興書》作"字淵猷"。
11	殷浩	深源	字犯改避	見卷七七《殷浩傳》，《太平御覽》卷二四九引《晉中興書》作"字淵源"。
12	翟湯	道深	字犯改避	見卷九四《翟湯傳》，《太平御覽》卷四二五、卷八一七兩引《晉中興書》俱作"字道淵"①。
13	郗曇	重熙	字犯改避	見卷六七《郗曇傳》，《世説新語·賢媛》注引《郗曇別傳》作"字重淵"。
14	陶潛	元亮	名犯不書	《宋書》本傳作"或云淵明字元亮"。説詳見《晉書斠注》卷九四。
15	陳騫	休淵	字犯不書	卷三五《陳騫傳》不書其字。《三國志·魏書·陳矯傳》注引《晉書》（不詳究爲何家）及《世説新語·方正》注引《晉陽秋》皆稱騫"字休淵"。
16	陶回	恭淵	字犯不書	卷七八《陶回傳》不書其字。《太平御覽》卷二〇九引《陶氏家傳》稱回"字恭淵"②。

　　表中所列《晉書》中涉及"淵"諱的人名，雖然很可能是不完全統計，但其數量已達十六個之多，至少在今天能見到的《晉書》版本中，這些避諱還没有一個被回改。

　　而與之相比，今本《晉書》中却大量存在著帶有"世""民"字樣的

①《太平御覽》卷五〇三引《晉中興書》作"字長淵"，雖"道""長"有異，然其末字作"淵"而不作"深"，則别無二致。
② 中華書局影印宋本《太平御覽》卷二〇九職官部"司徒從事中郎"條作"陶迴"，爲"大司徒王導從事中郎"，《晉書》本傳亦載"司徒王導引爲從事中郎"，當爲一人，以名字相應論，似以作"回"爲宜。

人名。筆者對《晉書》中帶有"世""民"二字的人名作了調查,結果如表二:

表二　《晉書》涉"世""民"二字人名表

序數	名	字	所在卷	序數	名	字	所在卷
1	嚴世		一	22	司馬衍	世根	七
2	楊世		八	23	司馬岳	世同	七
3	張安世		二四	24	杜錫	世嘏	三四
4	周世寧		二九	25	司馬翼	子世	三七
5	山世回		四三	26	李弘	世彦	四一
6	馮奉世		五二	27	劉仲	世混	四六
7	孫世山		五六	28	傅宣	世弘	四七
8	孫世元		五七	29	傅暢	世道	四七
9	彭世		六六	30	畢卓	茂世	四九
10	紀世和		七四	31	孫拯	顯世	五四
11	王度世		七五	32	陶璜	世英	五七
12	陳安世		八○	33	張輔	世偉	六○
13	繆世徵		八六	34	李含	世容	六○
14	劉世則		九五	35	李矩	世回	六三
15	石世		一○七	36	錢鳳	世儀	六七
16	樊世		一一三	37	劉超	世瑜	七○
17	楊成世		一一三	38	王廙	世將	七六
18	張龍世		一一五	39	王彬	世儒	七六
19	焦世		一一六	40	丁潭	世康	七八
20	黃世		一一七	41	沈勁	世堅	八九
21	司馬炎	安世	三	42	魯芝	世英	九○

序數	名	字	所在卷	序數	名	字	所在卷
43	潘京	世長	九〇	53	諸葛幼民		八五
44	劉兆	延世	九一	54	桓石民		二八
45	伍朝	世明	九四	55	賈黎民		四〇
46	石勒	世龍	一〇四	56	孔道民		七八
47	苻洪	廣世	一一二	57	孔静民		七八
48	李班	世文	一二一	58	孔福民		七八
49	李期	世運	一二一	59	裴頠	逸民	三五
50	吕光	世明	一二二	60	徐邈	仙民	六四
51	諸葛長民		一〇	67	徐廣	野民	八二
52	諸葛黎民		一〇				

　　由上述二表可以看出，《晉書》人名，若涉及"淵"字，無一例外都作了嚴格避諱；若涉及"世""民"二字，則有大量不避的情況。這種數量上的巨大反差，一定程度上體現出《晉書》作者不避"世""民"二字的事實。因爲如果我們將出現在六十七個《晉書》人名字中的"世""民"二字都像李慈銘那樣看作是唐以後人的回改的話，那麼就很難解釋爲什麼這十六個"淵"字的避諱，竟然沒有一個被回改。

　　事實上，如果我們不受人名的限制，對《晉書》中避"淵"與避"世""民"的情況作全面調查的話，還可以在更大程度上體現出兩者在避諱方式與數量上的差異。限於篇幅，這裏只簡單説明一下數量方面的差異。通過電子檢索手段對《晉書》正文中出現的所有的"世""民"作統計，可以發現"世"字共出現了約一千九百一十九次，"民"字共出現了約一百九十次。與"淵"字只出現一次的情況相比，這進一步反映出《晉書》作者不避"世""民"的事實。

三、史臣自撰文字不諱“世”“民”證

　　要討論《晉書》的作者是否避“世”“民”二字,書中那些基本屬於他們的自撰的文字最具有説服力。因此,出現在今本《晉書》中那些房玄齡等史臣自撰文字中的“世”“民”字樣,尤其可以證明《晉書》作者原本不避此二字。

　　這裏所説的基本屬於《晉書》作者的“自撰文字”,包括書中的序、論、贊等幾類文體。當然,我們無法確認這些文體中所有内容完全一無所承,但可以相信大部分應該屬作者的創作。即使有所承,如果作者覺得其中有犯諱的文字,自然會作出改避,而這種改避的自由度很大,改避後可以不留痕迹,後人很難作出判斷并加以回改;另外,只要不是像人名地名那樣直接影響到歷史事實,宋以後的人也會因爲這是唐人自撰文字而不輕易回改,因此,筆者認爲,凡是這類文體中出現的“世”“民”二字,屬後人回改唐諱的可能性很小,它們應該在很大程度上反映了《晉書》撰成時的原貌。限於篇幅,我們僅從用韻及修辭的角度選取幾例,略作説明。

　　例如卷八七《涼武昭王李玄盛傳》:

　　　　贊曰:武昭英叡,忠勇霸世。王室雖微,乃誠無替。遺黎飲德,絶壤霑惠。積祉丕基,克昌來裔。(頁二二七一)

這裏出現的“世”字,便一定是作者原文。檢《廣韻》,“替”“惠”屬去聲霽韻,“裔”屬去聲祭韻,祭與霽同用①,可知贊文實押祭霽韻,而“世”也屬去聲祭韻,於韻密合。如果作者爲了避“世”字,而要在霽、

────────

① 據唐封演《封氏聞見記》卷二“聲韻”條所載,唐初許敬宗等以《切韻》“先仙山删等分爲别韻,屬文之士苦其苛細”,“奏合而用之”。以祭霽二韻而言,則自晉宋以至陳隋,文人多以爲一部也。

祭二韻中另選用與“世”字意義相近之字,則即使像房、褚等人這般磐磐大才,恐怕也無所用力。

又卷九五《藝術傳》:

> 贊曰:《傳》叙災祥,《書》稱龜筮。應如影響,叶若符契。怪力亂神,詭時惑世。崇尚弗已,必致流弊。(頁二五〇四)

檢《廣韻》,“筮”“世”“弊”爲去聲祭韻,“契”爲去聲霽韻。此“世”字必爲作者原文,理同上例。

又卷三九《王沈荀顗荀勖馮紞傳》:

> 史臣曰:……縱貪夫於藏戶,戮高士於燕垂,阻越石之内難,邀世龍之外府。惡稔毒痛,坐致焚燎……(頁一一六三)

“世龍”是石勒字,“越石”是劉琨字。“世龍”應該是史臣的原文,而不是宋以後的校書者的回改。如果史臣們要避“世”,想必會舍“世龍”而用“石勒”,而一旦用“石勒”,則上文的“越石”也以改用“劉琨”爲好,因爲對史臣們來説,那樣處理可以使對仗更爲工整。鑒於校書者的回改一般只會局限於涉諱的一二字眼,絶少旁及上下文,所以文中的“越石”應該是作者的原文,這樣,從修辭的角度來看,文中的“世龍”也更應該是作者的原文。

又卷六三《邵續李矩段匹磾魏浚郭默傳》:

> 史臣曰:……而矩能以少擊衆,戰勝獲多,遂使玄明憤恚,世龍挫衄。惜其寡弱,功虧一簣……越石之見誅段氏,實以威名;匹磾之取戮世龍,亦由衆望:禍福之應,何其速哉! ……(頁一七一七)

其中前一“世龍”屬作者原文,理同上例。至於後一“世龍”,在駢句中所對應的是“段氏”,這樣屬於字與姓氏相對,似乎不合於上例所論,但實際上這屬於較爲特殊的情況,需要作一點説明。據本卷記載,殺劉越石的"段氏",便是被石世龍所殺的段匹磾,其人屬鮮卑族,本傳不載其字。因爲要在一對駢句中兩次提到此人,作者爲避重複,只好將其姓與名分開,上句稱爲"段氏",下句稱爲"匹磾",但這樣一來,下句中與"段氏"相對應的位置上,如果也相應地用"石氏"這樣的稱呼,則"氏"字犯重複,爲了避免對仗修辭上的這種忌諱,史臣們采取了以字對姓的處理,顯然與簡單重複相比,這種處理更高明一些。因此,這後一個"世龍",與"石氏""石勒"等稱呼相比,未嘗不可以看作是作者出於修辭的選擇。

又卷二《世宗景帝太祖文帝紀》:

> 史臣曰:世宗以叡略創基,太祖以雄才成務,事殷之跡空存,翦商之志彌遠⋯⋯

> 贊曰:世宗繼文,邦權未分。三千之士,其從如雲。太祖無外,靈關静氛。反雖討賊,終爲弑君。(頁四五)

這兩個"世宗",應該都是出於作者之手,而不可能是唐以後的校書者的回改。假定這是校書者的回改,則原文必不作"世宗",那麼原文可能作什麼呢? 從避"世"的角度出發,作者可以有兩個選擇,一是改避,如用"代宗"之類;二是不用廟號,而用謚號"景帝"或"景皇"。不過,對於講究修辭的作者來説,用不倫不類的"代宗",顯然不如換用"景帝"或"景皇"爲好。而如果這兩個"世宗"原文都作"景帝"或"景皇"的話,那麼作爲謚號,又都和下文的廟號"太祖"不相稱,而校書者的回改一般不可能延及後文的"太祖",因此下文的"太祖"應該是原文。既然"太祖"是原文,那麼與之相對的"世宗"也應該是原文。

史臣自撰文字中出現"世""民"的情況還有不少,以上只討論了其中涉及"世"字的一部分例子,"民"字的情況與之相似,限於篇幅,這裏不再作討論了。

四、傳鈔者追避高宗諱的旁證

上文揭示了不少今本《晉書》不避"世""民"二字的情況,不過,書中確實大量存在著避"世""民"的事實。對這種現象,又該如何解釋呢?

我們推測這種避"世""民"的現象,是由自高宗朝起傳鈔《晉書》的唐人追加造成的。這種推測有一個重要的旁證,那便是書中對高宗名"治"字的避諱。

《舊唐書·高宗紀上》載高宗初即位:

> (貞觀二十三年)秋七月丙午,有司請改治書侍御史爲御史中丞,諸州治中爲司馬,別駕爲長史,治禮郎爲奉禮郎,以避上名。以貞觀時不諱先帝二字,不許。有司奏曰:"先帝二名,禮不偏諱。上既單名,臣子不合指斥。"上乃從之。(頁六六至六七)

據此可知貞觀年間并不避"治"字。然而,翻開成書於貞觀二十二年的《晉書》,却可以看到不少對"治"字作改避的現象。下舉六例略作説明。

1. 卷二一《禮志下》引晉《咸寧注》:

> 掌禮郎讚"皇帝延王登"。(頁六五〇)

"掌禮郎",《宋書·禮志一》引《咸寧注》作"治禮郎"。據《後漢書·百官志》載大鴻臚屬下有"治禮郎四十七人"。《通典》卷二五《職官七》有"奉禮郎"條:

> 奉禮郎,漢大鴻臚有理禮郎四十七人。晉理禮郎四人,屬大行令。後魏理禮郎四人,北齊有奉禮郎三十人,屬鴻臚寺之司儀署。後周有理禮中士、下士各一人。隋有奉禮郎十六人,屬太常

寺，煬帝減置六人。大唐初有理禮郎四員，掌設板位，執儀行事。至永徽二年，以廟諱改爲奉禮郎，開元二十三年減二員。

其下有注：

奉禮，本名理禮。國家撰《五代史志》，至永徽七年乃成，於時此官已改，故《隋書·百官志》謂北齊及隋理禮皆爲奉禮。奉禮之名雖見於前史，其改始自永徽。

其中的"理禮"，無疑是"治禮"的改避。根據這些記載，則"奉禮郎"一職，唐永徽二年以前都稱爲"治禮郎"。從今本《晉書》避改作"掌禮郎"而非"奉禮郎"來看，這一改動很可能是傳鈔者在高宗即位之後、永徽二年明確改稱"奉禮郎"之前的這段時間內鈔寫《晉書》時所爲①。

2. 卷二一《禮志下》：

至獻帝建安二十一年，魏國有司奏："……但以立秋擇吉日大朝車騎，號曰閱兵，上合禮名，下承漢制。"（頁六六一）

"閱兵"，《三國志·魏書·武帝紀》注引王沈《魏書》、《宋書·禮志一》均作"治兵"。

3. 卷二三《樂志下》載《仲秋獮田》：

敷化以文，雖安不廢武。（頁七〇八）

"安"，《宋書·樂志四》載同篇作"治"。

4. 卷三七《宗室·譙敬王恬傳》：

①《舊唐書·高宗紀上》謂改稱"奉禮郎"在貞觀二十三年，疑有司初奏改，高宗不許，事誠在貞觀二十三年，其後有司復奏獲許，已至永徽二年，《舊唐書》撰者合二事爲一，並繫於貞觀二十三年。杜佑既時代爲近，必有所據。此從杜説。

值海西廢,簡文帝登阼,未解嚴,大司馬桓溫屯中堂,吹警角,恬奏劾溫大不敬,請科罪。(頁一一〇七)

"科",《北堂書鈔》卷六二引《晉中興書》、《通典》卷二四、《建康實錄》卷八注引《宗室傳》、《太平御覽》卷二二六引《晉中興書》均作"理",《北堂書鈔》卷一二一引《晉中興書》、《初學記》卷一二引《晉中興書》、《太平御覽》卷三三八引《晉中興書》、《職官分紀》卷一四注引王隱《晉書》均作"治"。顯然,作"理"、作"科",都是爲了避"治"字。

5. 卷四一《劉寔傳》載寔《崇讓論》:

古之聖王之化天下……以賢才化無事,至道興矣……得其驗,安得不理其罪……知而皆理之,受罪退者稍多,大臣有不自固之心。(頁一一九一至一一九四)

其中二"化"、"道"、二"理"五字,日本宮内廳書陵部藏古鈔本《群書治要》卷二九載此論均作"治"。

6. 卷五四《陸機傳》載機《五等論》:

夫然,則南面之君各務其政……世平足以敦風,道衰足以禦暴……然後國安由萬邦之思化,主尊賴羣后之圖身。(頁一四七六)

《文選》亦載陸機此論,其"政""平""化"三字皆作"治",《藝文類聚》卷五一節引前二句,"政""平"二字亦皆作"治"。

既然《晉書》撰成的貞觀年間不需避"治"字,那麼,出現在今本《晉書》中的這些諱"治"現象,只能是貞觀後唐人傳鈔本書時追加所致。而既然唐人傳鈔時對原書中并不避諱的高宗的名字追加了改避,那麼,當然他們也完全有可能對原書中并不避諱的太宗名作追加改避。這也就是爲什麼我們會在今本《晉書》中看到大量避"世"

“民”二字的情況的原因。

不過,今本《晉書》既然曾經過唐人傳鈔,爲什麼還有不避“世”“民”的情況存在呢? 筆者分析,出現這種情況,可能有以下幾個方面的原因:

一、《晉書》在唐代必然依賴傳鈔的方式流傳,而唐代各朝有關避諱的功令先後有所不同,因此,唐代不同時期鈔成的《晉書》,便會呈現出不同的避諱情況。可以想見的是,洋洋一百三十卷的《晉書》鈔本,在唐代經過二三百年的流傳,很容易因爲種種原因而缺損。有缺損便會有補足,補足的方式,有可能是直接使用別個鈔本的相應部分補配,也有可能是以別的鈔本爲底本進行鈔補。因此,我們有理由相信,到了開始刊刻的《晉書》的時候,用作底本的寫本,很可能既包含了部分高宗以後唐人傳鈔而不斷追諱的文本,又保留了部分高宗前未經追諱的原始面貌。

二、唐代隨著時間的推移,傳鈔典籍時的避諱漸漸采取爲字不成的做法。相對於改避,爲字不成的避諱方式,可以在避諱的同時較好地保留典籍原貌,這樣,早期不偏諱太宗二名的《晉書》原稿面貌便很可能因此保留下來。

三、當然,我們不能排除唐以後的人們對傳世的《晉書》中唐人追改“世”“民”的文字作回改的可能。不過,如果確有這樣的回改,似乎以發生在刊刻印刷之前爲多。僅就存世的各個《晉書》刊本對“世”“民”二字的避諱差異來看,這樣的回改在刊刻之後便很少發生了。

如果至少考慮到這些因素,那麼,自宋代以來的《晉書》版本中出現對“世”“民”二字避否不一的情況,也許就不難理解了。

結　語

綜上所述,筆者以爲,房玄齡等人在修撰《晉書》時,遇唐太宗的二名,即單獨出現的"世""民"二字,并不改避;今本《晉書》中偏諱唐太宗二名的現象,是由於書成後唐人傳鈔過程中追加所致。

對於《晉書》的整理來説,判斷今本《晉書》中的唐諱屬於修撰時所有還是傳鈔時所加是十分必要的,因爲這關係到古籍校勘的原則問題。古籍校勘的原則,是在充分論證的前提下,儘可能恢復古籍撰成時的文本原貌。從這個原則出發,如果我們能論證今本《晉書》中某些唐諱是傳鈔過程中追加的,不屬於《晉書》撰成時的原貌,那麼,這些唐諱儘管發生在《晉書》撰成的唐代,究其性質,則與宋元明清各朝傳刻《晉書》時所追加的本朝避諱并無二致,原則上同樣應該回改。而探討《晉書》作者是否對唐太宗"世""民"二名作改避處理,對於區分今本《晉書》中何爲撰成時的避改,何爲傳鈔時的追諱至爲關鍵。如果我們能論證《晉書》原稿避唐諱下限止於高祖李淵,其涉及唐太宗"世""民"二名的避諱屬後人傳鈔時的追改的話,那麼,《晉書》中對唐高宗乃至以下諸帝的避諱,屬同等性質則更毋庸贅言。

此外,這一研究對於同樣在貞觀年間撰成的其他正史的整理也有重要的參考價值,它有助於我們正確認識今本《梁書》《陳書》《北齊書》《周書》《隋書》五書中對唐太宗及其後諸帝名諱作改避的性質,從而在今後的整理中進一步恢復這些史書的原貌。

以古典文獻學而言,對這種性質的唐諱作回改以後的《晉書》,呈現給讀者的是一種更接近於原稿的真實面貌。不僅如此,即使從研究唐代避諱文化的角度來看,這種回改後的版本也有重要的價值;通過與未回改的《晉書》舊本相校,我們不僅可以知道唐人撰述時避諱的實際情形,同時也可以瞭解唐人在書籍傳鈔過程中追諱的具體事實。

主要參考文獻:

〔晉〕陳壽撰:《三國志》,中華書局,1959 年。

〔南朝梁〕沈約撰:《宋書》,中華書局,1974 年。

〔唐〕房玄齡等撰:《晉書》,中華書局,1974 年。

〔唐〕魏徵、〔唐〕令狐德棻撰:《隋書》,中華書局,1973 年。

〔後晉〕劉昫撰:《舊唐書》,中華書局,1975 年。

〔宋〕歐陽修、〔宋〕宋祁撰:《新唐書》,中華書局,1975 年。

〔宋〕宋敏求編:《唐大詔令集》,商務印書館,1969 年。

〔唐〕吳兢撰:《貞觀政要》,《四部叢刊》影印明成化刊本,商務印書館,1934 年。

〔唐〕杜佑撰:《通典》,影印宋本,上海人民出版社,2008 年。

〔唐〕魏徵撰:《群書治要》,《古典研究會叢書》影印唐抄本,(日本東京)汲古書院,1989 年。

〔唐〕歐陽詢撰:《藝文類聚》,上海古籍出版社,1965 年。

〔宋〕李昉等撰:《太平御覽》,影印宋本,中華書局,1960 年。

〔宋〕王欽若等編:《册府元龜》,影印宋本,中華書局,1989 年。

〔唐〕劉知幾撰:《史通》,《四部叢刊》影印明萬曆刊本,商務印書館,1929 年。

〔清〕周廣業撰:《經史避名匯考》,影印清鈔本,北京圖書館出版社,1999 年。

陳垣:《史諱舉例》,上海書店出版社,1997 年。

〔清〕錢大昕撰:《廿二史考異》,上海古籍出版社,2004 年。

〔清〕趙翼撰,王樹民校證:《廿二史札記校證》,中華書局,1984 年。

〔清〕李慈銘撰:《越縵堂讀史札記全編》,北京圖書館出版社,2003 年。

〔南朝宋〕劉義慶撰,〔南朝梁〕劉孝標注:《世說新語》,影印宋本,中華書局,1999 年。

〔梁〕蕭統編,〔唐〕李善注:《文選》,影印清胡克家刊本,中華書局，1977 年。

　〔宋〕陳彭年等編：《宋本廣韻　永禄本韻鏡》，影印宋本，江蘇教育出版社，2005 年。

　周祖謨：《文字音韻訓詁論集》，北京大學出版社，2000 年。

《晉書》校讀札記

　　頃校讀中華書局點校本《晉書》(1974 年 11 月一版一印) 卷四一至五〇、卷六一至七〇、卷一〇一至一〇三以及卷一一六至一二五，凡三十三卷，其間有疑其句讀處，輒箋諸簡端。茲不揆檮昧，刺舉五十八例，試作斠議，以取正於方家。

　　一、卷四二《王濬傳》：

　　　　今臣之信行，未若曾參之著；而讒構沸騰，非徒三夫之對，外內扇動，爲二五之應。(頁一二一三)①

　　按"五"字疑當加專名綫。此"二五"當指春秋時晉獻公之外嬖梁五與東關嬖五二人。此二人與驪姬內外勾結，朋比爲奸，進讒言於獻公，害晉國諸公子，晉人謂之"二五耦"。事詳《左傳・莊公二十八年》。王濬此表，前文徵引故事，自無極以至曾參，凡十餘人，以訴其見枉。上文稱王渾"遣人於洛中，專共交構"，正與梁五、東關五事相類，故此處"二五"當即徵此故實。唯此"二五"，堪寄王濬言外之意。

　　二、卷四三《山濤傳》：

　　　　濤年四十，始爲郡主簿、功曹、上計掾。舉孝廉，州辟部河南從事。(頁一二二三)

────────────

① 因本文所論，或涉及點校本標點，故引文的標點，包括專名綫，全部取準於點校本。

按"功曹"後頓號疑宜改逗號,"掾"字後句號疑宜去。所謂"上計掾舉孝廉",疑或指漢代以來郡國察舉孝廉,隨上計掾史入京就試;或謂以上計掾兼舉孝廉。本書卷四一《魏舒傳》有"年四十餘,郡上計掾察孝廉"(頁一一八六),卷四七《傅玄傳》有"(傅玄)性剛勁亮直,不能容人之短。郡上計吏,再舉孝廉,太尉辟,皆不就"(頁一三一七),《晉故使持節侍中太傅鉅平成侯羊公碑》載羊祜"年十有七,上計吏察孝廉,州辟皆不就……盤桓累載,乃公車徵拜中書侍郎秘書監"。凡此"上計吏(掾)"前皆無謂語,當即爲所在文句之主語,其事與山濤類,並可作參考。

三、卷四三《山濤傳》:

> 策贈司徒,蜜印紫綬,侍中貂蟬,新沓伯蜜印青朱綬。(頁一二二七)

按原點校本"司徒"後逗號不宜有,當循下文"侍中貂蟬,新沓伯蜜印青朱綬"例,以"贈司徒蜜印紫綬"作一句讀。所贈者乃"司徒"之"蜜印紫綬",而非"司徒",前文記拜山濤司徒事,濤雖推辭至於再三,然終於"使者乃臥加章綬",是則濤生前已爲司徒,無庸於死後再贈司徒。

四、卷四四《華廙傳》:

> 父疾篤輒還,仍遭喪舊例,葬訖復任,廙固辭,迕旨。(頁一二六〇)

按"舊例"當屬下句。華廙因父疾篤還家,於是遭父喪事。所遭者,喪也,而非喪之舊例。所謂"舊例",乃"葬訖復任"。

五、卷四五《崔洪傳》:

> 時長樂馮恢父爲弘農太守,愛少子淑,欲以爵傳之。恢父終,服闋,乃還鄉里,結草爲廬,陽瘖不能言,淑得襲爵。(頁一二

八七至一二八八）

按"恢父終服闋"當作一句讀,中間不宜施加逗號。此文旨在述恢,而非恢父。"父終服闋"乃所以叙馮恢"乃還鄉里,結草爲廬"之時間。

六、卷四六《傅咸傳》:

> 昔毛玠爲吏部尚書,時無敢好衣美食者。魏武帝歎曰:"孤之法不如毛尚書。"令使諸部用心,各如毛玠,風俗之移,在不難矣。(頁一三二五)

按《文苑英華》卷三八七録唐常衮《授薛邕吏部侍郎制》:"魏武又云使吏部用心如毛玠,風俗之易差不難矣。"《册府元龜》卷七六:"毛玠爲吏部尚書,無敢好衣美食者,太祖歎曰:'孤之法不如毛尚書,令使諸部用心,各如毛玠,風俗之移,誠不難矣。'帝平柳城,頒所獲器物,特以素屏風素馮几賜玠,曰:'君有古人之風,故賜君古人之服。'"觀此,則唐宋人有以爲曹操所歎下至"在不難矣"者也。故下引號或以移至"矣"後爲宜。

七、卷四七《傅咸傳》:

> 會丙寅,詔群僚舉郡縣之職以補内官。咸復上書曰……(頁一三二七)

按"丙寅"後似不宜有逗號。所會者,非丙寅日,乃丙寅詔也。"内官"後句號也似以改作逗號爲好。

八、卷四七《傅咸傳》:

> 正始中,任何晏以選舉,内外之衆職各得其才,粲然之美於斯可觀。如此,非徒御之以限,法之所致,乃委任之由也。(頁一三二八)

按"限"後逗號似不宜有。"限法"爲一詞,本傳前文既有"無須限法”,後文復有“甚於限法”。此文前後均以“限法”與“委任”相對舉,而“非徒御之於限法之所致,乃委任之由也”亦相對成文,説明正始選舉之美非只因“御之以限法”所致,而實由於委其任於何晏。

九、卷四七《傅咸傳》:

> 臣雖不能減身以全禮教,義無靦然,虛忝隆寵。(頁一三二八)

按“靦然”,厚顔也,此所以修飾“忝”者,其後似不宜有逗號。

一〇、卷四八《段灼傳》:

> 必撫下猶子,愛國如家,君臣分定,百世不遷,連城開地,爲<u>晉</u>、<u>魯</u>、<u>衛</u>。(頁一三三九)

按末句“晉”“魯”後頓號不當有,當點作“爲<u>晉魯衛</u>”。“晉”“魯”“衛”三者非並列關係,其中“晉”指當朝,“魯衛”爲用典。周朝封周公於魯國,封康叔於衛國,此二人爲兄弟,故《論語》子曰“魯衛之政,兄弟也”。所謂“爲<u>晉魯衛</u>”,猶“爲<u>晉</u>之魯衛”,乃欲令晉朝諸侯王國如周之魯衛之意。

一一、卷四八《閭纘傳》:

> 置游談文學,皆選寒門孤宦以學行自立者,及取服勤更事、涉履艱難、事君事親、名行素聞者,使與共處。(頁一三五一)

按“服勤更事”與“事君事親”後皆不宜施頓號,當點作“及取服勤更事涉履艱難、事君事親名行素聞者”。此並列説兩類人,前者謂服勤更事時曾涉履艱難者,後者指因事君事親而名行素聞者。若據原標點,則所謂“服勤更事”及“事君事親”者,天下皆是也,何以爲選?

一二、卷四九《阮籍傳》:

> 然後臨訣，直言窮矣，舉聲一號，因又吐血數升。（頁一三六一）

按"窮矣"二字似以加引號爲宜。此謂阮籍與母訣別，別無他言，但歎"窮矣"，所以狀其傷心之至。

一三、卷五〇《庾峻傳》：

> <u>林</u>嘗就<u>乘</u>學，見<u>峻</u>流涕，良久曰："尊祖高才而性退讓……此尊祖積德之所由也。"（頁一三九一至一三九二）

按"流涕良久"當作一氣讀。相關文字宜點作"見<u>峻</u>，流涕良久，曰……"。"良久"所以修飾"流涕"，此乃作者記蘇林見庾峻而思故師，以"流涕良久"四字見其懷念恩師感情之深，原標點以"良久"屬下，恐有失作者意。

一四、卷五〇《郭象傳》：

> 聽<u>象</u>語，如懸河瀉水，注而不竭。（頁一三九六至一三九七）

按"河"疑當施專名綫。懸河，謂懸黃河也。唯其爲黃河之水，故能"注而不竭"。

一五、卷六一《周浚傳》：

> 時<u>吳</u>初平，屢有逃亡者，頻討平之。賓禮故老，搜求俊乂，甚有威德，<u>吳</u>人悦服。（頁一六五八）

按周浚之移鎮秣陵，討平逃亡，是行其威；賓禮故老，是行其德。"甚有威德"乃總説此二事，故"頻討平之"後宜用逗號或分號，若沿用句號，則"搜求俊乂"後亦用句號爲宜。

一六、卷六一《周浚傳》：

> 豈遇立功之主，爲天人所相，而能運其姦計，以濟其不軌者哉！（頁一六六〇）

按"立功之主"後逗號似以除去爲好。"立功之主爲天人所相"乃"遇"之賓語。所遇者爲"立功之主爲天人所相"之情形,非謂遇立功之主一人而已。加逗號於"立功之主"與"爲天人所相"之間,非徒割裂主謂結構短語,亦使"爲天人所相"之主語有爲姦人之嫌。

一七、卷六二《劉琨傳》:

> 伏惟陛下叡聖之隆,中興之緒,方將平章典刑,以經序萬國。（頁一六九〇）

按據此標點,"叡聖之隆"以"隆"稱"叡聖",古書絕無僅有;又"中興之緒"上無所承,不成句,"隆"字當屬下。檢宋本《藝文類聚》卷五四,相應文字作"伏惟陛下以淑聖之姿,隆中興之緒",則上句有脱文。

一八、卷六二《劉琨傳》:

> （王）延愛妾荆氏有音伎,延尚未殮,輿便娉之。未及迎,又爲太傅、從事中郎王儁所争奪。（頁一六九二）

按"太傅"後頓號不當有。此時太傅爲東海王越。"太傅從事中郎"者,太傅之屬官也,秩比千石。未有貴爲太傅猶任從事中郎者。

一九、卷六三《李矩傳》:

> 石生以四將相謀,不能自安,乃虜宋始一軍,渡河而南。百姓相率歸矩,於是洛中遂空。（頁一七〇八至一七〇九）

按點校本於"於是洛中遂空"下作注云:"《通鑑》九一叙此事云:'石生虜宋始一軍,北渡河。於是河南之民皆相帥歸矩,洛陽遂空。'較明確。"此處"渡河而南"云云,顯然不合當時形勢。尹安、宋始等四軍既云"並屯洛陽",自當俱處黄河之南。其後石生入洛虜宋始一軍渡河,則其爲北渡河,可不待言。以"渡河而南"爲一句讀,明顯有誤。似宜以"渡河"屬上句,"而南"屬下句,再出校説明疑此處或"而"字爲"河"字之訛,或"南"字前脱"河"字。

二〇、卷六四《武十三王傳》：

> 故漢成無嗣，繼由定陶；孝和之絶，安以紹興。（頁一七二三）

按"紹興"猶謂"繼起"，非專名。"安"指東漢安帝劉祜，當施專名綫。和帝去世，其子殤帝即位，未滿一年即夭折，其後因和帝絶後，無人繼皇帝位，皇太后乃下詔，以和帝姪子長安侯祜爲和帝嗣，其詔並引《禮記·檀弓》文曰"昆弟之子猶己子"。故齊王冏引此故事倡立清河王覃爲皇太子。

二一、卷六四《元四王傳》：

> 感惟摧慟，便奉迎靈柩，并改移妃應氏及故世子梁王諸喪，家屬悉還。（頁一七二七）

按"世子"後宜加頓號，"世子"謂綜，"梁王"謂璜。本卷頁一七二五行倒二有"世子、宣城俱有朗儁之目"，可援以爲例。

二二、卷六五《王導傳》：

> 導上書曰："……孟軻所謂'未有仁而遺其親，義而後其君者也'。"（頁一七四七至一七四八）

按"者也"二字宜移出引號外。"所謂……者也"是其引用例式，王導此書前文"易所謂'正家而天下定'者也"即爲其例。

二三、卷六五《王導傳》：

> 又嘗與導書手詔，則云"惶恐言"，中書作詔，則曰"敬問"，於是以爲定制。（頁一七五一）

按此似宜點作："又嘗與導書，手詔則云'惶恐言'，中書作詔則曰'敬問'，於是以爲定制。"此叙成帝致敬王導，有與其書者，區分兩類：若成帝親筆書寫則稱"惶恐言"，若中書代擬則稱"敬問"。本書卷三九《荀奕傳》載奕議元會日帝當致敬王導與否事,點校本作"又至尊與公書手詔則曰'頓首言',中書爲詔則云'敬問'……",所言與此爲同一事,句讀較此略勝,唯上"書"字後似宜加逗,可相參考。

二四、卷六五《王悦傳》:

> 悦無子,以弟恬子琨爲嗣,襲道爵丹楊尹,卒,贈太常。(頁一七五五)

按"爵"後以加逗號爲好。丹楊尹乃官職,非王導爵,導爵爲始興郡公,襲導爵與任丹楊尹爲二事。

二五、卷六五《王謐傳》:

> 劉裕牋詣大將軍。武陵王遵,遣人追躡。(頁一七五九)

按"大將軍"後句號不當有。此"大將軍"即"武陵王遵"。

二六、卷六六《陶侃傳》:

> 謹遣左長史殷羨奉送所假節麾、幢曲蓋、侍中貂蟬、太尉章……(頁一七七七)

按此處"節""麾"不能並列。"麾"當屬下。所假者唯"節",至於"麾幢曲蓋、侍中貂蟬、太尉章"諸物,則皆所賜,非所假。

二七、卷六七《溫嶠傳》:

> 時峻勞其將士,因醉,突陣馬躓,爲侃將所斬。(頁一七九四)

按"突陣"應屬上句。蘇峻之捨其衆而止與數騎貿然突陣,乃因醉時一時意氣;其馬躓則在突陣不得入而回趨白木陂時。事詳見本書卷一〇〇本傳及《通鑑》卷九四。因醉突陣,言其自啓禍端;馬躓,述其所以被斬之詳。

二八、卷六七《郗恢傳》:

> 孝武帝以爲然,詔王恭、庾楷救之,未及發而永没。楊佺期

以疾去職。

　　恢以隨郡太守夏侯宗之爲河南太守，戍洛陽。（頁一八〇六）

按"楊佺期以疾去職"句當屬下一段。前文言楊爲河南太守，以其去職，下文乃承此述以夏侯宗之爲河南太守。二事因果相聯，楊去職事與下段文聯繫爲密，不宜反置於上段。

三九、卷六七《溫嶠郗鑒傳》"史臣曰"：

　　道徽儒雅，柔而有正，協德始安，頗均連璧。（頁一八〇八）

按"始安"謂始安郡公溫嶠，當加專名綫，"連璧"云云，乃指郗、溫二人。

三〇、卷六八《顧榮傳》：

　　榮廢橋斂舟於南岸，敏率萬餘人出，不獲濟。（頁一八一三）

按"廢橋"與"斂舟於南岸"爲二事，以中間加逗號爲上。

三一、卷六八《紀瞻傳》：

　　瞻聞有國有家者，皆欲邁化隆政，以康庶績，垂歌億載，永傳于後。然而俗變事弊，得不隨時，雖經聖哲，無以易也。（頁一八一六）

按"得不隨時"後宜改問號。此謂既有之治理之道，因俗變事弊，豈可不隨時修改？

三二、卷六八《紀瞻傳》：

　　以臣平强，兼以晨夜，尚不及事，今俟命漏刻，而當久停機職，使王事有廢。（頁一八二二）

按"廢"後句號宜改問號。"而當……有廢"爲反問，施標問號更便於一般讀者。

三三、卷六八《紀瞻傳》：

> 今萬國革面，賢俊比跡，而當虛停好爵，不以縻賢，以臣穢病之餘，妨官固職，誠非古今黜進之急。（頁一八二二）

按"賢"後逗號宜改問號，理同上條。

三四、卷六八《賀循傳》：

> 俗多厚葬，及有拘忌迴避歲月，停喪不葬者，循皆禁焉。（頁一八二四）

按賀循之所禁凡二，一為厚葬，一為出於忌諱而停喪不葬者，故"及有拘忌迴避歲月停喪不葬者"當作一氣讀，"月"後逗號可去。

三五、卷六八《賀循傳》：

> 臣等伏思臺郎所以使州，州有人，非徒以均分顯路，惠及外州而已。（頁一八二五）

按"州有人"三字當屬上句。"使州州有人"，謂使各州皆有擔任臺郎者。不僅"非徒均分顯路，惠及外州而已"承此為說，即下文"揚州無郎，而荊州江南乃無一人為京城職者""循可尚書郎，訥可太子洗馬、舍人"云云亦俱因此生發。原句讀"臺郎使州，州有人"云云殊不可解。

三六、卷六八《賀循傳》：

> 及帝踐位，有司奏琅邪恭王宜稱皇考，循又議曰："案禮，子不敢以己爵加父。"帝納之。俄以循行太子太傅，太常如故。
>
> 循自以枕疾廢頓，臣節不修，上隆降尊之義，下替交叙之敬，懼非垂典之教也，累表固讓。（頁一八三〇）

按"俄以循行太子太傅，太常如故"句宜屬下段。上段前文與此句非直接相關，而下段首句"循自以枕疾廢頓……累表固讓"則緊承此句,其所讓者,即"太子太傅"新職,故下文有"命皇太子親往拜焉"云云。既爲一事之因果,似不宜分置兩段。

三七、卷六九《劉隗傳》:

> 伯息忠訴辭稱枉,云伯督運訖去二月,事畢代還,無有稽乏。（頁一八三七）

按據此斷句,"督運訖去二月"費解。"去二月"似宜屬下句,意爲前二月份。淳于伯之受刑,有罪數條,其爲首者即此督運稽留,而淳于忠訴其父督運完訖,於二月時便已事畢代還,故此罪名不成立。

三八、卷六九《刁協傳》:

> 遂令社稷受屈,元皇銜耻致禍之原,豈不有由!（頁一八四五）

按"耻"字後宜句斷。"社稷受屈,元皇銜耻"並承"令"字,乃述刁協誤失之結果,"致禍之原,豈不有由"則爲遞進之概述。

三九、卷七〇《卞壺傳》:

> 壺弱冠有名譽司、兗二州。齊王冏辟皆不就。（頁一八六七）

按"司兗二州"當屬下句。辟壺者有三,乃司兗二州及齊王冏也。唯其不止一,故下文收以"皆"字;若屬上句,則辟者唯齊王冏也,而"皆"字無著落矣。本書卷四九《羊曼傳》:"曼少知名,本州禮命,太傅辟,皆不就。"(頁一三八二)與此相仿,可以參證。

四〇、卷一〇一《載記序》:

> 古者帝王乃生奇類,淳維、伯禹之苗裔,豈異類哉?（頁二六四三）

按"淳維"後頓號當改作逗號。其文以"伯禹之苗裔"釋"淳維",

承“古者帝王乃生奇類”而言,非以“淳維”“伯禹”爲並列者也。伯禹者,夏禹也。《史記·匈奴列傳》有“匈奴,其先祖夏后氏之苗裔也,曰淳維”(頁二八七九),《漢書·匈奴傳》作“匈奴,其先夏后氏之苗裔,曰淳維”(頁三七四三)。房玄齡諸人欲撰諸匈奴載記,勢必參此二傳。本書卷一〇三《劉曜載記》記劉聰贊曜語有“永明,世祖、魏武之流,何數公足道哉”(頁二六八三)云云,句式相仿,其“永明”後施逗號,足資參證。

四一、卷一〇二《劉聰載記》:

> 左都水使者襄陵王攄坐魚蟹不供,將作大匠望都公靳陵坐溫明、徽光二殿不成,皆斬于東市。聰游獵無度……中軍王彰諫曰……聰大怒,命斬之。上夫人王氏叩頭乞哀,乃囚之詔獄。……其太宰劉延年及諸公卿列侯百有餘人,皆免冠涕泣固諫曰:“……而頃頻以小務不供而斬王公,直言忤旨,便囚大將,游獵無度,機管不修……”(頁二六六一至二六六二)

按“忤旨”後逗號當去。“直言忤旨便囚大將”與“小務不供而斬王公”,並承“而頃頻以”四字,分指劉聰囚王彰及斬劉攄、靳陵二事,文相駢偶,屬劉延年等人刻意修辭,不宜一爲連讀而一作中斷。

四二、卷一〇二《劉聰載記》:

> 晉氏闇虐,視百姓如草芥,故上天剿絕其祚。乃眷皇漢,蒼生引領息肩,懷更蘇之望有日矣。(頁二六六三)

按“祚”後句號當改逗號,“漢”後逗號可改分號或句號。此言上天以晉氏闇虐,不僅剿絕晉祚,且又眷顧皇漢。滅晉興漢,雖似二事,實同屬天意,不宜句斷以致割裂。下文自“蒼生引領息肩”始,則另起一層,所以述民心也。

四三、卷一〇二《劉聰載記》:

> 初置相國,官上公,有殊勳德者死乃贈之。(頁二六六五)

按“公”後逗號當去。“官上公有殊勳德者死乃贈之”謂既任上公且有殊勳德者死乃可贈以“相國”稱號。劉聰之初置相國,乃虛設之贈官,并非實授;本載記下文記聰後以其子晉王粲爲相國時,太師盧志語聰弟又有“相國之位,自魏武已來,非復人臣之官,主上本發明詔,置之爲贈官,今忽以晉王居之……”(頁二六六七)云云,正可印證其始置相國時,僅爲贈官。若從原句讀,以處一人之下萬人之上之“相國”而“官上公”,近乎贅言矣。

四四、卷一〇二《劉聰載記》:

> 雨血於其東宮延明殿,徹瓦在地者深五寸。(頁二六六六至二六六七)

按“徹瓦”後當加逗號。徹者,洞透也。“徹瓦”與“在地者深五寸”,分言血雨之大:在屋則瓦腹背盡殷,在地則土五寸爲赤。據原句讀,則似血雨透瓦下漏復深入地五寸也,然揆以情理,既止爲“雨血”,必不能貫陶瓦以致於是也。

四五、卷一〇二《劉聰載記》:

> 中常侍王沈養女年十四,有妙色,聰立爲左皇后。尚書令王鑒、中書監崔懿之、中書令曹恂等諫曰:“臣聞王者之立后也……必擇世德名宗,幽嫻淑令,副四海之望,稱神祇之心。是故周文造舟,姒氏以興,關雎之化饗,則百世之祚永。……”(頁二六七六)

按自“是故周文造舟”起一段,其點校有可商榷者四:

其一,“關雎”以不標書名綫爲宜。此“關雎”爲典故詞,非實指《國風》之詩篇,説詳前文《關於“渭陽”式典故詞的標號問題》)。

其二,原句讀有誤,當斷作:“是故周文造舟姒氏,以興關雎之化,饗則百世之祚永。”文王“造舟”相求者,爲姒氏也。“周文造舟姒氏”，照應上文“王者之立后也”。原句讀以“姒氏以興”爲句，然姒氏既爲夏后氏之姓，即所謂“世德名宗”，前世尊榮已極，豈待周文造舟而興？且此文旨在敘述“王者之立后也”，不容别出枝蔓，漫言“姒氏以興”。此所“興”者，實“關雎之化”也，“興”“化”相應，自有成詞“興化”爲證，不煩贅論。“饗”者，享也；然“化饗”云云，似通而實不通，古人不作此語，故“饗”必屬下句。“饗”“祚”相應，例同“興”“化”，亦有“饗祚”一詞可證。

其三，“則百世之祚”原當作“則百之祚”，“世”字爲後人臆增。以“百世”稱有周一朝，不合史實。《左傳·宣公三年》有“成王定鼎於郟鄏，卜世三十，卜年七百，天所命也”。實則周朝共三十六王，合八百六十七年。縱以一王爲一世計，僅有三十六世，數未滿半百，豈可虛稱“百世”？若以三十年爲一世計，則八百六十七年止得二十八世有奇，益不足誇作“百世”矣。本載記稱劉聰“年十四，究通經史”，聰誠責以“百世”之不實，則王鑒諸人欲辭欺君之罪尚恐不及，遑求從諫？王鑒等既職司尚書令、中書監等，諒不至行文草率一致於此也。若無“世”字而作“則百之祚”，則正可見王鑒諸人良苦用心。“則百之祚”可與“關雎之化”相駢，“則百”與“關雎”相對，俱典出《詩經》。“關雎”之爲用典，可不待言；而《大雅·思齊》有“大姒嗣徽音，則百斯男”，毛傳曰“大姒，文王之妃也。大姒十子，衆妾則宜百子也”。此則王鑒諸人所以用“則百”爲帝后不妒之典以作委婉諷諫者也。而本載記記載“聰所居螽斯、則百堂災”（頁二六七六），以“則百”顔堂，即典出《詩經》，寓多子之意，亦可爲一證。

其四，“永”字當爲衍文。“饗則百之祚”與“興關雎之化”相駢偶，並承“以”字，文義已足，“永”字爲贅。恐是傳鈔者初不明“則百”之爲用典，臆加“世”字，又以“則百世之祚”語意不完，復臆補“永”字以足之。殊不知以“百世之祚永”稱周之有大謬焉。

合此四議，然後可原王鑒諸人之用心：蓋以文王娶姒氏，非唯外興賢德之教，即"興關雎之化"；且又內享多子之福，即"饗則百之祚"，以此爲型範，諫劉聰勿立王沈之女爲后也。

四六、卷一〇三《劉曜載記》：

> 長水校尉尹車謀反，潛結巴酋徐庫彭，曜乃誅車，囚庫彭等五十餘人于阿房，將殺之。光禄大夫游子遠固諫……曜大怒，幽子遠而盡殺庫彭等，尸諸街巷之中十日，乃投之於水。於是巴氐盡叛，推巴歸善王句渠知爲主，四山羌、氐、巴、羯應之者三十餘萬……於是敕內外戒嚴，將親討渠知……子遠曰："彼匪有大志，希竊非望也，但逼於陛下峻網耳……"（頁二六八六）

按"志"後逗號當去。"希竊非望也"五字所以補説"大志"者也，當與"大志"作一氣讀，否則易致迷惑：安有其人既"希竊非望"而可謂"非有大志"者？據上文，可知句渠知之反，實以劉曜誅殺巴酋徐庫彭等，恐鉤連及己所致；此即所謂"但逼於陛下峻網耳"，著一"但"字，明其實出於一時之無奈，而非宿昔有"希竊非望"之志者也。

四七、卷一〇三《劉曜載記》

> （劉）胤前泣曰："慈父之於子也，當務存尸鳩之仁，何可替熙而立臣也！……"（頁二六九六至二六九七）

按"尸鳩"所標書名綫，宜去。所謂"尸鳩之仁"者，典出《詩·曹風·鳲鳩》，然此"尸鳩"二字，非指稱詩篇名，乃實指其詩所以比興之鳥名。《鳲鳩》篇序曰"刺不壹也。在位無君子，用心之不壹也"。可知其詩主旨在於譏刺，則不得謂"《鳲鳩》之仁"明矣；而其詩以鳲鳩均養七子爲比，反刺君子用心不壹，不能如鳲鳩有均養之仁，正是劉胤典據所在，故"尸鳩之仁"之"尸鳩"者，必謂均養之仁鳥，而非寓刺之詩篇。

四八、卷一一六《姚萇載記》：

符堅以萇爲揚武將軍,歷左衛將軍……復爲揚武將軍,步兵校尉,封益都侯。爲堅將,累有大功。(頁二九六五)

按"爲堅將"後逗號似宜除去。前文既明言符堅"以萇爲揚武將軍,歷左衛將軍",則此不當復云"爲堅將"。"爲堅將"所以修飾"累有大功",所謂"爲堅將累有大功",意謂姚萇身爲符堅之將時累有大功。

四九、卷一一六《姚萇載記》:

(姚萇)戒興曰:"賊徒知汝轉近,必相驅入堡,聚而掩之,無不克矣。"比至胡空堡,衝圍自解。登聞興向胡空堡,引還,興因襲平涼,大獲而歸,咸如萇策。(頁二九七二)

按"比至胡空堡,衝圍自解"亦爲姚萇授姚興圍魏救趙之策語,當與前文俱入引號內。此乃姚萇之預判,下文"登聞興向胡空堡,引還"則爲合此預判之事實。此二句意近,一爲記言,一爲記事,所以説萇之料事如神;若前句亦以爲記事,便爲縈贅。姚萇遣太子興攻胡空堡以解竇衝野人堡之圍,亦見本書卷一一五《符登載記》。

五〇、卷一一七《姚興載記上》:

太史令郭黁言於興曰:"戊亥之歲,當有孤寇起於西北,宜慎其鋒。起兵如流沙,死者如亂麻,戎馬悠悠會隴頭,鮮卑、烏丸居不安,國朝疲於奔命矣。"(頁二九八六)

按自"起兵"至"不安"爲韻語。其中"沙""麻"相韻,"悠""頭"相韻,"丸""安"相韻,"麻"後逗號以改句號爲勝。"戎馬"起兩句屬句中韻,"頭"後可施逗號,然"安"後逗號宜改句號。

五一、卷一一八《姚興載記下》:

興從朝門游於文武苑,及昏而還,將自平朔門入……興乃迴從朝門而入。(頁二九九四)

按兩"朝門"似皆當準"平朔門"例加專名綫。據《水經注》卷一
九"渭水下","朝門"乃長安北出西頭第二門名。

五二、卷一一九《姚泓載記》：

> （姚）泓部將趙玄説泓曰："今寇逼已深，百姓駭懼，衆寡勢
> 殊，難以應敵。宜攝諸戍兵士，固守金墉，以待京師之援，不可出
> 戰。如脱不捷，大事去矣……"（頁三〇一一）

按"援"字後逗號似可改句號，"戰"字後句號似可改逗號。"固
守金墉，以待京師之援"爲正説其計，"不可出戰"與下句"如脱不捷"
密接，乃另起一層而反説其計也。

五三、卷一二〇《李特載記》：

> （趙）廞聞兵至，驚懼不知所爲。李苾、張徵等夜斬關走出，
> 文武盡散。廞獨與妻子乘小船走至廣都，爲下人朱竺所殺。（頁
> 三〇二四）

按"廣都"後逗號似宜移至"走"下。"廞獨與妻子乘小船走"爲
一事，"至廣都爲下人朱竺所殺"爲另一事。據原標點，則似廞但欲逃
往廣都，然廣都去成都不遠，廞之出逃，其文武既已散盡，則唯恐去成
都不遠。"至廣都爲下人朱竺所殺"，所以述其出逃不遠即被殺也。

五四、卷一二〇《李特載記》：

> （李）特命六郡人部曲督李含……等上書，請依梁統奉竇融
> 故事，推特行鎮北大將軍，承制封拜，其弟流行鎮東將軍，以相鎮
> 統。（頁三〇二六）

按"承制封拜"後逗號似以不加爲好。李含等上書所求，殆未及
流，特既可承制封拜，則自可以弟行鎮東將軍。故此"行鎮東將軍"乃
特所承制封拜。下文《李流載記》記"特之承制也，以流爲鎮東將軍"
云云，即指此事，可證任李流爲鎮東將軍，實乃李特承制所爲。

五五、卷一二一《李勢載記》：

夷獠叛亂，軍守離缺，境宇日蹙。加之荒儉，性多忌害，誅殘大臣，刑獄濫加，人懷危懼。（頁三〇四七）

按"蹙"後句號當改逗號。"加之荒儉"承上"境宇日蹙"而遞進爲說，"荒儉"謂農産歉收，非所以形容李勢之爲人也。

五六、卷一二二《吕光載記》：

夜燒光洪範門，二苑之衆皆附之，詳爲内應。事發，光誅之。（頁三〇六二）

按此文述二事，一爲郭黁聚東西苑兵衆燒洪範門，一爲王詳欲居中爲内應而事泄被誅。"事發"謂詳欲爲内應之事泄露，故此文似宜於"附之"後施句號，"内應"後句號似宜改作逗號。

五七、卷一二四《慕容寶載記》：

寶發龍城，以慕輿騰爲前軍大司馬，慕容農爲中軍，寶爲後軍，步騎三萬，次于乙連。（頁三〇九七）

按"前軍大司馬"之稱罕見，疑"大司馬"宜屬下句。《資治通鑑》卷一一〇作"司空農爲中軍"，然本傳次行記與此同時"長上段速骨、宋赤眉因衆軍之憚役也，殺司空、樂浪王宙，逼立高陽王崇"。則此時司空爲慕容宙，未知孰是。要之，時農爲寶所倚重，授以三公，固其宜也。

五八、卷一二五《乞伏乾歸載記》：

（吕）寶進追乾歸，乾歸使其將彭奚念斷其歸路，躬貫甲冑，連戰敗之，寶及將士投河死者萬餘人。（頁三一一七）

按"投河"後似以加逗號爲好。吕寶軍歸路既爲彭奚念所斷，乾歸復迫而擊之，乃走投無路而投河，然此投河當爲求生，非爲尋死，其溺水而死者皆不得已也。

主要參考文獻：

〔清〕阮元校刻:《十三經注疏》,中華書局,1980 年。

〔漢〕司馬遷撰:《史記》,中華書局,1959 年。

〔漢〕班固撰:《漢書》,中華書局,1962 年。

〔唐〕房玄齡等撰:《晉書》,中華書局,1974 年。

〔宋〕司馬光撰:《資治通鑑》,中華書局,1956 年。

〔宋〕李昉等撰:《文苑英華》,中華書局,1966 年。

〔宋〕王欽若等撰:《宋本册府元龜》,中華書局,1989 年。

《文館詞林》校史札記

　　唐代許敬宗所編《文館詞林》一千卷,中土久佚。清末楊守敬、董康等於日本陸續搜得其書殘存之二十餘卷,刊佈行世,國人方得管窺其書。日本古典研究會於昭和四十四年(1969)出版了《影弘仁本文館詞林》,所影印者爲日本嵯峨天皇弘仁十四年所鈔,其年當唐穆宗長慶三年。雖然弘仁本爲現存所有《文館詞林》之祖本,然《影弘仁本文館詞林》國内罕見,羅國威先生以之爲底本進行點校整理,著成《日藏弘仁本文館詞林校證》(以下簡稱《校證》)一書,由中華書局於2001 年 10 月出版,士林蒙惠。

　　自清末中土士人獲睹是書以來,好事者競以之校勘古籍,創獲甚多。即以史部而言,盧弼之《三國志集解》以及中華書局之二十四點校本中有關諸史曾予以一定程度的利用。筆者有志於從事史籍的整理,遂將《校證》中有關的文字與中華書局的點校本相關諸史作了校勘,發現了點校本正史中還存在一些可以商榷的地方;另外,校勘過程中也發現了一些《校證》中有待解決的文字訛誤。現不揣簡陋,將這兩方面的管見,以諸史爲綱,分條臚列,以就正於方家。文中有關諸史及《校證》引文,皆取準中華書局點校本,並括注頁碼,以便檢核。

《晉書》

（一）纘我洪緒—纘戎洪緒

　　《晉書·元帝紀》載元帝詔：“予一人畏天之威，用弗敢違。遂登壇南嶽，受終文祖，焚柴頒瑞，告類上帝。惟朕寡德，纘我洪緒，若涉大川，罔知攸濟。”（頁一四九）

案：“纘我”，《校證》卷六六八《東晉元帝改元大赦詔》作“績戎”（頁三三三）。嚴可均《全晉文》卷八輯録此文作“績戎”，並出校記稱：“績當作纘。”嚴説是。“我”當是“戎”之形訛。“纘戎”語出《詩經·大雅·烝民》“纘戎祖考”，據孔穎達疏，意爲繼承光大。古代文獻中常用以指繼承皇位，如《校證》卷六六九所載《東晉安帝平賊大赦詔》：“朕以眇身，夙承多福，纘戎洪緒，託於兆人之上，寔以不德，叢脞於位。”（頁三五五）又如《南齊書·明帝紀》載明帝即位詔：“猥以虛薄，纘戎大業①。”（頁八四）（亦見載於《校證》卷六九五，題爲《南齊明帝即位改元大赦詔》。）又如《北齊書·高德政傳》：“世宗暴崩，事出倉卒，群情草草。勳將等以纘戎事重，勸帝早赴晉陽。”（頁四〇七）又如《梁書·武帝紀上》載蕭衍令：“雖曰纘戎，殆同創革。”（頁一五）（亦見載於《校證》卷六六八，題爲《梁武帝斷華侈令》。）

（二）百官—百姓

　　《晉書·安帝紀》載安帝詔：“其大赦，改元，唯玄振一祖及同黨不在原例。賜百官爵二級，鰥寡孤獨穀人五斛，大酺五日。”（頁二五八）

---

① 點校本《南齊書》出校記稱作“戎”爲避明帝祖父蕭承之諱，恐非是。詳《南齊書》卷六《明帝紀》校勘記［二］（頁九三）。

案：中華書局點校本在"賜百官爵二級"下出校記稱："'官'，宋本及《通志》一〇下均作'姓'，今從殿本、局本。"（頁二七三）其實宋本未必有誤。"賜百姓爵"的做法史書屢見不鮮。如《史記·孝文本紀》："朕初即位，其赦天下，賜民爵一級，女子百戶牛酒。"（頁四一七）《後漢書·章帝紀》："大赦天下，賜民爵，人二級。"（頁一二九）《宋書·武帝紀》載宋武帝詔："其大赦天下。改晉元熙二年爲永初元年。賜民爵二級。鰥寡孤獨不能自存者，人穀五斛。"（頁五二）唐人撰寫書籍，避太宗諱，改"民"爲"百姓"或"人"。宋紹興本《建康實錄》卷十《安皇帝》亦作"其賜百姓爵二級"①。此外《冊府元龜》卷七九、卷八三兩處引此皆作"賜百姓爵二級"。今於兩書之外，復得《校證》卷六六九《東晉安帝平桓玄改元大赦詔》作"賜人爵二級"②（頁三五三），殿本之誤可據改矣。

（三）大變—天變

《晉書·孝武帝紀》："（太元元年）夏五月癸丑，地震。甲寅，詔曰：'頃者上天垂監，譴告屢彰，朕有懼焉，震惕于心。思所以議獄緩死，赦過宥罪，庶因大變，與之更始。'"（頁二二七）

案："大變"，宜從《校證》卷六六七《東晉孝武帝地震大赦詔一首》作"天變"（頁三一九）。古人把日蝕、地震等自然現象稱爲"天變"，看成是上天向人發出的警告。如《漢書·翼奉傳》載翼奉上疏："今東方連年飢饉，加之以疾疫，百姓菜色，或至相食。地比震動，天氣溷濁，日光侵奪。繇此言之，執國政者豈可以不懷怵惕而戒萬分之一乎！故臣願陛下因天變而徙都，所謂與天下更始者也。"（頁三一七七）《晉書》之中，"大變""天變"互見。"大變"除例文外，均只指人

① 中華書局張忱石點校本《建康實錄》據光緒甘元煥刻本作"其賜百官爵二級"，誤。
② 此詔據《校證》稱"其他文獻無載"，今檢《晉書》，知載於《孝武帝紀》。

事,如《文帝紀》載高貴鄉公爲太子舍人成濟所殺之後,司馬昭上奏曰:"而濟妄入陣間,以致大變,哀怛痛恨,五内摧裂。"(頁三七)此"大變"謂高貴鄉公被殺。《郭黁傳》載:"(郭)黁密謂(吕)光曰:'昨有流星東墜,當有伏屍死將,雖得此城,憂在不守。正月上旬,河冰將解,若不早渡,恐有大變。'後二日而敗問至。"(頁二四九八)此"大變"謂兵敗將死。《姚興載記上》載姚興書:"將帥遭大喪,非在疆場嶮要之所,皆聽奔赴,及期,乃從王役。臨戎遭喪,聽假百日。若身爲邊將,家有大變,交代未至,敢輒去者,以擅去官罪罪之。"(頁二九八一)此"大變"謂父母喪亡之類。《吕纂載記》載吕超謂吕紹言:"(吕)纂統戎積年,威震内外,臨喪不哀,步高視遠,觀其舉止亂常,恐成大變,宜早除之,以安社稷。"(頁三〇六四)此"大變"謂政變。言"天變"者皆與自然有關,如《天文志》有"史傳事驗"(頁三三六),其"天變"條下列天象變化與人事對應的情況。《五行志》載:"(武帝太康)十年四月癸丑,崇賢殿災。十一月庚辰,含章鞠室、脩成堂前廡、景坊東屋、暉章殿南閣火。時有上書曰:'漢王氏五侯,兄弟迭任,今楊氏三公,並在大位,故天變屢見,竊爲陛下憂之。'①"(頁八〇四)此"天變"謂上文所言火災。孝武帝因地震而下詔,詔中言"上天垂監,譴告屢彰"云云,是亦視地震爲"天變"之明證也。

(四)箴疾—藏疾

> 《校證》卷六六二《東晉安帝征劉毅詔》:"晉法舍弘,復蒙寵授,曾不思愆内訟,怨望滋甚,賴宰輔箴疾,特加遵養。遂復推轂陝西,庶能感革心。"(頁二二四)

案:"箴疾",當從《晉書‧劉毅傳》載安帝詔作"藏疾"(頁二二〇九)。"藏疾"語出《左傳‧宣公十五年》:"川澤納污,山藪藏疾,瑾瑜

---

① 此書爲左軍督趙休所上,亦見《晉書‧楊珧傳》。

匿瑕,國君含垢。"本義爲藏匿毒害之物。後多用於表示寬容別人的意思。如《三國志·魏書·楚王彪傳》載高貴鄉公詔:"故楚王彪,背國附姦,身死嗣替,雖自取之,猶哀矜焉。夫含垢藏疾,親親之道也,其封彪世子嘉爲常山真定王。"(頁五八七)《晉書·王導傳》載王導語:"(蘇)峻猜險,必不奉詔。且山藪藏疾,宜包容之。"(頁一七五〇)《宋書·臧質傳》載柳元景檄書:"初踐殿守,忘犬馬之情,奔趣帑藏,頓傾天府。山海弘量,苞荒藏疾,録其一介之心,掩其不逞之釁。"(頁一九一七)此處安帝詔書的意思是説劉毅雖然有很多不是,但所幸執政者寬容了他,還給他很好的待遇。"箴"當是"藏"形近之訛。

(五)大慭—大憝

《校證》卷六六九《東晉安帝平桓玄改元大赦詔》:"賊臣桓玄,乘釁肆亂。……三帥凌威,所在席卷。大慭授首,計日旋軫。"(頁三五三)

案:"大慭",當從《晉書·安帝紀》作"大憝"(頁二五八)。"大憝"意爲大惡人,罪魁禍首,例如《尚書·康誥》:"元惡大憝,矧惟不孝不友。"安帝詔中所謂"大憝",就是指當時謀反的桓玄。據《安帝紀》的記載,就在此詔頒發的前一年,即元興三年五月,桓玄被督護馮遷斬於貊盤洲,"大憝授首",即指此事。稱首惡爲"大憝",六朝史書所在多是,如《宋書·武帝紀》載晉帝與劉裕策文:"大憝折首,群逆畢夷。"(頁三八)又如《梁書·武帝紀》載蕭衍檄文:"電掩強敵,剋殲大憝。"(頁七)《陳書·高祖紀》載梁帝與陳霸先策文:"戮此大憝,如烹小鮮。"(頁一八)"大慭"則不見史書記載,"慭"當是"憝"形近之訛。

《宋書》

（一）矜復—矜傷

　　《宋書·孝武帝紀》載孝武帝詔："向因巡覽，見二尚方徒隸，嬰金屨校，既有矜復，加國慶民和，獨隔凱澤，益以慚焉。可詳所原宥。"（頁一二四）

　　案："矜復"，當從《校證》卷六七〇《宋孝武帝原宥詔》作"矜傷"（頁三八三）。"矜傷"是爲之痛惜，可憐的意思。史籍多見。如《三國志·魏書·高柔傳》載高柔上疏："至如滎陽左右，周數百里，歲略不收，元元之命，實可矜傷。"（頁六八九）又如《宋書·孝武帝紀》載孝武帝詔："都邑節氣未調，疫癘猶衆，言念民瘼，情有矜傷。可遣使存問，並給醫藥。"（頁一二六）"矜復"則不成詞，史書罕見。"復"當是"傷"形近之訛。

（二）益以慚焉—益以愍焉

　　《宋書·孝武帝紀》載孝武帝詔："向因巡覽，見二尚方徒隸，嬰金屨校，既有矜復，加國慶民和，獨隔凱澤，益以慚焉。可詳所原宥。"（頁一二四）

　　案："慚"，宜從《校證》卷六七〇《宋孝武帝原宥詔》作"愍"（頁三八三）。此詔之意，在於體現孝武帝對於在押囚犯的同情可憐之心。"愍"正有憐憫，同情之意。作"益以愍焉"正與上文"既有矜（復）〔傷〕"相承而更進一層。寬宥罪犯，出於同情，與慚愧無涉。且既言"國慶民和"，又有何"慚"可言？"慚"或寫作"慙"，與"愍"字形近，易致混淆。

（三）階因緣之才—階緣人乏

《宋書·徐羨之傳》載文帝詔："徐羨之、傅亮、謝晦，階因緣之才，荷恩在昔，擢自無聞，超居要重，卵翼而長，未足以譬。"（頁一三三三）

案："階因緣之才"，當從《校證》卷六六九《宋文帝誅徐羨之傅亮謝晦大赦詔》作"階緣人乏"（頁三六七）。"階因緣之才"不好懂。此詔旨在聲討徐羨之等人，故稱徐等三人的發迹起家是因爲當時沒有人才，即"階緣人乏"，意在貶低徐等。"階緣"是憑藉、依靠的意思，史書多見。如《宋書·檀道濟傳》載文帝誅檀道濟詔："檀道濟階緣時幸，荷恩在昔，寵靈優渥，莫與爲比。"（頁一三四四）又如《南齊書·王晏傳》載明帝誅王晏詔："晏閭閻凡伍，少無持操，階緣人乏，班齒官途。"（頁七四三）凡此皆可作爲校改的參考。

（四）施俟造物—施侔造物

《校證》卷六六九《宋文帝誅徐羨之傅亮謝晦大赦詔》："人生於三，事之如一，愛敬同極，豈唯名教，況乃施俟造物，義在加隆者乎。"（頁三六七）

案："俟"，當從《宋書·徐羨之傳》載文帝詔作"侔"（頁一三三三）。"施侔造物"也見《文選》卷三六《宣德皇后令》："施侔造物，則謝德之途已寡也。"李善注："言恩施既隆，侔於造物，則謝德之途已寡而不著。""侔"在此有等同、相當的意思。正因爲"侔"有此義，所以也有"施同造物"的表達，如《宋書·明帝紀》載明帝詔："五人以下相逼奪者，可特賜黥刖，投畀四遠，仍用代殺，方古爲優，全命長户，施同造物。"（頁一六三至一六四）"俟"與"侔"音義不同，當爲形近之訛。

《南齊書》

（一）臣禹迹—匡禹迹

　　《南齊書·陳顯達傳》載明帝詔：“用戢遠圖，權緩北略，冀戎夷知義，懷我好音。而凶醜剽狡，專事侵掠，驅扇異類，蟻聚西偏，乘彼自來之資，撫其天亡之會，軍無再駕，民不重勞，傳檄以定三秦，一麾而臣禹迹，在此舉矣。”（頁四九一）

　　案：“臣禹迹”，當從《校證》卷六六二《齊明帝北伐纂嚴詔》作“匡禹迹”（頁二三〇）。傳說大禹爲了治水，足迹遍及天下，因此，古人常用“禹迹”來指代天下。“匡禹迹”即爲“匡天下”之意。“匡天下”文獻中累見叠出，此不贅述，即使是“匡禹迹”亦不爲偶見。與此詔作者徐孝嗣同時代的江淹，其文集中有《齊太祖高皇帝誄》一文，文中便有“再紐契訓，重匡禹迹”的文字，此亦可作爲校改的佐證。

（二）崇溝浚塹—崇堞浚塹

　　《南齊書·高帝紀》載蕭道成教：“河南稱慈，諒由掩胔，廣漢流仁，實存殯朽。近衰製茲營，崇溝浚塹，古墟曩隧，時有湮移，深松茂草，或致刊薙。憑軒動懷，巡隍增愴。宜竝爲收改葬，並設薄祀。”（頁一三）

　　案：“溝”，當從《校證》卷六九九《爲蕭驃騎築新亭壘埋枯骸教》作“堞”（頁四五六）。教文言築壘之事，“浚塹”易懂，而“崇溝”費解。此處“崇”顯然爲動詞，有“使……高”的意思。“溝”者求低，何以言“崇”？段玉裁《說文解字注》“堞”下注曰：“《左傳》‘堙之，環城傅于堞’，杜曰：‘堞，女牆也。’古之城以土，不若今之人以磚也。土之上間加以磚牆，爲之射孔，以伺非常。”據此知所謂“崇堞”是指修築女墙,它與"浚塹"正是築壘要做的兩件主要事情。"溝"當是"堞"
之訛。

(三)甘靈類暉於坰收—甘露凝暉於坰牧

《校證》卷六六五《南齊武帝藉田恩詔》:"重以天符靈貺,歲
月鱗萃,寶鼎開玉匣之祥,嘉禾發同穗之穎。甘靈類暉於坰收,
神爵騫翥於蘭囿。"(頁二七一)

案:"甘靈類暉於坰收",當從《南齊書·武帝紀》作"甘露凝暉於
坰牧"(頁五一)。"甘靈類暉",匪夷所思。"靈"當是"露"形近之
訛,"類"於文義無取,當是"凝"之訛。"甘露凝暉"是指甘露在朝陽
的映照下發光的意思。"收"當是"牧"形近之訛。《爾雅·釋地》:
"邑外謂之郊,郊外謂之牧,牧外謂之野,野外謂之林,林外謂之坰。"
《詩經·邶風·静女》"自牧歸荑"之"牧"即爲此義。"坰牧"之意,
泛指野外,正與下文"蘭囿"相對。

(四)絶而更細—絶而更紐

《校證》卷六六八《南齊海陵王即位改元大赦詔》:"嗣君昏
忍,暴戾滋流,棄侮天經,悖滅人紀,朝野重足,遐邇側視。人怨
神恫,宗祧如綴。賴忠謨肅舉,霄漢廓清,俾三后之業,絶而更
細;七百之慶,危而復安。"(頁三三八)

案:"細",當從《南齊書·海陵王紀》作"紐"(頁七八)。此詔書
之意無非是説通過大臣的努力,使本來揺揺欲墜的政權重新穩固下
來。揆以下文"危而復安",可知"更"後之詞義必與"絶"相反,"細"
顯然非其類。《禮記·玉藻》:"居士錦帶,弟子縞帶,並紐約用組。"
孔穎達疏:"紐爲帶之交結之處,以屬其紐;約者謂以物穿紐,約結其
帶。"可知"紐"有紐扣之意。此處引申爲連結之意,正與"絶"相對
應。"細"當是"紐"形近之訛。

《梁書》

(一)立者—主者

　　《梁書·武帝紀下》載武帝詔:"春司御氣,虔恭報祀,陶匏克誠,蒼璧禮備,思隨乾覆,布茲亭育。凡民有單老孤稚不能自存,主者郡縣咸加收養,贍給衣食,每令周足,以終其身。"(頁六四)

　　案:"主者",當從《校證》卷六六五徐勉《梁武帝南郊恩詔一首》作"立者"(頁二六三),二字當屬上句。"主"字當是"立"字形近之訛,字既訛誤,標點者遂以二字屬下,然"主者郡縣"終令人費解。"不能自存立者"即不能自己養活自己的人,同樣的表達如《陳書·世祖本紀》載世祖詔:"鰥寡孤獨不能自存立者,賜穀人五斛。"(頁四八)史書中常常省稱作"不能自存者",如《三國志·魏書·三少帝紀》:"若有不能自存者,郡縣振給之。"(頁一二一)《宋書·明帝紀》:"鰥寡孤獨,癃殘六疾,不能自存者,郡縣優量賑給。"(頁一五四)凡此句式均與之相似,可作參證。

(二)禮柴—禋柴

　　《校證》卷六六八《梁武帝即位改元大赦詔》:"齊氏以代終有徵,歷數云改,欽若前載,集大命於朕躬。顧惟菲德,辭不獲命。黍畏上靈,用膺景業。執禮柴之禮,當與能之祚,繼迹百王,君臨四海。"(頁三四一)

　　案:前"禮"字,當從《梁書·武帝紀》作"禋"(頁三四)。"禋""柴"都是古代祭祀之名。《周禮·春官·大宗伯》:"以禋祀祀昊天上帝,以實柴祀日月星辰。"鄭玄注:"皆積柴實牲體焉,或有玉帛,燔燎而升烟,所以報陽也。"這種燒柴升烟以告天的祀禮,也即史書所稱"柴燎告天",在六朝朝代更替之際,成爲新朝之君即位時的一個必要程式。梁朝也不例外,《武帝紀》載:"天監元年夏四月丙寅,高祖即皇帝位於南郊。設壇柴燎,告類于天曰……"(頁三三)稍後頒佈的大赦詔中所提到的"執禋柴之禮",正指此事。"禮"當是"禋"形近之訛。

(三)眷言瞻焉—眷言瞻烏

《校證》卷六九五《梁武帝克定京邑赦令》:"皇家不造,遘此昏凶,禍延動植,虐被人鬼。社廟之危,蠢焉如綴。吾身藉皇宗,曲荷先顧,受任邊疆,推轂萬里。眷言瞻焉,痛心在目。"(頁四四一)

案:"瞻焉",當從《梁書·武帝紀上》作"瞻烏"(頁一三)。"瞻烏"語出《詩經·小雅·正月》:"瞻烏爰止,於誰之屋?"孔疏曰:"此視烏於所止,當止於誰之屋乎? 以興視我民人所歸,亦當歸於誰之君乎?"後多用"瞻烏"喻指身處亂世而顛沛流離的老百姓。如《宋書·南郡王義宣傳》:"如使群逆並濟,衆邪競逐,將恐瞻烏之命,未識所止,搆怨連禍,孰知其極。"(頁一八〇一)《藝文類聚》卷十四引沈約《齊明帝諡議》:"嗣主狂凶,人倫道盡,宗社阽危,瞻烏靡托。"梁武帝詔中的"瞻烏",並爲此例。"焉"當是"烏"形近之訛。

(四)麤衰—鹿裘

《校證》卷六九五《梁武帝斷華侈令》:"孤忝荷寵任,務在澄清,思所以仰贊皇朝大帛之旨,俯屬微躬麤衰之義。解而更張,斲彫爲樸,自非可以奉粢盛、脩絨冕、習禮樂之容,繼甲兵之備,此外衆費,一皆禁絕。"(頁四四五)

案:"麤衰",當從《梁書·武帝紀上》作"鹿裘"(頁一五)。"麤衰"是一種最重的喪服,用最粗的麻布做成。賈誼《新書·六術》:

"故復有纚衰、齊衰、大紅、細紅、緦麻,備六,各服其所當服。"武帝此詔,意在禁斷華侈,與喪事無涉。"仰贊皇朝大帛之旨,俯厲微躬鹿裘之義"爲駢句。"大帛"出自《禮記·玉藻》"大帛去綾",指没有裝飾的簡樸之冠。"鹿裘"見《晏子春秋》外篇:"晏子相景公,布衣鹿裘以朝。公曰:'夫子之家如此其貧也,是奚衣之惡也!'"據此可知"鹿裘"乃粗惡之衣,正與"大帛"相呼應。"鹿裘"此義,史書多用。如《晉書·郭文傳》:"(郭文)恒著鹿裘葛巾,不飲酒食肉,區種菽麥,採竹葉木實,貿鹽以自供。"(頁二四四〇)《陳書·宣帝紀》載詔:"惟堯葛衣鹿裘,則天爲大,伯禹弊衣菲食,夫子曰'無間然',故儉德之恭,約失者鮮。"(頁九二)可資旁證。

《陳書》

(一)泰平元年—梁太平二年

《校證》卷六六八《陳武帝即位改元大赦詔》:"寶業初建,皇祚惟新,思俾惠澤,覃被億兆。可大赦天下,改泰平元年爲永定元年。"①(頁三四七)

案:"泰平元年",當從《陳書·高祖紀》作"梁太平二年"(頁三二)。根據《梁書·敬帝紀》及《陳書·高祖紀》的有關記載,梁敬帝禪位於陳霸先,在梁太平二年十月,當據改。

(二)知人則誓—知人則哲

《校證》卷六七〇《陳武帝宥沈泰家口詔》:"雖復知人則誓,惟帝其難。光武有敝於龐萌,魏武不知於于禁,但令朝廷,無我負人。"(頁三九三)

---

① 此詔據《校證》稱"其他文獻無載",今檢《陳書》,知載於《高祖紀下》。

案:"誓",當從《陳書·高祖紀下》作"哲"(頁三六)。"知人則哲"語出《尚書·皋陶謨》:"禹曰:'吁,咸若時,惟帝其難之,知人則哲,能官人。'"孔傳曰:"哲,智也。""誓"於文義無取,當是"哲"形近之訛。

《魏書》

(一)建規易矩—違規易矩

《魏書·宗欽傳》:"尹佚謨周,孔、明述魯。抑揚群致,憲章三五。昂昂高生,篆我遐武。勿謂古今,建規易矩。"(頁一一五六)

案:"建",當從《校證》卷一五八《贈高允詩》作"違"(頁六五)。根據《魏書·高允傳》記載,高允曾與司徒崔浩"述成國記"。宗欽此詩的意思,是在叙説高生(高允)蹤迹尹佚及孔子等人,像他們那樣編纂歷史,不因爲古今的不同,而另立規矩。"違規"與"易矩"詞異而意同。"建"當是"違"形近之訛。

(二)澤被京觀—釋彼京觀

《魏書·高允傳》:"斧鉞暫陳,馘翦厥旅,積骸填谷,流血成浦。元兇狐奔,假息窮墅,爪牙既摧,腹心亦阻。周之忠厚,存及行葦,翼翼聖明,有兼斯美。澤被京觀,垂此仁旨,封尸野獲,惠加生死。生死蒙惠,人欣覆育,理貫幽冥,澤漸殊域。"(頁一〇八五)

案:"澤被京觀",當從《校證》卷三四七《北伐頌》作"釋彼京觀"(頁一二一)。根據《魏書·顯帝紀》及《高允傳》《蠕蠕傳》中的有關記載,北魏顯祖的此次北伐,獲得大勝。高允從征,還至武川鎮,上此《北伐頌》。文中除了描述顯祖一舉殲敵的武功以外,還特意突出了顯祖的仁慈——放棄戰勝之後築京觀的舉動。我們知道,古時所謂的築京觀是戰勝者將敵人的屍體堆積成丘的做法。這對戰勝者而言,固然可以達到炫耀武功的目的;但對那些犧牲者來説,死後還不能擺脱被侮辱的命運,無疑是一種殘忍。"澤被京觀"令人費解。不難看出,從"周之忠厚"到"澤漸殊域"一段文字,都是緊緊圍繞著歌頌顯祖放棄築京觀而就地掩埋戰死者這一事情來寫的。既未築京觀,何來"澤被"?且若作"澤被",下文復有"澤漸殊域",辭義重遝,以高允之文才,諒不至於此。

(三)各徵—咎徵

《校證》卷六六九《後魏孝莊帝殺尔朱榮元天穆等大赦詔》:"蓋天道忌盈,人倫疾惡,疏而不漏,刑之無捨。是以吕霍之門,禍譴所伏,梁董之家,各徵斯在。"(頁三六六)

案:"各徵",當從《魏書·孝莊帝紀》作"咎徵"(頁二六五)。"各徵"不辭,"咎徵"正與"禍譴"相對應。

《周書》

(一)九逵之門—九逵之間

《周書·武帝紀下》:"僞齊末政,昏虐寔繁,災甚滔天,毒流比屋。無罪無辜,係虜三軍之手;不飲不食,僵仆九逵之門。"(頁一〇一)

案:"九逵之門",疑當從《校證》卷六七〇《後周武帝赦齊人被掠爲奴婢詔》作"九逵之間"(頁三九二)。據點校本《周書》校勘記可知,《册府元龜》卷一四六作"九達之間"①。"九逵"爲都城大道。

---

① 點校本《周書》校勘記稱:"《册府》卷一四六(一七七四頁)、《文館詞林》卷六七〇後周武帝大赦詔作'九達之間'。"(頁一一三)今據《校證》,知弘仁本作"九逵之間"。

《三輔黄圖》引《三輔決錄》："長安城面三門,四面十二門,皆通達九逵,以相經緯。"因饑餓而倒斃於路上,是古時常有的現象;一起僵仆在門口則令人費解。

　　(二)事君之節—事居之節

　　　　《周書·晉蕩公護傳》:"不能竭其誠效,罄以心力,盡事君之節,申送往之情。"(頁一七六)

　　案:"事君",當從《校證》卷六六九《後周武帝誅宇文護大赦詔》作"事居"(頁三七〇)。"事居"語出《左傳·僖公九年》:"送往事居,耦俱無猜,貞也。"杜預注:"往,死者;居,生者;耦,兩也。送死事生兩無猜恨,所謂正也。"後來多用於對死去的國君和活著的國君的態度。例如《宋書·謝晦傳》載謝晦上表:"臣雖凡淺,感恩自厲,送往事居,誠貫幽顯。"(頁一三五〇)《周書·竇熾于翼傳贊》:"而烈士貞臣,赴蹈不已,豈忠義所感,視死如歸者歟。于、李之送往事居,有曲於此。"(頁五三〇)即《校證》卷六六九另載《宋文帝誅徐羨之傅亮謝晦大赦詔》亦有:"送往無復言之效,事居闕忠貞之節。"(頁三六七)類似例子多不勝舉。"君"與"居"形近致訛。

　　(三)晉川—晉州

　　　　《校證》卷五〇七《伐北齊詔》:"帷幄獻兼弱之謀,爪牙奮干戈之勇。贏糧坐甲,若赴私讎。是以一鼓而定晉川,再舉而摧逋醜。"(頁二一〇)

　　案:"晉川",當從《周書·武帝紀下》作"晉州"(頁九七)。建德五年武帝東伐,首戰即爲攻打晉州城,此所謂"一鼓而定晉州",即指其事,事具見《武帝紀下》。

　　(四)改昧侮亡—攻昧侮亡

　　　　《校證》卷五〇七《伐北齊詔》:"且天與不取,道家所忌,改

昧侮亡,兵之上術。"(頁二一○)

案:"改",當從《周書·武帝紀下》作"攻"(頁九八)。"攻昧"語出《左傳·宣公十二年》:"兼弱攻昧,武之善經也。""攻昧"是指乘敵人昏亂之時去攻打。此處"改"顯然是"攻"形近之訛。

《隋書》

(一)其可得平—其可得乎

《隋書·楊秀傳》:"凡此十者,滅天理,逆人倫,汝皆爲之,不祥之甚也,欲免禍患,長守富貴,其可得平!"(頁一二四四)

案:"平",當從《校證》卷六九一《隋文帝答蜀王敕書》作"乎"(頁四○七)。《北史·庶人秀傳》亦作"乎"(頁二四七一)。"乎"爲語氣詞,正與前文"欲""其"相呼應。"平"於文義無取,當是"乎"形近之訛。

(二)或復恒典—式優恒典

《校證》卷六六四《隋煬帝褒顯匈奴詔》:"啓民深執誠心,入奉朝覲,率其種落,拜首軒墀,言念丹款,良以嘉尚,宜隆榮數,或復恒典。可賜輅車乘馬鼓吹幡旗,贊拜不名,位在諸侯王上。"(頁二四五)

案:"或復",當從《隋書·突厥傳》作"式優"(頁一八七五)。根據《突厥傳》的記載,煬帝大業三年幸榆林,意利珍豆啓民可汗至行宮朝見,上表請變服飾法用同華夏。煬帝對啓民所表現的忠誠非常高興,除了大宴啓民及其部落酋長外,特下此詔,褒獎啓民。詔書中說,考慮到啓民的忠心,煬帝認爲對啓民應給予特別的恩榮。所謂"式優恒典"就是規格超出一般制度的意思。"或復"於此文義無取,當是

"式優"之形訛。

(三)康蜀—庸蜀

《校證》卷六九一《隋文帝答蜀王敕書》:"省表具意,我爲天下父母,子養黎元,分命藩牧,親賢並任,欲使允黔首之望,副上天之心。謂汝地居臣子,情兼家國,所以康蜀要重,委汝鎮之。"(頁四〇五)

案:"康蜀",當從《隋書·庶人秀傳》及《北史·庶人秀傳》作"庸蜀"(頁一二四三、頁二四七〇)。"庸蜀"語出《尚書·牧誓》:"王曰:'嗟我友邦塚君……及庸蜀羌髳微盧彭濮人。'"孔傳曰:"八國皆蠻夷戎狄屬文王者國名,羌在西蜀,髳微在巴蜀,盧彭在西北,庸濮在江漢之南。"據此可知庸爲商侯國,曾隨武王伐紂。《左傳·文公十六年》:"楚大饑……庸人帥群蠻以叛楚。"杜預注:"庸,今上庸縣,屬楚之小國。"地在今湖北竹山縣。漢時屬益州,王莽還曾改益州爲庸部。後史書都以"庸蜀"泛指西南一帶。如《三國志·魏書·三少帝紀》載陳留王詔:"幸賴宗廟威靈,宰輔忠武,爰發四方,拓定庸、蜀,役不浹時,一征而克。"(頁一五二)《晉書·孝愍帝紀》載干寶文:"然後推轂鍾鄧,長驅庸蜀,三關電掃,而劉禪入臣,天符人事,於是信矣。"(頁一三三)《隋書·薛道衡傳》載薛道衡上《高祖文皇帝頌》:"庸、蜀逆命,憑銅梁之險;郧、黃背誕,引金陵之寇。"(頁一四〇九)"康蜀"不見史書記載,"康"當是"庸"形近之訛。

主要參考文獻:

〔清〕阮元校刻:《十三經注疏》,中華書局,1980 年。

〔漢〕司馬遷撰:《史記》,中華書局,1959 年。

〔漢〕班固撰:《漢書》,中華書局,1962 年。

〔南朝宋〕范曄撰:《後漢書》,中華書局,1965 年。

〔晉〕陳壽撰:《三國志》,中華書局,1959 年。

〔唐〕房玄齡等撰:《晉書》,中華書局,1974 年。

〔南朝梁〕沈約撰:《宋書》,中華書局,1974 年。

〔南朝梁〕蕭子顯撰:《南齊書》,中華書局,1972 年。

〔唐〕姚思廉撰:《梁書》,中華書局,1973 年。

〔唐〕姚思廉撰:《陳書》,中華書局,1972 年。

〔北齊〕魏收撰:《魏書》,中華書局,1974 年。

〔唐〕李百藥撰:《北齊書》,中華書局　1972 年。

〔唐〕令狐德棻等撰:《周書》,中華書局,1971 年。

〔唐〕魏徵、〔唐〕令狐德棻撰:《隋書》,中華書局,1973 年。

〔唐〕李延壽撰:《南史》,中華書局,1974 年。

〔唐〕李延壽撰:《北史》,中華書局,1974 年。

〔唐〕歐陽詢撰:《藝文類聚》,上海古籍出版社,1965 年。

〔宋〕王欽若等撰:《宋本册府元龜》,中華書局,1989 年。

〔梁〕蕭統編,〔唐〕李善注:《文選》,上海古籍出版社,1986 年。

羅國威整理:《日藏弘仁本文館詞林校證》,中華書局,2001 年。

《文館詞林》韻文的校點問題

　　唐許敬宗所編《文館詞林》一千卷,中土自宋以來便已亡佚。所幸今天日本還藏有該書殘存的三十卷(其中有些是殘卷)。尤其珍貴的是,三十卷中多數爲日本嵯峨天皇弘仁時期的寫本,其時相當於唐代長慶年間,雖然抄於日本,其文字純熟秀麗,大有唐書風采。1969年,日本古典研究會將此三十卷悉數影印出版,取名爲《影弘仁本文館詞林》(以下簡稱"寫本")①。羅國威先生以此書爲底本進行整理,著成《日藏弘仁本文館詞林校證》(以下簡稱《校證》)一書,由中華書局於 2001 年 10 月出版發行。這是今天國内能够看到的最完整的《文館詞林》的版本。

　　這三十卷《文館詞林》,所收的文章有相當一部分是韻文。這些韻文絶大多數是漢魏六朝的作品,其中不少僅見於該書。對它們的整理,必須根據其用韻的特點,結合利用羅常培、周祖謨、丁邦新等學者對這一時期韻部研究的相關成果,從韻的角度加以考察,否則就會不可避免地產生一些標點及校勘的問題。本文主要從點校的八個方面,通過具體的例子,來説明對這一古寫本中的韻文進行整理需要注

① 此書國内殊難見到。承蒙復旦大學吳格先生、王亮同學及日本朋友三浦理一郎君傾力相助,筆者方得校閲此書。收入本書修訂之際,又多利用好友安順學院蔡偉君惠贈董康珂羅版影弘仁本《文館詞林》之高清電子版。謹於此衷心感謝以上師友,並再次深切哀悼英年早逝之三浦君。

意的問題。雖然所舉的例子數量有限,但相信這些個案的研究對於今後的古籍整理,尤其是韻文的整理,也許不無參考的價值。由於所論大都圍繞《校證》展開,故有關《文館詞林》引文的文字與標點皆取準於《校證》,並在其後標注卷數與頁碼,以備檢核。一管之見難免疏謬,大雅君子幸匡不逮。

一、定標點

對韻文的標點而言,除了句法與文義外,一個重要的參照便是其用韻。如果不顧韻文用韻的具體情況,逞臆而斷,則很容易出現違背作者原意的句讀。如後漢崔駰《東巡頌一首》:

> 于時司典耆考,戴華抱實,儼爾而造,曰盛乎大漢。既重雍而襲熙,累增其德,允優裕而兼該,天人之叙已光①。(卷三四六、頁九九)

首先需要説明的是,寫本"日"字應是"曰"字之訛,《藝文類聚》卷三九、《初學記》卷一三及《古文苑》卷二一引此皆作"曰",可證。"曰"當屬上爲句,"曰"字之前的文字均爲序文②。解決了這一問題之後,可知"盛乎大漢"不該句斷。而這四字與下文正好構成兩個"四六"的句式,其中的"熙""該"二字,根據今人的研究③,兩漢時同屬古韻之部,顯然這是作者刻意押韻之所在。明確了這一點,則該段

---

① 細玩文義,"天人之叙已光"當屬下句,以其非涉音韻,兹置而不論。
② 點校者不察,以爲此《東巡頌》無序,竟逕删寫本本卷目錄中《東巡頌》下"並序"二字以應之,實屬不該。
③ 本文有關兩漢六朝的韻部分類,參照羅常培、周祖謨《漢魏晉南北朝韻部演變研究》(第一分册),以及周祖謨《魏晉宋時期詩文韻部的演變》《齊梁陳隋時期詩文韻部研究》等。

文字應校點爲：

> 于時司典耆耄，戴華抱實，儼爾而造曰：盛乎大漢，既重雍而襲熙；累增其德，允優裕而兼該。天人之叙已光，

又如同篇下文：

> 烝鴻煙兮洞杳冥，山氣升兮捷玄庭。宇清靖兮日晏貞，歙皇和兮揚天光。珍應答兮靈鳥翔，鷲從鸞兮導鳳皇。（卷三四六、頁一〇一）

這段文字句句用韻，其中“冥”“庭”“貞”同屬古韻耕部，而“光”“翔”“皇”同屬古韻陽部。點校者不察，以致生割同韻之文，而強合不韻之句。同樣的情況又見下文：

> 祥既臻兮寧百福，要帝命兮豐天德。綏庶邦兮延萬億，紆未途兮貫野王。登天柱兮陟太行，臨高都兮眺長子。瞰八荒兮目萬里，迴六龍兮橫大河，曜文鶡兮屬素波。（同上）

其中“福”“德”“億”同屬古韻職部，“王”“行”同屬古韻陽部，“子”“里”同屬古韻之部，“河”“波”同屬古韻歌部。知其用韻，則標點之誤顯而易見。

再如後漢崔駰《北巡頌一首並序》：

> 雖雍容清廟，謐爾無爲，垂拱穆穆，神行化馳，猶存靈于有忞之屯。展炎農之阻，飢帝堯之禱，咨大禹之駢胝，故匪居匪遑，劬乎庶黎。（卷三四六、頁一〇七）

從“雖”“猶”“故”三字來看，這是一個複句，表達一個完整的意思，中間不應該換韻。從“爲”“馳”“胝”“黎”都屬古韻脂部可知，這段文字應當是押脂部韻，但是“屯”“阻”“禱”却都不是脂部字，而“饑”“咨”爲脂部字，於韻切合；從“大禹之駢胝”這樣的句式類推，文

中"屯展""阻饑""疇咨"應與"駢胝"一樣是詞,不應割裂。事實上,"阻饑""疇咨(亦作疇咨)"分別出自《尚書》的《舜典》《堯典》①。唯有"屯展"二字既不成詞,"展"又非脂部字,是個疑問。筆者推測"展"字當是"夷"字之訛,有三點理由:一、"夷"爲脂部字,叶韻。二、"屯夷"意爲困厄,合文義。三、"夷"也寫作"𡰥"②,有可能訛成"展"字。如果根據頌文押韻的特點,在點校的過程中從用韻的角度加以考察,這樣的誤斷應該不難避免。

二、避形訛

寫本中很多字帶有行書筆意,容易使人混淆,僅據字形草率釋斷,往往致誤。如果能結合考察用韻,那麼有些錯誤完全可以避免。如西晉左思《悼離贈妹二首》其二之三:

> 桓山之鳥,四子同巢。將飛將散,悲鳴切切。惟彼禽鳥,猶有號咷。況我同生,載憂載勞。(卷一五二、頁六)

吾師吳金華先生初讀《校證》,便以此詩相示,謂"切"字出韻,"切切"當是"忉忉"之誤,而其時尚未見寫本。今檢寫本,知其字作"切切",其左旁的"扌"實爲"忄"旁的行書寫法,應釋作"忉忉"。根據周祖謨先生的研究,"忉",與"巢""咷""勞"在晉時同屬宵部韻,而"切"字爲入聲屑韻字;又《廣韻》"忉"下注"憂心貌",於詩意相合,"切切"爲"忉忉"之誤可以不用懷疑了。

又如西晉摯虞《贈李叔龍以尚書郎遷建平太守一首》其二:

---

① 《尚書・舜典》:"帝曰:'棄,黎民阻饑,汝后稷,播時百穀。'"又《堯典》:"帝曰:'疇諮若時登庸?'"
② 如《玉篇・尸部》:"𡰥,古文夷字。"又《廣韻・脂韻》:"𡰥,陽𡰥,地名。本古文夷字。"

惟彼建平，居江之瀕。明明在上，率下和會。誰謂水深，曾不浮芬。誰謂曠遠，王道無外。（卷一五六、頁二四）

其中"芬"字，寫本作"芥"，即"芥"字之行書體。"芥"與"瀕""會""外"均屬泰部韻，而"芬"屬文部韻。當時人好老莊，"浮芥"大概出自《莊子‧逍遙遊》"置杯水於坳堂之上，則芥爲之舟"之語，意在極言其水淺。"芬"字於文義無取。

三、訂舊誤

作爲近古的版本，寫本固然多能存真，但是既屬傳寫，訛誤自然也在所難免。寫本固有的一些文字訛誤，整理時也可以通過音韻得以發現並校正。例如東晉孫綽《與庾冰一首》其四：

遠惟自天，抑亦由人。道苟無虧，釁故曷因。遑遑遺黎，死痛生勒。撫運懷□，天地不仁。（卷一五七、頁五七）

此詩中"人""因""仁"均屬真部韻，唯有"勒"字爲入聲德部字，"勒"當是"勤"之形近之訛。"勤"爲平聲欣韻字，《廣韻》注"勞也"，是"勤"有勞苦之義，《論語‧微子》"四體不勤"正用其義。"生勤"與"死痛"並稱，是說其生之勞苦死之傷痛。作"勒"則於文義無取。

又如東晉張望《江州都督庾翼碑銘一首》：

肇自鳳栖，惠響播芳。扇翮扶搖，舒映朝陽。懷之休邁，如彼霄翔。遂撫衡漢，抗我宏網。亹亹遠猷，赫赫規宇。制陝恢略，時惟儁輔。四鄰引領，絕維翹武。（卷四五七、頁一八一）

其中"芳""陽""翔"屬陽部韻，"宇""輔""武"爲魚部韻，而"網"字爲上聲養韻，與前後韻皆不相協，令人生疑。此"網"字當校改作"綱"字，有兩條理由。首先，碑銘中出現"抗我宏網"，匪夷所思,因爲當時的人都以寬惠治民爲尚,若舉網以任,以苛刑峻法待民,絕對不是一件值得在碑銘中稱耀的事情。此處"抗"字義同"舉、振","抗我宏綱"意爲樹立綱紀,此爲美言,自不待言;其次,從文義層次上看,"遂撫衡漢,抗我宏綱"當與前面的文字連讀,意思是説庾翼因爲有美好的才能,才去任江州都督一職,"遂"字尤其體現了這一點;而"綱"爲平聲唐韻,正與前面的陽部韻字通押。寫本作"網",實爲"綱"字形近之訛。

類似的例子還有東晉謝安《與王胡之一首》其四:

> 余與仁友,不塗不笥。默匪巖穴,語無滯事。櫟不辭社,周不駭吏。紛動囂囂,領之在識。會感者圓,妙得者意。我鑒其同,物覩其異。(卷一五七、頁五九)

詩中"事""吏""識""意""異"都是去聲志韻,只有"笥"是上聲厚韻,寫本"笥"字當是"笱"字形近之誤①,理由如下:首先,檢《廣韻》志韻有"笱"字,於韻爲合。其次,細繹詩意,"不塗不笱"一句中,"塗"當是粉飾之意,而"笱"本是指盛衣服或飯食的方形盛器,這裏當用作動詞,有隱藏之意,與"塗"正相反。所謂"不塗不笱"是説既不粉飾誇張,也不矯情隱藏;下文"默非岩穴,語無滯事"等正是這一意思的進一步申説。改"笥"作"笱",雖然沒有任何的版本依據,若論音義,不爲無理。

再如魏傅巽《七誨八首》:

> 肥豢正肩,白膚盈尺。豹胎熊蹯,肌懦節沐。雙鷄合烝,羔脊豚胎。飛鴞伏鶉,或炰或炙……(卷四一四、頁一四〇)

這是一段押入聲韻的文字,其中"尺""炙"爲昔韻,"沐"爲屋韻,

---

① 逯欽立《先秦漢魏晉南北朝詩》據《文館詞林》將此詩輯入《晉詩》卷一三,"笥"下注"即笱字",其實"笥""笱"音義不同,自是兩字,並不通用。

只有"胎"是平聲咍韻字,顯然有誤。"豚胎"應是"豚胒"形近之訛,"胒"爲鐸韻,於韻爲合。短短的文字中重複出現"豹胎""豚胎"字樣,對於以鋪陳爲能事的作者來説是應盡力避免的事;且"豹胎"是與龍肝齊名的珍肴,"豚胎"則不見稱述。《廣韻·鐸韻》釋"胒":"脅也。""豚胒"指猪的兩脅,正與"羊膂"相對。漢張衡《東京賦》有"毛炰豚胒,亦有和羹"的用例,也可以作爲佐證。

四、删衍文

既爲寫本,自然難免有衍文。其中有些衍文可以根據音韻校出,例如後漢崔駰《北巡頌一首並序》:

> 欣元氏之育聖兮,肅高邑之登皇。尚二后之神宇兮,飾珪璿而虞虔。享隆孝思之聖慎兮,采雅頌而著章。甘液應而靈集兮,素輦儀于南裳。(卷三四六、頁一〇七)

其中"皇""章""裳"均爲陽部字,"虔"則爲真部字,令人生疑,而其下的"享"字正是陽部之字,莫非"享"字當屬上句?從句法上加以觀察,可以發現,如果要與"欣元氏之育聖兮""尚二后之神宇兮"構成排比,則"享隆孝思之聖慎兮"中的"享"字應屬上句。但是,"享"字屬上以後,前句便多出一個音節,又失去了節奏上的和諧。其實"虞"字於此無義,必是抄寫者在抄"虔"字時順手抄錯所致,抄寫者發現後便補抄了"虔"字,故"虞"實爲衍文,應當删去①。

---

① 本次修訂時,有機會檢董康珂羅版影印弘仁本,"虞"字作虞,其右側中部清晰可見兩點彡,這是表示删除的符號,很可能就是抄者所加。

五、補脱文

寫本的脱字，如果正是韻字所在，則可以根據音韻試補。如宋謝靈運《答中書一首》其六：

> 契闊北京，劬勞西郢。守官末局，年月已永。孰是疲劣，逢此多□。厚顔既積，在志莫省。（卷一五二、頁一三）

逯欽立先生據《文館詞林》將本詩輯入其《先秦漢魏晉南北朝詩》時，認爲"多"字後面的脱字當是"眚"字，當得其實。此詩"郢""省"屬静韻，"永"屬梗韻，"眚"亦屬梗韻，於韻爲合。"多眚"意爲多災，合於文義。類似的例子如後漢劉珍《東巡頌一首》：

> 紂逸遊於聽綵，伯邑醢于讒鸞。雷谿神而錫封，王子忠而剖心。暴虐宣于萬邦，會争盟而爲禽。守天網之不失，固福忠而禍。（卷三四六、頁一一二）

正如點校者指出的那樣，"禍"下據文意當脱一字。筆者以爲所脱之字很有可能是"讒"字。理由如下：首先，"鸞""心""禽"皆屬侵韻，"讒"屬談韻，漢時有侵談合韻之例；其次，"讒"字有奸邪之義，正與"忠"字相對。

六、正倒文

韻文在流傳過程中，有時會由於傳寫者不明韻例而臆倒文字，造成失韻，今天的整理者可以根據音韻將其乙正。例如西晉左思《悼離贈妹二首》其二之七：

> 既乖既離，馳情髣髴。何寢不夢，何行不想。静言永念，形

留神往。憂思成疾,結在精爽。(卷一五二、頁六)

詩中"想""往""爽"皆屬陽部韻,唯獨"髴"屬脂部韻。其實寫本的"髣髴"應是"髴髣"之誤倒。六朝時期的作家們在創作韻文時,有時爲了押韻的需要,而將聯綿詞的兩個音節調換。就以"仿佛(髴髣)"一詞而言,爲了押韻,往往倒作"佛仿"。《文館詞林》載有與左思同時代的曹攄的《答趙景猷詩四首》,其中就有這樣的例子:

古人罔極,今我不爽。願言所欽,唯子靡兩。情存口詠,心憶目想。形遊神還,身去意往。佇立不見,瞻望佛仿。婉孌西路,遺憂養養。(卷一五七、頁四六)

同樣是押陽部韻,曹攄將"仿佛"倒爲"佛仿"以協韻,左思之詩當亦準此例。更有意思的是,兩首詩都屬懷人之作,相關詞句旨意相似,這也可以作爲左詩原文當作"髴髣"之佐證。

七、校新誤

在以寫本爲底本作整理的過程中,有時也難免會把寫本本來不誤的文字弄錯,但如果能夠從音韻的角度加以審讀,那麼,有些新產生的文字錯誤是完全可以避免的。如南齊王寂《第五兄揖到太傅竟陵王屬奉詩一首》:

蘭馥春林,松貞秋坂。匪霜匪風,寧高寧遠。玉華彼川,琛先茲巘。至德綢繆,嘉英繾綣。(卷一五二、頁一五)

吾師吳金華先生指出,詩中"坂""巘""綣"皆屬元部韻,唯"速"爲入聲屋韻,"速"當爲"遠"之訛。檢寫本,知其字果作"遠",正爲元部韻字。校點本"速"爲"遠"之形訛,如果能從音韻的角度覆核的話,這樣的新誤應該可以避免。

又如魏傅巽《七誨八首》：

　　整部曲，齊行伍，揚素輝，勒金鼓。武士雲布，屯騎星蹋。衆
鳥驚翔，群獸否駭。（卷四一四、頁一四〇）

其中"伍""鼓"屬魚部韻，"駭"屬之部韻，而"蹋"屬侯部韻，與
上下韻皆不相協，加上"蹋"字只以"蹋蹋"連讀成詞，獨字無義，令人
生疑。再檢核寫本，見其字赫然作"跱"，恍然大悟，"跱"亦爲之部韻
字，正與下文"駭"字相押，且"跱"字有置義，"星跱"又正與"雲布"
相對成文。《校證》作"蹋"之新誤，亦可通過音韻覆核來發現並
避免。

同樣的例子還有梁孝元帝《郢州都督蕭子昭碑銘一首》：

　　乃司三秩，遂掌八屯。元戎式總，擢授便煩。外數軍實，內
肅帝閣。寶臣在位，王室是尊。（卷四五七、頁一八七）

其中"屯""尊""煩"皆屬元部韻，而"閣"爲入聲合韻，且其義爲
小門，顯然有誤。取寫本相校，方知《校證》"閣"字寫本原作"闉"，爲
元部韻字，與前後密合無間。

八、辨俗字

由於是年代久遠的寫本，其中有些字形今天很少見到，有時可能
是今天通用字的別體。根據音韻可以推知其正字，避免因其形似而
徑釋作它字。如西晉潘岳《贈王胄一首》其四：

　　忠惟形本，恭惟德基。沉此舊痾，不敢屢辭。命彼僕駕，謂
之與之。如彼孫子，臏足乘轊。（卷一五二、頁三）

其中"轊"字可疑。因爲詩中"基""辭""之"皆爲之部韻字，而
"轊"字却是入聲職韻字。檢閱寫本，發現其字實寫作"轊"。今謂

“**輤**”字應是“輜”字之別體,有以下理由:《史記·孫子吳起列傳》載:“齊威王欲將孫臏,臏辭謝曰:‘刑餘之人,不可。’於是乃以田忌爲將,而孫子爲師,居輜車中,坐爲計謀。”此爲詩中用典之本事,其字作“輜”,此理由一;《廣韻》之韻字中有“葘”字,注謂同“菑”,可知“甾”旁古代可以寫作“**甾**”,《龍龕手鏡》卷二更以“**葘**”字爲正體①,而以“菑”爲或體,可見其流行之盛。又《龍龕手鏡》卷一“輜”字列出其二俗體,分別作“**輤**”“**輤**”,與“**輤**”形體相近,此理由二;“輜”同爲之韻字,於詩韻爲協,此理由三。《校證》釋作“輤”實不可取。

主要參考文獻:

羅常培、周祖謨:《漢魏晉南北朝韻部演變研究》(第一分册),科學出版社,1958 年。

丁邦新:《魏晉音韻研究》,“中央”研究院歷史語言研究所,1975 年。

周祖謨:《魏晉宋時期詩文韻部的演變》,《周祖謨語言學論文集》,商務印書館,2001 年。

周祖謨:《齊梁陳隋時期詩文韻部研究》,《周祖謨語言學論文集》,商務印書館,2001 年。

〔宋〕陳彭年:《宋本廣韻　永禄本韻鏡》,影印宋本,江蘇教育出版社,2005 年。

〔遼〕釋行均:《龍龕手鑒》,《四部叢刊》本,中華書局,1982 年。

逯欽立:《先秦漢魏晉南北朝詩》,中華書局,1982 年。

---

① 所據爲四部叢刊本《龍龕手鏡》,下同。

古寫本《文館詞林》文字問題三議^①

　　中古時代由中國流傳到日本的許多典籍,有不少在中國早已佚失,唐許敬宗所編《文館詞林》(以下簡稱"《詞林》")一千卷便是其中之一。1969 年,日本古典研究會出版了《影弘仁本文館詞林》,將收藏於彼邦的古寫本殘卷影印公佈,實爲中日文化交流史上值得稱道的盛事。此前,《詞林》雖然在清末已爲我國人所知,但國內學者所能看到的只是旅日學者的轉録本,由於這些轉録本難以全面地反映《詞林》古寫本殘卷的文字面貌,人們只能利用它做一些輯佚和古籍異文的比校工作,而關於古寫本的文字問題則無從深議。在這種情況下,《影弘仁本文館詞林》自然特別引人注目,因爲它所彙集的古寫本殘卷,一部分爲唐時中土書手抄於武后垂拱之前,一部分爲日本嵯峨天皇之校書殿補抄於弘仁十四年(唐穆宗長慶三年,公元 823 年),其抄成時間都在千年以上。此本的問世,使人們得以窺見唐代《詞林》抄本的用字現象,爲關心文字問題的讀者提供了珍貴的研究資料。

　　我們之所以討論《詞林》古寫本的文字問題,一方面固然是出於語言文字學研究的需要,另一方面則試圖解決古籍整理與研究中業已出現的實際問題。在古籍整理工作方面,中華書局 2001 年 10 月出版了《日藏弘仁本文館詞林校證》(羅國威整理。以下簡稱"《校證》"),這個《校證》本是根據《影弘仁本文館詞林》整理的;由於整理

---

① 本文與吳金華師合署發表于《中國文字研究》2006 年第 7 輯。

者對古寫本的用字特點不怎麼瞭解,致使《校證》中出現了許多必須指出或值得討論的文字問題。爲此,本文結合《校證》本存在的問題,對古寫本中的俗字、避諱字及訛誤字的整理與研究提出若干意見。爲便於進行討論,個案研究中所引《文館詞林》的文字,均引自《校證》本,文末括注該本的頁碼,以便檢核。

一、豐富多彩的俗字

作爲記録漢語言的符號體系,漢字有著獨特的連續發展的歷史。在每一個不同的歷史時期,漢字形體都會表現出不同的面貌。研究這些具有時代特徵的文字形體,不僅對於全面、正確地描述漢字演變的歷史具有重要的意義,對古文獻整理及字典辭書的編纂工作也有積極的推動作用。

古寫本《詞林》擁有豐富多彩的俗字。經初步調查,我們發現了如下三種情況:一是有的俗字至今不見於 1992 年出版的《漢語大字典》及 2000 年出版的《中華字海》等大型字書;二是有的俗字雖然已見於字典辭書,但字典辭書語焉不詳或所引的文例時代偏晚;三是有不少俗字已爲《校證》所誤釋。上述情況表明,要排除古寫本俗字給讀者造成的障礙,要揭示古寫本俗字的時代特點和研究價值,離不開具體的個案分析。以下分兩個方面討論有關案例。

(一)一字多形,是值得注意的俗字現象,應避免誤釋。

寫本抄成時代的人們對於文字規範的意識,不像今天這樣明確和嚴格。正如古書中大量通假字的存在,體現了古人在選字記音時一定程度的隨意性一樣,古寫本中大量別體俗字的存在,也體現了古人在書寫文字時一定的自由度,因此,寫本中往往會出現一字多形的現象。請看實例:

［例1］"罡"不同於"罡"

　　卷一五六西晉陸雲《贈鄭曼季》：習習谷風，有集惟喬。嗟我懷人，於焉逍遥。鸞棲高罡，耳想雲韶。摛翼隧夕，和鳴興朝。我之思之，言懷其休。（頁三四）

《校證》本的"罡"字，古寫本作"罡"。"罡"是"岡"字的另一種寫法。《說文解字·山部》："岡，山脊也。从山，网聲。"正如"置、罩"等字上面的"罒"是"网"一樣，"罡"上面的"罒"也同樣是"网"。《正字通·网部》："罡，天罡，星名。"雖然《龍龕手鑑》卷一將"罡"列爲"岡"字的別體，但朱駿聲認爲那是錯誤的（詳《說文通訓定聲》壯部岡字條）。看來"岡""罡"自是兩字，寫本既作"罡"，整理時自當釋定爲通行的"岡"。其實，宋人所編的《集韻》已有"罡"字，稱"岡或書作罡"；2000 年出版的《中華字海·网部》收録了《集韻》的內容；在這裏，古寫本《詞林》爲"罡"這個字形提供了早於宋代的例證，在俗字史上值得一提。

［例2］"髵"不是"懦"

　　卷六六五後漢章帝《郊廟大赦詔》：其二王之後，先聖之胤，東后藩衛，伯父伯兄，仲叔季弟，幼子幼孫，百僚從臣，宗室衆子，要荒四裔，沙漠之北，葱嶺之西，冒髵之類，跋涉懸度，陵踐阻絶，駿奔郊時，咸來助祭。（頁二五七）

詔文的"懦"字，是《校證》本的誤釋字。這個字在古寫本中作"髵"，應釋爲"髵"。《字彙·而部》："髵，同髵。"《玉篇·彡部》："髵，頰鬚。"此詔又見於《後漢書·章帝紀》，其字正作"髵"，唐李賢注云："《字書》曰：髵，多鬚貌，音而。言鬚鬢多，蒙冒其面。"可見唐人所見的詔文不是"懦"，唐人知道"冒髵之類"是對相貌多鬚的西北少數民族的代稱。《校證》本之所以誤釋，是因爲既忽略了古注，又忽略了晚近出版的字書。《漢語大字典·而部》《中華字海·彡部》已有"髟"字,但提供的實例僅僅來自明代張鱐的《直音篇》,古寫本《詞林》爲我們提供了唐代的例證,自有重要意義。

[例3]"矣"不是"矣"

> 卷一五八梁沈約《贈沈録事江水曹二大使》:受言帝庭,觀風上牧。逸翰雙舉,爲腓爲服。遍軌甌矣,縈塗海陸。炎炎貂冕,轔轔華轂。(頁七四)

《校證》本的"矣",古寫本作"矣",1884年出版的古佚叢書本《文館詞林》將此字釋作"吴",可以信從。這可以從以下兩方面得到支持:第一,六朝隋唐的寫本常常將今天通用文字中所帶的"口"寫成"厶",如"句"寫成"勾";也往往會把今天通用文字中所帶的"厶"寫成"口",如"弘"寫成"弘"。由此可知,"矣"字的形體雖與寫本中其他地方出現的"吴"字有所不同,但不過是"吴"字的另一種寫法而已。第二,"遍軌甌吴"意謂乘車經過吴與甌,與下文"縈塗海陸"構成駢句,"甌吴"與下文"海陸"相對成文,都是並列結構;若作"遍軌甌矣",不僅不能構成對偶,而且語氣也與上下文不相協調。附帶説一下,"矣"作爲"吴"的俗字,不見於大型字典辭書,這就需要我們對此給予更多的關注。

(二)多字同形,也是值得注意的俗字現象,應避免誤解。

與一字多形相對應的是,寫本文字又往往多字同形。多字同形,是使用行草書抄寫的古書中十分常見的現象。比如"木"與"扌"這兩個偏旁,古寫本常常不予區分,或把"木"寫作"扌"①,或把"扌"寫作"木",把"忄"寫作"十",等等,導致帶有這些偏旁的不同字經常互

---

① 關於這類現象,陸德明《經典釋文》已有揭示。錢大昕認爲這類現象產生於隸定之時。詳見《十駕齋養新録》卷三"陸氏《釋文》多俗字"條。

相混淆。遇到多字同形的現象，只有通過語言和歷史文化的研究來確定每一個字形的實際所指。因爲文字是語言的載體，它是特定歷史文化的産物，所以，當我們整理古寫本的時候，應當注意多字同形現象，不能以今律古。

《校證》的凡例説：“原抄本中的俗字、異體字一仍其舊。行草字、手寫變形字一律改爲規範化漢字。”我們認爲，這個凡例不太容易操作。第一，所謂“行草字、手寫變形字”跟“俗字、異體字”是不同層面的概念。“俗字、異體字”，是人們從用字規範的角度賦予的概念，它與約定俗成的正字、通行字相對而言；“行草字、手寫變形字”是人們從書法的角度賦予的概念，它與楷書體、印刷體相對而言。實際上，中古時代的“行草字、手寫變形字”，正是那個時代俗字形成的主要途徑之一。例如“析”寫成“折”，“檢”寫成“撿”，“摸”寫成“摸”，“瓜”寫成“爪”，“己”“已”“巳”不分，“日”“曰”不分，等等，在行草體、手寫體文本中屢見不鮮，古寫本《詞林》也不例外。今天我們對這類行草體、手寫體文本進行整理的時候，爲了適應現代讀者的需要，把一部分容易導致誤解的字“一律改爲規範化漢字”是必要的，但是，古寫本《詞林》裏究竟有多少非改不可的字，有多少可改可不改的字，不從語言文字學、文獻學的角度加以研究是不容易判定的。第二，文字是用來記錄語言的。《校證》在實施凡例的過程中，並沒有把“行草字、手寫變形字一律改爲規範化漢字”，就是因爲對那些字所記錄的語言缺乏瞭解。基於上述認識，我們也做了這方面的個案研究，舉例如下：

[例4]是“折薪”，還是“析薪”？

　　卷一五二二西晉陸雲《答兄機一首》：生若電激，没若川征。存愧松柏，逝慙先靈。匪吝性命，實悼徒生。苟克折薪，豈憚冥冥。（頁一〇）

　　古寫本的"折"，在這裏是"析"的同形字，也就是《校證》凡例中所説的"行草字、手寫變形字"。《左傳·昭公七年》載古語："其父析薪，其子弗克負荷。"後來便用"析薪"比喻兒子繼承父親的事業。聯繫上文"逝慚先靈""實悼徒生"等文字，可以看出這裏正是在用《左傳》"析薪"的這個典故。《校證》本的整理者既不知俗字有"折""析"同形的特點，又不瞭解中古語詞"析薪"的意義，因而没有按照凡例把古寫本的"折"改爲規範化漢字"析"。

　　［例5］是"折珪"，還是"析珪"？

　　　　卷四五二隋薛道衡《後周大將軍楊紹碑銘》：公别統支軍，任當群帥，算無遺策，戰必先鳴。既展破竹之功，允膺折珪之典。封饒陽縣開國伯，邑三百户。（頁一四八）

　　古寫本的"折"，在這裏也是"析"的同形字。"析珪"，見《史記·司馬相如列傳》載相如《喻巴蜀檄》："故有剖符之功，析珪而爵。"《索隱》引如淳曰："析，中分也。白藏天子，青在諸侯也。"可知"析珪"是按照爵位的高低，分頒珪玉進行封賞的一種典禮。"允膺析珪之典"，正指這種封賞，所以下文緊接著有"封饒陽縣……"之類的文字。

　　［例6］是"析衝"，還是"折衝"？

　　　　卷四五二隋薛道衡《後周大將軍楊紹碑銘》：控權奇之馬，精貫鉤鈴；帶豪曹之劍，氣侵牛斗。析衝禦侮，除暴静亂。（頁一四九）

　　跟上例"折珪"相反，古寫本"析衝"的"析"，在這裏是"折"的同形字。"衝"是古代戰車的一種，"折衝"是指讓敵人的戰車後退，即擊退敵軍的意思。《周禮·夏官·環人》"環四方之故"下鄭玄有注："却其以事謀來侵伐者，所謂折衝禦侮。"正可移作此文之注。用今天的眼光看，古寫本在同一篇文章中先後出現的"折珪"和"析衝"，好像"折""析"二字放錯了位置,其實,這就是典型的二字同形現象,也正是那個時代寫本的特點。

　　[例7]是"玉擥",還是"玉檢"?

　　　卷一五八梁簡文帝《和贈逸民應詔》①:紫微垂象,常居爲政。司牧則之,以膺天命。明明我皇,乃神乃聖。功韜玉擥,道光金鏡。爰昔在田,君德夙盛。(頁七三)

　　古寫本的"擥"字,應釋作"檢"。《説文解字》木部:"檢,書署也。"段玉裁注:"《後漢·祭祀志》曰:'尚書令奉玉牒檢,皇帝以二分璽親封之訖……'按上文云玉牒檢者,玉牒之玉函也,所謂玉檢也。"據此可知,"玉檢"即玉牒的封函。"功韜玉檢"意思是功勳都收藏在玉檢之中。

　　[例8]是"短質",還是"桓質"?

　　　卷一五七東晉孫綽《答許詢》:咨余沖人,稟此散質。器不韜俗,才不兼出。斂衽告誠,敢謝短質。(頁五八)

　　"短",古寫本作"挃",即"桓"字,"桓"是指平常、不起眼的食器。六朝時常用以比喻平庸之才。如劉宋鮑照《通世子自解》:"僕以常桓,無用於世。"

　　[例9]是"迹摸",還是"迹模"?

　　　卷三四七東晉曹毗《伐蜀頌》:妙化伊何,惠無不柔。厥潤伊何,雨灑風流。迹摸唐虞,軌出殷周。形委代謝,心與冥遊。(頁一二〇)

　　"迹摸唐虞",當釋作"迹模唐虞",這一句與下句"軌出殷周"相

―――――――――――――――

① 古寫本的標題是《和贈逸人應詔一首》,以"人"代"民",或出編纂者之手。《校證》本改"人"爲"民",失去了古寫本避諱的面貌。

偶，"迹模"與"軌出"同意，作"摸"則不然。

［例 10］是"木爪"，還是"木瓜"？

> 卷一五六西晉鄭豐《答陸士龍》：鴛鴦于飛，載和其鳴。懷爾好音，實我中情。人亦有言，心得遺刑。探我木爪，投爾瑤瓊。匪緊曰報，永好千齡。（頁二六）

古寫本的"爪"字，應釋作"瓜"字。《詩經·衛風·木瓜》有"投我以木瓜，報之以瓊琚"的詩句，即鄭詩所本。

［例 11］是"爪時"，還是"瓜時"？

> 卷四五二北齊魏收《征南將軍和安碑銘》：受命即戎，忘身致桀。爪時散地，征旅潛亡。公仁以爲任，信而開物，逃竄歸命，多全要領。（頁一四五）

古寫本這個"爪"字，同樣也應釋作"瓜"。"瓜時"，指任職期滿等待移交的時期，語出《左傳·莊公八年》："齊侯使連稱、管至父戍葵丘，瓜時而往。曰：'及瓜而代。'"下文的"散地"，語出《孫子·九地》："用兵之法，有散地，有輕地……諸侯自戰其地曰散地。"謂在自己的地盤上作戰，士卒往往因戀土而逃散。碑銘說，由於軍隊既處於"散地"，又適逢"瓜時"，所以人懷歸心，以致有許多人暗中逃亡。

［例 12］"牧""收"同形

> 卷一五七西晉曹攄《贈王弘遠》：俗牧其華，我執其朴。人取其榮，余守其辱。（頁四三）

"牧""收"二字，在手寫體中往往同形。古寫本的"牧"字，從上下文的意思及句法來看，當屬"收"的同形字。這四句互成兩對駢句，反復說明一個意思。其中"執"與"守"意思相同，而"收"則與"取"意思相近。

［例 13］是"將昨尔庸"，還是"將胙尔庸"？

卷一五六西晉陸機《贈武昌太守夏少明》：既考尔工，將昨尔庸。大君有命，俾守于東。（頁三一）

在手寫體中，作爲偏旁的"月"往往被寫成類似於"日"的形狀。古寫本的"昨"字，當釋爲"胙"，就屬這種情況。這裏的"胙"有酬報的意思，"將胙尔庸"指將要對你的功勳作出酬報的意思。《左傳·昭公三年》有："子豐有勞于晉國，余聞而弗忘。賜女州田，以胙乃舊勳。""庸""勳"義同，可作參證。

［例14］是"蘋蘩式昨"，還是"蘋蘩式胙"？

卷一六〇隋江總《釋奠詩應令》：奠餘幣久，辰良景暮。黍稷非馨，蘋蘩式昨。（頁九四）

古寫本的這個"昨"字，同樣也應該釋爲"胙"。這是一首爲"釋奠"而作的詩，而"釋奠"是指在學校設置酒食來奠祭先聖先師的儀式。這兩韻十六個字便是指釋奠之事。這兒的"胙"已引申爲供祭之意。

［例15］是"降已"，還是"降己"？

卷一五七東晉王胡之《贈安西庾翼一首》：通廣外潤，雅裁内正。降已順時，志存急病。（頁五四）

"己""已""巳"三字在古書中，往往隨意書寫，不加區別。整理時需要根據具體的上下文作判斷。古寫本的"已"字，在這裏應定爲"己"。"降己"是指損抑自己，亦即謙虛之意。

［例16］是"尔日聞聲"，還是"尔曰聞聲"？

卷一五八梁到洽《答祕書丞張率一首》：尔日聞聲，余稱傾蓋。事以年殊，理因義會。我好春蘭，子歡秋艾。蘭艾既辯，春秋交害。（頁七七）

古寫本的"日"當釋作"曰"。"尔曰"與"余稱"相對成文。

[例17]是"是日趫材",還是"是曰趫材"?

卷四五二薛收《驃騎將軍王懷文碑銘一首並序》:英奇弈載,傑人間作。是日趫材,兹稱勇略。(頁一五六)

與上例一樣,古寫本的"日"也當釋作"曰"。"是曰"與"兹稱"相對成文。

[例18]是"祖暴",還是"袒暴"?

卷四一四王粲《七釋八首》:乃使晉馮魯卞,注其贔怒,徒搏熊豹,袒暴兒武。(頁一三二)

"旦""且"不分,"祖""袒"同形,是手寫體的特點。在這裏,古寫本的"祖"當釋作"袒"。"祖暴"不辭,而"袒暴"正與上文"徒搏"相對應,指赤裸著身體,不做任何防護與野獸搏鬥,正足以形容"晉馮魯卞"的勇猛威武。

[例19]是"祖煞",還是"袒煞"?

卷四一四魏傳巽《七誨八首》:提象挈豹,徒搏袒煞,種心撟臂,應權而斃。(頁一四一)

與上例相似,古寫本的這個"祖"也應該釋讀作"袒"。"袒煞(通"殺")"與"徒搏"並列而意近。

(三)對古寫本中可疑的文字,可從音韻的角度考察。

整理古寫本《文館詞林》,不但要具備文字學的修養,還需要音韻學的支援。古寫本中有些字形雖然不易辨認,但只要它們出現在韻腳上,音韻學就成了辨疑解惑的最有力的武器。

[例20]是"切切",還是"忉忉"?

卷一五二西晉左思《悼離贈妹》:桓山之鳥,四子同巢。將飛

將散,悲鳴切切。惟彼禽鳥,猶有號咷。況我同生,載憂載勞。（頁六）

《校證》本的"切切"屬於誤釋。古寫本作"切切",如果轉換成今天的規範化漢字,應當是"忉忉"。從音韻角度看,"巢""咷""勞"在晉時同屬宵部韻,而"切"字爲入聲屑韻字,於韻不合①;"忉"在《廣韻》平聲豪韻,注爲"憂心貌",與詩意相合。從俗字偏旁看,"忄"實爲"忄"旁的行書寫法。此外,古寫本卷一五八梁武帝《贈逸民一首》中的"切念不已,疑慮益多",以及梁沈約《贈劉南郡季連一首》中"情勞伊爾,念切紛吾",兩"切",同樣也應釋作"忉",表示憂愁之義,而《校證》本均誤釋爲"切"。

[例 21]是"産玫",還是"産玟"?

　　卷一五七東晉郭璞《贈溫嶠》:蘭薄有茝,玉泉産玟。亹亹含風,灼灼猗人。如金之暎,如瓊之津。擢翹秋陽,凌波暴鱗。(頁五二)

古寫本的"玟"應釋作"玟"。詩中"人""津""鱗"屬平聲真韻,而"玫"爲平聲灰韻字,於韻不合。"玟"爲平聲真韻字,意爲美石。這裏寫作"玟",應該是"玟"字的一個行書體。

[例 22]是"乘轀",還是"乘輺"?

　　卷一五二西晉潘岳《贈王胄》:忠惟行本,恭惟德基。沉此舊痾,不敢屢辭。命彼僕駕,謂之與之。如彼孫子,臏足乘轀。(頁三)

《校證》本的"轀"字必須糾正。這個字在古寫本裏作"轀",它的

---

① 本文所論文字音韻地位,均據《廣韻》。至於各個時期韻部的分合,則參考周祖謨等音韻學論著的有關成果。

通行字是"輜"。指輜車，即有帷蓋的載重車。理由有三。第一，孫臏乘坐輜車，事見《史記·孫子吳起列傳》："齊威王欲將孫臏，臏辭謝曰：'刑餘之人，不可。'於是乃以田忌爲將，而孫子爲師，居輜車中，坐爲計謀。"這就是潘詩所用的典故。第二，"輜"是"輜"的異體字。《廣韻上平聲·七之》有"䶅"字，注謂同"䶂"，可知"甾"旁古代亦寫作"甾"；《龍龕手鏡》卷二更以"䶅"字爲正體，而以"䶂"爲或體，可見其流行之盛。又《龍龕手鏡》卷一"輜"字列出其二俗體，分別作"輺""輺"，與"輜"形體相近。第三，"輜"作爲韻脚，跟上文"基""辭""之"押韻，在《廣韻》裏都是平聲之韻字，恰好符合西晉韻文的常例。而"輶"的本義是纏縛車子的皮革，雖然它可以借指車輛，但這個字跟之韻字押韻顯然不如"輜"字和諧；"輶"在《廣韻·入聲·二十四職》，這是不是先秦詩歌之、職合韻的殘存現象？值得懷疑。

二、有待考校的訛字

打開《校證》，可以發現許多有待考校勘的文字訛誤。這些文字訛誤大致可分如下爲兩種類型：

第一類是古寫本不誤，《校證》誤。

如果跟古寫本對照，可以發現《校證》訛誤的原因，是由於整理者對古寫本的字體字形未能仔細辨認，對字的音義也缺乏研究。請看實例：

［例23］"興"訛爲"典"。

卷一六〇南齊阮彥《皇太子釋奠會》：教藹隆周，軌滅荒秦。典之用博，替之斯埋。（頁八四）

"典"，當從古寫本作"興"。這個字既然在駢偶句中跟下句的"替"字相對，顯然不是"典"字。

［例24］"興"訛爲"與"。

卷四五二隋薛道衡《後周大將軍楊紹碑銘》：陳太丘一介邑
宰，尚有改名之碣；郭有道儒生者耳，猶興無愧之詞。（頁一四
九）

"興"，當從古寫本作"與"。"與"在這裏是受到贊許的意思。郭
有道去世後，蔡邕給予很高的評價，事見《後漢書·郭太傳》："卒于
家，時年四十二。四方之士千餘人，皆來會葬。同志者乃共刻石立
碑，蔡邕爲其文，既而謂涿郡盧植曰：'吾爲碑銘多矣，皆有慚德，唯郭
有道無愧色耳。'"

［例25］"寬"訛爲"冤"。

卷六六七《後周宣帝大旱恩降詔》：良由德化未敷，政刑多
舛，萬方有罪，責在朕躬，思覃冤惠，被之率土。見囚死罪，並降
從流，流罪徒五歲刑以下悉皆原宥。（頁三二三）

《校證》本的"冤惠"不成話。其中"冤"字，在古寫本作"寬"，這
就對了。《周書·宣帝紀》同。從上下文來看，"寬惠"的具體内容是
指因大旱而對囚犯的寬宥降罪。

［例26］"鬒"訛爲"鬚"。

卷四一四後漢王粲《七釋八首》：麗材美色，希出特生。都冶
閑靡，窈窕娥婇。豐膚曼肌，弱骨纖形。鬚髮玄鬒，俻項秀頸。
（頁一三二）

這是描寫美女的文字，其中的"鬚"字顯然有誤。細看古寫本，其
實是個"鬒"字，只是"真"最上面的一竪跟"彡"最下面的一撇重合
了。用"鬒"形容頭髮稠黑，最早見於《詩·鄘風·君子偕老》："鬒髮
如雲，不屑髢也。"毛傳："鬒，黑髮也。"王粲《七釋》用"鬒髮玄鬒"跟
"修項秀頸"對偶，其中"鬒""玄""修""秀"都是形容詞，《校證》把

“鬢”字誤定爲“鬚”,憑空給美女的臉上加上鬍鬚,原作的美感就蕩然無存了。《藝文類聚》卷五七引此文也作“鬢髮玄鬢”,可資參證。

第二類是古寫本有誤,而《校證》未能校正。

古寫本也有一部分文字訛誤,如果從文獻學、語言文字學的角度加以考察,有些訛誤是可以發現的。例如:

[例27]“丕”訛爲“平”。

> 卷六六五宋孝武帝《藉田大赦詔》:朕奉承宗祧,嗣守鴻業,夙夜夤畏,思隆平緒,未能光宣先德,式揚風教,惠政弗孚,矢言靡訓。(頁二七一)

古寫本的“平”字當是“丕”字之訛。“丕”字古代也寫作“𠀄”,與“平”形近,很容易致訛。關於“丕”字的字形,《三國志·吳書·闞澤傳》裴松之注引《吳錄》有一段很有意思的記載:“初,魏文帝即位,(孫)權嘗從容問群臣曰:‘曹丕以盛年即位,恐孤不能及之,諸卿以爲如何?’群臣未對,(闞)澤曰:‘不及十年,丕其沒矣,大王勿憂也。’權曰:‘何以知之?’澤曰:‘以字言之,不十爲丕,此其數也。’文帝果七年而崩。”可知“丕”字當時有寫成“𠀄”的。《龍龕手鏡》卷四也將“𠀄”“丕”並列,注稱二字同。其實《校證》的整理者失於揭示的是,這一詔書另見於本書卷六六七(頁三〇九),不過題爲《宋文帝嘉禾秀京師大赦詔》①,而相關的文字正作“思隆丕緒”。“丕”字的意思是大,“丕緒”相當於“大業”“鴻業”,正是對自家世業的美稱,這個詞語在歷代皇帝的詔書中屢見不鮮,如《陳書·世祖本紀》載世祖天嘉二年九月詔中便有“朕以寡昧,嗣承丕緒”,例多不贅舉。

---

① 從卷六六五宋孝武帝《藉田大赦詔》的内容看,這篇大赦詔也是因嘉禾秀於京師而頒發的。文中有“擢穗千畝”等語,可見頒詔時必過春季,已非“藉田”之時。大約《文館詞林》的編纂者見詔中有“躬耕帝藉”一句,遂將此篇題爲“藉田大赦詔”。

［例28］“冰”訛爲“水”。

卷一五八梁簡文帝《和贈逸民應詔》：遏矣西土，惟天有漢。姬實剪商，劉亦撥亂。赫然浮夏，同符共貫。乾迴龍動，雲蒸水渙。一戎定齊，二儀貞觀。（頁七三）

古寫本的“水”當是“冰”之訛。“冰”字古代也寫成“氷”，字形與“水”相近，容易致訛。“冰渙”指冰融化，正與上文指陽氣復蘇的“乾迴”相應。

［例29］“匱”訛爲“遺”。

卷四五二唐薛收《驃騎將軍王懷文碑銘》：吾王奉遵廟算，受脤徂征①，蘊金遺玉，鈐之謨運。沙城石陣之略，鑿門畫閫，指定舊都。（頁一五五）

首先需要説明的是，《校證》的標點有誤。相關的句子標點應改爲：“蘊金遺玉鈐之謨，運沙城石陣之略。”古寫本的“遺”字，當是“匱”字之訛。古寫本所處的時代，人們往往將“匚”寫成“辶”，例如本書卷四五三唐褚亮《隋右驍衞將軍上官政碑銘》中“匣龍埋没，送雁哀驚”的“匣”字，寫本便寫作“運”，而卷四五七梁孝元帝《郢州都督蕭子昭碑銘》中“公奉親不匱，匹曾柴之德”中的“匱”字，寫本也寫作“遺”。古寫本的抄寫者在這裏誤脱“辶”上面一橫，就訛成了“遺”。“玉鈐”相傳爲吕尚兵書的名稱②，“金匱”本來指用金屬製成的藏書櫃，在這裏借指兵書。“蘊金匱玉鈐之謨”與下文“運沙城石陣之略”是一對駢偶句。

［例30］“放”訛爲“牧”。

---

① “脤”字當是“脤”字之訛。《左傳·閔公二年》有“受脤于社”。
② 參見《列仙傳·吕尚》。

卷一五七東晉郭璞《答賈九州愁詩》：未若遺榮，閟情其豁。逍遙永年，抽簪牧髮。（頁五〇）

古寫本的"牧"字，當釋讀爲"放"。"放"字左邊的"方"旁，俗體寫法往往作"扌"，抄寫者很容易與"牜"旁相混。"牧"字在這裏不合文義。簪子是用來綰束頭髮的，簪子一抽掉，頭髮就呈散放狀態。《文選·沈約〈應詔樂游苑餞吕僧珍詩〉》："將陪告成禮，待此未抽簪。"李善注引鍾會《遺榮賦》："散髮抽簪，永縱一壑。""散髮"與"放髮"意思相同，可以參證。

［例31］"貔"訛爲"猑"。

卷一五八梁簡文帝《和贈逸民應詔一首》：方叔率止，軍幕洞開。如猑如獸，如霆如雷。（頁七三）

古寫本的"猑"字，應是"貔"的形訛（古逸叢書本作"貙"）。"猑"，《廣韻·上平聲·二十三魂》注作"獸名"，《集韻》則注爲"大犬也"，用"大犬"來形容軍隊，古書罕見。而"貔"作爲猛獸，往往跟"虎"連文，並用來形容勇猛善戰的軍隊。例如《書·牧誓》："如虎如貔，如熊如羆。"南朝梁劉孝標《辯命論》："驅貔虎，奮尺劍，入紫微，升帝道。"梁簡文帝詩所謂"如貔如獸"，即用《尚書》成語，只是其中的"虎"字因避唐諱而被改成了"獸"。

［例32］"衝"訛爲"衡"。

卷四五二北齊魏收《征南將軍和安碑銘一首》：遠有張陳酈灌，馬竇寇耿，雲歸風往，葉從枝附。經綸萬方，折衡九服。（頁一四四）

"折衡"當是"折衝"的形近之誤。"折衝"之意已見上文，從章法看，這一段所讚美的，是碑主的謀略和武功。"折衝九服"贊其武勇，下面的"經綸萬方"贊其謀略。

［例33］“圯”訛爲“氾”。

卷六九九宋傅亮《爲宋公修張良廟教》:若乃神交氾上,道契商洛,顯默之際,窈然難究,源流沖浩,莫測其端矣。(頁四六三)

古寫本的“氾上”,當從《宋書·武帝紀》作“圯上”,指張良與“圯上老人”交往之事。

［例34］“達”訛爲“逆”。

卷六九五任昉《梁武帝掩骼埋胔令》:凡厥逆徒於陣送死者,可特使家人收葬……凡建康城内諸不逆天命自取淪亡者,亦同此科,便可施行。(頁四四六)

後“逆”字,當從《梁書·武帝紀》及《南史·梁本紀》作“達”。“不逆天命”跟下文“自取淪亡”相矛盾;而“不達天命”意謂不知天命,是對叛亂或反抗者不識時務的一種委婉説法。例如《宋書·袁粲傳》:“及其赴危亡,審存滅,豈所謂義重於生乎。雖不達天命,而其道有足懷者。”

［例35］“筒”訛爲“管”。

卷六九五《魏武帝論吏士行能令》:是故明君不官無功之臣,不賞不戰之士。太平尚德行,有事貴功能。論者之言,一似筒窺獸矣。(頁四三四)

“筒”,當從《三國志·魏書·武帝紀》注引王沈《魏書》作“管”。“筒窺”的説法,不見於典籍,而“管窺”則所在皆有,如南朝宋劉義慶《世説新語·方正》:“此郎亦管中窺豹,時見一斑。”

［例36］“誠”訛爲“試”。

卷六九五《魏武帝令掾屬等月旦各言過令》:夫化俗御衆,建立輔弼,試在面從,《詩》稱“聽用我謀,庶無大悔”,斯實君臣懇

懇之求也。（頁四三〇）

"試"，當從《三國志·魏書·武帝紀》注引王沈《魏書》作"誠"。"誠在面從"的意思是：不要把意見藏在心裏而表面上却裝出順從樣子。曹操此令，旨在讓下屬定期對他多提意見，"試"字於義無取。

三、形形色色的避諱字

文字避諱是中國古代獨特的文化現象。在唐代，儘管有關避諱的法令較寬，但避諱的風氣却很盛。古寫本《文館詞林》中形形色色的避諱字，就是唐代文獻中最顯眼的時代烙印。今天整理《文館詞林》，對古寫本的避諱字應當采取這樣的做法：一方面在整理本中保持古寫本避諱字的原形，使讀者看到唐人所編《文館詞林》究竟是怎樣的面貌；一方面在整理本的前言或校記中對已發現的避諱字加以説明，爲讀者理解這些避諱字提供方便。然而，《校證》本没有這樣做，《校證》本的整理者採取了凡遇"鈔書人因避唐諱所改之字均回改並出校"（見該本《凡例》）的處理方法，這是值得商榷的。

首先必須澄清的一點，所謂"鈔書人因避唐諱所改之字"的説法是不妥當的。因爲根據《唐會要》的記載，《文館詞林》編成於高宗顯慶三年，而現存殘卷中有一部分題識抄成於高宗儀鳳二年，由此推斷，今存的古寫本殘卷中避唐諱的現象絕大多數應該在此書編成時業已存在。也就是説，《文館詞林》的避諱字很可能出於編書人之手，而不是出於鈔書人之手。回改鈔書人的避諱字，是爲了恢復原書的面貌，當然是正確的；但原書中的避諱字被改掉了，那就不符合古籍整理的基本原則了。

其次，所謂"避唐諱所改之字均回改並出校"的説法，不僅不符合古籍整理的基本原則，而且事實上難以做到。因爲古寫本《文館詞林》避諱字不但數量衆多，而且同一個字的避諱形式也多種多樣。在現有條件下，拿傳世的漢魏六朝文獻跟古寫本《文館詞林》對比，從而發現古寫本中的一部分避諱字並不困難；但是，在缺乏一部分可比文獻的情況下，還有不少避諱字是難以確認的。此外，即使憑藉可比文獻或根據文化素養可以發現的一部分避諱字，《校證》的整理者也沒有"均回改並出校"。試以卷一五二西晉陸雲《答兄機》一篇爲例，如果我們拿它跟傳世的《陸士龍集》中的相關文字比較，可以發現《文館詞林》避唐諱的字有"伊我冠［世］（方括號内爲《陸士龍集》中對應的原字，下同。）族""昔在上帝［代］（逯欽立以爲原文應作"世"，是。）""仍代［世］上司""闞如虓獸［虎］""代［在］（逯欽立以爲是"世"之訛，是。）作扞城""恢此廣泉［淵］""美［淵］哉爲器""洋洋泉［淵］源""冑［世］業之顏""仍代［世］載德""哀矣我代［世］""生人［民］忽霍""門［世］業長終"。對於上述十三處避諱的文字，《校證》一個都沒有發現。

　　總之，我們認爲古寫本《文館詞林》的避諱字很有研究的價值，但沒有回改的必要。我們在研究中發現，唐人對"淵""虎""世""民""治"等字作避諱處理的時候，方法是多樣的：除了用刪字的方式以外，通常根據不同的語境采用不同的同義替代方式。例如上述《答兄機》一篇中，"淵"字有諱改爲"泉"的，也有諱改爲"美"的，兩種改法都是由特定語境決定的；"世"字有"冠""帝""代""冑""門"五種避法，無論采用哪種避諱字，都跟修辭有關。爲了進一步瞭解古寫本《文館詞林》避諱字的特點，下面再做一些個案討論。

　　關於"世"字，除了上面提到的五種避諱字，古寫本中還有以下四種：

　　［例37］"世"避作"載"。

　　　卷一五六西晉鄭豐《答陸士龍》：管叔罕喬，曠載鮮鄰。（頁

二六）

其中"載"字,《陸士龍集》作"世"。

［例38］"世"避作"葉"。

卷一五二西晉陸機《與弟清河雲》:弈葉台衡,扶帝紫極。
（頁七）

其中"葉"字,《陸士龍集》作"世"。

［例39］"世"避作"年"。

卷六六八《宋武帝即位改元大赦詔》:夫年代迭興,承天統極……（頁三三五）

其中"年"字,《宋書·武帝紀》作"世"。

［例40］"世"避作"俗"。

卷六九五任昉《梁武帝斷華侈令》:夫在上化下,草偃風從,俗之澆淳,恒由此作。（頁四四五）

其中"俗"字,《梁書·武帝紀》作"世"。這樣,合計起來,已知的《文館詞林》中爲避一個"世"字所使用代字已多達九個。

上述的"世"字,之所以有那麽多的代字,主要因爲"世"字可記錄不同的詞,它在不同的語境中表示不同的意義。

關於"淵"字避諱,似乎反映出唐人在選用避諱字的時候已到了隨心所欲的程度。即使是記錄同一個詞的字,也會有好幾個不同的代字。例如,"若涉淵水"一語,是來自《尚書·大誥》的成語,在《文館詞林》中多次出現,據不完全統計,其中的"淵"字至少有三個不同的代字:

［例41］"淵"避作"深"。

卷六六五《宋文帝拜謁山陵赦詔》:茲夜敬念,若涉深水。

（頁二六七）

其中“深”字，《宋書·文帝紀》作“淵”。

［例42］“淵”避作“川”。

卷六六八《東晉元帝改元大赦詔》：若涉川水，罔知攸濟。
（頁三三三）

其中“川”字，顯係避“淵”。《晉書·元帝紀》“淵水”作“大川”，也是唐人避諱所致。

［例43］“淵”避作“泉”。

卷六六三《南齊高帝即位改元大赦詔》：若涉泉水，罔知所濟。（頁三三七）

其中“泉”字，《南齊書·高帝紀》作“淵”。

最後需要強調說明的是，鑒於古寫本《文館詞林》避諱現象十分複雜，今後對此書的整理與研究應當列爲專題。作爲新的整理本，至少有三個問題值得注意：

（1）凡是涉及到人名避諱現象，應當在校記中揭示。《校證》在這方面留有空白。例如卷一五二載有西晉潘岳《贈王胄》，篇名中的“王胄”，根據《世說新語·賞譽篇》注引《晉諸公贊》可知：其人名堪，字世胄。不難看出，古寫本在這裏爲避唐諱而刪掉了“世”字。同樣的情況又出現於卷六六九《武德年中平王充竇建德大赦詔》篇名中的“王充”，此人姓王名世充。由於涉及到人名，遇到這種情況應當在校記裏説明。

（2）凡是因避諱而出現的特殊詞語，也應當在校記中揭示。例如：

［例44］“金虎”避作“金獸”。

卷一五六西晉陸機《答賈謐》：在漢之季，皇綱幅裂。大辰匿

暉，金獸曜質。雄臣騰鷙，義夫赴節。釋位揮戈，言謀王室。（頁二九）

其中"金獸"一詞的意義含糊不清，《文選》卷二四及《藝文類聚》卷三一均作"金虎"。李善注引《石氏星經》曰："昴者，西方白虎之屬也；太白者，金之精。太白入昴，金、虎相薄，主有兵亂。"由此可見，古寫本的"獸"字，一定是爲避李淵祖父名而改。這是牽涉到天文方面的專用名字，應加説明。

（3）爲了不破壞《文館詞林》的原貌，對已經發現的一部分古寫本避諱字不宜回改；即使回改，也應一一交待。《校證》就有逕改而不一一出校的情況。如：

［例45］"武"被逕改爲"虎"。

卷六六二《梁武帝又北伐詔》：舟徒雷駭，熊虎百萬，投石拔距之力，折關扛鼎之威，岳動川移，風馳電邁。（頁二三三）

"熊虎"的"虎"，古寫本原文作"武"。《校證》逕改而不出校，很容易讓人誤以爲抄寫者在此處不避唐諱。

主要參考文獻：

〔唐〕許敬宗：《影弘仁本文館詞林》，日本古典研究會，1969年。

〔唐〕許敬宗編，羅國威整理：《日藏弘仁本文館詞林校證》，中華書局，2001年。

《叢書集成初編》，商務印書館，1936年。

《四部叢刊初編》，商務印書館，1922年。

〔宋〕陳彭年：《宋本廣韻　永禄本韻鏡》，影印宋本，江蘇教育出版社，2005年。

漢語大字典編輯委員會：《漢語大字典》，湖北辭書出版社、四川辭書出版社，1992年。

冷玉龍、韋一心:《中華字海》,中國友誼出版公司,2000 年。

陳垣:《史諱舉例》,上海書店出版社,1997 年。

逯欽立:《先秦漢魏晉南北朝詩》,中華書局,1983 年。

〔漢〕司馬遷撰:《史記》,中華書局,1959 年。

〔南朝宋〕范曄撰:《後漢書》,中華書局,1965 年。

〔晉〕陳壽撰:《三國志》,中華書局,1959 年。

〔唐〕房玄齡等撰:《晉書》,中華書局,1974 年。

〔南朝梁〕沈約撰:《宋書》,中華書局,1974 年。

〔唐〕姚思廉撰:《梁書》,中華書局,1973 年。

〔唐〕姚思廉撰:《陳書》,中華書局,1972 年。

〔唐〕令狐德棻等撰:《周書》,中華書局,1971 年。

〔唐〕李延壽撰:《南史》,中華書局,1974 年。

易縣龍興觀唐玄宗注
《道德經》幢諱校芻議①

引 言

一、動機

中國古代,特別是漢代以來,對君主或其所尊者的名字作避諱,在傳世的古典文獻中留下了大量的相關信息。正如陳垣先生所言:"其流弊足以淆亂古文書,然反而利用之,則可以解釋古文書之疑滯,辨别古文書之真僞及時代。"②誠然,假如今天我們遇到一份古文獻,除了文獻本身以外,缺乏任何相關的諸如考古、款識、收藏等等可資判斷的信息,那麼要想判定這份文獻的鈔寫年代,利用其中的避諱來作推斷往往會成爲最重要的手段。這方面的例子很多,如馬王堆出土的帛書《老子》,其中的乙本中的那些對漢高祖名字的避諱,就可以讓我們肯定它決不會鈔成於漢代以前。

---

① 本文是筆者在日本京都立命館大學作訪問學者時所作研究的一部分。在本文的寫作過程中,筆者得到了立命館大學教授芳村弘道、萩原正樹、石井真美子等先生的多方支持,復旦大學朋友林振岳、馮先思諸君也曾幫助搜集資料等,特此致謝。
② 參見《史諱舉例序》,載陳垣《史諱舉例》。

　　假如想要依據文書中的避諱，來作真正具有文獻學意義的年代考證，那麽，一個最重要的前提，自然是考證者必須對於各個時代避諱的具體事實有足够充分的瞭解。換句話説，我們對於鈔寫於某個時代的有明確紀年的那些文書的避諱所做的調查越充分，越具體，則對於準確判定與此時代有關的其他文書的鈔成年代，便越具有參考的價值。假如從這一角度出發來看此前有關避諱的各家專著，如清周廣業《經史避名彙考》、民國陳垣《史諱舉例》、今人王彥坤《歷代避諱字彙典》、王新華《避諱研究》、王建《中國古代避諱史》等等，不難發現這些專著對於我們瞭解中國古代的避諱，確實提供了大量的信息。不過總的説來，迄今爲止的這些避諱研究，在避諱歷史方面，大多只是概述性的一般介紹，似乎還缺少依據大量具體的有明確紀年的文獻，對某個時代的避諱作充分細致的斷代描述的成果，而事實上，後者對於避諱史的研究以及利用避諱來作諸如文書年代判定等考證工作來説顯得尤爲重要。

　　一份明確記録著鈔寫年代的文書中的避諱情況，對於調查那個年代的避諱歷史的來説，是第一等具有真正史料意義的材料。與之相比，那些經過那個時代反復傳鈔而流傳至今的文本，則往往難於用作精細描述該朝代避諱歷史的材料。例如二十四史中的《晉書》，在房玄齡等撰寫此書的貞觀年間，需要對"淵""虎"等字作改避，但是不需要偏諱唐太宗二名，然而，今天通行的《晉書》中，我們却可以看到大量的避諱"世""民"二字的事實，我們是否可以將清代武英殿本或上世紀中華書局點校本的《晉書》中對唐太宗名諱的改避，作爲貞觀年間避諱"世""民"二字的證據呢？答案是否定的。因爲今本《晉書》中對於太宗二名的避諱改字，實際上并不是貞觀年間由房玄齡等作者在撰寫時造成的，而是《晉書》在唐代流傳過程中，從高宗朝開始由傳鈔《晉書》的鈔寫者逐步累積造成的①。這樣的文書中的避諱，籠統稱之爲唐諱，當然没有問題，但是從文獻學的角度來看，今本《晉書》中的唐諱，實際上包含了原稿（撰寫者）與流傳版本（鈔寫者）的不同避諱②，而後者，很可能涵蓋了唐代高宗以後的各朝，因此今本《晉書》這樣的文書，雖然保留有大量的信息，可以讓我們瞭解唐代的避諱，但嚴格說起來，其中大部分的情況，屬於那些由高宗朝以來的鈔寫者累積下來的避諱，換句話説，今本《晉書》的文本將唐代近三百年的歷時避諱信息壓縮在一個平面上，這樣的文本對於我們判定某一份鈔寫於唐代的文書的具體年代，很難説具有什麽真正意義的參考價值。

因此，要想提高依據避諱判定文書鈔寫年代的可靠度，就不能滿足於對諸如傳世本《晉書》這樣的文獻作調查，而應該更多地調查那些可以確認具有具體鈔寫年代的文書，對某一個時代中先後出現的這樣的文書調查得越多，我們對那個時代避諱的實際情況便瞭解得越充分，可以用以比對的這個時代的避諱的背景細節便越豐富，我們也就越有可能對鈔成於這個時代的文獻作出接近事實的年代判斷。本文的寫作，正是出於這樣的考慮。

二、材料選擇

（一）諱校對象

本文所選取的上述具有明確鈔寫年代的文書，是唐開元二十六年建造於易縣龍興觀的石刻唐玄宗注《道德經》幢。選取這一份文書作爲避諱調查的重點對象，主要出於以下幾個方面的考慮：

---

① 相關論證，參見收入本書的《〈晉書〉不偏諱唐太宗二名論》一文。
② 在今本《晉書》中，鈔寫者的避諱，除了太宗名“世”“民”二字外，甚至還包括高宗名“治”字。而事實上，《晉書》撰寫之時，是完全不需要避“治”字的。詳見《〈晉書〉不偏諱唐太宗二名論》。

1. 材料真實可信。

唐開元年間,玄宗御注《道德經》成,應道門威儀司馬秀之請,敕令於兩京及天下應修官齋等州立石臺刊勒經文①,當時奉敕建立的這一類石臺有很多②。本文選取的易縣龍興觀《道德經》幢,就是現存較爲完整的這類石刻之一。該幢現保存在河北省易縣縣城,整幢高約 6 米,分爲幢座、幢身、幢頂三部分。幢身爲漢白玉八角形柱體,分上下兩塊雕砌而成,高 429 釐米,直徑 90 釐米,每面寬約 40 釐米。前有"太上玄元皇帝道德經大唐開元神武皇帝注"題額,後有"開元廿六年歲次戊寅十月乙丑朔八日壬申奉敕建""正議大夫使持節易州諸軍事守易州刺史兼高陽軍使賞紫金魚袋上柱國田仁琬奉敕立"等款識。幢上文字據翁方綱、錢大昕等説,應爲唐代書法家蘇靈芝所書③。

---

① 參見歐陽修《集古録跋尾》卷六,《四部叢刊》景印元本《歐陽文忠公集》第三十一册。

② 據趙明誠《金石録》卷六(《四部叢刊》景印吕無黨手抄本)所載玄宗注《道德經》碑有十目,民國時王重民作《道德經碑幢刻石考》(《東方雜志》1926 年第 23 卷第 14 期),據諸家著録,尚輯得十碑。

③ 翁説參見張洪印《易縣龍興觀與道德經幢》,載《文物春秋》2002 年第 3 期。錢説見《潛研堂金石文跋尾》卷六,《嘉定錢大昕全集》第六册,江蘇教育出版社,1997 年 12 月。有關此經幢的信息,參見王昶《金石萃編》卷八三,《續修四庫全書》第八八八册景印清嘉慶十年刻同治錢寶傳等補修本,上海古籍出版社,2001 年;河北省博物館、文物管理處《河北易縣龍興觀遺址調查記》,載《文物》1973 年第 11 期;以及前揭張洪印《易縣龍興觀與道德經幢》,後二文皆有此幢原立於城西開元觀,後於南宋乾道五年由知府張孝祥移於府治的説法,實不可信。據宋王象之《輿地碑記目》卷二"江陵府碑記下"可知,二文所説的玄宗注碑,實爲江陵府之玄宗注碑。乾道間易縣既非南宋所有,何來南宋知府之設? 張孝祥字安國,歷陽烏江人,曾知荊湖北路安撫使,《宋史》卷三八九有傳。其《于湖居士集》卷二八有此碑跋,稱碑書"經文行草,注楷法",也與易縣此幢經注俱爲楷書不合,自爲别一碑刻無疑。

此龍興觀在唐代是北方著名的道觀,本經幢爲刺史奉敕建於名觀,所刻文字是當朝皇帝所撰,有明確的刻寫紀年,又因爲是石刻,所以真實地保留了闕筆、改字等避諱的原貌,是調查當時避諱事實的可信材料。

2. 該幢既有老子《道德經》正文,又有唐玄宗所作注文。正文屬傳鈔前人著作,注文屬唐時作者自撰,可以展現唐代人在這兩種不同場合下的避諱情況。

3.《道德經》有鈔寫於唐代以前的竹簡、帛書等更早的版本,可據以判定此經幢文本中的唐諱字。

4. 唐玄宗注《道德經》被收入《道藏》,因此,結合此經幢本的調查,可以瞭解《道藏》本等較晚的版本對於唐諱的回改的情況。

有關此易縣唐玄宗注《道德經》幢,本文所據以調查的文本是何士驥《古本道德經校刊》所載本幢拓片,原拓片因幢石損壞而缺失部分文字,本文對於此類文字,皆仍其闕如,不作任何臆斷。

(二)參校材料

1. 先唐古本。

要判定此玄宗注《道德經》幢中的唐諱文字,必須依賴唐前的《道德經》版本作校勘。本文所選取的《道德經》古本,主要有以下三種:

(1)郭店楚簡本。1993 年出土於湖北省荆門市郭店村一號楚墓。

(2)馬王堆帛書甲、乙本。1973 年出土於湖南省長沙市馬王堆三號漢墓。

(3)北京大學藏漢簡本。2009 年北京大學接受海外捐贈所得。

上列古本中,郭店楚簡本與馬王堆帛書本都是經過考古發掘而出土的文物。據從事發掘整理的學者判定,前者約鈔寫於戰國中期偏晚①，後者則鈔寫於西漢初期②。而北京大學所獲贈的竹簡本《老子》，雖然因爲衆所周知的原因，其出土的時間與地點都難以確知，但其確爲古本，殆無可疑；若據北京大學相關整理者的判斷，則其鈔成的時代大約在西漢時期③。又因爲與上述郭店及馬王堆出土的古本多有殘缺不同，該竹簡本基本完整，與今本相比，所缺不過百分之一，所以本文論證唐玄宗注《道德經》幢中的唐諱時，亦取此本作爲證據。在證明某字確是唐人諱改之字時，之所以要同時參考幾個古本，是要儘量確認此字古本並無異文。不過，因爲郭店簡本殘闕過甚，本文論述的部分只有個別地方涉及到該本，因此本文中所利用的古本，主要是馬王堆出土帛書與北大藏竹簡本。

　　2. 唐時別本。

　　如前所述，此唐玄宗注《道德經》，當時在全國各地多有石刻。現在流傳下來較爲完整的，還有開元二十七年（739）邢州刺史李質所刻《大唐開元聖文神武皇帝注道德經一部》，亦即通常所説的玄宗注《道德經》石刻的"邢州本"④。因爲所刻爲同一份文獻，又僅晚一年，所以本文在校勘上述易州龍興觀玄宗注《道德經》幢涉及避諱的文字時，同時取此邢州本作爲參校對象，重點在於揭示那些兩個版本之間有所不同的避諱現象。

　　法國國家圖書館藏敦煌文獻中，編號爲 P·3725 的一份，是唐人鈔玄宗注《道德經》殘卷，僅存六十二行，屬《道經》之一部分，其末尾

---

① 參見湖北省荆門市博物館《荆門郭店一號楚墓》，載《文物》1997 年第 7 期。
② 參見《出版説明》，載國家文物局古文獻研究室編《馬王堆漢墓帛書》［壹］。
③ 參見韓巍《西漢竹書〈老子〉的文本特徵和學術價值》，載《北京大學藏西漢竹書》［貳］。
④ 關於此經幢，可參考王重民《道德經碑幢刻石考》。此幢歷經宋、清等朝地方長官修護，一直保存至史無前例的"文化大革命"時，才被人用炸藥炸毁。所幸尚有拓片存世，民國時何士驥撰《古本道德經校刊》有景印。

題有"開元廿三年五年　日令史陳琛"字樣。本文討論玄宗注中唐諱涉及該殘卷所保留之文字時,亦取此卷作爲參校。通過揭示這些文本之間在避諱方面的異同,也許能讓我們對於那一時期避諱的共時情況有更多的瞭解。

此外,流傳下來的唐代石刻《道德經》,前此有刻於唐中宗景龍二年(708)的《大唐景龍二年正月易州龍興觀爲國敬造道德經五千文》一碑,後此有刻於唐昭宗景福二年(893)的《道德經》碑。雖然此二碑只有《道德經》正文,但此二碑皆建於易州龍興觀,與本文所要調查的玄宗注《道德經》幢同處一觀之中,前者早三十年,後者晚一百五十五年,因此本文在調查玄宗注《道德經》幢中有關正文的避諱時,亦取此二碑相校,藉以揭示唐人對《道德經》正文中涉諱文字作避諱的歷時情況。

3. 唐後傳本。

唐玄宗注《道德經》,除了上述石刻與鈔寫的單行的文本外,流傳至今的還有收藏於《道藏》的版本,即明正統《道藏》"男三"至"男六"所收的《唐玄宗御注道德真經》;此外,正統《道藏》"糜一"至"恃三"收有《道德真經集注》,其中也收錄了唐玄宗注《道德經》的全部注文。在《道藏》的這些文本中,易縣龍興觀石刻經幢本中能看到的唐諱,有很多已遭到回改。本文取這些版本參校,藉以揭示唐諱在傳鈔過中被後人回改的事實。

本文校勘所用各版本簡稱如下:

1. 易州龍興觀開元二十六年建唐玄宗注《道德經》幢本,簡稱"易玄本"①。

2. 湖南長沙馬王堆出土帛書《老子》甲乙本,分別簡稱爲"帛書

① 圖像據何士驥撰《古本道德經校刊》,載國立北平研究院史學研究會考古組編《考古專報》第一卷第二號,1936年。下邢玄本同。

甲本""帛書乙本"①。

　　3. 北京大學自海外獲贈《老子》漢簡本,簡稱"北大簡本"②。

　　4. 開元二十七年邢州刺史李質所刻唐玄宗注《道德經》本,簡稱"邢玄本"。

　　5. 法國國家圖書館藏敦煌文獻編號爲 P. 3725 之唐鈔唐玄宗注《道德注》殘卷,簡稱"敦煌本"③。

　　6. 易州龍興觀景龍二年刻《道德經》碑本,簡稱"景龍本"④。

　　7. 易州龍興觀景福二年刻《道德經》碑本,簡稱"景福本"。

　　8. 明正統《道藏》男字號所收《唐玄宗御注道德經》本,簡稱"《道藏》本"⑤。

　　9. 明正統《道藏》糜、恃字號所收《道德真經集注》,簡稱"《道藏》集注本"。

　　10. 清武英殿聚珍版《老子王弼注》本,簡稱"王弼本"⑥。

三、涉諱文字

　　根據《舊唐書·禮儀志五》的記載,唐玄宗於開元十一年定太廟的廟數爲九廟,分別是獻祖宣皇帝李熙、懿祖光皇帝李天錫、太祖景皇帝李虎、世祖元皇帝李昞、高祖李淵、太宗李世民、高宗李治、中宗

---

① 圖像據國家文物局古文獻研究室編《馬王堆漢墓帛書》。
② 圖像據北京大學出土文獻所編《北京大學藏西漢竹書(貳)》。
③ 圖像據法國國家圖書館編《法國國家圖書館藏敦煌西域文獻》第二十七册。
④ 景龍本與景福本的拓片圖像,依據京都大學人文科學研究所所藏石刻拓本資料數據庫。網絡地址:http://kanji. zinbun. kyoto-u. ac. jp/db-machine/img-srv/takuhon/index. html
⑤ 圖像據影印明正統《道藏》,上海涵芬樓,1926年,下《道藏》集注本同。
⑥ 圖像據影印武英殿聚珍版本《老子王弼注》,日本東京文求堂,昭和十四年(1939年)。

李顯、睿宗李旦等九廟。終玄宗之世，這一制度未曾改變。因此，在筆者要調查的這份唐玄宗注《道德經》的文書中，需要避諱的應該主要是上述這些人加上玄宗本人的名字。

在這些人名中，李熙、李天錫的情況有些特殊。玄宗注《道德經》幢中，正文中出現的"熙"字并不避諱。如《絕學無憂章第二十》"衆人熙熙"（圖一）①。

圖一

而"天"字在正文與注文中都反復出現，完全不作任何避諱處理，"錫"字則未見。因此這二人的神主雖然在玄宗朝被列於太廟，但其名字則似在此份文書中不作避諱。

另外，昞、顯、隆等字在這份文獻中也沒有用例。當然，沒有用例，不能就認爲這份文獻不存在對這些字的避諱。唐玄宗作注時可能對這些字作了改字避諱的處理。例如像"顯"字這樣較爲常見的文字，在注文中看不到，不能排除是因爲玄宗主動作了改避。不過，因爲要論定這些在《道德經》的正文中沒有用例的文字，在注文中是否被改避，不是很簡單的事情，限於篇幅，本文對於這些文字的討論也暫時從略。

這樣，本文要討論的玄宗注《道德經》幢中涉及避諱的文字主要有：虎、淵、世、民、治、旦、基等七字。

諱　例

筆者針對唐玄宗注《道德經》幢中有關唐代避諱的情況逐字作了調查，同時利用馬王堆帛書等更早的《老子》版本以及玄宗注《道德

---

① 本文所引《道德經》各章，標明章數外，另據《道藏》本玄宗注《道德經》標記章名，以便檢索。

經》的其他版本作校勘,獲得了大量的避諱材料。現在從中選出一部分具有代表性的例子,從多個方面,對該文獻的避諱情况作具體介紹,并以按語的方式對案例中所涉及的避諱事實略作説明。

一、正文與注文的避諱方式明顯不同

易縣龍興觀唐玄宗注《道德經》幢,對於《道德經》正文與玄宗注文中涉及避諱的文字,采用的是不同的避諱方式,《道德經》的正文多作闕筆避諱,而唐玄宗注文則多作改字避諱。

【例一】《道沖章第四》(圖二):

（正文）淵似萬物宗。

（注文）泉,深静也。道常生物,而不盈滿,妙本泉兮深静,故以爲萬物宗主也。

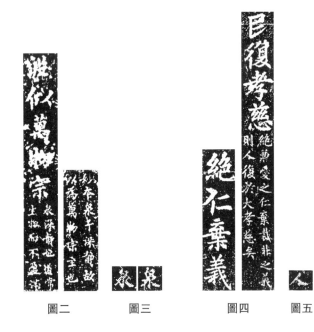

圖二　　　圖三　　　圖四　　　圖五

其中正文"淵"字闕末筆,注文對應"淵"的文字改作"泉"(圖三)。

【例二】《絶聖棄智章第十九》(圖四):

(正文)絶仁棄義,民復孝慈。

(注文)絶兼愛之仁,棄裁非之義,則人復於大孝慈矣。

其中正文"民"字闕末筆,注文對應"民"的文字改作"人"(圖五)。

【例三】《出生入死章第五十》(圖六):

(正文)蓋聞善攝生者,陸行不遇兕虎,入軍不被甲兵。兕無所投其角,虎無所措其爪,兵無所容其刃。

(注文)善攝衛生理之人,心照清静,無貪取之意,凡是外物不可加害,陸行不求遇兕武,入軍不被帶甲兵,此不求害物也,則物無害心,故無投角措爪容刃之所矣。

其中正文"虎"字闕末筆,注文對應"虎"的文字改作"武"(圖七)。

按:舊題唐玄宗御撰李林甫奉敕注《大唐六典》卷四注:"若寫經史群書及撰録舊事,其文有犯國諱者,皆爲字不成。"對於玄宗注《道德經》幢來説,抄録《道德經》正文,即所謂"寫經史群書",故須"爲字不成",即闕筆。而玄宗所撰注文,既屬自撰,不同於上述情況,採用的是改字而非闕筆的避諱方式。與闕筆相比,改字避諱表現出的尊敬程度更高。闕筆的方式,既照顧到了對老子

圖六

圖七

《道德經》文本的尊重,又表現出了對涉諱文字的避諱,用在正文,可謂是恰到好處。而注文中用改字,則充分體現出了通過對涉諱文字嚴格避諱以向所尊致敬的態度。

二、正文遇先朝廟諱不全作避諱

與前例"虎""淵""民"等字不同,易玄本《道德經》正文中多次出現的高宗名"治"字,全部寫作完字,没有發現闕筆的例子。

【例一】《不尚賢章第三》(圖八):

　　是以聖人治,虚其心,實其腹,弱其志……爲無爲,則無不治。

【例二】《載營魄章第十》(圖九):

　　愛民治國能無爲。

【例三】《治大國章第六十》(圖一〇):

　　治大國若烹小鮮。

圖八　　　　圖九　　　圖一〇

按：唐杜佑《通典》卷一〇四記高宗顯慶五年詔曰：

> 孔宣設教，正名爲首；戴聖貽範，嫌名不諱。比見抄寫古典，至於朕名，或缺其點畫，或隨便改換，恐六籍雅言，會意多爽；九流通義，指事全違。誠非立書之本。自今以後，繕寫舊典文書，並宜使成，不須隨義改易。①

所謂"使成"，便是寫完整，不闕筆，所謂"隨義改易"，是指改換成意義相近的文字來作避諱。《道德經》的正文，正屬"舊典文書"，其中的"治"字不作避諱，似乎是秉承了高宗此份詔書的旨意。

高宗的這一份詔書，只是明確了鈔寫"舊典文書"時遇到"朕名"即"治"字不作任何形式的避諱，而並沒有説明鈔寫"舊典文書"時遇太宗、高祖等人的名字該作何處理，實際上，後面的這種場合，恐怕還是要避諱的吧。易玄本中出現的對於正文中的"虎""淵""民"等字作闕筆處理，正是這一點的具體反映。

三、正文中同一諱字避諱與否前後不一致

易玄本《道德經》正文中同一諱字避諱與否，前後並不一致。例如"淵"字，在《道德經》正文中共出現三處，易玄本有兩處作闕筆，但有一處寫作完字。

【例一】《道沖章第四》（圖一一）：

> 淵似萬物宗。

【例二】《將欲歙之章第三十六》（圖一二）：

> 魚不可脱於淵。

【例三】《上善若水章第八》（圖一三）：

> 心善淵。

---

① 參見王文錦等點校：《通典》，中華書局，1988年。

圖一一　　　圖一二　　　圖一三

按："淵"是筆者所發現的易玄本中唯一在正文中前後避諱與否不一致的例子。因爲經幢是石刻的陰文，所以我們現在看到的兩個闕筆的"淵"字，一定是原刻時就沒刻最後一筆，而唯一不闕筆的"心善淵"的"淵"字，從書法的角度看，最後一筆比較自然，似乎是原刻時便不闕筆，而不像是後世好事者的補刻。

四、正文中同一諱字避諱方式前後不一致

易玄本正文中同一諱字的避諱方式前後並不一律，除了闕筆以外，還存在著改字避諱的情況。上文說到正文中遇應避諱的文字"多"采用闕筆的方式，其實正文也有改字避諱的方式，例如對"民"字的避諱，除了前面例舉的闕筆例外，還有如下改字的例子：

【例一】《不尚賢章第三》（圖一四）：

　　　常使人無知無欲。

圖一四　　圖一五

帛書甲本殘,帛書乙本作"恒使民无知无欲也"(圖一五)。

【例二】《人不畏威章第七十二》(圖一六):

　　人不畏威則大威至。

帛書甲本殘,帛書乙本作"民之不畏畏則大畏將至"(圖一七)。

【例三】《民常不畏章第七十四》(圖一八):

　　若使人常畏死。

帛書甲本作"若民恒是死"("是"當是"畏"之訛)(圖一九);

帛書乙本作"使民恒且畏死"(圖二〇)。

【例四】《民之饑章第七十五》(圖二一):

　　人之輕死。

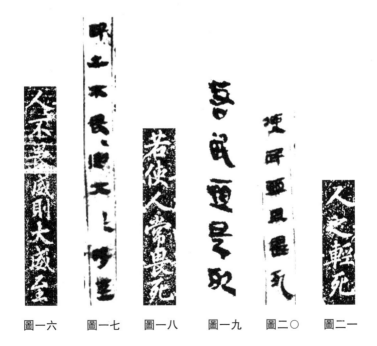

圖一六　　　圖一七　　　圖一八　　　圖一九　　　圖二〇　　　圖二一

帛書甲本作"民之巠死"（圖二二）；

帛書乙本作"民之輕死也"（圖二三）。

【例五】《小國寡民章第八十》（圖二四）：

　　使人重死而不遠徙。

帛書甲本作"使民重死而遠徙"（圖二五）；

帛書乙本亦作"使民重死而遠徙"（圖二六）。

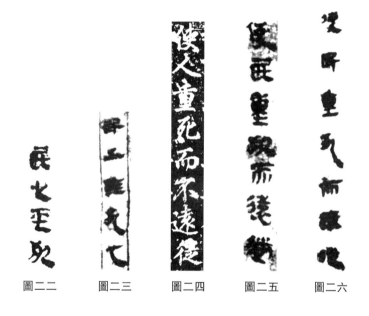

圖二二　　　圖二三　　　圖二四　　　圖二五　　　圖二六

　　按：易玄本《道德經》正文中出現這種改"民"作"人"的現象，究竟是何時造成的，或者説這種改字避諱是玄宗作注時對正文作的處理，還是玄宗作注時依據的底本本來就帶有這種改字，現在不易判定。不過，從正文中出現的更多的"民"字以及其他廟諱文字只作闕筆而不改字來看，似乎不像是玄宗作注時的處理。也許，我們可以這樣説，玄宗作注時所依據的底本，遺留了之前唐代人在鈔寫《道德經》

時所作的部分改字避諱。

五、正文涉諱處有誤回改之例

易玄本《道德經》正文中有的諱字,在更早的《道德經》版本中,實際上并不是諱字。

【例一】《和大怨章第七十九》(圖二七):

　　執左契而不責於民。

帛書甲本作"而不以責於人"(圖二八);
帛書乙本同作"而不以責於人"(圖二九)。

圖二七　　　　圖二八　　　　圖二九

易玄本中的"民"字,在帛書本中均作"人"。

按:這種現象的發生,很可能是因爲唐人傳抄《道德經》時,以爲這個"人"字是之前的鈔寫者爲了避"民"字而作的諱改,於是便作出了錯誤的回改。這從另一個角度反映出玄宗作注時所依據的《道德經》文本,在其形成過程中很有可能曾有改字避諱的情況發生,其後這些避改的文字至少有一部分又曾經過回改。

六、正文不避之字在注文中仍嚴避

易玄本《道德經》正文中不避的廟諱,在注文中則嚴格避諱。例如前面提到的正文中有不避的"淵""治"二字的情況,但是在注文中,則依然嚴格采用改字的方式對此二字作避諱處理。

【例一】《上善若水章第八》(圖三〇):

(正文)心善淵

(注文)用心深静,亦如水之泉淳矣。

其中的"淵"字,正文寫作完字,不作避諱,而注文中與之對應的文字則改爲"泉"字(圖三一)。

【例二】《上善若水章第八》(圖三二):

(正文)政善治

(注文)從政善理,亦如水之洗滌群物,令其清净矣。

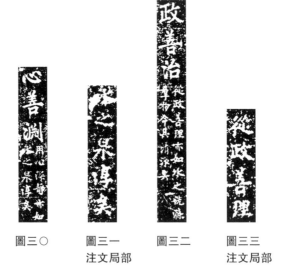

圖三〇　　圖三一　　圖三二　　圖三三
　　　　　注文局部　　　　　注文局部

其中的"治"字,正文不避諱,而注文中與之對應的文字則改作"理"字(圖三三)。

【例三】《天下皆謂章第六十七》(圖三四):

(正文)我有三寶,保而持之。

(注文)我道雖大無所象似,然有此三行甚(可)珍貴,能常保倚執持,可以理身理國。

注文中"理身理國"一句中的兩個"理"字,實際是對"治"字的諱改(圖三五)。

按:從易玄本保留下來的文本來看,其注文中沒有發現"淵""治"等字,注文中所有對應"淵""治"的場合,全部改爲他字以作避諱,這與"虎""世""民"等諱字的情況完全相同,可見儘管易玄本《道德經》正文中有不避諱"淵""治"的情況存在,但在現存的玄宗撰寫的注文中,則還是遵守了對所有廟諱作改字避諱的原則。

七、注文改字避諱之外亦有作闕筆避諱的

如上所述,玄宗作注時,遇到廟諱均作改字避諱的處理,但是,易玄本的注文中,同時存在著闕筆避諱的例子,不過所涉及的不是廟諱,而是唐玄宗的名字。

【例一】《昔之得一章第三十九》(圖三六):

(正文)故貴以賤爲本,高以下基。

圖三四

圖三五
注文局部

（注文）侯王貴高，兆人賤下，爲國者以人爲本基，當勞謙以聚之，令樂其愷悌之化，不者離散矣。

注文中出現的玄宗名字中的"基"字，與正文中的"基"字一樣作闕筆而不作改字的避諱方式（圖三七）。

按：這是不同於廟諱的很特別的例子。之所以出現這種現象，筆者推測是因爲玄宗作注時，對自己的名字未作避諱。易玄本注文中出現的這個"基"字的闕筆寫法，應該只是刻寫者在刻寫時遇到注文中所出現的當朝皇帝的名字，臨時所作的避諱處理。因爲是當朝皇帝所撰寫的文字，刻寫者不敢擅作改字，作闕筆的處理，在當時的情況下應該是最爲合適的向當朝皇帝示敬的方式吧。

八、避諱字出現在偏旁亦作避諱

在易玄本中，如果避諱字作爲偏旁出現在其他文字的形體中，亦有作避諱處理的例子。

【例一】《大道廢章第十八》（圖三八）：

國家昏亂。

圖三六　圖三七
　　　　注文局部

圖三八　　　　圖三九

【例二】《絕學無憂章第二十》（圖三九）：

我獨若昏。

此二例中的"昏"字,在唐朝以前實作"昬",之所以改從"民"作從"氏",是爲了避唐太宗諱。

【例三】《反者道之動章第四十》（圖四〇）：

（注文）若能兩忘權實,雙泯有無。

其中的"泯"字,從上下文的意思來看,原文應作"泯"字,寫作"泯",當然也是爲了避唐太宗諱。

【例四】《絕學無憂章第二十》（圖四一、圖四二）：

（正文）我愚人之心純純

（注文）我豈愚人之心遺忘若此也哉,但我心純純故若遺爾也。

【例五】《上德不德章第三十八》（圖四三）

圖四〇　　圖四一　　圖四二
注文局部

（正文）上德無爲而無以爲。

（注文）知無爲而無爲者,非至也。無以無爲爲而無爲者,至矣。故上德之無爲,非徇無爲之美,但含孕淳樸,適自無爲,故云而無以爲,此心迹俱無爲也。

圖四三　　圖四四

【例六】唐玄宗序（圖四四）：

　　但備遺闕之文。

　　此三例中的"但"字，其聲旁"旦"都闕少了"日"内的一橫畫，這是爲了避睿宗李旦的諱（之所以不是闕末筆，顯然是因爲如果"旦"字闕末筆的話，便會與"日"字相混淆）。

　　按：據《舊唐書·高宗紀》的記載，高宗顯慶二年時，曾下令改"昬"字作"昏"，以避其中的"民"，易玄本"昬"寫作"昏"，"泯"寫作"泍"，正是這一詔令的具體體現。"但"字的闕筆，性質與之相同，不過避的是睿宗而不是太宗的名字而已。

九、同時版本的避諱異同

（一）邢玄本

　　與易玄本相比，刻成年代僅晚一年的邢玄本，在避諱方式上與易玄本大致相同，但也有一些差異，以下各舉一例以作説明。

　　1. 關於正文闕筆、注文改字的避諱方式。

　　這一點，邢玄本與易玄本相同。

　　例如《道沖章第四》（圖四五）：

　　（正文）淵兮似萬物之宗

　　（注文）泉，深静也。道常生物而不盈滿，妙本泉兮深静……

　　其中正文"淵"字闕筆，而注文中兩處與"淵"對應的文字均作"泉"（圖四六、圖四七）。

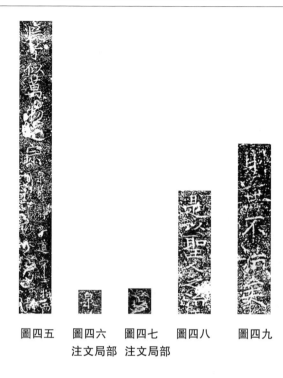

圖四五　　圖四六　　圖四七　　圖四八　　圖四九
　　　　　注文局部　注文局部

2. 關於正文遇先朝廟諱全作避諱的原則。

與易玄本正文不避"治"字不同,邢玄本除了與易玄本一樣對"虎""淵""民"作闕筆處理外,對正文中出現的"治"字也同樣闕末筆。

例如《不尚賢章第三》(圖四八、圖四九):

　　是以聖人之治。

　　則無不治矣。

其中兩個"治"字都作闕筆。

3. 關於正文中同一諱字前後避諱與否是否一致的問題。

這個問題,由於邢玄本有所殘闕,因此難以有明確的結論。上文説到易玄本的正文有對同一諱字避諱與否前後不一致的情況,是因爲筆

圖五〇

者確實觀察到了闕筆的"淵"字與不闕筆的"淵"字并存的事實,但是説有易,説無難,雖然邢玄本保存下來的文本中似乎没有這樣的例子,但因爲無法肯定那些殘闕或模糊不清之處一定没有這種情況。例如"淵"字,除了上揭《道沖章第四》的"淵兮似萬物之宗"的"淵"字作闕筆外,《上善若水章第八》的"淵"字也應該是作闕筆(圖五〇)。

不過,因爲《道德經》正文中"淵"字的第三個用例,即《將欲歙之章第三十六》"魚不可脱于淵"一句,正值邢玄本殘闕之處,無法知道其中的"淵"字闕筆與否,因而也就無法斷定"淵"字在正文中的避諱是否保持一致。

4. 關於正文中同一諱字的避諱方式是否前後一致的問題。

上文論及易玄本的相關問題時,筆者以"民"字爲例,説明易玄本在《道德經》正文中對於"民"字的避諱,存在著改字與闕筆兩種不同的方式,同樣的,邢玄本中也存在著對同一個諱字分別采取改字與闕筆的不同避諱方式的事實。邢玄本對於正文中的諱字,一般都作闕筆避諱的處理,爲節省篇幅,有關這方面的例子從略(可參見上揭"治"字例),以下只就涉及改字避諱的情況,以"民"字爲例,説明三點。

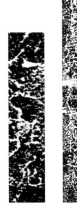

圖五一　圖五二

(1)有與易玄本相同的改字避諱處。

例如《民之饑章第七十五》,邢玄本"人之輕死"四字(圖五一)。

上文已揭易玄本此處亦作"人之輕死",且據古本説明其中的"人"字當爲避"民"所改,邢玄本此處與易玄本同。

(2)易玄本改字處,邢玄本未必改字。

例如《不尚賢章第三》,前揭易玄本"常使人

無知無欲”一句,據古本可知,其中的“人”字應是“民”字
的避諱改字,而邢玄本中對應易玄本“人”字的是一個闕
筆的“民”字(邢玄本此句漏刻了句末的“欲”字)(圖五
二)。

至於邢玄本改字處,易玄本是否也改字,則不易確
定,原因同樣也是因爲石刻有殘闕。

例如《民常不畏章第七十四》,邢玄本有“人常不畏
死”一句(圖五三)。

其中的“人”字,竹簡與帛書的古本都作“民”字,這
個“人”字,應該是避唐太宗諱所改。但因爲易玄本與這
一句相對應的文字,正值石刻殘缺之處,所以無法確定易
玄本是否也改避作“人”。

圖五三

(3)有誤回改處。

邢玄本的正文中也存在著將《道德經》原文中的
“人”誤以爲是前人避“民”所改而作回改的情況。

例如《治人事天章第五十九》,竹簡與帛書的古本都作
“治人事天”的四字,邢玄本却作“治民事天”(圖五四)。

對應古本的“人”字的,是作闕筆的“民”字。因爲易
玄本此文正值殘缺,僅剩“事天”二字,其上面二字究竟
如何無從瞭解,那麼,邢玄本的這個“民”字,至少可以說
明邢玄本所依據的《道德經》文本,也很可能曾經過了唐
人對改字避諱的回改。

圖五四

5. 注文改字避諱有例外。

從保留下來的文本來看,易玄本的注文嚴格遵守了遇
廟諱改字回避的原則,而邢玄本現有的文本也基本作同樣的處理,不過有例外
的情況存在。

例如《治人事天章第五十九》“治人事天莫如嗇”一句的注文中,

圖五五　　圖五六

對應易玄本中"人君將欲理人事天之道"以及"人和可以理人"二句中的"理"字,邢玄本均作"治"字,這二句注文分別是:

人君將欲治人事天。(圖五五)

人和可以治人。(圖五六)

雖然邢玄本的圖像不是很清晰,但我們還是可以辨認出其中的兩個"治"字,特別是前者,似乎還不作闕筆的處理。

按:這是很特殊的情況。邢玄本現存的文本中,其注文對先朝廟諱都作了改避的處理,唯有這兩處却直書其字。從早一年刻成的易玄本這兩處均作"理"字來看,邢玄本的這兩個"治"字應該不是玄宗作注時的一時疏忽,倒更像是邢玄本的寫刻者刻意爲之。更匪夷所思的是,與正文中出現的"治"字作闕筆不同,其中至少有一個"治"字甚至還可能并不闕筆。爲什麼會出現這樣的情況,一時還難以解釋。

(二)敦煌本

法藏敦煌文獻 P. 3725 殘存的玄宗注《道德經》三十四章至三十七章,從僅有的這一部分文本來看,該鈔本也體現了正文闕筆、注文改字的避諱方式。

例如《將欲歙之章第三十六》,"魚不可脫于淵"一句,正文見圖五七,相關的注文見圖五八。

注文對應正文中作闕筆的"淵"字的,是"泉"字。

十、前後版本的避諱異同

在《道德經》正文的避諱上，與易玄本相比，之前的景龍本與之後的景福本有不少值得關注的地方。

（一）景龍本

1. 遇廟諱不避諱。

【例一】《上善若水章第八》（圖五九）：

心善淵。

其中的"淵"字不作闕筆。

圖五七　　　圖五八

【例二】《出生入死章第五十》（圖六〇）：

陸行不遇兕虎。

虎無所措其爪（"措"字似訛作"指"）。

其中的二"虎"字均不闕筆。

【例三】《不尚賢章第三》（圖六一）：

圖五九　　　　圖六〇　　　　　　圖六一

圖六二

使民不争。

使民不盗。

其中的二"民"字均不闕筆。

【例四】《以政治國章第五十七》（圖六二）：

以正治國。

其中的"治"字不作闕筆。

2. 遇廟諱改字避諱。

【例一】《道沖章第四》（圖六三）：

深乎萬物宗。

其中的"深"字，古本均作"淵"。

【例二】《載營魄章第十》（圖六四）：

愛人治國能無爲。

其中的"人"字，古本均作"民"。

【例三】《使我介然章第五十三》（圖六五）：

大道甚夷而人好徑。

其中"人"字，古本均作"民"。

圖六三　　　圖六四　　　圖六五

【例四】《以政治國章第五十七》(圖六六)：

天下多忌諱而人彌貧,人多利器,國家滋昏。

其中二"人"字,古本均作"民"。

【例五】《其政悶悶章第五十八》(圖六七)：

其政悶悶,其人醇醇。其政察察,其人欸欸。

其中二"人"字,古本均作"民"。

【例六】《古之善爲道者第六十五》(圖六八)：

古之善爲道者,非以明人,將以愚之。

其中的"人"字,古本均作"民"。

【例七】《民之饑章第七十五》(圖六九)：

民之飢。

民之難治。

人之輕死。

圖六六　圖六七　圖六八

其中上"民"字,古本作"人"(易玄本同作"人"),下"民"字,古本作"百姓"(易玄本殘缺),"人"字,古本作"民"(易玄本同作"民")。

【例八】《小國寡民章第八十》(圖七〇)：

小國寡人。

使人重死而不遠徙。

圖六九

圖七〇

其中的"人"字,古本均作"民"。

按:從景龍本遇廟諱大多數直書其字而不作闕筆來看,這一文本當時所采取的是不避廟諱的原則。其中的"淵""民"有改字的情況存在,應該不是景龍碑的寫刻者刻意所爲,而是因爲其所據以寫定的文本,在流傳過程中曾有過改字避諱的經歷,這些諱改的文字,並沒有在上石前得到回改,因而被保留了下來。

不過,這裏有一點值得作進一步的思考。那就是從景龍本正文中大量遺留了"民"字的改字避諱這一點來看,景龍本的底本在其形成過程中確實有過避諱改字的經歷,而根據貞觀年間不偏諱唐太宗二名的事實,那麼這些改字的情況,很有可能發生在高宗朝至此碑刻成的中宗景龍二年之間。《道德經》正文總共就五千多字,這樣篇幅的文本,當時的人們多數的情況應該是一次鈔成的吧,如果是一次鈔成,那麼如果要對文本中出現的廟諱作改字避諱的話,似乎也應該一視同仁更爲合理,但爲什麼保留下來的改字避諱中,只涉及了"淵""民"二字,"虎""治"等字則沒有改字避諱的例子留存下來?

出現這樣的情況,可能是因爲與"淵""民"等字相比,"虎""治"二字被諱改的話,當時的人們比較容易發現。其中"虎"字比較好解釋,因爲《道德經》中僅有的兩處"虎"字,如果按照唐人通例諱改作"武""獸"之類的話,不要說唐代,即使在今天也很容易令人起疑,從而發現這是避"虎"而改,因而也就很容易被回改。

"治"字的情況似乎略有所不同。關於唐人特別是初唐時期的人們較容易看出"理"字與"治"字在使用場合上的區別這一點,在今天看來,可能有點不好理解。因爲事實上唐人曾大量地因避諱而改"治"作"理",由於語言有約定俗成的特點,因此對於唐代後期或唐以後的人來説,往往會覺得"治""理"兩字在很多場合可以通用,隨著時間的推移,甚至會覺得有些場合用"理"字更合適。比如在先唐時期漢語中常見的"修治"一詞,唐人爲了避諱高宗諱,將它改成了"修理",今天的人們在表達與唐前的"修治"一詞相同的概念時,總會覺得"修理"才是合適的,而很少有人會想到,在唐代以前,人們表達這一概念,只用"修治",不過,在"治"字剛開始被改作"理"字的唐高宗年間或稍後的時期,人們是很容易看出像"修理"的"理"字這樣的文字的避諱性質的。因此,如果在當時的《道德經》文本出現了爲避"治"字而改作"理"字的情況,唐人是不難發現的。

當然,景龍本中没有"治"字改字避諱的情況,還有一個不可忽略的原因,是與上文提到的高宗要求在"繕寫舊典文書"時對自己的名字"不須隨義改易"的詔令有關。也許在高宗時代開始至景龍二年之間,當時人們傳鈔《道德經》時,多數能遵守高宗的詔令,對"治"字不作避諱,這樣,到鑴刻景龍碑的時候,校刻者所看到的《道德經》文本,大多還保留著不避"治"字的原貌。

3. 有誤回改處。

例如《絶聖棄智章第十九》(圖七一):

　　絶民棄義,民復孝慈。

其中"絶民棄義"中的"民"字,無論是郭店楚簡、馬王堆帛書、北大漢簡,還是傳世的其他版本,幾乎全部作"仁"字。

按:這是很有意思的一處異文。朱謙之在《老子校釋》中以爲這個"民"字乃涉上下"民"字而誤[1],但筆者

————————————

[1] 參見朱謙之撰《老子校釋》,中華書局,1984 年。

圖七一

則覺得這一罕見的異文,可能也與避諱有關。從存世的各種唐代寫本來看,唐人會將"人""仁"二字通用,這種情況非常普遍,例如著名的在吐魯番發現的卜天壽鈔寫的《論語》鄭注中,便觸目皆是這樣的例子,如《八佾》篇中,今本"人而不仁"四字,卜天壽便鈔作"仁而不人"。根據這樣的事實,筆者推測景龍本的"絕民棄義"四字,原來或曾被鈔作"絕人棄義",其中的"人"字,原不過是"仁"字的通假字,但是後來的鈔寫者看到這個"人"字,以爲是爲避"民"而改,從而又將它錯誤地回改成了"民"字。如果是這樣的話,那麼,景龍碑本的底本在其形成過程中,曾發生過回改唐諱的情況。這一回改的具體時間無法確定,但在景龍碑建立之前便已發生過回改太宗"民"諱的情況,卻是值得引起重視的事情。

(二)景福本

景福本中有關避諱的情況,有以下兩個方面值得注意。

1. 關於不避諱的情況。

景福本中存在著對"虎""淵""民""治"等字不避諱的事實。

【例一】《出生入死章第五十》(圖七二):

　　陸行不遇兕虎。

　　虎無所措其爪。

其中兩處"虎"字都寫作完字,不闕筆。

【例二】《道沖章第四》(圖七三):

　　淵兮似萬物之宗。

其中的"淵"字顯然亦不闕筆。

【例三】《古之善爲道者章第六十五》(圖七四):

　　民之難治以其知多。

圖七二

其中的"治"字不闕筆。

【例四】《小國寡民章第八十》（圖七五）：

　　小國寡民。

　　使民重死不遠徙。

　　使民復結繩而用之。

其中的三個"民"字，亦都不缺筆。

圖七三　　　　圖七四　　　　　圖七五

　　按：這些廟諱文字在景福本中不避諱的現象雖然相同，但不避諱的原因彼此之間可能還是略有區別的吧。

其中"治"字的不諱,不難理解。據《舊唐書・禮儀志五》記載,永貞元年因德宗神主上祔太廟,而高宗已屬三昭三穆六親之外,其神主遂被遷出太廟,根據已祧不諱的原則,到了唐昭宗景福年間的時候,他的名字當然早已不再需要避諱了。

"虎""淵""民"三字的不諱,倒是值得引起注意的現象。自玄宗時期定下九廟的太廟制度後,終唐之世,雖然作爲六親者代有更迭,但是作爲一祖的太祖李虎,二祧的高祖李淵與太宗李世民,這三位始終是唐代太廟中的不遷之祖,理當避其名諱,但在昭宗時建立的景福碑中,則顯然存在不避這三位不遷之祖的名字的事實。

另外,從上揭例三《古之善爲道者章第六十五》可以看出,其中的"民"字作闕筆。實際上,景福碑除了上揭例四《小國寡民章第八十》中有三處"民"字寫作完字外,其餘的"民"字都像例三中的"民"字那樣作了闕筆避諱的處理。"虎""淵"沒有看到闕筆的例子,而"民"作闕筆卻觸目皆是。如果說"虎""淵"不避,是像景龍本那樣,爲了向老子《道德經》致敬,不過在景龍本中,"民"字是與"虎""淵"一樣沒有作闕筆的,然而在景福本中,爲什麼同樣是不遷之祖,卻唯獨太宗受此崇敬,似乎也不好理解。

那些不闕筆的"民"字只出現在第八十章,也就是石碑最後的位置,從書法的角度來看,這四個完整的"民"字,更像是一次寫成,而不是原作缺筆再被補刻的樣子。爲什麼整碑都恪守遇"民"字作闕筆的原則,而到最後的時候卻放棄了? 這同樣也讓人費解。

2. 關於改字的情況。

與唐前古本相比,景福本中亦有一些改字避諱的情況存在,不過與景龍本和易玄本相比,改字避諱的情況要少一些。

例如《民之饑章第七十五》,景福本有"民之飢""民之難治""人之輕死"三句(圖七六),與其中"民""民""人"所對應的三字,在古本中均依次作"人""百姓""民"。如北大竹簡本(圖七七)。

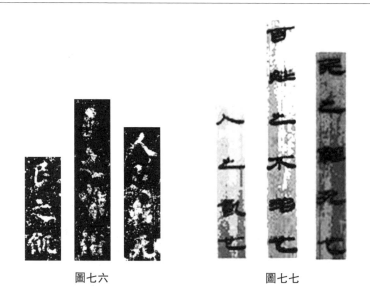

圖七六　　　　　　　　圖七七

　　按：在本文涉及的唐代的《道德經》諸版本中，對應此古本“人”“百姓”“民”三處，景龍本與景福本完全相同，即依次作“民”“民”“人”，而邢玄本全部改作了“人”，即作“人之饑”“人之難治”“人之輕死”，易玄本除中間一句殘缺外，前後兩句對應的文字亦皆作“人”。上述諸本所體現的與古本的差異恐怕亦與避唐太宗諱有關。就邢玄本中的三個“人”來説，最後一個“人”字，對應古本中的“民”字，唐人傳鈔時，很有可能直接將其改避作“人”，又因爲改成“人”後，在其所在句子中似乎可以理解爲一般意義的“人類”的意思，因此不容易被後人回改，這大概也是爲什麽我們能在景龍本、易玄本、景福本中看到這個與古本不同的“人”字一直被保留下來的原因之一吧。而邢玄本的第二個“人”字（易玄本缺），古本原作“百姓”，並不涉及唐諱，爲什麽也被改掉了呢？導致出現這種情況，有可能是唐人在對原有改字避唐諱的《道德經》文本作回改時，誤以爲此處的“百姓”，是爲避“民”字而作的諱改，因此作了錯誤的回改。又因爲所在的句子中，有“其上”的字眼，因此，“百姓”

一旦被改作"民"字,不容易令人再起疑心而作更改。景龍本、景福本中的第一個"民"字的情況,與上述邢玄本的第二個"人"的情況相類似,亦屬於唐代的校勘或鈔寫者誤以爲前人鈔寫的《道德經》正文中的"人"字是諱"民"而改,因而作了回改,加上所在句中有"(其)上"這樣的字眼,這一誤改也很容易被保留下來①。

十一、後出版本的回改

　　易玄本中出現的唐人避諱,後出的版本往往有作回改的。涵芬樓影印明正統《道藏》男字號收有《唐玄宗御注道德真經》,若取與易玄本相校,便可以看出,唐代經幢本中的闕筆避諱字,在明代《道藏》本中已全部補成完字,不再作闕筆的處理,這當然是很自然的,與此同時,易玄本中玄宗注文內嚴格改避的那些唐諱,也有很多已被回改爲原來所諱的文字。

　　【例一】《上善如水章第八》(圖七八、圖七九):

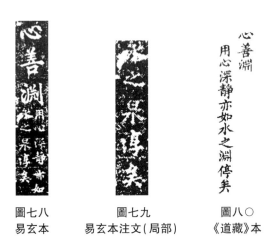

圖七八　　　　　圖七九　　　　　圖八〇
易玄本　　　易玄本注文(局部)　　《道藏》本

① 高明也以爲"民之饑"中的"民"字是誤回改所致,但他認爲誤回改是發生在"唐後重刻"時,然而從景龍本、景福本的來看,這一誤回改作"民"字的情況,至少在唐代時便已經存在了。參見高明撰:《帛書老子校注》,中華書局,1996年。

易玄本注文中的"泉"字,在《道藏》本中已被回改作"淵"(圖八〇)。

【例二】《昔之得一章第三十九》(圖八一、圖八二)。

易玄本注文中的"兆人"的"人"字,在《道藏》本中已回改作"民"(圖八三)。

圖八一 易玄本

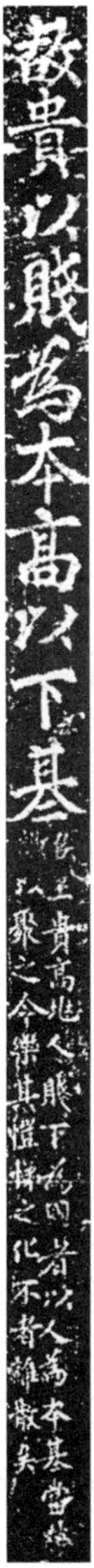

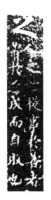

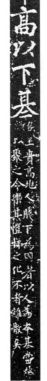

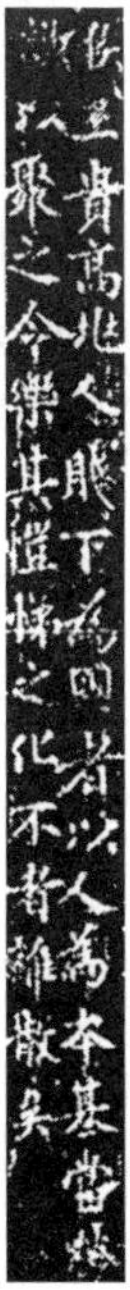

圖八二 易玄本注文(局部)

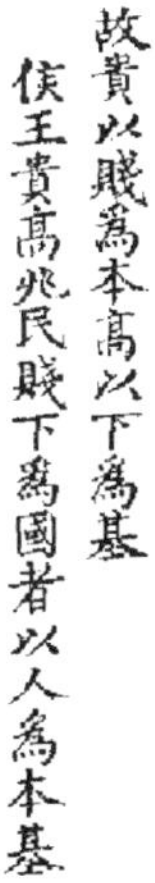
故貴以賤爲本高以下爲基
侯王貴高兆民賤下爲國者以人爲本基

圖八三 《道藏》本

【例三】《其安易持章第六十四》(圖八四)。

圖八四 易玄本(正文"之"字上殘闕)

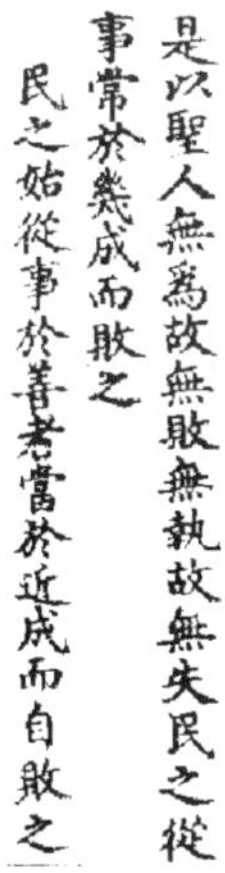
是以聖人無爲故無敗無執故無失民之從
事常於幾成而敗之
民之始從事於善者當於近成而自敗之

圖八五 《道藏》本

易玄本注文中的"人"字,在《道藏》本中已回改作"民"(圖八五)。

【例四】《民之饑章第七十五》(圖八六、圖八七)。

易玄本注文中的"人""理"二字,

在《道藏》本中已回改作"民""治"（圖八八）。

民之難治以其上之有爲是以難治
天下之民所以難治化者以其君上之有
爲有爲則多難多難則詐與是以難治

圖八六　　　　　　圖八七　　　　　　圖八八
易玄本　　　　易玄本注文（局部）　　《道藏》本

　　明正統《道藏》的靡、恃字號，還收録有《道德真經集註》一書，滙集了唐玄宗、河上公、王弼、王雱四家對《道德經》的注解，其中唐玄宗注亦與此易玄本同出一源。與上述男字號所收的玄宗注對唐諱作了大量回改不同，此書中的玄宗注在很大程度上保留了玄宗作注時的改字避諱。

　　如上揭《道藏》本中那些對玄宗注原文諱字作回改之處，《道藏》集注本則多數保留了改避的文字原貌，即《上善如水章第八》（圖八九）、《其安易持章第六十四》（圖九〇）、《民之饑章第七十五》（圖九一）。

　　不過，《道藏》集注本在保留了大部分諱改字的同時，也對部分諱改字作了回改。

　　例如《昔之得一章第三十九》。與前揭《道藏》本的情況相同，易玄本玄宗注文中的"兆人"，已被回改作"兆民"（圖九二）。

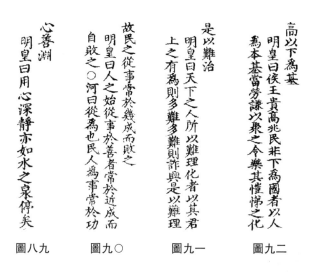

圖八九　　　　圖九〇　　　　圖九一　　　　圖九二

　　按：無論是《道藏》本，還是《道藏》集注本，原來易玄本正文中那些作闕筆的諱字已全被寫作完字，如果僅憑《道藏》所收集的版本，那麼玄宗注《道德經》正文原作闕筆這一避諱信息我們便無從知曉。易玄本玄宗注文中的改字避諱，在後出的《道藏》本中有很多作了回改。如果沒有易玄本，那麼我們也很容易產生這樣的誤解，即玄宗作注時，對需作避諱的廟諱并不嚴格作改字避諱。

　　《道藏》本中對玄宗注文中的避諱改字，並沒有全部予以回改。例如上揭《道藏》本注文中有"侯王貴高，兆民賤下，爲國者以人爲本基"一句，雖然已經將易玄本中"兆人"的"人"字回改作"民"，但却沒有回改"以人爲本基"中的"人"字，其實參照正文，這一個"人"字屬"民"字的諱改的性質是很容易判定的。這也許是因爲後面的這個"人"字是個單音節詞，與"民"的意義有重合之處，而"兆民"是個雙音節詞，自《尚書》開始，便專用於表示與天子對應的天下百姓的概念，從這一點上來說,"兆人"中的"人"字屬諱改字的性質,更容易被人發現。

　　總的來說,因爲有易玄本作爲較好地保留了玄宗注原貌的早期版本作比較,我們才可以發現,玄宗注文中的諱改字,在《道藏》本中得到了較爲充分的回改,而在《道藏》集注本中則得到了較多的保留。如果没有易玄本,則對這兩種《道藏》版本中的避諱情況,究竟是當日的作者避而不嚴,還是後來的鈔者改而不盡,恐怕難以作出令人信服的判斷。

　　十二、後出版本的誤回改

　　與易玄本相比,後出版本存在著以不諱爲諱而誤回改的情況。

　【例一】《民之生章第七十六》(圖九三、圖九四、圖九五、圖九六):

　　　人之生也柔弱,其死也堅强。

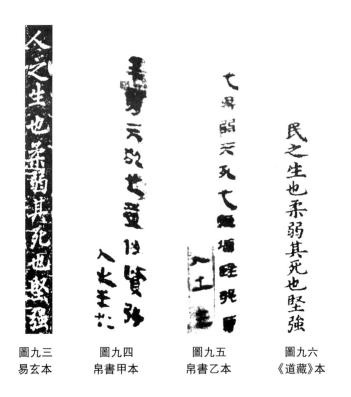

　　圖九三　　　圖九四　　　圖九五　　　圖九六
　　易玄本　　　帛書甲本　　帛書乙本　　《道藏》本

【例二】《民之饑章第七十五》（圖九七、圖九八、圖九九、圖一
〇〇、圖一〇一）：

　　人之飢，以其上食稅之多，是以飢。

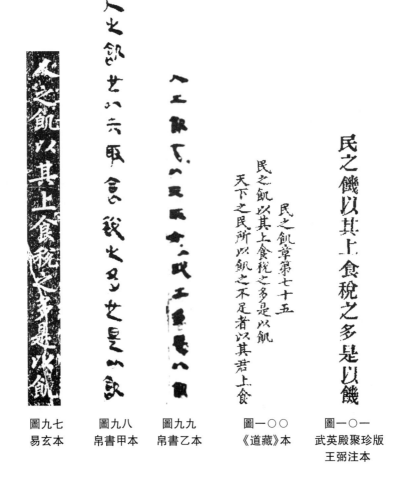

圖九七	圖九八	圖九九	圖一〇〇	圖一〇一
易玄本	帛書甲本	帛書乙本	《道藏》本	武英殿聚珍版 王弼注本

按：如果没有像馬王堆出土的帛書《老子》這樣的更早的版本，那

是很難發現哪些文字屬於後人的誤回改的。換句話説，如果没有帛書《老子》，我們很容易以爲那些被後人誤回改的文字，回改之前是屬於避諱的性質。這兩處正文中的"人"字，正是這樣的例子，尤其是第二個例子，後出的版本，有很多都已改成了"民"字，這更容易讓人得出易玄本中的"人"字是"民"字避諱的判斷。

芻　議

從玄宗注《道德經》幢的避諱調查可以看出，這份寫刻於唐開元二十六年的文獻，在對唐代帝王的避諱方面，表現出相當複雜的情形。除了在注文中通過改字的方式來作避諱外（"基"字除外，屬特殊情況），該文獻在很多方面都存在著種種的不一致。不僅易玄本如此，我們還可以從其他幾種唐代《道德經》石刻文獻中看出，這些文本中的避諱情況也很複雜，幾乎所有的涉及避諱的情況都有例外存在。如此複雜的情況，對於想要利用避諱來作考證的學者來説，尤其值得引起重視。

以下借一個具體的例子，來對這方面的問題作一點討論。

羅振玉先生所編《敦煌零拾附録》，影印有題名爲《古寫本道書殘卷》一種，其後附有羅氏跋云：

> 文中"民歸於主"，"民"字改作"人"，避唐太宗諱。而"治"字屢見不諱，蓋書於貞觀之世也。書法清健，有鍾薛風，初唐寫本之至精者。唐室肇造之初，崇尚道術，至祖老子，而以明老之學詔天下，故此書寫于是時。

圖一〇二

羅氏所提到的"人歸於主"四字殘卷見圖一〇二。

羅氏僅憑此一處以及"治"字不諱，即推斷爲貞觀時寫卷，這一推斷可信嗎？筆者覺得很成問題，因爲如

果要從避諱的角度對這份文獻作出判斷,起碼還需要作以下幾個方面的考慮:

1. "人"字是否確爲避"民"而改。

羅氏認爲"人歸於主"的"人"字應當是"民"字的諱改,并没有版本的根據,而純粹出於他對這段文字的解讀。但是,在這份文書中,其實很難説這個"人"字就一定是爲避"民"而作的改字。爲了説明這一點,下面引殘卷相關内容如下:

> 水流嵊谷,歸之於海;百狩之類,會宗於驎;飛鳥之名,終成於鳳。將至其主,咸命歸仰。故知人歸於主,主歸於天,天歸於道。若不信之,觀一可以萬。何以故知之? 狩无驎則狩暴死,若鳥无鳳則鳥不飛,若水无海則水无所歸,如若人无主則人亂云,若主无天則主无所怙,若天无道則天无可正。是以道者有無爲之父母也,若能知萬物不自生,不自化,可知泥丸之所從也。萬物因四時以運遷謝,而况於人乎? 故人順於主,水順於海……

從文章將"狩(即獸)""鳥""水""人""主""道""天""萬物"並稱來看,很難説"人"一定表示"民"的意思,如果將此處的"人"字看作是一個類名,即理解爲普遍意義上的人類的概念,也很難説就一定不合乎文章所要表達的意思。

2. 退一步講,即使"人"字確爲"民"字的避諱改字,那也只能作爲否定這份文獻書寫於貞觀年間的證據。

很多材料表明,在唐太宗李世民當政的貞觀年間,是不需要對單獨出現的"世""民"二字作避諱的。這裏略舉兩條材料作説明。

首先是唐吴競《貞觀政要》卷七《禮樂第二十九》:

> 太宗初即位,謂侍臣曰:"準禮,名,終將諱之。前古帝王亦不生諱其名,故周文王名昌,《周詩》云'克昌厥後';春秋時魯莊公名同,十六年《經》書'齊侯宋公同盟于幽'。唯近代諸帝,妄

爲節制,特令生避其諱,理非通允,宜有改張。"因詔曰:"依禮,二
名義不偏諱。尼父達聖,非無前指。近世以來,曲爲節制,兩字
兼避,廢闕已多,率意而行,有違經語。今宜依據禮典,務從簡
約,仰效先哲,垂法將來。其官號、人名及公私文籍有'世'及
'民'兩字不連讀,並不須避。"

吳競稱此詔頒布時間爲"太宗初即位",據《舊唐書‧太宗本紀》
的記載,實爲武德九年六月己巳,也即李世民發動玄武門之變後第九
天,其時李世民的身份尚爲太子。也就是説,在貞觀年前,實際已掌
握政權的李世民便已下令不偏諱其二名。

其次是《舊唐書‧高宗本紀》特意記載的高宗剛即位時發生的一
件涉及避諱的事情:

> 秋七月丙午,有司請改治書侍御史爲御史中丞,諸州治中爲
> 司馬,別駕爲長史,治禮郎爲奉禮郎,以避上名。以貞觀時不諱
> 先帝二字,不許。有司奏曰:"先帝二名,禮不偏諱。上既單名,
> 臣子不合指斥。"上乃從之。

從這份材料來看,上述李世民武德九年所頒布的命令,在貞觀年
間得到了很好的執行,也就是説唐人在貞觀年間是不需要對單獨出
現的"世""民"二字作避諱處理的。因此,如果殘卷中的"人"字確爲
"民"字之諱的話,那麼殘卷鈔成於貞觀年間的可能性就很小。羅氏
不瞭解貞觀年間的不偏諱太宗二名的實際情況,想當然以爲其時必
如後世那樣避當朝皇帝名諱,又認定"人"字屬改字避諱,從而得出了
鈔於貞觀年間的結論。

3. "治"字的不諱,不足以説明該份文件鈔寫於高宗之前。

羅跋將殘卷不避"治"字,作爲推定鈔寫於高宗之前的證據,這也
是不可靠的。

上文在討論"治"字的避諱時,曾引唐杜佑《通典》卷一百四記載

高宗在顯慶五年所頒詔書,詔書明確要求"自今以後,繕寫舊典文書,並宜使成,不須隨義改易"。根據此詔,如果這份文獻屬唐前人所撰而鈔寫於顯慶五年以後,那麼其中的"治"字是可以不避諱的。前文所舉易玄本正文"治"字不避的例子,正屬於這種情況,因此,羅跋僅僅根據殘卷不避"治"字,即推定鈔寫於高宗之前,這顯然是不充分的。

陳垣先生在《史諱舉例》的"第六十五　因避諱斷定時代例"一節中,引上述羅跋,并加按語云:

> 然考唐之崇尚道術,莫甚於會昌。高宗諱,元和元年以後已不諱,安知此卷不出於晚唐耶。

憲宗元和以後,高宗已祧,確可不諱"治"字,因此陳先生所説也有可能成立。但是,如果聯係陳先生在同書"第三　避諱缺筆例"一節中曾引過的上述顯慶五年的詔書,同時結合在元和前有不避高宗諱的事實,我們不是還能得出除陳先生所説的晚唐之外的另一種可能嗎? 有關道術内容的文章,自然也非會昌以後才會出現。

4. 此殘卷存在對其他唐諱字不避的事實。

要推定該殘卷的鈔寫年代,只憑上面提到的這兩處與避諱有關的文字("人"字是否爲避諱還很難説)是難以得出令人信服的結論的。要想使結論接近事實,就需要對該殘卷作更充分的避諱調查。根據筆者調查,此殘卷中至少還有以下涉及唐代避諱的文字:

(1)世(太宗諱)。見圖一〇三。

(2)昬(太宗諱)。見圖一〇四。

(3)但(睿宗諱)。見圖一〇五。

(4)恒(穆宗諱,穆宗爲憲宗子,繼憲宗即位)。見圖一〇六。

從這些字不避諱的情況來看,陳氏所謂的鈔於元和以後的可能性,恐怕也是很小的。尤其是其中"昬"字的寫法,是較有説服力的證據。《舊唐書·高宗紀》記載,顯慶二年(657)十二月庚午下令"改

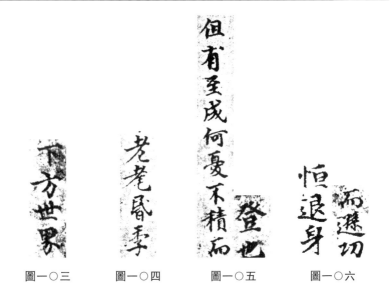

圖一〇三　　　　圖一〇四　　　　圖一〇五　　　　圖一〇六

‘昏’‘葉’字”，以避二字形體中所含的“世”“民”。從此以後，唐人書寫“昏”字都作“昏”，如果我們看那些有明確紀年的碑刻中出現的這個字，不難發現，以顯慶年爲分界，之前的全寫作“昏”，而之後的則幾乎全寫作“昏”。到憲宗元和元年（806）的時候，“昏”字的這種寫法已維持了近一百五十年，當時的一般人可能更習慣於將“昏”字寫成“昏”的樣子吧。另外，穆宗李恒的神主，到宣宗時（846—859）還沒有遷出太廟，而此殘卷又不避“恒”字，從這些方面來看，該份文書寫於憲宗元和元年（806）以後的可能性有多大，是很成問題的，至少，不大可能鈔寫於宣宗去世之前吧。

　　如果綜合現有的文本中的這些避諱現象，來推測這份殘卷的鈔寫時間，那麼較大的可能是在唐高宗時代之前，也即鈔寫於貞觀年間甚至更早。這一推論雖然與羅振玉的基本一致，但論證的方式及使用的材料則大有區別。而這些論證的方式與材料，在一定程度上參考了本人對於玄宗注《道德經》幢的避諱所作的調查。這些參考，有的是直接的,例如"治"字的不諱,"昬""但"等字的避諱;有的則是間接的,例如對一份文獻的避諱判斷,必須建立在盡可能全面充分地調查了該份文獻的所有避諱現象的基礎上,才有可能比較接近事實。因爲無論是易玄本、邢玄本,還是景龍本、景福本,避諱的情形都是那麼的複雜,如果只抓住其中一二點,便以偏概全,輕易地作判斷,那是很容易得出錯誤結論的。

主要參考文獻:

〔後晉〕劉昫撰:《舊唐書》,中華書局,1975 年。

〔唐〕吳兢撰:《貞觀政要》,《四部叢刊》,商務印書館,1929 年。

〔唐〕杜佑撰:《通典》,中華書局,1988 年。

〔清〕周廣業撰:《經史避名匯考》,北京圖書館出版社,1999 年。

陳垣:《史諱舉例》,上海書店出版社,1997 年。

國家文物局古文獻研究室編:《馬王堆漢墓帛書》,文物出版社,1980 年。

北京大學出土文獻研究所、朱鳳瀚編:《北京大學藏西漢竹書》〔貳〕,上海古籍出版社,2012 年。

〔春秋〕李耳撰,〔三國魏〕王弼注:《老子王弼注》,(日本東京)文求堂,1939 年。

何士驥:《古本道德經校刊》,《考古專報》第一卷第二號,1936 年。

法國國家圖書館編:《法國國家圖書館藏敦煌西域文獻》,上海古籍出版社,2003 年。

〔春秋〕李耳撰,〔唐〕李隆基注:《唐玄宗御注道德經》,影印明正統《道藏》本,上海涵芬樓,1926 年。

《建康實録》體例考

向來著録爲唐代許嵩所編的《建康實録》(以下簡稱《實録》)二十卷,作爲一部保留了不少六朝珍貴史料的重要史籍,其體例歷來爲人所詬病。自《郡齋讀書記》《四庫全書總目》以來前人對該書體例的諸多批評,主要體現在今人張忱石先生整理此書時所撰《點校説明》中:

> 許嵩原是想編撰一部編年實録體通史,其書記吳至宋順帝之前,皆用實録體,不知爲什麼許嵩没有堅持這種體裁,自宋順帝後忽然改用紀傳體,宋、齊統稱"列傳",梁又分爲"后妃傳略"、"太子諸王傳略"、"功臣傳",而陳又標爲"陳朝功臣"傳。又各朝皆無論贊,唯於宋後有裴子野《宋略總論》一篇,各朝皆無外國傳,獨於齊後附《魏虜》、《林邑》、《百濟》諸傳。又梁後附後梁,後梁附屬北周,又非建都建康,其史材全取之於《周書》、《北史·蕭詧傳》,毫無新見,頗有蛇足之感。故前人譏刺其書"爲例未免不純","隨意標目,漫無一定,於史法尤乖"。

今天看來,這樣的觀點還有再檢討的必要。通過仔細檢讀《實録》,筆者發現其書前後存在的體例差異,有不少並没有爲以往的學者所注意。現在將這些差異揭示出來,或許有助於進一步認識此書。

如果依據體例的差異來對《實録》全書加以劃分的話,那麼,根據其所記載的朝代,大致可以分成四個部分,即:一、吳、東晉朝;二、宋朝;三、齊、梁朝;四、陳朝。以下對這四個部分作儘可能詳細的分析比較,分別説明其體例的不同。

一、吳、東晉朝卷體例分析

這一部分共十卷,雖然其内容分屬兩朝,但從體例上看,前後十卷是完全一致的。這一部分采用所謂的"實録體"來進行編寫,即采用編年紀事,同時附載人物傳記的方式。

對於這十卷的體例的具體情況,前人的描述往往顯得疏略,如《四庫全書總目》稱:

> 其間如晉以前諸臣事實,皆用實録之體,附載於其薨卒條下。

今天的學者對此似乎也没有異議,然而筆者調查發現,在《實録》的這十卷中,人物傳記的附入並非如《四庫全書總目》所説的只有那一種方式,而是有以下三種不同的情況:

1. 如果書中記録了傳主的薨卒年月,則附載於其薨卒條下。例如卷一《吳·太祖上》中有關太史慈的傳記:

> (建安)十一年,建昌都尉太史慈卒。
>
> 慈字子義,東萊黄人。少好學,仕郡奏曹吏。……及權統事,以慈能制劉磐,專委南方之事。卒時年四十二。①

這是最常見的方式,絶大部分的人物傳記都以這種方式附入。

2. 如果書中没有記録傳主的薨卒年月,則將其傳附於其重要事迹發生之年月下。例如卷一《吳·太祖上》中有關陳化的傳記:

---

① 本文引用《建康實録》的文字,除作特別説明外,皆取準於中華書局1986年出版的張忱石整理的該書點校本,標點間有相異。

（黄武四年）六月，以太常顧雍爲丞相，封醴陵侯。以尚書陳
化爲太常。

化字元耀，汝南人。……年七十，上疏乞骸骨，爰居章安，卒
於家。子熾嗣。

書中没有記載陳化的具體卒年，他的傳記附在了其最重要的任
職之後。又如卷二《吴·太祖下》中有關胡綜的傳記：

（黄武八年）夏四月，黄龍、鳳凰見，武昌、夏口並言之。……
改元黄龍元年。建黄龍大牙……詔侍中胡綜爲賦，其略曰"乃律
天時……六軍所望"云云。

綜字緯則，汝南固始人也。……自黄龍後，詔誥册命、鄰國
答書，皆綜所爲。與是儀、徐祥同典機密。

《實録》記載胡綜的事迹很少，也不曾記載其亡卒年月，由於胡綜
是孫吴執掌文書的重要文人，他的傳記便附在其爲黄龍大牙作賦之
事後。

3. 有極少數的人物，雖然書中記載了其薨卒年月，但其傳記却
並不是附在其薨卒條下，而是也采用第二種方式附在其重要事迹發
生之時。例如顧雍，卷二《吴·太祖下》記載了其薨卒的具體年月：

（赤烏六年）冬十一月丞相顧雍薨，時年七十六。

但是這一薨卒條下却並没有顧雍的傳記。相反，在（黄武四年）
《陳化傳》的後面却緊接著出現了顧雍的傳記：

雍字元凱，吴人也。……訪人間及政職所聞，密以言聞，見
納則歸於主，上不用終不泄言，以此見重。

《實録》前十卷中，傳記不是附在薨卒條下的人物，並不是個别的
情况。即以孫吴部分的前四卷來説，除了上面例舉的三人外，還有鄭

泉、是儀、太祖夫人步練師、殷禮、吾粲、全尚、李衡、孟宗、後主后滕芳蘭、丁奉、步闡、何禎、太子和何妃、周處、吾彥等十五人。在前四卷中所有立傳的六十人中，這十八人正好占了百分之三十。《四庫全書總目》稱其"皆用實錄之體，附載於其薨卒條下"云云，顯然失之過粗。

二、劉宋朝卷體例分析

劉宋部分的體例情況比較複雜。以往的學者只是以順帝朝爲限將其分成了編年與紀傳兩個部分，實際的情況並不是這麼簡單。如果根據其體例的不同，再作進一步分析的話，可以將這四卷劃分成三個部分，即：一、卷一一、一二。二、卷一三以及卷一四的紀文部分。三、卷一四的列傳部分。鑒於列傳部分的人物傳記，實際上只是對沈約《宋書》中相關的人物列傳的一個簡單節縮，因此，關於列傳的體例論述從略。以下主要就前面的兩部分來作分析。

第一部分的卷一一、一二兩卷，在敘述武帝、廢帝營陽王、文帝三朝的時候，采用了相同的編寫體例。這一體例，與下面第二部分記載孝武帝、少帝、明帝、後廢帝、順帝五朝的編寫體例有很大的不同，其差異主要體現在以下幾點：

1. 裴子野贊的有無。

第一部分兩卷敘述史事的同時，不時插入以"裴子野曰"爲標誌的裴子野贊論。其中卷一一引六則，卷一二引十則。而這種編寫方式，在卷一三、卷一四中則不復存在。後面的這兩卷，雖然在卷一四的最後引用了裴子野的《宋論》一篇以及一條裴子野敘述《宋略》編寫經過的簡短文字，但除此以外，再也沒有了像前面那樣通過引用"裴子野曰"這種方式來評論人事的例子。

2. 人物小傳的有無。

第一部分的兩卷，在編年記載史事的同時，插敘有關人物的介紹

（有相當一部分是緊接在該人物的薨卒條下）。這種人物的介紹，雖然不像前面十卷中的人物傳記那樣完整，但往往記述了該人物某一方面的事迹，在某種程度上未嘗不可以將其看作爲該人物的小傳。例如：

> （元嘉七年）七月丁未，侍中王曇首卒，贈散騎常侍、左光禄大夫，謚文侯。
>
> 初，曇首爲西中郎長史，高祖誡文帝曰："王曇首沉毅有器度，宰相才也。"曇首與兄弘俱有盛名，家世久爲揚州。彭城王心欲其所，嘗謂客曰："神州詎可卧理？而王公久病居之！"弘恐，辭疾，終不許。及曇首求爲吴郡，上曰："豈有欲建大廈而棄其梁棟，若賢兄謝病，此卿之席也。"

需要説明的是，這種形式的小傳，在前兩卷中主要集中在卷一二《宋·太祖文皇帝》中。這是因爲卷一一《宋·高祖武皇帝》卷所記載的史事，絶大部分在記載晉末歷史的第十卷中已有叙述，而在那一段時間去世的人物，卷一〇中已分别有個人小傳繫於其薨卒條下，所以卷一一中没有再出現這樣的内容。

筆者對卷一二中記載了亡卒年月的人物總數與其中附有其傳記的人物數作了一個統計。卷一二中，在文帝當政的三十年間去世而記載了其亡卒年月的人物共有徐廣、蔡廓、傅亮、徐羨之、謝方明、謝晦、阮韶之、鄭鮮之、范泰、王曇首、竺靈秀、王弘、謝靈運、謝弘微、劉道濟、王准之、甄法護、檀道濟、零陵王太妃褚氏、王仲德、皇后袁氏、劉湛、殷景仁、扶令育、羊欣、會稽長公主、范曄、孔熙先、桓隆之、零陵王司馬元瑜、王敬弘、劉紹等三十二人，其中徐廣、蔡廓、傅亮、謝方明、謝晦、阮韶之、鄭鮮之、王曇首、謝靈運、謝弘微、王准之、檀道濟、王仲德、劉湛、羊欣、劉道産、會稽長公主、孔熙先、范曄、王敬弘等二十人有傳記文字，約占百分之六十三。

　　但後面的兩卷，則與此完全不同。在後兩卷中，從孝武帝當政至順帝禪位的二十六年的歷史記載中，明確記錄了其薨卒的人物有六十多人，但這六十多位人物中只有三個，即劉誕、周朗、劉義恭三人有傳記文字，只佔總數的百分之五。僅有的三篇傳記都置於傳主的薨卒條下，且有較爲完整的格式。例如卷一三《宋·世祖孝武皇帝》中的周朗傳：

> （大明四年）十月流前廬陵内史周朗於寧州，道殺之。
>
> 　朗字義利，汝南人。少愛奇。以江夏王太尉府參軍累遷廬陵内史，因獵火逸燒郡廨屋，以私財償之。初，朗奏讜言，帝銜之。及丁母憂，便誣朗失喪禮，遷之。將行，朝無送者，惟侍中蔡興宗獨往造別。帝怒，左遷興宗。

　　這種從介紹人物名字祖籍開始的傳記體例，也與前兩卷中二十個人物小傳有明顯的不同。在後兩卷中，其他在這二十多年間去世的人物傳記，大多被收入《列傳》之中。

　　前人有關宋朝部分四卷體例問題的認識，有一點在這裏必須加以討論。自《郡齋讀書記》指出《實錄》"自順帝已後，復爲紀傳而廢編年"後，這一觀點爲後面的研究者所普遍接受。這一認識也是不準確的。

　　通過以上的分析可以看出，《實錄》中劉宋部分的前兩卷，從編寫體例的角度來看應該是獨立的一部分。在這一部分尤其是卷一二文帝朝的内容中，已收錄有亡卒於其間的二十多位歷史人物的傳記（當然，除了在亡卒條下所附的人物小傳外，還有不少通過其他途徑插入的小傳）。考察《實錄》卷一四《列傳》中所收錄的人物，可以看出在卷一二中已有傳文的人物幾乎都不在其中。熟悉劉宋朝歷史的讀者看到《列傳》的目錄，很快便會發現該《列傳》中居首的徐湛之、江湛、王僧綽幾個人，都是文帝末年在劉劭發動政變時遭到殺害的文帝的親信大臣,而《列傳》中此後的人物,幾乎都是晚於這幾位去世的人物。由於《實録》卷一二的末尾對劉劭政變的介紹語焉不詳,上述徐、江諸人未有相應的小傳。卷一四的《列傳》中這幾個人被安排在最前面,顯示了《列傳》的作者將收入《列傳》的人物的時間上限定在文帝末年的原則。所以如果我們一定要將《實録》中劉宋朝的部分記載稱爲"紀傳體"的話,也不該説成是"自順帝已後",因爲在《列傳》所收的人物中,除了上述文帝末年去世的徐江諸人外,還有卒於孝武帝朝的顏延之、臧質、魯爽等人,換句話説,這種所謂的"紀傳體"的體例至少應該從卷一三的《世祖孝武帝》算起。

實際上,《實録》卷一三、一四中劉宋的這一部分內容,雖然有著編年紀事的形式以及"列傳"的名稱,卻並不能算嚴格的紀傳體。在與《列傳》中人物所處年代相對應的記載孝武帝至順帝編年歷史的內容中,同時存在著獨立的人物傳記的內容。除了上面例舉的卷一三《宋・世祖孝武皇帝》中的《周朗傳》以外,還有如卷一三《宋・世祖孝武皇帝》所載《竟陵王劉誕傳》:

> 誕字休文,文帝第六子,母殷修華。遷驃騎將軍、都督南兗州諸軍事。以好士見疑,心不自安,遂據廣陵反。誕初修武城,自出巡檢功,人或大呼曰:"大兵將至,何以爲辛苦百姓?"執而問,曰廣陵人,姓夷名孫,云:"大禍將至,何不立六順門?"誕曰:"六順門何也?"答曰:"古語有之:禍不入六順之門。"誕殺之。將舉兵,兵士初夢人告之曰:"取官髮爲稍眵①。"既覺,問如是數十人。誕又經自夜坐,有光滿室,誕深惡之,而不自免。

又如卷一三《宋・少帝》載有《江夏王劉義恭傳》:

---

① "眵",張忱石點校本作"睡",此據宋紹興本。

　　義恭,高祖第四子,姿質端麗,高祖特愛之。帝即位,封爲江夏王,出爲荆湘等八州刺史。性褊急,朝廷爲書戒之曰:"拘忌褊心,魏武之類;豁達大度,漢祖之德。"元嘉十六年進位司空,録尚書。二十一年入爲太尉。元兇構逆,進位太保。世祖討元兇,至新亭,元兇殺其子十二人。世祖即位,拜太傅,兼尚書令。性嗜不恒,奢侈無度。曾市百姓物,無錢可還,有通辭求錢者,輒題後作"原"字。及帝無道,柳元景等欲立王,帝知,自率兵殺之,時年五十三。使使抉出義恭晴,漬於蜜中,謂之"鬼目"。

　　這三個人的傳記都附於其亡卒年下,這種記事方式與傳統的帝王本紀是不一樣的。從傳文的位置以及形式來看,倒與前十卷的立傳的形式很相似。因此,從孝武帝到順帝的這一段編年紀事的體例,也許可以看作是向前十卷"實録體"的一種回歸,只是似乎没有最後成形,因爲在這一個時期亡卒的其他人,雖然記載了其具體的亡卒年月,却並没有在其下補上傳記文字。

三、齊、梁朝卷體例分析

　　《實録》對這兩朝的記載,其體例與上述所舉各朝的體例均不相同。此處所采用的紀傳體方式,粗看與前面劉宋朝孝武帝至順帝時期的體例相似,但通過仔細考察可以看出,兩者並不相同。其體例上最明顯的不同,是有關歷史人物的亡卒年月記載的有無。

　　如前所述,《實録》劉宋朝孝武帝至順帝二十多年間的記載中,記録了多達六十人的亡卒年月,而這些人物的亡卒年月,尤其是其中自然死亡者的亡卒年月,有相當一部分並不見於《宋書》各帝紀及《南史·宋本紀》的相關部分,這似乎表明作者並不想簡單地節録上述史書的帝紀材料,而是準備沿著前十卷的體例,通過組合帝紀與列傳的内容來作編寫，只是似乎還沒來得及將相關人物的小傳附在其亡卒條下。

　　然而，《實錄》在有齊一代同樣是二十多年間的記載中，卻只提到了褚淵等幾個人的亡卒年月，而且這些記載都見於《南齊書》的本紀部分。在梁代的記載中，更是只有蕭統、高歡等一二人的自然死亡有所記錄，其餘大臣的亡卒年月不見記錄。這一點顯示出了這兩朝的記載與前面的三朝的內容在體例上的明顯不同。

　　如果取《南齊書》《梁書》以及《南史》帝紀部分的相關內容作比較，可以看出，《實錄》有關齊梁部分的編年記載，完全由簡單節縮上述諸書中帝紀部分的相關文本而成。如果說《實錄》中有紀傳體的話，那麼只有這兩朝的這些編年記載與列傳的組合可以說算是真正的紀傳體。

四、陳朝卷體例分析

　　陳朝卷的體例，宋代以來的學者都將其視同之前的宋齊梁卷，直到民國時，才由酈承銓揭示出，降至陳朝部分的記載，《實錄》又恢復了編年附傳的體例①。例如卷一九《陳·高祖武皇帝》：

　　　（永定三年六月）癸卯夜，熒惑在心。詔賜尚書令沈衆死。
　　　衆字仲監②，吳興武康人。……性急，於忿恨③，非毀朝廷。高祖大怒，因其休假，遂賜死。

　　雖然《實錄》在陳朝部分的最後也列有《陳朝功臣》④，似乎有紀

---

① 見酈氏《建康實錄校記》二卷，載《江蘇省立國學圖書館》第六、第七（1933—1934 年）年刊。
② 據《陳書·沈衆傳》，“監”字當是“師”字之訛。
③ 據《陳書·沈衆傳》，“於”字後當脫“是”字。
④ 將江總等八人一概稱之為“陳朝功臣”，是名不副實的，其中的任忠，更是賣主投敵之輩。

傳體的意味，但是稍作考查便不難發現，這一部分只收録了江總、蕭
摩訶、樊毅、魯廣達、任忠、蔡徵、姚察、王元規共八個人的傳記，而這
八人，全部是在陳朝滅亡之後亡卒的人物，由於《實録》記事至陳朝滅
亡，按照人物傳記附於其亡卒年後的實録體通例，這八人的傳記無從
附載。這樣看來，所謂的《陳朝功臣》，只不過是對陳朝二卷前面内容
的一點補充，從體例上講，設置《陳朝功臣》，只是不得已的處理，這樣
的内容並不是實録體的有機組成部分。

五、對前人有關體例批評的辯正

通過以上的分析，可以看出前人對《實録》體例批評的部分不當
之處。對《實録》體例的分析越細，越能發現前人對於《實録》體例批
評的偏頗。這裏以王鳴盛爲例，再作進一步的説明。王氏在《十七史
商榷》卷六四"建康實録"條稱：

> 此書用意亦李延壽之流亞，延壽取八代爲一書，嵩又取吳、
> 晉、宋、齊、梁、陳爲一書，已覺蛇足，乃其手筆體裁又不如延壽遠
> 甚。吳、晉用編年體，仿佛荀悦、袁宏，宋以下忽分紀傳。吳、晉
> 無論贊，宋以下忽用論贊。吳、晉、齊、陳末無總論，宋末忽自造
> 總論一篇，約二千余字，文皆排偶，意則舊史已具。梁末襲取魏
> 徵總論而去其下半篇。其傳率爾鈔撮，紀載寥寥，如宋之劉穆
> 之、徐羨之、傅亮、謝晦、范蔚宗、謝靈運皆無傳，反有譚金、童太
> 一。而又次序顛倒，如沈攸之反在前，沈慶之反在後，種種不合。
> 各朝皆無外國，獨於齊叙魏及百濟等國，皆不可解。梁元帝只七
> 八十字，敬帝反一千五六百字，侯景傳乃位置于梁各帝之末，蕭
> 詧後梁《周書》、《北史》皆有傳，《梁書》與《南史》無，而此乃附
> 於梁，稱其尊號，其粗疏紕漏，不可勝摘。

　　對於王氏的這段文字，先師吳金華先生在《〈建康實録〉研究十二題》①中曾從多個方面展開批評。今於師説之外，就王氏所論，再作如下申説。

　　王氏稱"其傳率爾鈔撮，紀載寥寥，如宋之劉穆之、徐羨之、傅亮、謝晦、范蔚宗、謝靈運皆無傳，反有譚金、童太一。而又次序顛倒，如沈攸之反在前，沈慶之反在後，種種不合"。筆者覺得關於《實録》傳文的簡略，實在是囿於其書的性質及篇幅，難以强求。至於宋代諸人的立傳問題，則並非如王氏所説那麽簡單。

　　孝武帝以下的部分，尤其是列傳部分的内容安排，作者其實是有所用心的。

　　如果拿《實録》卷一四所列宋朝《列傳》之目，與《宋書》的目録相比較，便能發現《實録》傳目與次序均取準於《宋書》，《實録》自徐湛之、江湛諸人開始的《列傳》，對應的是《宋書》從卷七一列傳三一開始的部分。如前所述，徐湛之、江湛以及王僧綽諸人是文帝末年元兇作亂時遇害的大臣，《實録》卷一四《列傳》部分的作者之所以從這幾個人開始作傳，是因爲有關劉宋朝的前兩卷卷一一與卷一二，依然遵循著此前孫吳及東晉部分的實録體體例，即編年紀事，而以人物小傳列於其薨卒條下。除徐湛之、江湛、王僧綽等人外，文帝朝亡卒的人物，在這前兩卷中基本上都有詳略不等的相當於傳記的文字介紹。因此，在《列傳》的作者看來，孝武帝朝以前去世的人物的傳記，除了徐、江諸人外，已没有必要再出現在《列傳》之中。這是《列傳》立目上限斷在徐、江諸人的主要原因。明白了這一點，王氏所提出的爲什麽《列傳》中没有列入劉穆之、徐羨之、傅亮、謝晦、范蔚宗、謝靈運諸人傳記的疑問便不存在了。

　　此外，《實録》中究竟是不是如王氏所説的那樣，真的没有劉穆之

① 載《南京曉莊學院學報》2006 年第 3、5 期。

等人的傳記呢？答案也是否定的。我們知道，劉穆之死於晉安帝義熙十三年，翻開《實錄》卷一〇，在"（義熙十三年）冬十一月左僕射劉穆之卒"條下，可以看到如下文字：

> 穆之字道和，一名道民，東莞莒人也。漢齊王肥之後，世居京口。好學，博覽多通。嘗與裕俱泛海，忽值大風，驚懼，俯視船下，見二白龍夾舫。既而至一山，山峰聳秀，樹木繁密，意甚悅之。及劉裕討桓玄，尅京城，急須一主簿，何無忌舉穆之。穆之貧素，壞布帷爲袴，往見裕。裕曰："能自屈，吾事濟矣！"從平京邑，諸大處分，皆倉卒立定，並穆之所建也。斟酌矯正，旬日風俗頓改。及楊州刺史王謐薨，時劉裕在京口，劉毅孟昶甚不欲裕入輔。穆之密言於裕曰："揚州根本所係，若忽假他，便受制於人也。劉、孟、諸葛等與公同起事，必不爲公後，勢理豈得居謙自弱。"裕從之，由是入輔政。穆之好賓遊，廣布視聽，朝野同異，莫有不知，巨細一白於裕，故裕聽察聰明，皆由穆之力。出征則幕府謀策，留鎮權掌後事，舉動一委任之。劉裕素不閑書，穆之勸令縱筆爲大字，一字徑尺無嫌，大既足有所包，亦其名且美，裕從之。每紙不過四五字。凡所薦達，不納不止。每曰："我雖不及荀令君舉善，然不舉不善。"性能尺牘，嘗於裕坐與朱齡石共答書，自旦至日中，穆之得百函，齡石得八十函，而穆之應答不廢。累遷太尉司馬、丹陽尹。諸葛長民死後，事無大小，內外一決穆之。及北征，留府，內揔朝政，外供軍旅，決斷如流，事無擁滯。賓客輻湊，求訴百端，遠近諮稟，盈堦滿室，目覽辭訟，手答牋疏，耳行聽受，口並酬對，不相參涉，悉皆瞻舉。裁有閑暇，手自寫書，尋覽篇章，校定墳籍。食必方丈，未嘗獨飡。案《穆之列傳》：少時家貧，誕節，嗜酒食。其妻江嗣女也，常乞食妻家，多見辱，不以爲恥。其妻每禁不令往。江氏後有慶會，屬令勿來。穆之又往，食訖從乞檳榔，江氏

兄弟譏之曰："檳榔消食,君乃常饑,何須此也?"其妻乃截髮市饌,爲其兄弟以飼穆之。及穆之爲丹陽尹,召妻家,令厨人以金柈貯檳榔一斛與之。卒時年五十八。劉裕在長安,聞之,舉軍驚惋。表贈司徒,追封南昌侯。

這一段介紹劉穆之生平的文字,是一篇結構完整的傳記,如此長達六七百字的篇幅,不知爲何王鳴盛竟然没有發現。

不獨劉穆之如此,徐羨之等人的類似介紹,也都能在宋代的前兩卷中找到,則是詳略有所不同而已。

如徐羨之,在卷一二《太祖文皇帝》元嘉二年的有關記載中,有以下的相關内容:

> 羨之與高祖有舊,見識無他學術,而局力堅正,沉密少言,憂喜不形於色。及居宰輔,雅允朝望。

雖然只有短短的三十六字,但就其性質而言,也未嘗不可看作是徐羨之的傳記文字。

又如傅亮,卷一二《太祖文皇帝》元嘉三年條,在記載了傅亮之死後,有以下的文字:

> 初,亮父瑗與郗超善,常見二子焉。亮年五歲,超使人解衣持去,曾無吝色。超曰："季乃才流,位望逾遠于兄,然保卿家業,其在迪也。"亮早知名,才學强贍,爲晉給事黄門侍郎,直西省。高祖欲以爲東陽郡,告其兄迪。迪還語亮,通夜不寐。既旦,入見高祖,曰："昨承賜教東陽,以徇私計,然亮本願附鳳翼、攀龍鱗以成宿昔,至於饑寒,未敢戚戚。"高祖悦之,用爲從事中郎,委任文議。及貴幸,兄迪每誡之,而不即從也。

這一段文字,大概也可以看作是傅亮的小傳。

其餘謝晦、謝靈運、范曄諸人的傳記性質的文字,也分別可以在卷一二《太祖文皇帝》元嘉三年、九年以及二十二年的記載中見到。

不過,需要説明的是,上述徐羡之等人的傳記,與《劉穆之傳》相比,各有所側重並相對簡單得多,這或許是由於《實録》的卷一一、卷一二的内容,如《四庫全書總目》所説的那樣是以裴子野《宋略》作爲藍本而造成的,因爲《宋略》是編年體的史書,人物的重要事迹,大多在其去世前,已在與之相關的史事叙述中有所表現,因此,其亡卒條下的介紹,往往只是一些補充説明的文字,這與紀傳體史書中的傳記相比,自然會顯得不完整。

再者,是關於譚金、童太一的立傳問題以及沈攸之、沈慶之的傳序先後問題。如前所述,由於《實録》卷一四的《列傳》的傳目次序,基本上取準於《宋書》卷七一後的傳目次序,而《宋書》卷八三《宗越傳》後附有譚、童二人的傳記,因此《列傳》的作者也在其《宗越傳》之後列入《譚金傳》及《童太一傳》。同樣,有關沈攸之與沈慶之的傳序先後問題,在《宋書》中便是姪子沈攸之在其卷七四,而叔父沈慶之反在卷七七,這叔姪二人的傳序安排,《宋書》的作者沈約也許有自己的理由,此不贅述。總之,這兩個問題在《宋書》中便已存在,如果王氏在有關《宋書》的商榷中展開論述自然是理所當然,而譏刺於《實録》則難免捨本逐末。

作爲乾嘉時代的名著,《十七史商榷》頗多卓識,但也不乏紕繆,上面所論可以算是一個比較典型的例子。儘管在指責《實録》"粗疏紕漏"的同時,王鳴盛也不免犯了類似的錯誤,不過,從王氏列舉的情況來看,他自己是作過一點調查的。這種不滿足於人云亦云的態度,倒是推進學術向前發展所必需的。

主要參考文獻:

〔南朝宋〕范曄撰:《後漢書》,中華書局,1965 年。

〔晉〕陳壽撰:《三國志》,中華書局,1959 年。

〔唐〕房玄齡等撰:《晉書》,中華書局,1974 年。

〔南朝梁〕沈約撰:《宋書》,中華書局,1974 年。

〔南朝梁〕蕭子顯撰:《南齊書》,中華書局,1972 年。

〔唐〕姚思廉撰:《梁書》,中華書局,1973 年。

〔唐〕姚思廉撰:《陳書》,中華書局,1972 年。

〔唐〕許嵩撰:《建康實録》,《古逸叢書》三編之九,影印宋紹興十八年刻本,中華書局,1984 年。

〔唐〕許嵩撰,張忱石點校:《建康實録》,中華書局,1986 年。

〔唐〕許嵩撰,孟昭庚等點校:《建康實録》,上海古籍出版社,1987 年。

〔宋〕晁公武撰,孫猛校:《郡齋讀書志校證》,上海古籍出版社,1990 年。

〔清〕永瑢等撰:《四庫全書總目》,中華書局,1965 年。

〔清〕王鳴盛撰:《十七史商榷》,商務印書館,1959 年。

酈承銓:《建康實録校記》,《江蘇省立國學圖書館》第六、七年刊,1933、1934 年。

《建康實録》作者考

自《新唐書·藝文志二》首次著録"許嵩《建康實録》二十卷"以來，學者們對於《實録》的作者是許嵩這一點大多没有疑問，只有張勳燎在其《〈建康實録〉及其成書年代問題》①一文提出，根據書中出現的肅宗上元及穆宗長慶的唐代紀年，此書非成於一手，前十卷爲肅宗時許嵩所著，後十卷爲穆宗以後的另一作者所補作。不過謝秉洪認爲《實録》中"長慶"年號可能是訛文，因而認爲此書仍爲許嵩一人所撰②。

筆者也傾向於"長慶"可能爲訛文，也就是說，《實録》中出現"長慶"的年號，不足以成爲此書爲唐長慶以後人所著的證據。但筆者反復翻檢《實録》，發現很多可疑之處，這些疑點還是讓人覺得此書非一人所著。以下將全書分成前後十卷兩個部分，分别對其作者情況作探索。

一、前十卷的作者

《實録》前十卷的正文應該是許嵩一人所寫，不過其中的部分注

<hr>

① 載《古文獻論叢》，張勳燎著，巴蜀書社 1990 年 12 月出版。
② 見《〈建康實録〉作者與成書時代新論》，載《南京師大學報（社會科學版）》2004 年第 5 期。

文,尤其是東晉六卷的一部分注文,很可能並非許嵩所作。

《實録》的前十卷,雖然可以從時間上分成孫吳與東晉兩部分,但這兩部分的編寫體例,從編年附傳到每個帝王死後加案語等,在很多方面都是基本一致的。另外《實録》在記載孫吳、東晉兩朝的最後,即第四卷與第十卷的末尾,分別記有如下的積算年數:

> 案吳大帝即王位黄武元年壬寅,至唐至德元年丙申,合五百三十五年矣。(頁一一〇)①

> 案東晉元帝即位太興元年,至唐至德元年,合四百四十年。(頁三五二)

這兩處案語,至少可以説明在唐至德元年時,這十卷是完整的。

那《實録》前十卷的這個編寫者是不是許嵩呢? 筆者認爲應該是的。這裏引用張忱石的有關論述:

> 《建康實録》卷八有《許詢傳》。許詢爲東晉高士,終身未仕,常與王羲之、謝安、劉惔等人遊處,出入將相之門。同時他又是著名的玄言詩人,晉簡文帝稱其"五言詩可謂妙絶時人"。可是許詢既不見於《晉書·隱逸傳》,亦不載《文苑傳》,其事迹僅散見於孫綽、郗愔、謝安、王羲之等傳。如果説許嵩替許詢立傳尚有可説,那末給許儒立傳,在一般情況下,就難以理解了。

> 《建康實録》卷七有《許儒傳》,今録如下:(略)

> 《晉書》無《許儒傳》,僅見于《成帝紀》,謂咸和五年"夏五月,石勒將劉徵寇南沙,都尉許儒遇害。"許儒僅官都尉,又無明顯的政績,依一般修史慣例,是不够立傳資格的。

> 爲什麽許嵩要替許詢、許儒立傳? 正説明許嵩與許詢、許儒

---

① 所引《建康實録》,除特別説明外,文字皆取準中華書局 1986 年 10 月出版的張忱石點校本,並括注頁碼,以備檢核。

的里籍同是高陽，許嵩把許詢、許儒看作高陽許氏家族的榮耀，正如唐代史學理論家劉知幾所説的那樣，是"務欲矜其州里，夸其氏族"。"譜牒之作，盛于中古"，許嵩一定還掌握高陽許氏的家譜、族譜和其他傳記史料，"亦有言可記，功或可書"。由於許詢、許儒有事迹可以甄録，故許嵩能爲之立傳。（《點校説明》）

以上的論述，原旨在考察許嵩的里籍問題，當然也正可以證明前十卷正文爲許嵩所寫。

不過《實録》的前十卷（包括序）正文中，有些文字，似乎帶有後人批注的性質，也許不能看作是許嵩的原文。

如篇首序文之後所附：

> 吴大帝在武昌七年，梁元帝都江陵三年，其實建康宫三百二十一年。

在筆者看來，這種在序文之後再作補充的作序方式非常罕見，這與其説成是寫作者的一時補充，不如看作是閲讀者的隨手批注。觀其內容，不過是指出序文中所稱"三百三十一年"的不够精確，言外之意似乎是説，雖然書名爲《建康實録》，但真正都建康的時間比序中所説的少了十年。這種帶有考辨性質的內容屬閲讀者的批注的可能性更大，從情理上講，寫作者大概不會先故意寫個"三百三十一年"，然後再自己對此辨正説其實不過是"三百二十一年"吧。

筆者由此推測上述卷四、卷十末尾所附的有關積算年數的文字，很有可能也同樣屬閲讀者的批注，只是可利用的材料太少，一時無法論定，四庫館臣以此推測許嵩爲唐肅宗時人①，或許相差不遠，而王鳴盛更據此斷定唐至德元年爲許嵩撰寫《實録》之年②，則筆者不敢

---

① 見《四庫全書總目》卷五〇史部別史類《建康實録》。
② 見《十七史商榷》卷六四《建康實録》條。

輕信。

　　此外，第一卷卷首有：

　　　　建康者，本楚金陵邑，秦改爲秣陵，吳改爲建業，晉愍帝諱
　　業，改爲建康，元帝即位，稱建康宮，五代仍之不改，故其書舉南
　　朝之事。（頁一）

　　這一段內容也很可疑，因爲接下來《實錄》的正文重複了這些
內容：

　　　　建康者，古之金陵地……當始皇三十六年，始皇東巡……乃
　　改金陵邑爲秣陵縣……（建安）十七年……改秣陵爲建業……
　　（頁一至一四）

　　而且其中"故其書舉南朝之事"云云，作者既於序中作過明確説
明，似亦無庸贅述。

　　此外，從本書現存最早的版本即南宋紹興刻本的行款格式上看，
上揭序後"吳大帝在武昌七年……"一段共兩行，各低四格排列，卷十
末"案東晉元帝即位……"條共兩行，各低三格，第一卷卷首"建康
者，本楚金陵邑……"條共三行，各低三格，唯有卷四"案吳大帝即
位……"條兩行頂格排，同正文無異，但其實此條恰逢書版末尾，若依
前例低格排列，則需另刻一版，所以作頂格排很可能是出於節省書版
的變通。這些文本在排版上與其他正文的差異，或許是因爲保留了
某種批注的格式。

　　正文如此，那麼注文呢？種種迹象表明，前十卷的注文，至少有
一部分也不像是許嵩所作，而是後人所加。這主要表現在以下幾個
方面：

　　（一）不少注文，出現了與《實錄》他處正文內容相重複的現象。
　　例如卷一《吳·太祖上》：

（黃武元年）是歲，改夷陵爲西陵。詔揚州置牧，以丹楊太守呂範爲揚州牧，以東征將軍高瑞領丹楊太守，復自建業徙治蕪湖。時揚州所統一十四郡，一百四十八縣，而丹楊領一十九縣。（頁二三）

此注文內容重複了《實錄》前面正文的內容，本卷前文建安十九年條下載：

十九年夏五月，權又征皖城，取之，獲太守朱光。魏軍盡退，克寧江表，而揚州所統丹楊、吳興……南郡等一十四郡合一百四十八縣。（頁一四）

兩相比較，除了丹楊領縣外，正文的內容比注文還詳細。

又如卷五《晉·中宗元皇帝》：

（太興二年）秋七月乙丑，開府儀同三司賀循卒。

循字彥先，會稽山陰人。其先慶普，漢世傳《禮》學，族高祖純，後漢侍中，避安帝諱爲賀氏，父邵，吳中書令。

循有操尚，童齓不群，言行進止，必以禮讓。善屬文，舉秀才，後遷武康令。……卒時年六十。帝哭之慟，贈司空，謚曰穆。將歸葬于吳，皇太子追送近郊，望船流涕。子隰嗣。案，《晉書》：循少玩篇籍，善屬文，博覽衆書，尤精禮傳。雅有知人之鑒，拔楊方於卑陋，卒成名於世。（頁一三〇）

《晉書·賀循傳》與之相關的內容有：

賀循字彥先，會稽山陰人也。其先慶普，漢世傳《禮》，世所謂慶氏學。族高祖純，博學有重名，漢安帝時爲侍中，避安帝父諱，改爲賀氏。曾祖齊，仕吳爲名將。祖景，滅賊校尉。父邵，中書令，爲孫皓所殺，徙家屬邊郡。

循少嬰家難，流放海隅，吳平，乃還本郡。操尚高厲，童齓不群，言行進止，必以禮讓。國相丁乂請爲五官掾。刺史嵇喜舉秀才，除陽羨令，以寬惠爲本，不求課最。後爲武康令……太興二年卒，時年六十。帝素服舉哀，哭之甚慟。贈司空，謚曰穆。將葬，帝又出臨其柩，哭之盡哀，遣兼侍御史持節監護。皇太子追送近塗，望船流涕。

循少玩篇籍，善屬文，博覽衆書，尤精禮傳。雅有知人之鑒，拔同郡楊方於卑陋，卒成名於世。子隰，康帝時官至臨海太守。（頁一八二四至一八三一）

通過比較可以看出，《實録》中有關賀循的該段文字，内容没有超出《晉書》的範圍，換句話説，《實録》此文，很可能本自《晉書·賀循傳》。筆者懷疑本處《實録》的注文也可能非許嵩所注。首先，前面的正文中有“善屬文”三字，實際是對注文這一段内容的節縮，並已將其前置，這樣的處理已經體現了作者對這部分内容的編輯取捨，没有必要再以注文來重複。如果正文與注文的作者是同一個人，大概不會在短短幾行之間重複“善屬文”三個字，這一細節很可疑。其次，注文與正文同樣本自《晉書·賀循傳》，如果《實録》的作者覺得注文所記載的這段内容重要的話，直接將其作爲正文，置於“子隰嗣”三字之前即可，似乎没必要非通過增加“案《晉書》”這樣的字樣來加注。

又如卷七《晉·顯宗成皇帝·陸玩傳》：

玩字士瑶，吳郡吳人也。……子始嗣。案，《晉書》：玩次子納，字祖言，累遷，位至尚書令。見會稽王道子少年專政，委任群小，乃望宮門而歎曰：“好家居，纖兒欲撞壞之邪！”朝士咸服其忠純，如是也。（頁一九八至一九九）

這段注文也不大像是原作者所注。除了這些内容都來自《晉書·陸玩傳》所附《陸納傳》以外，更明顯的證據在《實録》的卷一〇。在《實録》卷一〇《晉·安皇帝》隆安六年的記載中，其正文赫然有：

時尚書令陸納望官闕而歎曰:"好家居,纖兒欲壞之。"(頁
三一七)

以上這些明顯的重複令人生疑。許嵩自序其書時稱:"事有詳
簡,文有機要,不必備舉。"對於許嵩來說,要將六朝先後四百年間的
史事用二十卷的篇幅來叙述,必須惜墨如金。許嵩自序開頭即崇尚
"司馬子長善叙事",其書不應該有這種無謂的重複,因此筆者懷疑這
樣的注文爲別人所補,補注時並没注意到正文存在著與其注文相同
的内容。

如果説上面的這些重複是注者失於前後關照所致,下面的這個
例子則無法這樣解釋,卷八《哀皇帝》載:

(興寧二年)三月庚戌朔,大閲户人,嚴法禁,稱爲庚戌制。
帝幼好黄老,斷穀,服長生藥過分,不豫。辛未,崇德太后臨朝攝
政。案,《晉書》:哀帝服長生藥過度,中毒,不識萬機,太后臨朝攝
政。(頁二三二)

看注文,簡直就是將所注正文重説了一遍。檢《晉書·哀帝紀》:

三月庚戌朔,大閲户人,嚴法禁,稱爲庚戌制。辛未,帝不
念。帝雅好黄老,斷穀,餌長生藥,服食過多,遂中毒,不識萬機,
崇德太后復臨朝攝政。(頁二〇八至二〇九)

對照《晉書》,可以看出《實録》的正文除了個别詞句次序略有調
整外,其餘文字與《哀帝紀》别無二致,可以説,《實録》此文,即由《哀
帝紀》改編而來,只是注中所引《哀帝紀》中"中毒,不識萬機",似乎
是唯一多出的信息,但《實録》正文的作者已取"不豫(念)"作概述,
如果結合《實録》上下文"服長生藥過分""崇德太后臨朝攝政",那麽
"中毒"和"不識萬機"的信息也已暗含其中,他又何必還要用注的方
式再引《晉書》來重複這些内容? 誰會這樣注自己的正文?

（二）注文本身存在很多疑點。

除了上述注文重複正文内容外，《實録》前十卷的不少注文存在著其他可疑之處。

例如卷六《晉·肅宗明皇帝》：

> （太寧二年）夏五月，王敦在於湖陰謀舉逆，帝密知之，自乘巴滇駿馬微行，至於湖，陰察敦營壘而出。時有軍士疑帝非常人。敦時晝寢，夢日繞其營，驚起曰：“此必黃鬚鮮卑奴來也。”案，《晉書》：帝母荀氏，代州人，帝狀類外氏，鬚黃，故敦謂帝曰“黃鬚鮮卑奴”也。於是使五騎追之。帝已馳還，見逆旅賣飯嫗，以七寶鞭與之，曰：“後有騎來，以此示也。”俄而敦追騎至，問嫗。嫗曰：“去已遠矣。”因以鞭示之。五騎傳玩，稽留遂久。又見馬糞冷，《晉書》云：帝以水灌糞令冷，以爲信而止。帝僅獲免。（頁一五四至一五五）

首先説明，第二條注文前後的正文文義不連，“以爲信而止”當是誤入注文的正文内容，因爲這句話正與正文“又見馬糞冷”相呼應。爲了説明問題，這裏將《晉書·明帝紀》的相關内容引述如下：

> 六月，敦將舉兵内向，帝密知之，乃乘巴滇駿馬微行，至于湖，陰察敦營壘而出。有軍士疑帝非常人。又敦正晝寢，夢日環其城，驚起曰：“此必黃鬚鮮卑奴來也。”帝母荀氏，燕代人，帝狀類外氏，鬚黃，敦故謂帝云。於是使五騎物色追帝。帝亦馳去，馬有遺糞，輒以水灌之。見逆旅賣食嫗，以七寶鞭與之，曰：“後有騎來，可以此示也。”俄而追者至，問嫗。嫗曰：“去已遠矣。”因以鞭示之。五騎傳玩，稽留遂久。又見馬糞冷，以爲信遠而止不追。帝僅而獲免。（頁一六一）

這裏的疑點，在於爲什麽《實録》非要通過加注的方式來交待

“黄鬚鮮卑奴”的由來以及“以水灌糞”的情節。如果説前一條是將原本是正文的内容改成了注文,雖然事實上比直接引用還多了九字,但還算合乎其“辭不相屬”的注文體例而勉强説得過去的話,那麽,後一條注文則可以説完全不是這樣。如果該注與正文同出一手,那麽作者在處理這一段内容時,爲什麽不像《明帝紀》那樣,在“帝已馳還”後面用“馬有遺糞,輒以水灌之”九個字來作交待,却要不厭其煩地通過加注的方式來插入“《晉書》云帝以水灌糞令冷”十個字來生硬割裂正文? 這不由得讓人懷疑本處正文與注文的作者不是一個人。許嵩的正文,正如他前此一貫的做法,是通過對正史的相關内容作一定程度的節縮而成,因此,正文中删掉了有關“以水灌糞”的内容,不過,没有了這一内容後,確實使後文“馬糞冷”的出現顯得有點突兀,或許正因爲這樣,後人爲了彌補文中的這一缺憾,在不能改動正文的情況下,便只好采取引《晉書》加注的方式予以説明。這實在是一個不得已的做法,如果是許嵩本人覺得正文有遺憾的話,他盡可以直接對正文進行修改,即使是他想用注的方式,大概也會對正文的表述作出相應的調整,而不會是現在這個樣子。

又如卷八《晉·孝宗穆皇帝》:

> (升平二年)秋八月,安西將軍謝奕卒。奕字無奕,鯤之次子,累位桓温府司馬。温尚南康公主,主忌,温甚憚之,動經年不入其室。奕每以酒逼温,温逃酒入主門,奕遂升温廳事,更命酒,引一直兵共飲,謂之曰:“失一老兵,得一老兵,亦何怪也。”公主謂温曰:“君若無狂司馬,我何由得相見!”案,《三十國春秋》云:謝鯤爲桓温司馬,升平二年七月卒,所逼桓温入主門,即是鯤。案,謝尚、奕並是鯤子,尚年十歲,遭父憂,年五十卒。升平元年五月,尚死;七月,奕亡,無容此歲謝鯤始卒。鯤歷職又不爲桓温司馬,曾爲王敦司馬。永昌元年,王敦舉兵破京師,鎮石頭,不朝而去,鯤諫令入朝,敦不從,斯晉史又明。蕭方等記事,何至於誤哉。(頁二二六)

　　張忱石點校本在"七月奕亡"下有校記："謝奕卒於升平二年八月,已見上文及《穆帝紀》、《通鑑》一百,此云元年七月誤。"誠然,注文中有關謝奕的亡卒年月記載是錯誤的。但是爲什麼會出現這樣的錯誤呢? 是偶然的傳寫錯誤嗎? 筆者覺得不像,因爲既錯了月份,同時又錯了年份,這樣的可能性不大。那麼是許嵩自己弄錯了嗎? 似乎也不像,許嵩作注時,怎麼會對自己正在編寫的升平二年的年份弄錯呢? 而且"秋八月"三字就在前文。這使人不由得懷疑,此處是否爲別人所加之注,因爲加注者只是針對《三十國春秋》將謝奕誤作謝鯤這一件事來進行考證,也許一時間弄錯了謝奕的亡卒年月。而從另一方面來說,在注文中對史事進行辨正,亦不符合許嵩自序所稱"述而不作"的編寫原則。該段注文,不過是在辨《三十國春秋》之誤,對於《實錄》這部史書來說,屬於没有必要的内容。反過來講,如果許嵩覺得《三十國春秋》的記載有誤,他肯定會在抉擇材料時便將其棄置不顧,而徑用他認爲正確的來自於他書的材料,不會大費筆墨作此考證。許嵩所面對的作爲材料來源的不同史書,對同一件事情的記載往往有出入,若逐個加以考證,一一形諸文字,那其書大概不能稱之爲《建康實錄》了。

　　又如卷七《晉·顯宗成皇帝·翟湯傳》:

　　四月,以束帛禮高士郭文,舉處士翟湯。

　　湯字道深,尋陽人。篤行廉潔,不屑世事。永嘉末,寇害相仍,湯隱于尋陽南山,盜不犯境。始安太守干寶與湯通家,遣船米餉湯,敕吏云:"翟公廉讓,卿致書訖,便委船歸。"使者依旨。湯得船米,乃貨易取絹,遂附還寶,寶益愧焉。庾亮表之,徵爲國子博士,不就。年七十三,卒於家。《晉書·高士傳》:郭文字文舉,河内軹人也。少好山水,尚嘉遁。常游名山,歷華陰,觀石室。洛陽陷,入吴興餘杭大辟山中,倚木于樹,苫覆其上而居焉。時猛獸爲暴,文獨宿十餘年,竟無所害。恒著鹿裘葛巾,採竹葉木實,買鹽米以自供。人或賤價取之,亦即與之。遇有猛獸殺鹿于文庵側,文以語人,人賣得錢,分文,文曰:"若取自取,何以相語?"聞者嘆服。又有一獸向文張口,文爲拔去其鯁骨而去,明旦致一鹿于室前。每有寄宿者,文爲之汲水,無勌色。餘杭縣令顧颺與葛洪造之,颺使致韋袴褶,文不納,颺使置室中,乃至爛于户内,竟不服用。王導爲相,使迎至京師,于西園築臺臺之。今廢冶城中平墩見在。朝士咸共觀之,文頹然箕踞,傍若無人。温嶠嘗問曰:"人皆有六親相娛,先生棄之,何也?"文曰:"遭世亂耳。"人問:"饑而思食,壯而思室,自然之性,先生獨無情乎?"文曰:"情由憶生,不憶則無情。"又曰:"先生獨處窮山,若疾遭命,不爲鳥鳥食乎?"文曰:"埋藏者亦爲螻蟻所食①。"又曰:"猛獸害人,先生獨不畏乎?"文曰:"人無害獸之心,獸豈有害人之意乎?"又曰:"苟時有不寧,身不得安,今將用先生以濟時,若何?"文曰:"山草之人安能佐時。"永昌中,大疫,文亦病。王導遺藥,文曰:"命不在藥,夭壽,時也。"居冶城七年,一旦忽求還山。導不聽,乃逃歸臨安。及蘇峻作逆,而臨安獨全,人以爲知機。自此不復語,但舉手指麾。及病篤,臨安令萬寵候之,問:"先生可得幾日?"文三舉手,果十五日而終。既葬,于座下有木數片,反覆書之,上曰《金雄記》,下曰《金雌詩》。詩著地爛,皆毁,不識。《金雄》之記言將來事,多有驗也。(頁一八二)

撇開正文與注文的區别不論,《實録》中的這兩篇傳記,從篇幅上看,《郭文傳》約五倍於《翟湯傳》,似乎郭文的事迹要比翟湯的重要。如果加注的是許嵩本人,那麼既然他覺得郭文的事迹比翟湯重要,爲什麼在正文中不置一詞,而非要以五倍篇幅的注文附於翟湯事之後?

以上所列舉的《實録》前十卷的這些注文,令人懷疑非許嵩所作。

二、後十卷的作者

後十卷的作者情况比較複雜,這裏還是按照時代分成劉宋朝、齊

---

① "者",張忱石點校本作"耳",此據南宋紹興刻本。

梁朝、陳朝三部分來作分析。

（一）劉宋朝部分

關於劉宋朝部分作者的情況，通過調查，筆者有以下三個方面的認識：

1. 劉宋朝部分的作者不可能是許嵩。

其理由主要有以下四個方面：

（1）體例不同。

劉宋卷的體例，與前十卷有明顯的不同。其區別主要體現在以下三個方面。

一是編寫方式的不同。

《實録》的前十卷，記載了孫吳（前四卷）與東晉兩朝（後六卷）的歷史，從體例上來看，這一部分的編寫方式完全一致，即采用所謂的實録體，也就是編年紀事，而在人物的薨卒條下附上其小傳。這些小傳雖然詳略不等，但大多有相對完整的格式，即從介紹傳主名字、籍貫開始，中間叙述其主要經歷，最後交待其享年及子嗣的情況。這種體例從記載劉宋朝的第十一卷開始有了明顯的改變。前人將這些不同概括爲編年與紀傳的不同，實際的情況並不是那麼簡單①。如果是出於一人之手，爲什麼孫吳、東晉兩朝用同一種體例，而劉宋却又不用了呢？

二是名號稱謂的不同。

《實録》在記載孫吳與東晉兩朝的歷史時，對這兩個朝代的第一位君主孫權和司馬睿，並不是一開始便以"帝"相稱，而是隨著其身份的改變而改變其名號稱謂。孫權先後有三種稱呼，黃武元年就吳王位之前，直呼其名稱"權"；黃武元年至黃龍元年爲吳王，改稱"王"；黃龍元年即帝位後，再改稱"帝"，區分得非常清楚，絕不相混。司馬

---

① 具體的不同參見本書《〈建康實録〉體例考》一文。

睿先後有兩種稱呼,在其身爲琅琊王及晉王時,稱"王";即帝位後,改稱"帝"。在這兩朝的記載中,這是一個一致而嚴謹的體例,但是《實錄》前十卷的這一體例到了劉宋朝便不復存在。在開始記載劉宋朝歷史的卷一一中,編寫者從介紹劉裕身世開始,便一直對劉裕以"帝"相稱,而不再像對上述那兩位君主那樣,隨著其身份的變化而改變稱呼。這一體例上的不同,同樣反映出了不同的編撰思想,讓人覺得兩者並非出自一人之手。

三是具體叙述方式的改變。

劉宋卷正文的某些叙述方式,與前面的十卷正文相比,有著明顯的不同。

例如《實錄》中先後記載了不少古迹,對這些古迹與江寧縣城的相對位置,劉宋卷(後面齊、梁卷的情況也與劉宋卷大致相同)的叙述方式,與前面十卷明顯不同。

前十卷在交待古迹與江寧縣城的相對位置時,采用四種表達方式:

第一種是"在今縣城+方位……里",如卷一:

秦之秣陵縣城,即在今縣城東南六十里,秣陵橋東北故城是也。(頁二)

又如卷七《晉·顯宗成皇帝》:

(咸康)三年春正月辛卯,詔立太學於淮水南。在今縣城東南七里,丹楊城東南,今地猶名故學。(頁一九〇)

第二種是"在今縣+方位……里",如卷八《晉·康皇帝》:

褚皇后立延興寺,在今縣東南二里。(頁二〇九)

又如卷八《晉·孝宗穆皇帝》:

　　彭城敬王造彭城寺,在今縣東南三里。(頁二二八)

　　又如卷五《晉·中宗元皇帝》:

　　　西晉孝武太康元年平吳……分丹楊南郡爲宣城郡,還理於秣陵,在今縣東南六里①,渡長樂橋,古丹楊郡是也。(頁一二一)

　　又如卷七《晉·顯宗成皇帝》:

　　　(杜姥宅)在今縣東北三里,東宮城南路西。(頁一九七)

　　第三種是"在縣城+方位……里",如卷六《晉·蕭宗明皇帝》:

　　　(武平陵)在縣城北九里,鷄籠山陽。(頁一六三)

　　又如卷七《晉·顯宗成皇帝》:

　　　(朱雀)航在縣城東南四里,對朱雀門,南度淮水,亦名朱雀橋。(頁一八九)

　　第四種是"在縣+方位……里",如卷七《晉·顯宗成皇帝》:

　　　(興平陵)在縣北七里,鷄籠山陽。(頁二〇〇)

　　又如卷八《晉·孝宗穆皇帝》:

　　　何皇后寺,在縣東一里,南臨大道。(頁二二八)

　　這四種方式中,雖然具體的叙述小有不同,但無論哪一種都是將方位置於縣城之後,而這種叙述方式到了劉宋朝卷發生了改變。例如卷一二《宋·太祖文皇帝》:

　　　置清園寺,東北去縣二里。(頁四一一)

———————————

① "今",張忱石點校本無,據南宋紹興刻本補。

又如卷一二《宋·太祖文皇帝》:

> 置竹園寺,西北去縣一里,在今建康東尉蔣陵里檀橋。(頁四二九)

這種叙述方式在劉宋卷中反復使用,但却絶不見於前十卷中。

(2)内容銜接出現重複。

《實録》中東晉卷與劉宋卷在銜接上所出現的大面積重複的現象,讓筆者更有理由懷疑這兩部分的内容並非出自一人之手。

《實録》篇幅僅二十卷,却需要叙述六朝四百年間的歷史,對編寫者來說,如何用簡約的文字來作合理叙述,避免重複累贅,可算是頭等大事。然而在卷一一中,讀者却可以看到大量重複前面卷一〇内容的現象。下面剌舉幾例來說明這方面的情況:

例如卷一一《宋·高祖武皇帝》:

> 晉隆安三年冬十一月,妖賊孫恩寇會稽,殺内史王凝之,三吴亦應賊,所在蜂起。遣衛將軍謝琰、前將軍劉牢之東討,請帝爲參軍事,自丹徒往,盡平定郡縣。(頁三六二)

而卷一〇《晉·安皇帝》中對此事早已有更詳細的記載:

> (隆安三年)十一月甲寅,妖賊孫恩自入上虞攻陷會稽,殺内史王凝之。……恩既自稱征東將軍,據會稽,號其党爲"長生人",分遣寇吴興、永嘉,殺太守謝邈、司馬逸等,而吴國、臨海、義興等官守皆遁走,朝廷震懼,内外戒嚴。詔衛將軍謝琰、輔國將軍劉牢之東討。(頁三〇八)

又如卷一一《宋·高祖武皇帝》:

> 及聞義兵起,(桓玄)方懼。或曰:"裕等甚弱,陛下何慮之深?"玄曰:"劉裕足爲一世之雄;劉毅家無儋石之儲,摴蒲一擲百

萬;何無忌,劉牢之外甥,酷似舅。共舉大事,何謂無成?"(頁三六四至三六五)

而在卷一〇《晉·安皇帝》中已有如下内容:

> (桓)玄聞劉裕及無忌等起兵,甚懼。其黨曰:"劉裕烏合之衆,勢必無成,願不爲慮。"玄曰:"劉裕勇冠三軍,當今無敵;劉毅家無儋石之儲,摴蒲一擲百萬;何無忌,劉牢之外生,酷似其舅。三人共舉大事,何謂無成?"(頁三三一)

又如卷一一《宋·高祖武皇帝》:

> 初,諸葛長民貪淫驕横,帝每優容之。劉毅既誅,長民謂所親曰:"昔年醢彭越,今年殺韓信。禍其至矣!"欲謀爲亂。又常謂人曰:"貧賤常思富貴,富貴之後,身履危機。今日欲爲丹楊布衣,不可得也!"(頁三七五)

而卷一〇《晉·安皇帝》中已有:

> 初,裕西討劉毅也,以長民監太尉府留後事。長民驕縱貪侈,不恤政務。既聞劉毅被誅,謂所親曰:"昔年醢彭越,前年殺韓信,禍其至矣!"因謀欲爲亂,遂問劉穆之曰:"人間論者謂我與太尉不平,其故何也?"穆之曰:"相公西征,老母弱弟委之將軍,何謂不平!"長民弟黎民輕狡好利,固勸因裕未還以圖之。長民猶豫未發,既而歎曰:"貧賤常思富貴,富貴必履危機,今日欲爲丹徒布衣,豈可得也!"(頁三三九至三四〇)

上舉的例子只是一部分,這兩卷中像這樣重複的内容還有很多。

造成這種現象的原因,是因爲《實錄》卷一一中有關劉宋朝的歷史,是從介紹劉裕的發迹,即從晉安帝隆安三年開始的,而從隆安三年到晉恭帝元熙二年禪位於劉裕,這二十年的東晉歷史已在《實錄》

的卷一〇以幾乎整卷的篇幅作了比較完整的記載,這自然會導致大量的重複。《實録》劉宋卷的編寫者,似乎要重起爐竈來記述劉宋朝的歷史,因此不管前文已有東晉末年的相關記載,重複記述劉裕如何逐步篡奪晉朝政權的過程。對於一部編年體史書的編纂來説,如果這是一人所爲,豈不匪夷所思?

(3)不再有積算年數。

如前所論,《實録》在孫吳及東晉兩朝記載的最後,都附有這兩朝至唐至德元年的積算年數,但劉宋朝不再記這樣的積算年數,筆者推測,這很有可能是因爲,附記積算年數者並沒有見到《實録》有關劉宋朝以後的內容。

綜合以上三方面的調查,筆者認爲,劉宋朝部分的作者與前十卷的作者可能不是同一人。

2. 劉宋朝部分的內容至少由三個人先後完成。

前文《〈建康實録〉體例考》中,曾將劉宋卷的編年紀事部分以孝武帝爲界,分成卷一一、一二及卷一三、一四兩個部分,指出了兩個部分在體例上的明顯差異。體例上的這種差異讓筆者懷疑這兩部分的作者可能不是同一個人。

除此以外,還有相對獨立的《列傳》部分。《列傳》收入的人物,其卒年上限止於文帝末年,也可以説是爲了配合卷一三、卷一四的編年紀事所作,因此《列傳》的作者與卷一一、一二的作者不會是同一人。那麽,《列傳》的作者與卷一三、一四的作者是否是同一人呢?

比較《列傳》部分與卷一三、一四的編年紀事部分的情況,筆者發現,《列傳》中有些人物傳記的內容,在這兩卷的編年紀事中已經出現過,也就是説,《列傳》的內容有與前文相重複的情況。例如《宋·列傳·沈慶之傳》載:

　　初,慶之統諸軍事擊蠻,從孝武至五洲,元兇密與慶之書,令殺孝武。慶之入，孝武稱疾不見。慶之突前，以元兇書呈孝武。孝武泣，求入内與母辭。慶之曰："下官受先帝厚恩，今日唯力是視，殿下何疑！"帝再拜，曰："家國安危，悉在將軍。"即日勒兵處分。主簿顏峻曰："宜待衆軍。"慶之曰："方興大事，而與黃口小兒參預，此禍至矣！宜斬以徇軍。"峻再拜，慶之曰："君但知筆札之事。"（頁五三三）

而卷一三《宋·世祖孝武皇帝》中有：

（元嘉三十年）初，慶之統武陵軍事，世祖在鎮。元兇嘗密與慶之書，令致世祖。慶之入，帝疑之，稱疾不敢見。慶之突入前，以元兇書呈帝。帝悲泣，求入内與母別。慶之曰："下官受先帝厚命，今日唯力是視，殿下何疑！"帝前拜曰："國家安危，在將軍也。"即日令勒兵處分，内外軍事一委慶之。以主簿顏峻爲諮議，掌摠文書。議定，慶之即戎勒兵。峻乃進曰："今步兵少力薄，宜待衆軍集。"慶之怒曰："方興大事，而黃口小兒參預，此禍至矣！宜斬以徇。"峻懼，再拜以謝慶之。慶之曰："君但知筆札事。"（頁四六九）

又如《宋·列傳·周朗傳》：

周朗字義利，汝南安成人。父淳，官至侍中。兄嶠，尚高祖女宣城公主，有二女，妻建平王宏、盧陵王褘。朗少愛奇，初爲江夏王義恭太尉參軍，累遷盧陵内史①。因獵火逸燒郡廨屋，以私秩償修之。後坐母憂，誣失孝行，遷寧州，道殺之。（頁五三六）

而卷一三《宋·世祖孝武皇帝》中也有《周朗傳》：

（大明四年）十月流前盧陵内史周朗于寧州，道殺之。

---

① "累"，張忱石點校本無，據南宋紹興刻本補。

朗字義利,汝南人。少愛奇。以江夏王太尉府參軍累遷廬
陵內史,因獵火逸燒郡廨屋,以私財償之。初,朗奏讜言,帝銜
之。及丁母憂,便誣朗失喪禮,遷之。將行,朝無送者,惟侍中蔡
興宗獨往造別。帝怒,左遷興宗。(頁四八一)

如果兩部分的內容是一個人撰寫的話,這種重複應該是要盡力
避免的吧。

綜上所述,《實錄》的劉宋部分的卷一一、一二和卷一三、卷一四
的編年紀事部分,以及《列傳》這三個部分,很可能是由不同的作者分
別完成的。

(二)齊、梁朝部分

從體例分析可知,這兩朝的內容與宋朝卷及陳朝卷均不相同,是
真正意義上的紀傳體。因此這一部分的作者也可能是另有其人。體
例的截然不同,令人覺得這部分的內容與前十卷不會出自一人之手。

此外,《實錄》記載梁朝歷史的卷一八所記載的部分內容也令人
懷疑爲後人所補。

卷十八的末尾,有約三千字的篇幅,附載了有關後梁的內容,約
略按紀傳體的體例,記載了後梁的三帝五臣。《實錄》中出現這樣的
內容,曾使王鳴盛、周中孚等清代學者大惑不解,予以指責,如周中孚
《鄭堂讀書記》卷一八便稱:

又後梁蕭詧父子爲魏、周、隋之附庸,乃附入梁後而亦帝之,
將北漢劉氏三主,亦可附後漢而帝之矣,校之帝吳,尤屬非宜。

《實錄》中出現這樣的內容,不合許嵩本意。許嵩的自序寫道:

始自吳起漢興平元年,終於陳末禎明三年。而吳黃龍己前,
雖引漢曆二十餘年,其實吳之首事;及晉平吳太康之後三十餘
載,復涉西晉之年;洎琅琊東遷,太興即位年,始爲東晉首年。東

> 晉一十一帝一百二年而禪于宋，宋八帝六十年而禪于齊，齊七帝二十四年而禪于梁，梁五帝五十六年而入于陳，陳五帝三十三年止隋開皇元年。陳建首號，梁之末年；梁稱元年，齊之季年；齊初即位，宋之餘年，則四家終始共用三年，而吳四帝五十九年，南朝六代四十帝三百三十一年。通西晉革吳之年，並吳首事之年，摠四百年間，著東夏之事，勒成二十卷，名曰《建康實錄》。

據此可知，許嵩的原意是要記載吳大帝孫權開始到陳後主陳叔寶結束共六代四十帝的歷史。其中的梁代，在正史《梁書》中立本紀的共四帝，即武帝、簡文帝、元帝、敬帝，而許嵩之所以稱“五帝”，應該是算上了侯景之亂中短暫即位的豫章王蕭棟。自武帝天監元年（502）登基至敬帝太平二年（557）禪位於陳霸先，正合自序所說的“五十六年”之數，而如果算上後梁，到後主蕭琮廣運二年（587）朝隋，則應是八十六年，顯然，這不符合許嵩自序中所計的梁朝的年數。換句話說，後梁的這三位“皇帝”，在許嵩看來並不能與六朝的四十個皇帝並列，在他的寫作計畫裏，原本並沒安排這些內容。因此，筆者認爲，有關後梁部分的內容，不太可能是許嵩所寫，而更像是後人所補。由於續補者並沒有照顧到許嵩的寫作意圖，因此才出現了上述在體例上爲人所詬病的內容。

（三）陳朝部分

在記載陳朝歷史的這兩卷中，所謂的《陳朝功臣》部分的作者與前面編年體的作者是不是同一人不好說。這部分的內容，很可能是後人覺得在陳朝的記載中，缺了這些人物的傳記，令人有不完整的感覺，所以才補上去的。

如果撇開《陳朝功臣》這一部分內容不論，那麼從體例上來看，《實錄》最後的這兩卷與吳晉部分的前十卷倒是非常相似。有兩種情況會造成這種體例上的相似：一種是陳朝部分的作者是許嵩，這兩卷文本未曾佚失；另一種是續補者刻意模仿本書前十卷的體例。

筆者懷疑更有可能是前者，因爲，值得注意的是，與前十卷的情況類似，陳朝部分的兩卷的部分注文也不像是正文作者所加。例如卷一九《世祖文皇帝》：

> 及高祖與王僧辯東下，帝爲侯景所收，以幽禁之，數欲加害，會景敗，乃免。案《陳書》：侯景初聞高祖舉義兵，景怒，使收世祖及衡陽獻王，囚之。初，世祖見收，乃密懷一小刀，冀因便而害景。及至，以付郎中王翻幽守，故事不獲行。高祖既圍石頭，欲加害者數矣，會景敗，乃免。（頁七六〇）

這一段注文，除了提供世祖帶小刀圖謀侯景的細節外，其他内容幾乎都只是對正文的重複而已。

又如卷二〇《後主長城公叔寶》：

> （至德元年）冬十月，封弟九人爲郡王。案《陳書》：封弟叔平爲湘東王，叔敖臨賀王，叔宣陽山王，叔穆西陽王，叔儉南安王，叔澄南郡王，叔興沅陵王，叔韶岳山王，叔純新興王。① （頁七九八）

倘爲一人所作，則注文如此，不如徑作正文，没必要正文故意語焉不詳，注文却又不厭其煩。這更像是後人不滿正文的簡略而補注了更具體的内容。

這種注文重複正文的現象，與前十卷似曾相識。或許這十二卷的正文與注文，在流傳的過程中，經歷了同樣的命運，也未可知。

以上材料顯示，有關《建康實録》的作者，尤其是後十卷的作者，存在著大量的疑點，限於篇幅，本文也只是舉其典型略作説明。這部書的作者究竟是誰，對於正確認識評價該書至關重要，現在看來，這

---

① 此處文字從南宋紹興刻本，張忱石點校本"叔敖""叔穆"下並有"爲"字，當爲後人所添。

方面還需要作更多的調查,本文旨在拋磚引玉,希望得到更多的同行的回應,將這一部史書的研究推向深入。

主要參考文獻:

〔南朝宋〕范曄撰:《後漢書》,中華書局,1965 年。

〔晉〕陳壽撰:《三國志》,中華書局,1959 年。

〔唐〕房玄齡等撰:《晉書》,中華書局,1974 年。

〔南朝梁〕沈約撰:《宋書》,中華書局,1974 年。

〔南朝梁〕蕭子顯撰:《南齊書》,中華書局,1972 年。

〔唐〕姚思廉撰:《梁書》,中華書局,1973 年。

〔唐〕姚思廉撰:《陳書》,中華書局,1972 年。

〔唐〕許嵩撰:《建康實録》,《古逸叢書》三編之九,影印宋紹興十八年刻本,中華書局,1984 年。

〔唐〕許嵩撰,張忱石點校:《建康實録》,中華書局,1986 年。

〔唐〕許嵩撰,孟昭庚等點校:《建康實録》,上海古籍出版社,1987 年。

〔宋〕晁公武撰,孫猛校:《郡齋讀書志校證》,上海古籍出版社,1990 年。

〔清〕永瑢等撰:《四庫全書總目》,中華書局,1965 年。

張勳燎:《古文獻論叢》,巴蜀書社,1990 年。

謝秉洪:《〈建康實録〉作者與成書時代新論》,《南京師大學報(社會科學版)》2004 年第 5 期。

《建康實録》校議①

唐代許嵩編撰的《建康實録》(下稱《實録》),匯録六朝的史事,取材贍富,徵引廣博,對傳世正史具有補充史料的意義,可惜長期以來没有受到應有的重視。鑒於此書對研治魏晉南北朝歷史及名城南京的文化古迹都富有參考價值,中華書局於 1986 年出版了張忱石先生的點校本(簡稱"張本"),上海古籍出版社於 1987 年出版了孟昭庚等先生的點校本(簡稱"孟本")。兩部點校本的問世,爲閱讀和利用《實録》的學人排除了許多障礙,這實在是《實録》整理研究史上值得大書特書的盛事。當然,舊刻本中需要解決的難題很多,點校本不可能畢其功於一役,這是關心此書的古籍整理工作者應當共同努力的。本文試就點校本中某些可補或可商的内容略加論列,僅供讀者參考,並希望得到同行的指教。爲了行文的方便,本文所引《實録》采自張本,並在引文後面括注頁碼;凡是孟本與張本不同的地方,另作説明。文中所謂"庫本"是《四庫全書》文淵閣本的簡稱。

一、史誤宜注例

(1)卷一《吴太祖上》(建安)十八年,權自與操相持於濡須,使將軍常雕等以兵五千,乘油船,夜入中洲,權使將軍嚴圭、朱桓

---

① 此文與吴金華師合署發表於《古籍研究》2000 年第 3 期。

等率水軍擊破之，梟其將諸葛虎，並首虜三千人而還。（頁一四）

建安十八年(213)没有常雕夜襲中洲的事情，《實録》大誤，宜加校注。《三國志・吳書・吳主傳》載黄武二年(223)事云："三月，曹仁遣將軍常彫等，以兵五千，乘油船，晨渡濡須中州。仁子泰因引軍急攻朱桓，桓兵拒之，遣將軍嚴圭等擊破彫等。"又《朱桓傳》云："黄武元年，魏使大司馬曹仁步騎數萬向濡須……仁果遣其子泰攻濡須城，分遣將軍常雕督諸葛虔、王雙等，乘油船別襲中洲。"《資治通鑑》卷七〇將此事繫於黄初四年(223)，相當於黄武二年。許嵩編輯《實録》，把曹丕稱帝時代的戰事誤繫於十年前的曹操當權時期。

(2)《吳太祖上》：冬，折衝將軍、升城督甘寧卒。（頁一五）

"升城"不是地名，宜加校注。《三國志・吳書・甘寧傳》云："後從攻皖，爲升城督。寧手持練，身緣城，爲吏士先，卒破獲朱光。"又《吕蒙傳》云："於是權親征皖，引見諸將，問以計策。蒙乃薦甘寧爲升城督，督攻在前，蒙以精鋭繼之。侵晨進攻，蒙手執枹鼓，士卒皆騰踴自升，食時破之。"升城就是登城，在這裏特指攀登敵城，"升城督"是督攻皖城指揮官的稱號。這是臨時任命的戰地指揮官，攻皖城結束，其職務便應隨即終止。《實録》誤以"升城"爲地名，張本因此加了地名綫，等於將錯就錯。

二、訛文宜改例

(3)卷一二《宋太祖文皇帝》：七月……庚寅，裴松之上書。（頁四二一）

張本指出："七月辛卯朔，無庚寅。"如果進一步考察，我們可以發現"庚"是"甲"的訛文。裴松之《上三國志注表》的落款表明，上表的日期是"元嘉六年七月二十四日",據《二十史朔閏表》可知,這一天是"甲寅"而不是"庚寅"。

（4）卷一《吴太祖上》注引《志林》:策因諮術征繇,領兵千餘,騎數十疋,賓客樂從者數百人。（頁四）

"諮"是詢問的意思,在這裏講不通,疑是"説"的訛字。《三國志·吴書·孫策傳》云:"策乃説術,乞助景等平定江東。"又注引《江表傳》云:"策説術云:'家有舊恩在東,願助舅討横江;横江拔,因投本土召募,可得三萬兵,以佐明使君匡濟漢室。'"以分析利害關係的説辭來打動聽者,使之聽從自己意見,叫做"説";《江表傳》所載孫策的一段話,正是説辭。

（5）《吴太祖上》注引《江表傳》載蔣幹語曰:吾與足下州里,中間别隔,遥聞芳烈,故來叙問。（頁一三）

"問"字無義,應是"闊"的壞字,可據《三國志·吴書·周瑜傳》注引《江表傳》校正。暢叙久别之情,謂之"叙闊";"闊"指分别已久,是當時口語,如《三國志·魏書·胡昭傳》注引《魏略》載議郎董經謂焦先曰:"阿先闊乎!念共避白波時不?"

（6）《吴太祖上》載凌統事:每隨權征伐,從陸口還合淝,率左右苦戰,免權淮北之難。（頁一六）

"淮北"當作"津北",指合肥逍遥津的北邊。《三國志·吴書·甘寧傳》:"建安二十年,從攻合肥,會疫疾,軍旅皆已引出,唯車下虎士千餘人,並吕蒙、蔣欽、凌統及寧,從權逍遥津北。張遼覘望知之,即將步騎奄至。"又《吴主傳》:"合肥未下,撤軍還。兵皆就路,權與凌統、甘寧等在津北爲魏將張遼所襲,統等以死扞權,權乘駿馬越津橋得去。"又《凌統傳》:"時權撤軍,前部已發,魏將張遼等奄至津北。"其實《實録》上文也有"權自陸口引兵還合淝,營於津北"的記載,足證"淮"爲"津"字之訛。

(7)《吴太祖上》注引《江表傳》載孫權謂將相曰:聞北部分兵,欲以助寡人,寡人内嫌其狀。(頁二三至二四)

"狀"字不可通,當從《三國志·吴書·吴主傳》注引《江表傳》作"挾"。魏國調動兵員,名爲助吴,其實想藉以達到挾制孫權的目的,所以孫權嫌其有"挾"我之心。

(8)《吴太祖上》載孫權論吕蒙曰:"及長,學問開益,籌略奇正,可以次於公瑾。"(頁二〇)

張本"籌略奇正"下注曰:"《吴志·吕蒙傳》、《通鑑》六八皆作'籌略奇至'。"按"奇至"爲六朝人語,又見於《文心雕龍·指瑕篇》:"而晉末篇章,依希其旨,始有賞際奇至之言,終無撫叩酬即之語。"

(9)卷二《吴太祖下》:人言若不可信,朕爲諸君破家保之。(頁五二)

這裏的"若",孟本作"昔",庫本作"皆"。從文義上看,"若""昔""皆"均非原文,原文當是"苦"字,可據《三國志·吴書·吴主傳》校改。上文説,朱然、步騭等聽信謠傳,以爲蜀國違背盟約,建議孫權早作防備,孫權則堅信蜀漢不會背盟;下文有"果如帝言,而蜀竟無謀"這樣的記載,也足以證明孫權的原話是"人言苦不可信","苦"是意動詞。

(10)《吴太祖下》:建安二十四年,劉備東出,琮上疏請討關羽。帝與吕蒙陰議征之,乃擒羽,會公安置酒,以琮爲偏將軍,封當陽亭侯。(頁五八)

"乃"是"及"的壞字。《三國志·吴書·全琮傳》載此事云:"及禽羽,權置酒公安,顧謂琮曰……於是封陽華亭侯。"可證。校正了錯字,則知"討關羽"後面的句號應當跟"征之"後面的逗號互换位置。

(11)卷四《吴後主》:後主覽書,怪其垢汙,大怒,昭懼,因叩頭五百下,兩手自縛。(頁一〇三)

這段文字有兩處可議。第一,"汙"當從庫本作"汙","汙"是"污"的俗體字,《後漢書‧西南夷傳》有"潔白不受垢汙"的話,即其例證。《三國志‧吴書‧韋曜傳》載此事云"數數省讀,不覺點污",可爲旁證。第二,"縛"爲誤文,庫本作"搏",跟《韋曜傳》相合,應據改。"自搏",指自己擊打自己,表示自怨自悔,向人乞求哀憐,例如《三國志‧魏書‧后妃傳》注引《魏略》有:"文帝入紹舍,見紹妻及后,后怖,以頭伏姑膝上,紹妻兩手自搏。"《後漢書‧趙熹傳》:"顧謂仇曰:'爾曹若健,遠相避也。'仇皆卧自搏。"

(12)卷五《晋中宗元皇帝》:敦大怒,投表於地,曰:"讀《左傳》三十年,一朝爲劉琨用。"却因内憚焉。(頁一二八)

孟本以"一朝爲劉琨用却"爲句,勝於張本;但是"用却"二字不像話,仍有待於校勘。推尋文理,"用"當作"前"。"前却"有遭戲弄、被控制、被左右的意思,如《三國志‧吴書‧吴主傳》注引《江表傳》載孫權語云:"朕年六十,世事難易,靡所不嘗,近爲鼠子所前却,令人氣湧如山。"

(13)卷一《吴太祖上》注引《江表傳》:初,曹操聞周瑜年少有美才,謂可遊説動之,乃密下揚州,遣九江蔣幹往見之。(頁一三)

關於"乃密下揚州"一句,張本説:"'密'字原缺,今據庫本及《吴志‧周瑜傳》注引《江表傳》補。周鈔本'密'作'自'。"孟本則説:"諸本皆闕'密'字,今據《三國志》卷五十五《甘寧傳》注引《江表傳》補。"據我們考察,《三國志》只有《周瑜傳》注引《江表傳》記有此事,而《甘寧傳》没有，孟本在這裏弄錯了。

三、脱文宜補例

（14）卷一《吴太祖上》載孫策謂太史慈曰：先君手下兵數千人，盡在公路。（頁八）

孫策的話，《三國志·吴書·太史慈傳》注引《江表傳》作"先君手下兵數千餘人，盡在公路許"。《資治通鑑》卷六二作"吾先君兵數千人，盡在公路許"。所謂"盡在公路許"，猶言"全在袁術那裏"；本文没有"許"字，文義不足，當屬傳寫脱落。

（15）《吴太祖上》：桓分兵將赴羡溪，既發，卒得仁進軍拒濡須七十里。（頁二二）

"七十里"下當有"問"字，可據《三國志·吴書·朱桓傳》沾補。"問"謂音訊，如《三國志·魏書·后妃傳》注引王沈《魏書》云："時武宣皇后體小不安，后不得定省，憂怖，晝夜泣涕；左右驟以差問告，后猶不信。""差問"指病癒的消息。"得……問"意爲"得到……消息"，《實録》没有"問"字，則上文"得"字没有著落。

附帶説一下，孟本以"卒"字屬上，是句讀之誤。"卒"通"猝"，是突然的意思。下文有"桓遣追還羡溪兵，未到，而仁奄至城下"云云，正表明其消息來之突然，令朱桓猝不及防。

四、衍文宜删例

（16）卷一《吴太祖上》，自注：案，《英雄記》與此説不同，云堅以漢初平四年正月七日，討劉表，爲表將吕公引兵緣山向堅，堅尋山討公，公兵土下石，中堅，應時死。（頁四）

"爲表將吕公"的"爲",顯屬衍文。《後漢書·劉表傳》李賢注及《三國志·吴書·孫堅傳》裴松之注所引《英雄記》都没有"爲"字。

(17)《吴太祖上》:仁乃勒兵逼,瑜乃自起輿行軍陣間,仁聞收軍,退走。(頁一一)

《三國志·吴書·周瑜傳》云:"後仁聞瑜卧未起,勒兵就陳。瑜乃自興,案行軍營,激揚吏士,仁由是遂退。"異文互校,我們不難推斷,《三國志·吴書·周瑜傳》的"興"應是"輿"的訛字,而《實録》的"起"則屬於衍文。"自輿"就是令人用輿車載己而行。又《孫策傳》注引《江表傳》云:"復下攻融,爲流矢所中,傷股,不能乘馬,因自輿還牛渚營。"周瑜因受傷而"自輿",跟孫策的情形相類。

(18)《吴太祖上》:閏正月,大破蜀軍於五屯,斬將搴旗,追奔逐北。(頁二二)

"五屯"前面的"於"字當爲衍文。《三國志·吴書·陸遜傳》載:"(劉)備從巫峽、建平連圍至夷陵界,立數十屯。"《吴主傳》云:"攻蜀五屯,皆破之,斬其將。"既然稱"皆破之",那麼"五屯"應指劉備數十屯中的五個營屯。張本在"五屯"下加地名綫,非是。

五、倒文當乙例

(19)卷一《吴太祖上》載周瑜詣京説孫權曰:進取蜀,得蜀,使魯肅固守其地,北與馬超結援。瑜與將軍還據襄陽,以蹙曹操,北方可圖。(頁一三)

"還"字當在"與"字之前。《三國志·吴書·周瑜傳》載其語云:"今曹操新折衄,方憂在腹心,未能與將軍連兵相事也。乞與奮威俱進取蜀,得蜀而并張魯,因留奮威固守其地,好與馬超結援。瑜還與將軍據襄陽以蹙操,北方可圖也。"這段説得很明白:周瑜希望跟奮威將軍孫瑜一起攻蜀,打算得蜀之後留孫瑜守其地,自己則回來跟孫權合力防守襄陽,北拒曹操。本文作"瑜與將軍還據襄陽",字有顛倒。《三國志·吳書·周瑜傳》的"奮威"是孫瑜的將軍名號,《實錄》轉換爲"魯肅",亦誤。

六、斷句不當,割裂語詞例

(20)卷一《沿革》注引顔介語:南方水土柔和,其音清,舉而切,天下之能言,唯金陵與洛下耳。(頁一)

孟本作"其音清舉而切",可從。《顔氏家訓·音辭》作"南方水土和柔,其音清舉而切詣,失在浮淺,其辭多鄙俗"。"清舉"是描述語音特點的形容詞,不當割裂。

(21)《沿革》:晉永嘉中,王敦始爲建康,創立州城,今江寧縣城,所置在其西,偏其西即吳時冶城,東則運瀆,吳大帝所開,今西州橋水是也。(頁三)

"偏其西"似通非通,當從孟本以"偏"字屬上,"西偏"即西邊。《左傳·隱公十一年》:"乃使公孫獲處許西偏。"《史記·晉世家》:"新城西偏將有巫者見我焉。"《文選·景福殿賦》:"温房承其東序,涼室處其西偏。"凡此均爲其例證。與此相對的概念是"東偏",《實錄》前文就有"今瓦官寺閣,在崗東偏也"的記載。

(22)《吳太祖上》注引《祥瑞志》:遭歲荒,儉以種瓜自業。(頁三)

"儉"字當屬上。"荒儉"謂荒年歉收,是不可分割的六朝詞語。《晉書·孝武帝紀》:"甲子,以比歲荒儉,大赦,自太元三年以前逋租宿債皆蠲除之。"《北齊書・盧文偉傳》:"及北方將亂,文偉積稻穀於范陽城,時經荒儉,多所賑贍,彌爲鄉里所歸。"例多不贅。

(23)《吳太祖上》注引《江表傳》載劉備等語:瑜籌略萬人,英也。(頁一三)

本文宜標點成:"瑜籌略,萬人英也。"《三國志・吳書・周瑜傳》注引《江表傳》作"公瑾文武籌略,萬人之英",多一"之"字,語意更明。張本將"萬人英"割裂開來,不可卒讀。

(24)卷二《吳太祖下》:冬十月至,自武昌城建業太初宮居之。(頁三八)

上文句讀大誤。孟本以"至自武昌"爲一句,極是。"至自某地"是史家例行書法,特指君主從某地來到眼前的所在,《春秋》屢見不鮮,如昭公二十九年"公至自乾侯",定公八年"公至自瓦",定公十年"公至自夾谷";《文選》載任彥昇《齊竟陵文宣王行狀》云"至自禹穴",也是這種筆法。

七、不明語詞所屬,文句錯亂例

(25)卷一《沿革》注:案,越范蠡所築城,東南角近故城望國門橋,西北即吳牙門將軍陸機宅。(頁一)

孟本將"西北"二字屬上,以"城東南角近故城望國門橋西北"爲一句,大誤。"西北"是"西北角"的省文,跟前面的"東南角"相對,分別説明該城東南角與西北角的標誌性建築。

(26)《吳太祖上》:以周瑜、程普、吕範等爲爪牙,將軍魯肅、諸葛瑾、步騭、陸遜爲腹心賓客。(頁六)

孟本以"將軍"屬上,是。"爪牙將軍"與下文"腹心賓客"相對成文。《三國志‧吳書‧吳主傳》云:"待張昭以師傅之禮,而周瑜、程普、吕範等爲將率。招延俊秀,聘求名士,魯肅、諸葛瑾等始爲賓客。"文字略同,可以參證。

(27)《吴太祖上》載太史慈事:答曰:"不過六十日。"如期歸告,於策曰:"子魚非籌略之才……"(頁九)

"於策曰"不辭,當從孟本以"告"字屬下。孫策派太史慈去豫章,當時很多人以爲太史慈不會再回來,"如期歸"正是照應此事。"告於策",即太史慈回來後便向孫策匯報情況,這三字不能分斷。

(28)《吴太祖上》:瑜歸江陵,治行道病,卒于巴丘,時年三十六。(頁一三)

孟本以"治行"屬上,是正確的。"治行"謂準備行裝,如《史記‧曹相國世家》:"蕭何卒。參聞之,告舍人趣治行,'吾將入相'。"《漢書》顔師古注云:"治行,謂脩治行裝也。"或稱"治裝行",如《史記‧孝武本紀》云:"其後治裝行,東入海,求其師云。"或稱"治行裝",如《史記‧南越尉佗傳》云:"王、王太后飭治行裝重齎,爲入朝具。"或稱"治裝",又稱"爲行裝",因避漢明帝諱又作"治嚴",如《三國志‧吴書‧周瑜傳》:"瑜還江陵,爲行裝,而道於巴丘病卒,時年三十六。"裴松之注云:"瑜欲取蜀,還江陵治嚴。"

(29)《吴太祖上》:(吕蒙)少小江南依姊夫鄧當,年十五六,每隨當征討,其母不許。(頁一八)

孟本以"少小江南"爲句,又以"依姊夫鄧當年十五六"爲句,使並不難懂的文句變得十分古怪。

(30)卷二《吴太祖下》:今運瀆東曲折内池,即太初宫西門

外。池吴宣明太子所創,爲西苑。(頁三八)

以“池吴宣明太子所創”爲句,生硬難讀,宜從孟本將“池”字屬上。

(31)《吴太祖下》載孫權怒語張昭曰:“吴之士大夫入則拜朕,出則拜卿,朕之敬卿,亦爲至矣。而數於衆中折朕,失計何也。”(頁四三)

孟本以“失計”屬上,不如張本較爲可取。《三國志・吴書・張昭傳》作:“吴國士人入宫則拜孤,出宫則拜君,孤之敬君,亦爲至矣,而數於衆中折孤,孤嘗恐失計。”張昭切諫,權不能忍受,所謂“嘗恐失計”之類的話,是孫權委婉的威脅,意思是自己可能會開殺戒。“失計何也”,大意可理解爲“如果我一怒之下,殺了你,那將如何是好”。由於《實録》在這裏顯然有脱文,句讀也只宜依據大意。

八、叙事誤爲記言例

(32)卷二《吴太祖下》:魏使以馬二百匹求易珠璣、翡翠,帝曰:“此朕不用之物,乃與交易。”(頁四二)

“乃與交易”一句,屬於史家記事之文,不當闌入引號以内。孟本此處標點不誤。

主要參考文獻:
〔南朝宋〕范曄撰:《後漢書》,中華書局,1965年。
〔晉〕陳壽撰:《三國志》,中華書局,1959年。
〔唐〕房玄齡等撰:《晉書》,中華書局,1974年。
〔南朝梁〕沈約撰:《宋書》,中華書局,1974年。

〔南朝梁〕蕭子顯撰:《南齊書》,中華書局,1972 年。

〔唐〕姚思廉撰:《梁書》,中華書局,1973 年。

〔唐〕姚思廉撰:《陳書》,中華書局,1972 年。

〔宋〕司馬光撰:《資治通鑑》,中華書局,1956 年。

〔唐〕許嵩撰:《建康實録》,《古逸叢書》三編之九,影印宋紹興十八年刻本,中華書局,1984 年。

〔唐〕許嵩撰:《建康實録》,《景印文淵閣四庫全書》本,臺灣商務印書館,1983 年。

〔唐〕許嵩撰,張忱石點校:《建康實録》,中華書局,1986 年。

〔唐〕許嵩撰,孟昭庚等點校:《建康實録》,上海古籍出版社,1987 年。

《建康實録》宋本校勘芻議

　　就目前所知,作爲一部記載六朝歷史的重要史書,《建康實録》在其流傳過程中只刊刻了四次,包括宋刻兩次,清刻兩次。其中最早的北宋嘉祐三年江寧府刻本,諸家著録多付闕如,尚存天壤與否,不得而知。另一種宋刻,即南宋紹興十八年荆湖北路安撫使司重別雕印本,海内僅存孤本,經汲古閣、海源閣等輾轉珍藏,今藏國家圖書館。清顧廣圻曾用此南宋刻本校其手中鈔本,後嘉慶間張海鵬據顧氏校本重刊,光緒間甘元焕又據此翻刻。此外在清代,尚有不少鈔本行世。由於存世的南宋刊本有闕頁,而現存清刊、鈔本所闕大致相同①,所以我們認爲,現存的南宋刻本可能是行世的刊、鈔本的版本之源。因此,南宋刻本對於《建康實録》校勘整理具有很重要的意義,1984 年中華書局將其影印出版,使這一八百年來僅存孤本得以化身百千,供天下學人研究利用。誠然,現在通行的兩種《建康實録》的整理本,即中華書局 1986 年出版的由張忱石整理的點校本(簡稱"張本"),以及上海古籍出版社 1987 年出版的由孟昭庚等整理的點校本(簡稱"孟本"),在對《建康實録》的校勘整理方面都取得了大量的成果,但是,上述兩種點校本對於南宋本的利用似乎還不夠充分。儘管南宋本也不是十全十美,其中不乏明顯的訛誤,但鑒於南宋本在《建康實録》流傳過程中的特殊地位,筆者覺得,對於《建康實録》的整理

---

① 個別版本所闕略有不同,乃後人據相關史書補充所致。

而言,利用南宋本進行對校,應該是一個不可或缺的重要步驟。有鑒
於此,筆者利用南宋刻本(簡稱"宋本")與張本相對校,獲得了數以
百計的異文,考諸同時代正史及其他典籍,聯係當時政治、軍事以及
文化方面的實際情況,發現其中有相當一部分可以糾正通行本中存
在的問題。現從其中挑選出若干例①,略綴芻議,以就正於大方
之家。

一、利用宋本可以糾正通行本中承清刊、
鈔本而來的訛誤

[例一]是歲,丹楊都尉媯覽、郡丞戴員等與邊洪謀殺太守孫
翊。(卷一《吳·太祖上》頁七)

"都尉",宋本作"都督"。三國時,吳國在瀕江以及其他戰略要
地一般都置都督一職。《三國志·吳書·孫韶傳》載:"初,孫權殺吳
郡太守盛憲,憲故孝廉媯覽、戴員亡匿山中,孫翊爲丹楊,皆禮致之。
覽爲大都督督兵,員爲郡丞。"②此事又載於《資治通鑑》卷六四建安
九年:"丹陽大都督媯覽、郡丞戴員殺太守孫翊。"據此可知,"都尉"
乃"都督"之誤。

[例二]十一月,蜀使致書於權,引躬自責,永修舊好。(卷
一《吳·太祖上》頁二三)

"永",宋本作"求"。《吳書·吳主傳》裴注引《江表傳》載:"權
云:'近得玄德書,已深引咎,求復舊好。'"此當爲《建康實錄》文字所

---

① 本文所舉例子,除另作説明外,皆取張、孟二本文字相同且不出校記者,原文
　及頁碼均根據張本中華書局 1986 年 10 月第一版。
② 本文所引二十四史文字,如無特別説明,均據中華書局點校本。

本。根據《三國志》及《資治通鑑》的記載,當時是蜀主動提出重申盟好,而孫權亦就和魏還是和蜀舉棋不定,因此,作"求"更爲貼切,"永"當是"求"形近之訛。

[例三]初望氣者云,荆州有天子氣破揚州而建業宫不利,故後主上武昌,仍使掘破荆州界大臣各塚斷其山崗。(卷四《吴·後主》頁九四)

"各",宋本作"名"。該事亦見於《吴書·孫皓傳》注引《漢晉春秋》:"初望氣者云荆州有王氣破揚州而建業宫不利,故皓徙武昌,遣使者發民掘荆州界大臣名家冢與山岡連者以厭之。"筆者懷疑其中"冢"可能是涉下"冢"字而衍,當然,也不排除"名家"是"名家冢"之省稱的可能性。據此可知,宋本作"名冢"可能更爲得實。"各冢"難解,孫皓必不能使人遍掘荆州界所有大臣墓。"各"當是"名"形近之訛。

[例四]循自以枕席廢頓,臣節不修,累表固讓,命皇太子親往拜焉。(卷五《晉·中宗元皇帝》頁一三一)

"枕席",宋本作"枕疾"。《晉書·賀循傳》載此事亦作"枕疾"。"枕疾"是當時常用的一個詞語,意爲卧病。如《晉書·桓温傳》載桓温上疏稱:"夫盛衰常理,過備無害,故漢高枕疾,吕后問相,孝武不豫,霍光啓嗣。"又如謝靈運《辨宗論》:"余枕疾務寡,頗多暇日。"

[例五]愷之能運五十匹絹畫一像,使心運手,須臾成。頭面、手足、胸臆、肩背,無遺失尺度,此其難也。(卷八《晉·太宗簡文皇帝》頁二四二)

前"運"字,宋本作"連","運五十匹絹畫一像"殊不可解,宋本原作"連",是指顧愷之在由五十匹絹拼成的巨幅畫面上畫單個人物肖像,這對於畫家把握人物造型的比例來説,確實是很困難的事情,所謂"無遺失法度",正是指畫家在這方面的成功之處。張彥遠《歷代名畫記》卷五"顧愷之"條引此亦作"連","運"當是"連"形近之訛。

　　[例六]初在青州,嘗用銅斗,覆在藥厨下忽於斗下得二死雀。思話歎曰:"斗覆而雙鵲殞,其不祥乎!"既而被繫。(卷一四《宋·列傳》頁五三四)

"鵲",宋本作"雀"。前文既没有明確指出所死的具體是哪一種鳥,僅泛稱爲"雀",後文似不應專指爲"鵲"。《宋書·蕭思話傳》《南史·蕭思話傳》均作"斗覆而雙雀殞",《太平御覽》卷九二二同。核以諸書,"鵲"當是"雀"音近之訛。

　　[例七]薛安都,河東汾陽人也。(卷一四《宋·列傳》頁五四四)

"陽",宋本作"陰"。《宋書·薛安都傳》《南史·薛安都傳》均作:"薛安都,河東汾陰人也。"本書卷一五安都之侄薛淵傳亦稱其"河東汾陰人",可爲一證。

　　[例八]己未夜,郢城有一物如獸,色白而長,攀樹而泣,若將别者,因投城外黄鶴磯水中。(卷一七《梁·高祖武皇帝》頁六七〇)

"色",宋本作"毛"。"色白而長"不可解。"如獸"是指其體形,"白而長"則是描寫其毛,"色"當是"毛"形近之訛。

二、利用宋本可以補正通行本中存在的脱失

　　[例九]初,王敦構逆,導憂覆族,使郭璞筮之曰:"吉,無不利。淮水絶,王氏滅。"(卷七《晉·顯宗成皇帝》頁一九三)

宋本"筮之"後有"卦成"二字。"卦成"即得卦之意，爲記占筮之成語，如本書卷八《晉·孝宗穆皇帝》："初，冰令郭璞筮，卦成，曰……"又如《晉書·郭璞傳》："初，庾翼幼時嘗令璞筮公家及身，卦成，曰……"此事《晉書·王導傳》亦作："初，導渡淮，使郭璞筮之，卦成，璞曰：'吉，無不利。淮水絶，王氏滅。'"足證通行本當補"卦成"二字。

　　[例一〇]初，邈妻郗氏甚妒，邈在先娶妾，郗氏怨懟，與邈書聲絶。（卷一〇《晉·安皇帝》頁三〇八）

"在"下宋本有"吳"。《晉書·謝邈傳》記此事亦作"邈先娶妾"，《建康實録》較之略詳，稱"在吳"，可能是指謝邈出任吳興太守一職時。

　　[例一一]慶之先患頭風，好著狐皮帽，群蠻惡之，號曰蒼頭公。每見慶之軍，輒懼曰："蒼頭已復來矣。"（卷一四《宋·列傳》頁五三三）

"已"上宋本有"公"。前文既有"號曰蒼頭公"的説法，則後文當從宋本作"蒼頭公"。《宋書·沈慶之傳》記此事作："每見慶之軍，輒畏懼曰：'蒼頭公已復來矣。'"《南史·沈慶之傳》同。此當是本書文字所本，可爲其證。

　　[例一二]後衡陽王義季鎮京口，長史孫勔迎顒於黃鵠山之竹林園舍，林澗甚美，因憩於此澗。（卷一四《宋·列傳》頁五五〇）

"因"上宋本有"顒"。乍一看，有無"顒"字，似乎對於文義來説没有多大出入，但仔細研究文意，此處著一"顒"字，强調是戴顒"憩於此澗"，這對於突出戴顒的隱士身份，有著微妙的意味。正因爲如此，《宋書·戴顒傳》及《南史·戴顒傳》記此事皆作："山北有竹林精舍，林澗甚美，顒憩于此澗。"

[例一三]而使呂僧珍勒兵封庫及圖籍。(卷一七《梁・高祖武皇帝》頁六六八)

“庫”上宋本有“府”。此處“府”不可脫。鄭玄注《禮記・曲禮下》云:“府,謂寶藏貨賄之處也;庫爲車馬兵甲之處也。”“府庫”,是指國家貯藏財物、兵甲之所。如《孟子・梁惠王下》:“君之倉廩實,府庫充。”《周禮・天官・大府》:“凡萬民之貢,以充府庫。”由於府庫攸關一個國家的經濟、軍事,所以富有戰略眼光的政治家在攻入敵人首都之後,都對它十分重視。如《史記・高祖本紀》載劉邦攻入咸陽後,“乃封秦重寶財物府庫”。梁武帝也不例外,《梁書・武帝紀》載:“高祖命呂僧珍勒兵封府庫及圖籍。”此事還見於《呂僧珍傳》:“建康城平,高祖命僧珍率所領先入清宮,與張弘策封檢府庫。”《張弘策傳》亦載:“城平,高祖遣弘策與呂僧珍先入清宮,封檢府庫。”《資治通鑑》卷一一四記此事亦作“封府庫及圖籍”。以上諸書,可以證明通行本脫“府”,由於“府庫”一詞含有特殊的意義,因此,這樣的脫失顯然是需要補正的。

[例一四]侯景立皇子綱,爲簡文帝。(卷一七《梁・高祖武皇帝》頁六九一)

“皇”下宋本有“太”。《梁書・武帝紀》載:“(中大通三年)秋七月乙亥,立晉安王綱爲皇太子。”可見,蕭綱當時的身份爲皇太子。皇帝之子皆爲皇子,但其中只有一人才是未來皇位的繼承者,爲了突出這個皇子在諸皇子中的地位,皇帝通過隆重的儀式,給以“皇太子”的稱號。典籍中“皇太子”常省稱爲“太子”,但似乎未見簡稱爲“皇子”的例子。此處宋本的行文較之通行本更爲準確。

三、利用宋本可以除去通行本中無謂的衍文

[例一五]案,《宗室傳》:太宗初即位,未解嚴,桓温屯中堂,

夜警,御史中丞敬王恬奏劾温大不敬,請理温罪。温見欵曰:"此兒乃敢彈我耶! 真可畏也。"(卷八《晉·太宗簡文皇帝》頁二四〇)

"耶",宋本無。《晉書·宗室傳》亦作"此兒乃敢彈我",無"耶"字。"耶"是當是後人傳寫時所臆加。原文語氣急促,傳神地寫出了權傾一時的桓温對於敬王恬敢挦虎鬚的行爲的震驚,加上"耶"字,未免有蛇足之嫌。

[例一六]帝自謂安民曰:"卿面方如田,此封侯相也。"(卷一五《齊·列傳》頁六〇六)

"此",宋本無。《南齊書·李安民傳》記此事作:"帝大驚,目安民曰:'卿面方如田,封侯狀也。'"《南史·李安人傳》亦作①:"卿面方如田,封侯相也。"《太平御覽》卷七三〇也引作:"卿面方如田,封侯狀也。"可證宋本爲得實。《梁書·吕僧珍傳》有:"此有奇聲,封侯相也。"與此相似,可作參證。順便提一下,"自謂"不可通,"自"當是"目"之訛,《南齊書》等諸書皆作"目安人曰"可證。

[例一七]十三年春正月辛丑,以晉安王伯恭爲尚書左仆射,袁憲爲右仆射。(卷二〇《陳·高宗孝宣皇帝項》頁七九三)

"春正月",宋本無。此處"辛丑"爲太建十三年的記年干支,竄入"春正月",顯得不倫不類。本書記陳朝史事多用記年干支,如"太建三年辛卯正月癸丑""(太建)十一年己亥春正月""(太建)十二年庚子六月""至德二年甲申正月丁卯"等等。張、孟二本皆不明此文例,故張本於"十三年春正月辛丑"下出校記稱:"'春正月'三字原缺。《陳書·宣帝紀》、《南史·陳本紀下》及《通鑑》一七五皆作'春

---

① 安人即安民,涉唐諱改。

正月壬午'。壬午爲正月朔日,辛丑爲二十日,皆在正月,雖未知孰是,然'辛丑'前當脱'春正月'三字。今據徐鈔本補①。"而孟本雖作"十三年辛丑",但也出校記稱:"宋刻本同。徐本'辛丑'二字作'春正月'三字,按徐本爲是。"張本以爲此處"辛丑"爲紀月干支,故竄入"春正月"三字以領之;孟本校記則直欲依徐本以"春正月"三字取"辛丑"而代之。竄入"春正月",雖也不當,尚有正史可依;至於去"辛丑",則全無根據,難免武斷。

四、利用宋本可以保留古時語言文字的原貌

[例一八]統不能忍,引刀砍勤,數日乃死,時人多之。(卷一《吳·太祖上》頁一六)

"砍",宋本作"斫"。"砍"字後出,當時描寫用刀砍擊的動作都作"斫"。《三國志·吳書·凌統傳》記此事作:"統不忍,引刀斫勤,數日乃死。"《太平御覽》卷八四六引此亦作"斫"。

[例一九]既見帝,言導忠誠,帝納其言,與飲酒,既醉而出。(卷五《晉·中宗元皇帝》頁一四〇)

"既",宋本作"致"。《晉書·周顗傳》記此事作:"既見帝,言導忠誠,申救甚至,帝納其言。顗喜飲酒,致醉而出。"筆者懷疑此處相關文字當斷作:"顗喜,飲酒致醉而出。"文中"致"與"喜"相呼應,細膩地寫出了周顗因救王導成功而縱情暢飲的快樂心情。本書此處雖無"喜"字,但一"致"字,亦足以傳達出周顗此時的心情。若依通行本,則短短一段文字中,兩見"既"字,非惟拗口難讀,傳神寫照亦復蕩

---

① 所謂"徐鈔本"及下文孟本校記所提及的"徐本",均指武昌徐行可藏《建康實錄》鈔本,見酈承銓《〈建康實錄〉校記叙例》。

然無存。

　　[例二〇]時遠方一比丘尼有道術,至姑孰求浴,溫竊視之。（卷九《晉·烈宗孝武皇帝》頁二五八）

　　"視",宋本作"窺"。《晉書·桓溫傳》亦作"溫竊窺之","窺"與"竊"相呼應,較之"視",更爲準確生動。張、孟二本舍此不從,又不出校,若不以宋本相校,縱讀千遍,也不能使人知其誤處。

　　[例二一]又言袈裟非朝會之服,缽盂非廟廊之器。（卷一〇《晉·安皇帝》頁三一六）

　　"廟廊",宋本作"廊廟"。《高僧傳》卷六記此亦作"廊廟"。廊指大殿四周之廊,廟則指太廟,兩者均爲古時帝王與大臣議論國事之處,故典籍多以"廊廟"代指朝廷,例多不贅舉。此處"廊廟"與"朝會"相對,正指朝廷。"廟廊"之稱,典籍罕見,不煩强乙,以失却古時語言原貌。

　　[例二二]案,《晉書》:桓玄嘗候道子,正遇其醉,賓客滿堂。（卷一〇《晉·安皇帝》頁三一八）

　　"堂",宋本作"坐"。《晉書·司馬道子傳》記此亦作"賓客滿坐"。《世説新語·言語》載此事作:"桓玄義興還後,見司馬太傅,太傅已醉,坐上多客。"雖然對今人來説,"賓客滿堂"與"賓客滿坐"意義相差不大,但從保留古代語言的原貌出發,當以從宋本及《晉書》作"坐"爲是。

　　[例二三]道濟憤怒氣盛,目光如炬,俄爾之間,引酒一斛,王遂矯詔賜死。（卷一二《宋·太祖文皇帝》頁四三〇）

　　"酒",宋本作"飲"。《實録》此文本自《南史·檀道濟傳》:"道濟見收,憤怒氣盛,目光如炬,俄爾間引飲一斛。""引飲"是時語,意思是"舉杯而飲"。後人不明此義,屢屢改之。如本書卷一五《齊上·和帝》:"於是遣鄭伯禽進以生金,帝曰:'我不須金,醇酒足矣。'乃飲酒一升,伯禽就加摺焉。"其中"飲酒",宋本亦作"引飲";《南史·和帝紀》記此事亦作"乃引飲一升"。與"引飲"相似的還有"引酌",如《晉書·陶潛傳》:"潛既遇酒,便引酌野亭,欣然忘進。"又如陶淵明《歸去來兮辭》:"引壺觴以自酌。"凡此皆有助於後人理解"引飲"一詞。

　　[例二四]慶之曰:"朝廷以君不足煩壯少,故老夫來耳。"(卷一三《宋·世祖孝武皇帝》頁四七九)

　　"壯少",宋本作"少壯"。張本於此文下出校記稱:"'壯少',宋本、庫本同。甘鈔本、徐鈔本、丁鈔本、周鈔本、劉鈔本及《宋書》、《南史·沈慶之傳》皆作'少壯'。"①需要説明的是,校記中所稱"宋本、庫本同"可能是不符合事實的,筆者所據宋本正作"少壯",而筆者檢文淵閣《四庫全書》中的《建康實錄》也作"少壯"(當然,張本所據的"庫本"爲文津閣本,或許文字有出入,也未可知)。可能是因爲人的成長先少後壯的原因,所以,"壯少"一詞,古來罕見,而"少壯"則在典籍中屢見不鮮,如漢武帝《秋風辭》:"簫鼓鳴兮發櫂歌,歡樂極兮哀情多,少壯幾時兮奈老何。"又如爲人所熟知的《樂府詩集·相和歌辭五·長歌行一》:"少壯不努力,老大徒傷悲。"再如魏文帝《與吳質書》:"少壯真當努力,年一過往,何可攀援。"孟本不出校而作"壯少",失在未用宋本相校;張本校記誤稱宋本作"壯少",則未免張冠李戴。

主要參考文獻:

　　〔南朝宋〕范曄撰:《後漢書》,中華書局,1965 年。

_____

① 有關諸鈔本的著録,見張本卷首所附張忱石撰《點校説明》。

段。

〔晉〕陳壽撰:《三國志》,中華書局,1959 年。

〔唐〕房玄齡等撰:《晉書》,中華書局,1974 年。

〔南朝梁〕沈約撰:《宋書》,中華書局,1974 年。

〔南朝梁〕蕭子顯撰:《南齊書》,中華書局,1972 年。

〔唐〕姚思廉撰:《梁書》,中華書局,1973 年。

〔唐〕姚思廉撰:《陳書》,中華書局,1972 年。

〔唐〕李延壽撰:《南史》,中華書局,1974 年。

〔宋〕司馬光撰:《資治通鑑》,中華書局,1956 年。

〔唐〕許嵩撰:《建康實録》,《古逸叢書》三編之九,影印宋紹興十八年刻本,中華書局,1984 年。

〔唐〕許嵩撰,張忱石點校:《建康實録》,中華書局,1986 年。

〔唐〕許嵩撰,孟昭庚等點校:《建康實録》,上海古籍出版社,1987 年。

《建康實録》校勘札記

　　唐人許嵩編撰的《建康實録》，流傳至今，其刊本分別有南宋紹興本、清嘉慶貽訓堂本、清光緒桑泊草堂本等，其中存在著大量的傳鈔之誤。通過校勘解決《建康實録》文本中存在的訛奪衍倒等問題，乃是此書整理的首要任務。今人所出的兩個整理本，即中華書局 1986 年出版的張忱石先生點校本（簡稱"張本"），以及上海古籍出版社 1987 年出版的孟昭庚等先生的點校本（簡稱"孟本"），均以桑泊草堂本爲底本，糾正了此書中存在的很多問題，大便讀者；但整理一部古代典籍，要求做到一錘定音，那是不可能的事情。很多人的共同努力，也不過儘量改正古籍在傳鈔過程中産生的各種謬誤，儘可能地接近古籍的原貌而已。有鑒於此，儘管作者先前與吳金華先生合作撰寫過《〈建康實録〉校議》一文（已收入本書），對上述整理本中存在的若干問題，作過一些探討，但通過自己進一步的學習，又發現了一些新的問題，覺得有必要探討，因此不揣簡陋，選取其中吳國部分（卷一至卷四）、晉代部分（卷五至卷十）中有關文字訛誤的若干例子，略加淺議，以就正於方家。其中有關《建康實録》的引文、文字與標點皆取準張本，並括注卷次、頁碼於後，以便檢核。所舉異文，除另作説明外，均取張、孟二本文字相同且不出校者。有關《建康實録》的其他版本，文中提及的"紹興本"是指中華書局影印的南宋紹興刻本，"庫本"是指《四庫全書》文淵閣本。

1. 楚、鄧間—樊、鄧間

> 《別傳》云：堅攻荆州，刺史劉表使江夏太守黄祖拒於楚、鄧間，祖使將士伏射殺堅於峴山中，二録差爾。（卷一《太祖上》頁四）

"楚"，當是"樊"形近之訛。《三國志·吳書·孫堅傳》："初平三年，術使堅征荆州，擊劉表。表遣黄祖逆於樊、鄧之間。堅擊破之，追渡漢水，遂圍襄陽，單馬行峴山，爲祖軍士所射殺。"《太平御覽》卷一一八偏霸部引《三國志·吳書·孫堅傳》亦作"逆於樊、鄧之間"。《資治通鑑》卷六〇初平二年："術使孫堅擊劉表，表遣其將黄祖逆戰于樊、鄧之間，堅擊破之。"樊，原屬湖北襄陽縣，春秋時爲周京都轄邑，周宣王時仲山甫所封樊國，即爲此地。其都城稱樊城，南臨漢水，與襄陽隔水相望，公元 1950 年與襄陽合併，稱襄樊市。2010 年 12 月，襄樊市更名爲襄陽市。其北則有鄧城，即春秋時鄧國都城。所謂"樊、鄧間"正是指樊城與鄧城之間。而文中提到的孫堅戰死之處——峴山，也稱峴首山，據《資治通鑑》胡三省注稱"峴山去襄陽十里"，又《三國志集解》引《讀史方輿紀要》卷七九稱"峴山在襄陽府城南七里"，可見峴山在樊城附近，此亦可資參證。

2. 彭城太守—彭澤太守

> （建安）十四年，權居京口，劉備詣京口見權，求荆州。……時彭城太守吕範進説權曰："劉備雖窮迫見歸，得雨非池中物，請及今困留之"（卷一《太祖上》頁一一）

《三國志·吳書》不見吳國設過"彭城太守"一職。如果説吳國有可能設此一職的話，也只能在黄龍元年以後，因爲根據《三國志·吳書》的記載，這一年吳國與蜀國重新結盟，有所謂"三分天下"的約定，其中以"豫、青、徐、幽"屬吳，在這以後吳國方有可能設此虛職，授人遥領。在此之前的建安十四年時,孫權的活動一直局限在江南一帶,不可能設此一職,故此處所謂"彭城太守"一定有誤。根據《吳志·呂範傳》中所載呂範的履歷,我們推測所謂的"彭城太守"可能是呂範曾經擔任的"彭澤太守"之誤。《呂範傳》載:"曹公至赤壁,與周瑜等俱拒破之,拜裨將軍,領彭澤太守,以彭澤、柴桑、歷陽爲奉邑。劉備詣京見權,範密請留備。"據此記載,則呂範説孫權羈留劉備時,正是其擔任"彭澤太守"之時。

3. 弓箭亂發—弓弩亂發

> 案,《魏書》:孫權乘大船來觀曹公軍,曹公使弓箭亂發,箭著其船,船偏重將覆,乃迴船復以一面受箭,箭匀船平,乃迴。(卷一《太祖上》頁一四)

"弓箭",當從紹興本作"弓弩",《三國志·吳書·吳主傳》建安十八年注引《魏略》正作"弓弩亂發"。而《太平御覽》卷三四九兵部引《魏略》亦作"弓弩亂發"。弓和弩是兩種不同的射箭器械,所謂"弓弩亂發",即同時使用這兩種器械來進行射擊。類似的記載我們可以在《孫策傳》注引《吳録》所載孫策之表中見到:"弓弩並發,流矢雨集。"此處當以作"弓弩"爲得實。

4. 行軍—行陣

> 納魯肅於凡品,是其聰也;拔呂蒙于行軍,是其明也;獲于禁而不害,是其仁也……(卷一《太祖上》頁二一)

"軍",紹興本作"陣",孟本作"陣",其校記稱"'陣',原作'軍',今據宋刻本改"。《三國志·吳書·吳主傳》作"陳",陳、陣相通。"行陣"(行當讀如行列之行)是指軍陣隊列,如《吕氏春秋·簡選》:"離散係系,可以勝人之行陳整齊。"又如《三國志·蜀書·諸葛亮傳》載《出師表》:"愚以爲營中之事,悉以咨之,必能使行陳和睦,優劣得所。"此處所謂"拔呂蒙於行陣",意思是將呂蒙從行伍之中提拔起來,這正與《呂蒙傳》中呂蒙的經歷相符合。

5. 叛歸魏—叛降魏

(黃武)六年春正月,韓當子綜以衆叛歸魏。(卷一《太祖上》頁二七)

"歸",紹興本作"降"。從《建康實録》的體例來看,書中有關三國時吳國的歷史,都是站在吳國的立場上來描述的。例如本卷一開始介紹孫權時稱:"太祖大皇帝姓孫氏,諱權,字仲謀。"而孫權即皇帝位後,其行文更尊稱其爲帝。《建康實録》既然是以吳國爲其立足點,則此處不當稱"歸魏",當從紹興本作"降魏"爲是。

6. 諸郡縣—詔諸郡縣

(赤烏三年)夏四月,大赦。諸郡縣治城郭,起樓,穿塹發渠,以備非常。(卷二《太祖下》頁四五)

諸郡縣同時於夏四月治城郭云云,讓人總覺得有些奇怪,檢查《三國志》的相關記載,方才恍然大悟。《吳主傳》赤烏三年:"夏四月,大赦,詔諸郡縣治城郭,起譙樓,穿塹發渠,以備盜賊。"原來《建康實録》此處脱一"詔"字,啓人疑竇,當據《吳主傳》補入。

7. 且又治國—且人治國

帝良久曰:"……且又治國,舟船城郭,何得不護?"(卷二《太祖下》頁五一)

"又",紹興本作"人"。孟本作"人",不出校。《建康實録》此文出自《三國志·吳書·吳主傳》中孫權向步騭、朱然等人説明自己對當時謠傳有關蜀國背盟一事的看法,原文作:"又人家治國,舟船城郭,何得不護?""且人治國"即"又人家治國"的簡稱。若據張本作"且又治國",非但遣詞有重複累贅之嫌,而且孫權話中那種設身處地爲蜀辯解的語氣也不如原來明顯。

8. 郢州牧—荆州牧

黃武初，大破劉備於馬鞍山，尋敗曹休于夾石，休發背死。遜還軍，振旅凱歌入武昌，帝授遜輔國將軍、郢州牧，改封江陵侯……（卷二《太祖下》頁五二）

“郢州牧”，《三國志·吳書·陸遜傳》作“荆州牧”。《資治通鑑》卷六九魏黃武三年亦作：“加遜輔國將軍，領荆州牧，改封江陵侯。”其實遍查《三國志·吳書》可知，吳國從未設過所謂的“郢州牧”，此處的“郢州牧”當是“荆州牧”之訛。荆州牧一職，本爲曹操表孫權所領，後孫權即皇帝位，自設荆州牧，此後不僅陸遜擔任過此職，其族子陸凱也曾領過此職。

9. 今—令

《吳録》：會稽焦矯，嘗爲征羌，今郡之豪也。”（卷二《太祖下》頁五五）

“今”，庫本作“令”。孟本亦作“令”，屬上，不出校。《三國志·吳書·步騭傳》稱：“會稽焦征羌，郡之豪族。”其下裴松之注引《吳録》：“征羌名矯，曾爲征羌令。”《建康實録》此文，乃合陳書及裴注而成，可知“今”當是“令”形近之訛。張本失於未用庫本及《三國志》相校，非但未發前人之誤，又以之屬下，顯得不倫不類。

10. 無事何忽忽—無事怱怱

帝登白雀觀，見其言切，惡之，敕晃等曰：“無事何忽忽！”（卷二《太祖下》頁五九）

這段文字存在兩個問題。首先，“忽忽”當是“怱怱”之訛。《三國志·吳書·孫和傳》作“怨怨”。“怨怨”亦即“怱怱”，又作“恩恩”，有愁苦之意，如《三國志·魏書·方技傳》：“已故到譙，適值佗見收,忽忽不忍從求。"意謂看到華佗被抓之後很痛苦,不忍心再向他索藥。此處的"忽忽",也正是這個意思,今孟本據武昌徐氏藏舊鈔本作"忽忽",爲得其實。

另外,"何"當是衍字。原文當從《孫和傳》作"無事忽忽"。"無事"意思相當於今天的"没必要""犯不著"。"無事"的這種用法在《三國志》中不乏其例,如《吳書・太史慈傳》載太史慈語:"豈若默然俱出去,可以存易亡,無事俱就刑辟。"又如《魯肅傳》載劉子揚與魯肅書:"方今天下豪傑並起,吾子姿才,尤宜今日。急還迎老母,無事滯於東城。"此處孫權敕屈晃等"無事忽忽",意思即是"不必要如此愁苦"。這在當時是很平常的話,但後人由於不理解"無事"一詞的這個意義,於是强增入"何"字,反而失去了古漢語的原貌。

11. 鼓噪亂斬—鼓噪亂斫

　　(留)贊等得上,便鼓噪亂斬,魏軍擾亂散走,爭渡浮橋,橋壞,自投于水,更相蹈藉,没死者數萬。(卷三《廢帝》頁七〇)

"鼓噪亂斬"中"斬"字的用法典籍罕見。《三國志・吳書・諸葛恪傳》記載此事作"鼓噪亂斫"。又《丁奉傳》記此事作"奉縱兵斫之,大破敵前屯。"所謂"縱兵斫之",正是"亂斫"的另一種説法。又《資治通鑑》卷七五魏嘉平四年記此事作:"吳兵得上,便鼓噪斫破魏前屯。"這裏的"斫"字,是指"斫營",即攻擊敵人的軍營。"斫"字的這種用法在當時很常見,如《太史慈傳》:"時圍尚未密,夜伺間隙,得入見融,因求出兵斫賊。"又《甘寧傳》:"後曹公出濡須,寧爲前部督,受敕出斫敵前營……至二更時,銜枚出斫敵。"又《徐盛傳》:"時乘蒙衝,遇迅風,船落敵岸下,諸將恐懼,未有出者,盛獨將兵,上突斫敵,敵披退走,有所傷殺,風止便還,權大壯之。"以上諸例,其中的"斫"字均不可用"斬"來替代,故《建康實録》此處亦當從《諸葛恪傳》作

"鼓噪亂斫"爲是。

12. 折額—折頞

> 恪字元遜,瑾之長子。有才名,少鬚眉,折額,大口高聲……
> (卷三《廢帝》頁七一)

"折額"一詞,令人費解。"額"當是"頞"形近之訛。《説文解字》頁部:"頞,鼻莖也。"又《釋名》:"頞,鞍也,偃折如鞍也。""折頞"可能相當於今人所謂的"塌鼻梁",在古人看來,這是一種很不好的相貌,如楊雄《解嘲》:"蔡澤,山東之匹夫也,敁頤折頞,涕唾流沫。"又《後漢書·周燮傳》:"燮生而敁頤折頞,醜狀駭人。其母欲棄之。"而《三國志·吳書·諸葛恪傳》注引《吳録》稱:"恪長七尺六寸,少鬚眉,折頞廣額,大口高聲。"《太平御覽》卷三六七也引作"折頞",此當爲《建康實録》文字所本,可據改。

13. 全澤—全懌

> 秋七月,詔使大都督朱異、將軍唐咨、丁奉、全端等精甲五萬,據壽春,大將軍孫綝自率衆繼之,爲魏將司馬昭所破,將軍全端、錢塘侯全澤等與諸葛宗親十餘人,皆降於魏。(卷三《景皇帝》頁七六)

遍查《三國志·吳書》,未見"全澤"其人,"全澤"當是"全懌"之訛。《吳書·孫亮傳》記全端等投降事作:"十二月,全端、懌等自壽春城詣司馬文王。"又《全琮傳》:"(全琮)十二年卒,子懌嗣。"《資治通鑑》卷七七魏甘露二年:"懌,琮之子。端,其從子也。"可知全懌是全琮的兒子。又《三國志·吳書·嬪妃傳》:"及魏大將諸葛誕以壽春來附,而全懌、全端、全禕、全儀等並因此際降魏……"也可爲一證。

14. 官席—宮席

> 吏叩頭曰:"彼嘗從臣求官席,席有數,臣不與。"(卷三《景

皇帝》頁七七)

"官"當是"宮"形近之訛。《三國志・吳書・孫亮傳》注引《江表傳》載吏言"嘗從某求宮中莞席,宮席有數,不敢與"。此處行文,與"官"無涉,當據改。

15. 又母亡—及母亡

又母亡,時禁長吏不得奔喪,宗犯禁奔喪,既而詣武昌請拘。(卷三《景皇帝》頁八三)

"又",當從紹興本作"及"。《三國志・吳書・孫皓傳》注引《吳錄》作:"及聞母亡,犯禁委官。"可參證。

16. 悦意—鋭意

而帝悦意典籍,唯春夏二時出射雉,暫廢耳。(卷三《景皇帝》頁八三)

"悦",當是"鋭"形近之訛。《三國志・吳書・孫休傳》作"休鋭意於典籍"。《世説新語・規箴》"孫休好射雉"條注引環濟《吳紀》亦作"鋭意典籍"。"鋭意"意爲專心、專注,亦是當時習見的語詞。如《三國志・吳書・陸瑁傳》載陸瑁上疏稱:"昔漢諸帝亦嘗鋭意以事外夷,馳使散貨,充滿西域……"又《韋曜傳》載韋曜論博弈:"當其臨局交争,雌雄未决,專精鋭意,心勞體倦……"又如《文選》沈休文《游沈道士館》:"鋭意三山上,託慕九霄中。"

17. 景帝后—景皇后

七年,景帝崩,群臣上尊號爲皇太后。後主即位,貶爲景帝后。(卷四《後主》頁九二)

"貶爲景帝后"的説法很奇怪,因爲孫休於永安五年立朱氏爲皇后,所以對於朱氏景帝之后這一身份,孫皓是無所謂貶與不貶的。其實對孫皓而言,他是要將群臣給朱夫人所上的"皇太后"的尊號貶爲"皇后"。《三國志・吳書・嬪妃傳》作:"孫皓即位月餘,貶爲景皇后,稱安定宫。"《建康實錄》本卷前文也有:"秋九月,貶太后爲景皇后,稱安定宫。"(頁八九)足證"帝"乃"皇"之訛,當據改。

18. 領軍大將軍—鎮軍大將軍

(陸抗)後屢以征伐,功拜領軍大將軍、益州牧,尋遷西陵、樂鄉、公安等諸軍事。(卷四《後主》頁一〇四)

吳國設有"領軍將軍",《三國志・吳書・孫韶傳》載:"楷弟異至領軍將軍。"此當屬執掌禁兵之職,然《吳書》亦僅此一例。"領軍大將軍"則未見《吳書》記載。所謂"領軍大將軍"當是"鎮軍大將軍"之誤。《陸抗傳》載:"永安二年,拜鎮軍將軍,都督西陵,自關羽至白帝。三年,假節。孫皓即位,加鎮軍大將軍,領益州牧。建衡二年,大司馬施績卒,拜抗都督信陵、西陵、夷道、樂鄉、公安諸軍事,治樂鄉。"據此可知,陸抗的"鎮軍大將軍"是在先任"鎮軍將軍"的基礎上加授的。而"鎮軍大將軍"一職並非只有陸抗一人擔任過,如《薛綜傳》就有"黃龍三年,建昌侯慮爲鎮軍大將軍"的記載。"領""鎮"字形頗爲相似,很容易混淆致誤。

19. 雨大冰—雨木冰

(太興)三年春二月辛未,雨大冰。(卷五《晉・中宗元皇帝》頁一三三)

"大",紹興本作"木"。"木冰"在古人看來,是一種不祥的徵兆。《宋書・五行志》在解釋"木冰"時稱:"按劉歆説,木不曲直也。劉向曰:'冰者陰之盛,木者少陽,貴臣象也。此人將有害,則陰氣脅木,木先寒,故得雨而冰也。'"因此,《五行志》在記載這一自然現象時將它與貴臣遇害結合起來:"晉元帝太興三年二月辛未,雨,木冰。後二年，周顗、戴淵、刁協、劉隗皆遇害，與《春秋》同事，是其應也。"《五行志》同時還記載了其他"木冰"的例子，如"魏文帝黄初六年正月，雨，木冰"、"晉穆帝永和八年正月乙巳，雨，木冰"、"晉孝武帝太元十四年十二月乙巳，雨，木冰"等等。其後《晉書·五行志》記此事亦作"元帝太興三年二月辛未，雨，木冰。後二年，周顗等遇害，是陽施不下通也。"可見"大"當是"木"之訛。

20. 結交—結友

> （周訪）爲縣功曹，時陶侃爲散吏，訪薦侃爲主簿，相與結交，以女妻侃子瞻。（卷五《晉·中宗元皇帝》頁一三五）

"結交"，紹興本作"結友"。《晉書·周訪傳》亦作"結友"。"結友"在當時是較爲常見的一個詞語，意思是結爲朋友，如《三國志·吳書·吕蒙傳》："肅於是越席就之，拊其背曰：'吕子明，吾不知卿才略所及乃至於此也。'遂拜蒙母，結友而别。"又如南朝宋鮑照《升天行》："從師入遠岳，結友事仙靈。"又如《宋書·樂志》載《杯盤舞》："人命長，當結友，千秋萬歲皆老壽。"又如《晉書·陶侃傳》："長沙太守萬嗣過廬江，見侃，虚心敬悦，曰：'君終當有大名。'命其子與之結友而去。"又如《桓宣傳》："（樊）雅與宣置酒結友，遣子隨宣詣（祖）逖。"此處當從紹興本及本傳作"結友"，以保留當時語言的面貌。

21. 撫綏—綏撫

> （甘卓）善於撫綏孤幼，估税悉除，市無二價。（卷五《晉·中宗元皇帝》頁一四一）

"撫綏"，紹興本作"綏撫"。"撫綏"一詞，儘管很早便出現在《尚書》中①，但到了六朝的時候，人們常常捨"撫綏"而用"綏撫"來表達

---

① 《尚書·太甲》："用集大命，撫綏萬方。"

其意義。即以記載六朝歷史的正史而言,《三國志·吳書》中,"撫綏"僅出現了一次:《吳主傳》注引《魏略》"撫綏東土"。而"綏撫"有兩次:《孫瑜傳》"瑜虚心綏撫"、《張昭傳》注引《吳書》"綏撫百姓"。需要説明的是,根據張元濟先生的百衲本《三國志》校勘記,《魏略》中出現的"撫綏"一詞,在《三國志》的早期刻本——宋本中正作"綏撫"。在稍後的其他正史中,《宋書》未見有"撫綏"的用例,而只有"綏撫"的用例,如《武帝紀》載劉裕書"綏撫未周"、《劉道濟傳》"聞道濟緩撫失和"、《劉損傳》"以損綏撫有方"、《索虜傳》"(李)元德因留綏撫"等;《南齊書》也不見有"撫綏"的用例,"綏撫"凡兩例:《高帝本紀》"善於綏撫"、《豫章文獻王傳》太祖詔"綏撫之宜";唐人所修《晉書》中也只有"綏撫"的用例①,而"撫綏"的用例則一例也没有。可見,六朝以來,人們習慣使用"綏撫",紹興本《建康實録》作"綏撫"正反映了當時實際的語言情況。

22. 黑風—黑氣

　　(永昌元年)冬十月,沈充陷吳國,新昌太守梁顧起兵反。應充京師大霧②,黑風蔽天,日月無光。(卷五《晉·中宗元皇帝》頁一四三)

"黑風"當是"黑氣"之訛。《晉書·元帝紀》:"(永昌元年)冬十月……京師大霧,黑氣蔽天,日月無光。"又《五行志》兩次提到此事,分別作:"元帝永昌元年十月,京師大霧,黑氣蔽天,日月無光。(黑眚黑祥)""永昌元年十月,京師大霧,黑氣貫天,日無光。(黄眚黄祥)"在古人看來,"黑氣"是一種不祥的徵兆,史書多有記載,如《宋書·天文志》:"元嘉三年正月甲寅夜,天東南有黑氣,廣一丈,長十餘

----

① 《晉書》中"綏撫"凡十五見,例多不贅舉。
② "應充"當屬上句,張本誤以屬下。

丈。"又:"其月(泰始二年正月)丙辰,黑氣貫宿。"《五行志》:"晉孝懷帝永嘉五年十二月,黑氣四塞。"又如《南齊書·天文志》:"建元四年二月辛卯,黑氣大小二枚,東至卯,西至酉,廣五丈,久久消滅。"又如《晉書·天文志》:"日中有黑子、黑氣、黑雲,乍三乍五,臣廢其主。"又:"或黑氣如壞山墜軍上者,名曰營頭之氣。""凡伏兵有黑氣,渾渾員長,赤氣在其中。"據此可知例文中"黑風"當從《晉書》作"黑氣"爲是。

23. 老婢兒—老婢

(王)敦聞軍敗,大怒,曰:"我兄老婢兒耳,門户事去矣。"(卷六《晉·肅宗明皇帝》頁一五七)

王敦罵自己的哥哥王含爲"老婢兒",豈不等於罵自己的母親爲奴婢? 這在當時是不可想像的。"兒"字當是衍文。今《晉書·王敦傳》作:"含軍敗,敦聞,怒曰:'我兄老婢耳,門户衰矣!……'"正無"兒"字。以"老婢"稱呼王含,乃是因爲王含在王敦的眼裏極爲無能,"老婢"二字在當時人的口語中,可能是一個表示輕蔑的詞語。如《世說新語·輕詆》:"人問顧長康:'何以不作洛生詠?' 答曰:'何至作老婢聲!'"①

24. 二千—二十

帝使兼太常應詹授(王)敦加黄鉞,班劍虎賁二千人,奏事不名,入朝不趨,劍履上殿。(卷六《晉·肅宗明皇帝》頁一五九)

"千",紹興本作"十",《晉書·王敦傳》及《資治通鑑》卷九二均作"十"。《晉書·職官志》:"諸公及開府位從公者,品秩第一……給

---

① 余嘉錫先生認爲:此處顧氏除了譏笑洛陽音以外,也很有可能因爲他在政治上與謝安不合,而譏笑謝安因鼻疾而發音重濁。詳見《世說新語箋疏》卷二六《輕詆篇》。

武賁二十人,持班劍。"①根據這一記載,則贈給班劍武賁二十人,本
是對最高品秩的諸公及開府位從公的正常待遇。根據《明帝紀》永昌
元年四月以及王敦本傳的有關記載,此前曾封王敦爲武昌郡公,故此
處給以武賁二十人正符合王敦的身份。根據《晉書》的記載,晉朝給
予權臣班劍武賁之數從未達到二千,即以中興名臣王導而言,本傳載
其生前封始興郡公,給班劍二十人,葬時給武賁班劍百人,已稱"中興
名臣莫與爲比";而稍後其形迹與王敦相類似的桓温,其本傳也載生
前曾給武賁六十人,葬時給武賁班劍百人,與"二千"之數也相懸殊,
因此,此處的"千"當是"十"形近之訛。

25.室—廣室

> 及帝即位,嘗獨引(紀)瞻於室,慨然憂天下,曰:"社稷之
> 臣,無復十人。"因屈指曰:"君便其一也。"(卷六《晉·肅宗明皇
> 帝》頁一六〇)

"室"上當有"廣"字。《晉書·紀瞻傳》作:"明帝嘗獨引瞻於廣
室,慨然憂天下……"所謂"廣室",在晉代可能是指太極殿中一個特
定的地方,如《元帝紀》:"有司嘗奏太極殿廣室施絳帳。"又《趙王倫
傳》:"帝自端門入,升殿,御廣室……"又《周顗傳》:"帝召顗於廣室,
謂之曰……""廣室"既然有特定的含義,則不宜省作具有泛指意義
的"室"。

26.督軍護—督護

> (陶)侃使將軍楊謙以軍攻于石頭,(蘇)峻輕騎出戰,謙詐
> 北奔白石壘,峻逼之,纔交鋒,峻墜馬,侃督軍護竟陵太守李陽臨
> 陣斬峻于白石陂岸。(卷七《晉·顯宗成皇帝》頁一七四)

----

① "武賁"即"虎賁",唐人避太宗曾祖李虎名改。

“督軍護”,紹興本作“督護”,無“軍”字,孟本同。《六朝事迹編類》卷五江河門“蘇峻湖”引《建康實録》亦作“督護”。《晉書·陶侃傳》:“諸軍與峻戰陳陵東,侃督護竟陵太守李陽部將彭世斬竣於陣,賊衆大潰。”作爲武官官職,“督護”自西晉時便見於史書記載,如《晉書·王浚傳》中有“督護王昌”“督護孫緯”的記載。此後在南北朝時期,凡作爲獨鎮一方的大將,其僚屬中大多設有“督護”一職,如《晉書·周訪傳》:“王敦時鎮溢口,遣督護繆蕤、李恒受訪節度,共擊彦。”《周撫傳》:“桓温使督護鄧遐助撫討之。”例多不贅舉。“督軍護”之名,不見於史書記載,“軍”當爲衍字。

27. 營建平園—宮建平園

兵火之後,宮闕荒殘,帝居止蘭台甚卑陋,欲營建平園。(卷七《晉·顯宗成皇帝》頁一七六)

“營”,紹興本作“宮”。《晉書·成帝紀》記此事作:“時兵火之後,宮闕灰燼,以建平園爲宮。”《資治通鑑》卷九四晉成帝咸和四年也作:“是時宮闕灰燼,以建平園爲宮。”紹興本作“宮建平園”,“宮”字在這裏用作動詞,意思即爲“以建平園爲宮”,不煩改字。

28. 幽冥—幽明

(温嶠)因行至牛渚磯,水深不可測,嶠乃燒犀角而照之。須臾,見水族奇怪異狀,或乘車馬著赤衣者。其夜夢人謂曰:“與君幽冥道別,何苦相照?”嶠甚惡之。(卷七《晉·顯宗成皇帝》頁一七八)

“幽冥”,《晉書·温嶠傳》作“幽明”。“冥”當是“明”音近之訛。“幽明”一詞常見於六朝文獻中,“明”通常表示人所生活的現實世界,而“幽”則相反,指與此相對應的鬼神所生活的世界。如《宋書·禮志》載晉武帝泰始元年十二月詔:“昔聖帝明王,修五嶽、四瀆,名山川澤,各有定制。所以報陰陽之功,而當幽明之道故也。"以"幽明"與"陰陽"相對。又如《江夏文獻王義恭傳》載宋太宗令書曰:"而凶醜忌威,奄加冤害,夷戮有暴,殯夾無聞,憤達幽明,痛貫朝野。"再如《文選》顏延年《和謝監靈運》:"人神幽明絕,朋好雲雨乖。"李善注:"人神幽明絕,謂時亂不獲祭享也。"又《太平廣記》卷四八九引唐無名氏《冥音錄》:"幽明路異,人鬼道殊。"句式與此引文相似,足資參證。

29. 秋十月—秋七月

(咸康八年)秋十月丙辰,葬興平陵,在縣北七里雞籠山陽,與元帝同處。(卷七《晉·顯宗成皇帝》頁二〇〇)

十月爲冬季首月,故史書言及十月,多作"冬十月",從不見有"秋十月"的説法。查《晉書·康帝紀》及《資治通鑑》卷九七皆將葬成帝事繫於咸康八年"秋七月丙辰"。《建康實錄》卷八《晉·康皇帝》也作:"秋七月,葬成帝于興平陵。"此處"十"當是"七"形近之訛。

30. 范文—陶文

(永和三年)七月,范文立范賁爲帝。(卷八《晉·孝宗穆皇帝》頁二一六)

關於范賁被擁立爲皇帝的事,《晉書·穆帝紀》永和三年作:"秋七月,范文復陷日南,害督護劉雄。陶文立范賁爲帝。"又《周撫傳》:"永和初……撫擊破蜀餘寇陶文、鄧定等……陶文、鄧定等復反,立范賁子賁爲帝。初,賁爲李雄國師,以左道惑百姓,人多事之,賁遂有衆一萬。"《資治通鑑》卷九七也作:"秋七月……陶文、鄧定等立故國師范長生之子賁爲帝而奉之,以妖異惑衆,蜀人多歸之。"永和三年三月,蜀漢爲桓溫征破,其帝李勢投降,其鎮東將軍鄧定、將軍陶文等不甘心失敗,一再反抗,同年七月,遂擁立范賁爲帝。爲《建康實錄》所訛的"范文",其作亂地點屬交州,始終與范賁所在的益州無涉,因此此處"范文"當是"隗文"之訛。

31. 直發兵—發重兵

> 天子聞璽已在吾,遥知卿等至誠,必重發兵相救。(卷八《晉·孝宗穆皇帝》頁二一九)

"重發兵"這樣的表達比較生硬,紹興本作"發重兵"。此事《晉書·謝尚傳》記作:"天子聞璽已在吾許,知卿等至誠,必遣重軍相救,並厚相餉。"此處"發重兵"猶言"遣重軍",不煩强乙。

32. 二斗—二升

> 隆和元年春正月壬子朔,大赦,改元。減田稅,畝收二斗。(卷八《晉·哀皇帝》頁二二九)

"斗"當是"升"之訛。有關此年的減稅,《晉書·哀帝紀》作:"(隆和元年春正月)甲寅,減田稅,畝收二升。"《食貨志》也載:"哀帝即位,乃減田租,畝收二升。"東晉的稅收,自成帝咸和年間起實行度田稅米,《成帝紀》載:"(咸和五年)六月癸巳,初稅田,畝三升。"《食貨志》也載:"咸和五年,成帝始度百姓田,取十分之一,率畝稅米三升。"然而,由於其後頻年有水旱蝗等各種自然災害,每畝稅收三升的計劃很難完成,所以到了咸康初年的時候,統計欠收的稅米數量已達五十萬餘石,尚書謝裒等還因此而被免官①。一斗十升,畝稅三升的計劃都難以完成,哀帝隆和之世,上距咸康不過二十多年,以當時的農業水準而言,其畝產不可能有很大的突破,因此其畝稅也決不可能陡升至二斗乃至更多。畝稅以升計可能較符合當時的實際情況,根據《三國志·魏書·武帝紀》注引王沈《魏書》的記載,此前曹操實行

---

① "謝裒",見《晉書·成帝紀》,《食貨志》作"褚裒",恐誤。詳見中華書局點校本《晉書》所附相關校勘記。

屯田時,也不過"收田租畮四升"。

33. 歸者内—歸者

（王彪之）居郡八年,豪右屏迹,亡户歸者内三萬餘口。（卷九《晉·烈宗孝武皇帝》頁二六四）

"内",紹興本無。"内"字於文義無取,《晉書·王彪之傳》作:"居郡八年,豪右斂迹,亡户歸者三萬餘口。"亦無"内"字。

34. 諭淮淝功—論淮淝功

（太元十年）冬十月,詔論淮淝功,追封謝安爲廬陵郡公、謝石爲南康郡公、謝玄爲康樂郡公、謝琰爲望蔡郡公、桓伊爲永脩郡公,餘封進各有差。（卷九《晉·烈宗孝武堂帝》頁二八二）

"諭"當是"論"之訛。《晉書·孝武帝紀》太元十年作:"冬十月丁亥,論淮肥之功,追封謝安廬陵郡公……""諭……功"的句式典籍罕見,而所謂"論……功",意思爲"評定……功勞",史籍屢見不鮮,即以《晉書》而言,如《武帝紀》太康元年五月:"於是論功行封,賜公卿以下帛各有差。"《安帝紀》義熙二年:"冬十月,論匡復之功,封車騎將軍劉裕爲豫章郡公……"義熙十一年五月:"論平蜀功,封劉裕子義隆彭城公……"等等,例多不贅舉。"諭"與"論"字形非常相似,很容易相混。

35. 三寸—三尺

案,《晉書》:夏架山石鼓,長丈餘,面徑三寸許,其下盤,盤石爲之。（卷十《晉·安皇帝》頁三〇七）

"寸",紹興本作"尺"。今本"長丈餘,面徑三寸許"之棍狀物,恐難以稱爲"鼓"。《宋書·五行志》記此事作:"吳興長城縣夏架山有石鼓,長丈餘,面徑三尺所,下有盤石爲足。"《晉書·五行志》亦作:"吳興長城夏架山有石鼓,長丈餘,面逕三尺所,下有盤石爲足。"核以上述二書,則紹興本作"尺"當爲得實。

36. 獲死—獲死所

> （江）績曰:"大丈夫何至以死相脅! 江仲元行年六十,但未知獲死耳。"（卷十《晉·安皇帝》頁三一一）

《晉書·江績傳》"死"下有"所"字。江績此話是在殷仲堪企圖脅迫他一起造反時所言,意思是説,人誰不會死! 我已活了六十歲了,隨時都可以死去,只不過還不知道最終會死於何處而已。言下之意是告訴殷仲堪,不要逼他,否則自己寧願選擇死亡。"死所"是指死亡之處或死亡之時。與此文相類似的,如《晉書·沈勁傳》:"勁志欲致命,欣獲死所。"又《周處傳》:"忠孝之道,安得兩全! 既辭親事君,父母復安得而子乎? 今日是我死所也。"又《封孚載記》:"行年七十,墓木已拱,惟求死所耳。"《建康實録》作"未知獲死",與江績話中所要表達的不屈服的意志不符。

37. 都護—督護

> （元興三年五月）壬午,益州都護馮遷斬桓玄於貊盤洲。（卷十《晉·安皇帝》頁三二一）

"都護",《晉書·安帝紀》作"督護",《桓玄傳》及《資治通鑑》卷一一三同。"都護"與"督護"是兩個不同的職務,不可混爲一談,此處當以作"督護"爲是。

38. 徙弟—從弟

> （義熙九年）三月丙寅,太尉劉裕殺前將軍諸葛長民及弟輔國將軍黎民,徙弟寧朔將軍秀之於東府。（卷十《晉·安皇帝》頁三三九）

"徙"當作"從"。《晉書·安帝紀》:"（義熙）九年春三月丙寅,劉裕害前將軍諸葛長民及其弟輔國大將軍黎民、從弟寧朔將軍秀之。"《資治通鑑》卷一一六義熙九年對劉裕殺諸葛氏有較詳細的記載:"三月,丙寅朔旦,長民聞之(案:指劉裕潛還東府事),驚趨至門。裕伏壯士丁旿於幔中,引長民却人間語,凡平生所不盡者皆及之。長民甚悦。丁旿自幔後出,於座拉殺之,輿尸付廷尉。收其弟黎民,黎民素驍勇,格鬭而死。並殺其季弟大司馬參軍幼民、從弟寧朔將軍秀之。"以劉裕的爲人,必欲盡除諸葛氏而後快,斷不會手下留情,置諸葛長民從弟秀之而不殺,以生後患。"徙"與"從"字形相似,易混淆致誤。

主要參考文獻:

〔南朝宋〕范曄撰:《後漢書》,中華書局,1965 年。

〔晉〕陳壽撰:《三國志》,中華書局,1959 年。

〔唐〕房玄齡等撰:《晉書》,中華書局,1974 年。

〔南朝梁〕沈約撰:《宋書》,中華書局,1974 年。

〔南朝梁〕蕭子顯撰:《南齊書》,中華書局,1972 年。

〔唐〕姚思廉撰:《梁書》,中華書局,1973 年。

〔唐〕姚思廉撰:《陳書》,中華書局,1972 年。

〔宋〕司馬光撰:《資治通鑑》,中華書局,1956 年。

〔唐〕許嵩撰:《建康實録》,《古逸叢書》三編之九,影印宋紹興十八年刻本,中華書局,1984 年。

〔唐〕許嵩撰,張忱石點校:《建康實録》,中華書局,1986 年。

〔唐〕許嵩撰,孟昭庚等點校:《建康實録》,上海古籍出版社,1987 年。

《四庫全書》校勘管窺

——以《建康實録》爲個案

　　作爲傳統古籍的一種重要版本,《四庫全書》本在今天的古籍整理工作中應有一定的價值。今天,如果我們要在某一種古籍的整理工作中利用其《四庫全書》本,首先必須瞭解,它是否經過了校勘整理? 其整理的具體情況又如何? 我們以《四庫全書》文淵閣本《建康實録》(以下簡稱"《實録》")作爲個案,進行上述幾方面的相關調查,不僅有助於《實録》的進一步整理,也有助於加深我們對整個《四庫全書》的認識。筆者在從事《實録》整理工作的過程中,曾利用其《四庫全書》的文淵閣本,與南宋紹興刊本及已出版的代表今人對《實録》整理成果的點校本進行對校。通過這一工作,對《四庫全書》文淵閣本有關校勘方面的一些具體情況有了一點粗淺的認識。現在將這些一管之見連綴成文,希望以此作爲《四庫全書》版本的個案調查的材料,供相關的研究者參考。

　　爲了行文的方便,文中所涉及《實録》的版本,南宋紹興刊本簡稱"紹興本",《四庫全書》文淵閣本簡稱"庫本",1986 年中華書局出版的張忱石點校本簡稱"張本",1987 年上海古籍出版社出版的孟昭庚等點校本簡稱"孟本"。所舉例子的文字除作特別説明外,都來自張本,並分別在後面括注張本相應的卷數及頁碼,以方便檢核。

一、庫本是否經過整理

張本書前所附《點校説明》中稱:"《建康實録》宋刊本(筆者案:即指紹興本)卷四、卷八、卷九、卷十、卷十一、卷十二、卷十五、卷十七、卷十九皆有殘缺,其後所有的刊本、鈔本所缺大致相同,偶有缺略稍有不同之處,亦是後人據正史增補,所以筆者以爲所有版本,皆源于宋刻系統。"張先生的這個結論是可信的。在這裏需要説明的是,雖然據《點校説明》的交代,張本在整理過程中所使用的《實録》的《四庫全書》本爲文津閣本,文中所説的鈔本中並不包括文淵閣本,但據我們的調查,從缺文的情況來看,文淵閣本也同樣源於紹興本。

那麽,源於紹興本的庫本,是否在紹興本的基礎上做過整理的工作呢?

我們知道,《實録》原書帶有不少注文,從紹興本的情況來看,按照此書的體例,其注文前都有"案"字作爲標記。根據我們對庫本的調查,發現有些地方的"案"字前後,多出了"原"字或"原注"的字樣,這樣的情況較集中地出現在第十二卷及以後的各卷中①,下面略舉十二卷中有關注文的例子:

[例一]案,《寺記》:元嘉元年,外國僧毗舍闍造。(卷一二《宋·太祖文皇帝》頁四〇九)

"案"後庫本有"原注"二字,紹興本無。

[例二]案,《塔寺記》:駙馬王景琛爲母范氏,宋元嘉二年,以王坦之祠堂地與比丘尼業首爲精舍。(卷一二《宋·太祖文皇

---

① 第十二卷所有的注文均存在這種情況,十三卷後各卷則帶"原"及"原注"字樣以及不帶的情況兼而有之。

帝》頁四一一)

"案"後庫本有"原"字,紹興本無。

　　[例三]案,《塔寺記》:元嘉四年謝方明造。(卷一二《宋·太祖文皇帝》頁四一八)

"案"前庫本有"原注"二字,紹興本無。

　　[例四]案,《寺記》:元嘉十六年,禪師竺法秀造,在下定林之後,法秀初止其祇洹寺,移居於此也。(卷一二《宋·太祖文皇帝》頁四三二)

"案"前庫本有"原"字,紹興本無。

　　[例五]案,《輿地志》:縣東北八里。晉時爲藥圃,盧循之築①,藥園壘即此處也。(卷一二《宋·太祖文皇帝》頁四三八)

"案"前庫本有"原"字,紹興本無。

　　[例六]案,《寺記》:元嘉二年,義陽王昶母謝太妃造,隋末廢,上元二年重置,又名延熙寺。(卷一二《宋·太祖文皇帝》頁四四二)

"案"前庫本有"原"字,紹興本無。

　　[例七]案,《地輿志》:吴時舊宮苑也。晉孝武更築立官室。宋元嘉二十二年,重修廣之。(卷一二《宋·太祖文皇帝》頁四四四)

"案"前庫本有"原"字,紹興本無。

　　[例八]案,帝聰明仁厚。雅重文儒,躬勤政事,孜孜無怠,加

———————————

① "築"後逗號當移至"壘"後。

以在位日久,唯簡静爲心。（卷一二《宋·太祖文皇帝》頁四五
〇）

“案”前庫本有“原”字,紹興本無。

爲什麽會出現在原文的“案”字前後標加“原”“原注”字樣的情
況呢？我們推測庫本在成爲定本之前,相關的整理者可能曾將其整
理的意見以小字的形式夾注於行間,這種傳統的方式雖然對於整理
者來説很方便,但却很容易與《實録》原書所帶的注文相混淆。有鑒
於此,四庫館臣們采用了在原注前後標以“原”及“原注”字樣以示區
別的做法。我們的這些推測在庫本的第十六卷中得到了一定程度的
證實,請看下面的例子：

> [例九]汶陽本臨淄西界,二百里中,水陸迂狹,魚貫而行,水
> 白田肥,桓元割爲都。（庫本《實録》卷一六）①

“都”下庫本有雙行小注：

> 謹案此書各本俱云桓元割爲都,考《南齊書》書作桓温時割
> 以爲郡,“元”疑當作“温”。

此注不見於紹興本及其他各本。從行文的語氣來看,這一條夾
注應該是此書的整理者在校勘時所寫的案語。這也許本來是供給負
責編修的官員在作定奪時參考的,在最後繕寫時應該被去掉。但可
能是出於某些方面的疏漏②,這條案語和前面提到的“原”及“原注”

---

① 此例所引文字張本（前）與庫本（後）多有異文：“沮”作“淄”,“狎”作“狹”,
“兼”作“魚”,“温”作“元（即“玄”,避康熙諱改）”,“郡”作“都”。
② 從筆者所依據的文淵閣本的具體情況來看,這樣的疏忽可能與負責謄録的人
無關。因爲根據卷端的記録,卷九至卷一二均爲監生潘必貴一人謄録,但卷
一二前的注文均未發現有此類問題。而卷一三至卷一七爲監生李維翰謄録,
卷一八至二十爲監生韋鴻勖謄録,其中都程度不同地存在著此類問題,説明
這樣的疏忽不是因爲謄録者個人的原因造成的。

一樣在最後竟被意外地保留了下來。

　　然而,正是這種意外,向我們提供了很重要的信息。在例八中,儘管四庫館臣根據《南齊書》的有關記載,懷疑"桓元(玄)"爲"桓温"之誤,但在最後寫定時,沒有徑改作"桓温"而仍然作"桓元"。從中我們可以看出,四庫館臣們對於校勘是比較細心的,其所作的文字上的改動也是相當謹慎的,雖然略具諷刺意味的是,這樣的細心與謹慎是因爲一時的疏忽而表現出來的。

二、庫本校勘的方法與成果

　　庫本校勘整理的具體情況又如何呢?

　　庫本對於《實録》的校勘大多采用他校的方式,即利用相關的正史及其他文獻來對《實録》進行校勘。通過這樣的他校,庫本糾正了不少紹興本原有的錯誤。

　　(一)利用正史進行校補

　　由於《實録》的原始材料大多來自《三國志》等有關六朝的正史,因此,可以利用正史對《實録》中存在的文字訛誤進行校改。庫本在這方面做了大量的工作,取得了不少成果。

　　[例一〇]《吴録》:會稽焦矯,嘗爲征羌,今郡之豪也。(卷二《吴·太祖下》頁五五)

　　"今",紹興本同,庫本作"令",孟本同,不出校。《三國志·吴書·步騭傳》"會稽焦征羌,郡之豪族"下注引《吴録》作:"征羌名矯,嘗爲征羌令。"焦矯因爲曾任征羌令,而被人稱作焦征羌,這種以所任官職作爲其人代稱的現象在當時是比較普遍的,如《吴主傳》注引《獻帝春秋》:"張遼問吴降人:'向有紫髯將軍,長上短下,便馬善射,是誰?'降人答曰:'是孫會稽。'"稱孫權爲孫會稽,也正是因爲他曾領會稽太守一職①。據此可知,紹興本《實録》的"今"字,當是"令"字之訛。庫本通過利用《三國志》進行校勘,糾正了這個自紹興本以來便存在的謬誤。附帶説明一下,張本由於未能校出"今"字之誤,還導致了"今"字屬下的標點錯誤。

[例一一]初,恪出征南時,有孝子杖綫経入閣中,侍者白恪,恪詰問,之,孝子曰:"向不知所入。"(卷三《吴·廢帝》頁七三)

"征南",紹興本同,庫本作"征淮南"。終諸葛恪一生,未曾有所謂"征南"之舉。《吴書·諸葛恪傳》記此事作:"初,恪將征淮南,有孝子著縗衣入其閣中,從者白之,令外詰問,孝子曰:'不自覺入。'"我們知道,出征淮南,是諸葛恪走向滅亡的一個人生轉折點,本傳將此事繫於其行將出發之際,可謂有深意焉,庫本據此補作"征淮南",無疑是正確的。

[例一二]先帝憂勞萬機,猶懼有失。陛下臨祚已來,遊戲後宮,眩惑婦女,乃今庶事多曠,下吏容奸,是不遵先帝六也。(卷四《吴·後主》頁九六)

此爲陸凱諫孫皓之文。"今",紹興本同,庫本作"令"。張本出校記引陶元珍《建康實録札記》稱:"《吴書·陸凱傳》'今'作'令',是也。"陸凱之文的意思是説孫皓即位以來,因沉溺女色,而導致政事荒廢,小人行惡。"乃令"是"導致""以至於"的意思。

[例一三]循字彦先,會稽山陰人。其先慶普,漢世傳《禮》學,族高祖純,後漢侍中,避安帝諱爲賀氏。(卷五《晉·中宗元皇帝》頁一三〇)

"安帝"後庫本有"父"字。此處張本承紹興本作"避安帝諱",然

___
① 見《吴書·顧雍傳》。

據《後漢書·安帝紀》可知,安帝名爲劉祜,慶氏與之無涉,無庸避諱;
唯本紀載安帝父清河孝王名慶,慶氏的改姓,應當是出於避安帝父名
的原因。《晉書·賀循傳》正作“避安帝父諱,改爲賀氏”。此當是庫
本補字所據。

　　[例一四]康皇帝諱岳,字世同,成帝母弟也。咸和元年封爲
王。二年徙封瑯琊王。(卷八《晉·康皇帝》頁二〇七)

　　“封爲王”,紹興本同,庫本作“封吳王”。庫本所據很可能是《晉
書·康帝紀》:“康皇帝諱岳,字世同,成帝母弟也。咸和元年封吳王,
二年徙封琅邪王。”庫本的這一改字是可以信從的。首先,按照紹興
本的行文,若咸和元年所封之王未具體指明,則後文“徙封瑯琊王”便
顯得很突兀;其次,從本書的體例來看,與康帝的情況相類似的如卷
八《晉·哀皇帝》:“哀帝諱丕,字千齡,成帝長子。咸康八年,封爲瑯
琊王。”又如卷八《晉·廢皇帝》:“廢帝諱奕,字延齡,哀帝之母弟。
咸康八年,封東海王。穆帝升平四年,拜車騎將軍。五年改封瑯琊
王。”又如卷八《晉·太宗簡文皇帝》:“簡文帝諱昱,字道萬,元帝之
少子。……永昌元年,封瑯琊王,食邑會稽、宣城。咸和初,又徙會稽
王。”從上舉的這些例子來看,《實錄》在介紹這些皇帝履歷的時候都
不厭其煩地交代其封王的具體名稱,而未曾出現如“封爲王”這樣籠
統的説法①。

　　[例一五]玄不得渡,使人謂融曰:“君遠涉吾境而臨水爲
陣,是不欲速戰,請君稍却,令將士得周旋,僕與諸軍緩轡而觀
之,不亦樂乎?”(卷九《晉·烈宗孝武皇帝》頁二七一)

────────────

① 限於篇幅,僅舉上述數例。筆者曾翻檢全書,在介紹所有與康帝類似的非由
　太子身份而即皇位的皇帝時,未曾出現如紹興本所作“封爲王”的例子,所有
　封王的記載,都有具體的王名。

　　“諸軍”，紹興本同，庫本作“諸君”。這是人所熟知的淝水之戰時謝玄所説的一段話，《晉書·謝玄傳》中也作“僕與諸君緩轡而觀之”。謝玄這段話的意思是説，請你稍微後退一點，使將士們有迴旋的餘地，而我和你們在一旁輕鬆觀戰。如果謝玄是與“諸軍”緩轡而觀之，那麼臨陣決戰的又是誰呢？另外，謝玄此話也見於《晉書·苻堅載記》，其文作：“僕與君公緩轡而觀之。”“君公”在《晉書》中是第二人稱①，正與“諸公”相合，也可爲一證。

　　［例一六］（戴逵）性高潔，常以謹度自處，深以放達爲非道，乃著論云：“夫親殁而採蘩不返者，不仁之子也；君危而屢出近關者，苟免之臣也……”（卷九《晉·烈宗孝武皇帝》頁二八四）

　　“蘩”，紹興本同，庫本作“藥”，《晉書·戴逵傳》也作“藥”。“採藥”是指尋求長生不老之藥，這是當時名士們的一個具有標誌性的行爲，例如《晉書·嵇康傳》：“康嘗採藥遊山澤，會其得意，忽焉忘反。”又《王羲之傳》：“又與道士許邁共修服食，採藥石不遠千里。”又《許邁傳》：“初採藥於桐廬縣之桓山，餌朮涉三年，時欲斷穀。”又《劉麟之傳》：“嘗採藥至衡山，深入忘反。”戴逵此論的意思表面上看起來只是指責名士們採藥的行爲，實際上是借批評採藥這一標志性行爲，來批評名士們一切捐本徇末的放達行爲，因此，採藥在這裏具有特殊的意義。“蘩”“藥”形近，很容易相混致訛，庫本的糾正是可以信從的。

　　［例一七］（義熙六年）夏四月乙未，至京師，戒嚴息甲。（卷一一《宋·高祖武皇帝》頁三七二）

① 另例見《苻生載記》。“君公”的稱呼在當時可能是一個比較特殊的詞語，因爲在《晉書》中，除了文中所引《苻堅載記》這一例以外，所有“君公”的稱呼都只見於《苻生載記》中。

"戒嚴",紹興本同,庫本作"解嚴"。"戒嚴"是指在戰時或出現非常情況下所采取的嚴密防備措施,而"解嚴"則正相反,是解除這些特殊防備。此處究竟是"戒嚴"還是"解嚴"呢?《宋書·武帝紀》記此事作:"四月癸未①,公至京師,解嚴息甲。"我們相信《宋書》的這一記載是符合當時的實際情況的。首先,朝廷此前正因盧循的逼近而陷於一片恐慌之中,在此非常時期,實行戒嚴是理所當然的事情;其次,劉裕當時正是朝廷所倚,他的及時回京緩解了人們的對盧循的恐懼心理,同時,從劉裕的角度出發,暫時解除戒嚴,也有利於進一步提高他個人的聲威。《宋書》稍後的記載,也證明了這一點。五月份,當劉毅在桑落洲被盧循打敗的消息傳來的時候,當時京師的兵力相當空虛②,首都再一次陷入極度的恐慌之中,於是劉裕不得已放下架子:"於是大開賞募,投身赴義者,一同登京城之科。發居民治石頭城,建牙戒嚴。"《晉書·安帝紀》也載:"(義熙六年五月)乙丑,循至淮口,內外戒嚴。"如果前面一直處於戒嚴的狀態之下,五月份又何必再下戒嚴之令? 其實,紹興本的文字本來便有自相矛盾之處,因爲"息甲",是指解除盔甲,即取消戒備狀態,這正是與戒嚴完全相反的"解嚴"狀態,也正因爲如此,"息甲"常常和"解嚴"連在一起使用,例如《宋書·武帝紀》:"(義熙)十四年正月壬戌,公至彭城,解嚴息甲。"又如《晉書·桓玄傳》:"玄入京師,矯詔曰:'義旗雲集,罪在元顯。太傅已別有教,其解嚴息甲,以副義心。'"這些都可以證明庫本改字的正確。

[例一八]帝分牛騎登西岸,率水軍以戰,參軍庾樂生乘艦在後,斬以厲衆,士卒乃爭破賊。(卷一一《宋·高祖武皇帝》頁三

---

① 據《二十史朔閏表》,義熙六年四月壬午朔,則癸未爲初二,乙未爲十四,未知孰是。

② 《宋書·武帝紀》載:"於是北師始還,多創痍疾病。京師戰士,不盈數千。"

七三）

“牛騎”,紹興本同,庫本作“步騎”。作爲一種軍種,“牛騎”不見於《宋書》及《晉書》的記載,《宋書·武帝紀》記此事作“又上步騎於西岸”,《資治通鑑》卷一一五亦作“又分步騎屯於西岸”。其實,例文中所稱的“步騎”乃是與下文的水軍相對應的陸戰兵種。此處介紹了劉裕分兵的情況。在《實録》後文叙述具體戰鬥的過程中,我們可以清楚地看到,劉裕預先佈置在西岸而與水軍相呼應的正是“步騎”:“賊泊西岸,步騎飛炬焚其舟,水軍乘流逼之,賊退走豫,栅左里。”我們知道,草書“步”字字形與“牛”字很相似,作爲唐人的著作,《實録》肯定曾有過以寫本方式流傳的經歷,“步”“牛”相混,很有可能便形成於這一過程①。

[例一九]是歲,魏侍中常侍宗愛構逆,太武皇帝崩,乃奉南安王余爲帝,改元永平,尋又廢余。(卷一二《宋·太祖文皇帝》頁四五〇)

“永”,紹興本同,庫本作“承”。根據《魏書》及《資治通鑑》的相關記載,南安王拓跋余的年號應爲“承平”,“承”“永”形近,很容易致誤。

(二)通過其他途徑進行校改

除了利用相關正史對《實録》進行他校以外,庫本還通過其他的途徑校正書中的繆誤。我們看下面的例子:

[例二〇]后謹淑,會稽句章人。(卷二《吳·太祖下》頁六一)

“謹”,紹興本同,庫本作“諱”。關於孫權潘夫人的名字,不見於

---

① 張琪敏《〈建康實録〉校勘札記》已揭此條“牛”字之誤。

《三國志》的記載。因此可以説,庫本的這個改動,並没有得到版本上的支持。然而,張琪敏《〈建康實録〉校勘札記》中從本書體例及潘氏爲人兩個方面出發,論證了這一改動的可信之處:"'后謹淑'之'謹',當依文淵閣抄本作'諱'。《實録》所有后妃之傳,每叙一人,都事先交代姓名字號,文淵閣抄本作'諱',正合其例。這是一。考潘妃其人,史家稱她'性陰妒,善容媚,自始及卒,譖害無已'。如此行徑,怎麼能稱'謹淑'?這是二。綜上所説,作'謹'的各本都應據文淵閣抄本校正。"我們推想,庫本的改動可能就是出於如張文中所述的兩個方面考慮。

[例二一]案,敬叔率其庸鄙,乏闕典墳,行與道違,心與義塞。息天性之屬①,遺顧復之思,傷仁敗俗,情禮都盡。(卷一二《宋·太祖文皇帝》頁四二五)

"思",紹興本同,庫本作"恩"。"顧復"一詞語出《詩經·小雅·蓼莪》:"父兮生我,母兮鞠我,拊我畜我,長我育我,顧我復我,出入腹我。"本意指父母養育子女時反復顧視的意思,後來便以"顧復之恩"代指父母的養育之恩。如《後漢書·陳忠傳》載陳忠上言:"建武之初,新承大亂,凡諸國政,多趣簡易,大臣既不得告寧,而群司營禄念私,鮮循三年之喪,以報顧復之恩者。"《實録》此處所引爲荀伯子之奏,其中所提到的郗敬叔,其父兄爲殷仲堪所害,而郗敬叔不思復仇,甚至與殷仲堪之子殷緬之因爲所任官職的緣故,同處公庭,荀氏認爲敬叔所爲,完全違背了人的天性,而置父母的養育之恩於不顧。庫本校改"思"字作"恩"的依據,不外乎此。

通過以上例子可以看出,庫本《實録》在紹興本的基礎上,校正了

---

① "天性之屬",當從紹興本及庫本作"天屬之性"。

其中不少訛誤，可以說在一定程度上代表了當時的學者對於《實録》的整理成果。其中部分成果，已爲今天的整理者所證實或采納；但還有相當一部分的成果，尚未引起今天的整理者足够的關注。任何一部古籍的整理都是一項長期的工作，後人所做的工作，應完全建立在吸收前人整理成果的基礎之上，只有這樣，才能使我們較之前人作出更充分的整理工作。作爲個案，《實録》在這方面給我們提供了一點啓示，而這種啓示，對於其他古籍的整理，也不無參考的價值。

主要參考文獻：

〔南朝宋〕范曄撰：《後漢書》，中華書局，1965 年。

〔晉〕陳壽撰：《三國志》，中華書局，1959 年。

〔唐〕房玄齡等撰：《晉書》，中華書局，1974 年。

〔南朝梁〕沈約撰：《宋書》，中華書局，1974 年。

〔南朝梁〕蕭子顯撰：《南齊書》，中華書局，1972 年。

〔唐〕姚思廉撰：《梁書》，中華書局，1973 年。

〔唐〕姚思廉撰：《陳書》，中華書局，1972 年。

〔宋〕司馬光撰：《資治通鑑》，中華書局，1956 年。

〔唐〕許嵩撰：《建康實録》，《古逸叢書》三編之九，影印宋紹興十八年刻本，中華書局，1984 年。

〔唐〕許嵩撰：《建康實録》，《景印文淵閣四庫全書》本，臺灣商務印書館，1983 年。

〔唐〕許嵩撰，張忱石點校：《建康實録》，中華書局，1986 年。

〔唐〕許嵩撰，孟昭庚等點校：《建康實録》，上海古籍出版社，1987 年。

實事以求是：淺議校勘的客觀與主觀

一、四校法可分兩類

陳垣的《校勘學釋例》是校勘學史上一部帶有總結性的影響深遠的經典之作。書中有"校法四例"一節，系統總結了其校《元典章》所使用的方法，共有對校、本校、他校、理校四種。他分別作了如下定義：

> 一爲對校法。即以同書之祖本或別本對讀，遇不同之處，則注於其旁。劉向《別録》所謂"一人持本，一人讀書，若怨家相對"者，即此法也。

> 二爲本校法。本校法者，以本書前後互證，而抉摘其異同，則知其中之繆誤。

> 三爲他校法。他校法者，以他書校本書。凡其書有採自前人者，可以前人之書校之，有爲後人所引用者，可以後人之書校之，其史料有爲同時之書所並載者，可以同時之書校之。

> 四爲理校法。段玉裁曰："校書之難，非照本改字不譌不漏之難，定其是非之難。"所謂理校法也。

這四種校法，一經提出，即爲學界引爲圭臬，後出的校勘學著作言及校法，幾乎無不列此爲説。這是理所當然的事情。我們翻開清代校勘學家的著作,就不難發現,清代從事校勘的學者,無論是顧廣圻、盧文弨,還是王念孫、段玉裁,他們校勘工作的所有內容,也不外乎這四個方面。只是儘管他們運用這些校法堪稱出神入化,却没有如陳垣這般做一總結而已。筆者竊以爲,如果要根據其性質的不同對這四種校法再作細分的話,那麼似乎可以分成兩類,即對校與他校爲一類,本校與理校爲一類。下面就兩類的特點分別略作説明。

(一)對校與他校

這兩種方法的共同特點有以下兩點:

1. 兩者都是從客觀的途徑來發現異文。

對校是利用同一種書的不同的版本作比對來發現文字的不同。理論上講,兩個不同版本之間的文字差異,是客觀存在的。如果忽略那些因爲人類普遍的原因而難免的偶爾的漏校,那麼,即使是不同的校勘者,通過對兩個版本的文字作逐字的比對所得到的異文應該是一致的,换句話説,對校的結果理論上説不會受到校勘者主觀的影響。

他校與對校在本質上看非常相似,兩者的不同,只在於對校是不同版本之間的逐字比對,而他校則是不同文獻之間的文字比對,雖然所比較的對象的相互關係有所不同,但通過客觀的途徑來揭示文字的不同,則並無二致。

2. 兩者都只是發現異文,並没有完成真正意義的校勘。

胡適在爲《校勘學釋例》寫的序中説:"校勘之學起於文件傳寫的不易避免錯誤。文件越古,傳寫的次數越多,錯誤的機會也越多。校勘學的任務是要改正這些傳寫的錯誤,恢復一個文件的本來面目,或使他和原本相差最微。"完成了對校與他校,只是發現了傳本之間的文字差異而已,而真正意義的校勘,旨在改正文獻在傳抄過程中由抄寫者造成的文字訛誤,因此,要實現真正意義的校勘,就必須對有差異的文字即異文作出是非的判斷。這樣的判斷,僅僅面對對校與他校所發現的異文是難以作出的,必須進一步圍繞異文,對與之相關的各個方面展開充分的調查,通過審慎的論證才可以獲得。

(二)本校與理校

這兩種校法也有兩個共同點:

1. 兩者發現異文的方式都具有主觀性。

與對校和他校不同,本校和理校體現出校勘者明顯的主觀性。面對同一本書,同一段文字,有的校勘者能從中發現異文,有的校勘者則未必。也就是説,不同的校勘者,面對同樣的材料,因爲主觀的原因,可能會有完全不一樣的認識,因而也就會有截然不同的校勘結果。

2. 兩者發現異文的過程,即是論證的過程。

本校與理校,都是通過推理論證來揭示異文的,因此,異文的發現與論證是同時發生的,不可分割的。一旦完成了本校與理校,也就可以説基本上完成了校勘。

二、對校只校異同不校是非

陳垣評價"對校"時説:"其主旨在校異同,不校是非,故其短處在不負責任,雖祖本或別本有訛,亦照式録之;而其長處則在不參己見,得此校本,可知祖本或別本之本來面目。"所謂的"不負責任"和"不參己見",都是指這種校勘方法的客觀性。對校是通過不同版本之間的比對,最大程度地找出傳本之間的文字差異。這種客觀的工作,只是爲校勘者找出文本傳寫過程中產生的文字錯誤提供了可能,但只到這一步,對於完成校勘的任務來説,是不夠的。對校只是客觀地爲校勘者展示了不同的版本之間的文字差異,但這些不同的文字即異文究竟哪個是原貌,哪個是訛誤,對校與他校本身並不能給出答案,也就是説對校與他校只是做了校勘的局部工作,並沒有徹底完成校勘的任務。下面通過具體的例子對此略作説明。

鳳凰出版社 2006 年出版的《册府元龜（校訂本）》卷三四五《將帥部·佐命》有以下一段文字：

> （李）遷仕又與劉孝尚謀拒義軍，高祖遣（周）文育與侯安都、杜僧明、徐度、杜陵築城於白口拒之。（頁三八八六）

校訂者出校記：

> 白，宋本作“百”。

這一條校記，説明的是拿宋代刻本對校明代刻本也就是底本的發現，是對校工作的完整記録。寫下這樣的校記，對校的工作可以説已經結束了，但校勘的任務則還没有完成。一般的讀者看到這條校記，或者説憑借這一對校工作，並不能知道書中的那個地名，作者所寫的究竟是“白口”，還是“百口”，因此，只做到這一步，僅僅發現有“白”與“百”這樣一對異文，而並不進一步説明兩者之間究竟哪一個才是本書的原貌所在，實際上並没有實現恢復文獻原貌的校勘宗旨，也就是説，並没有完成校勘的關鍵工作。

一個地名，它不可能既稱“白口”，又稱“百口”，兩者必有一誤。校勘的目的就是要去僞存真，但校勘者要判斷究竟應該作“白口”還是“百口”，只憑對校的工作是無法實現的。我們不能因爲更早的宋本作“百口”，便斷定晚出的明本作“白口”是錯的。要作出合乎事實的判斷，必須在對校之外尋找證據。通過對校發現異文，只是獲得了一個可能糾正傳寫訛誤恢復文獻原貌的機會，要使可能成爲必然，還需要在對校之外做必要的調查。異文本身不過是引導校勘者作進一步調查的綫索。

事實上，如果是熟悉中古時期的歷史地理、熟悉“白口”這一個地名的研究者，或者是瞭解江西省泰和縣入選國家級文物保護單位的白口城遺址的人,他甚至可以不用知道有別本作"白口",只要看到任何文獻中有周文育等在"百口"築城與李遷仕等對峙的記載,就馬上可以斷定這個"百口"一定是"白口"之誤,作出這一判斷的依據,不來自於對校,而來自於他對於歷史地理事實的掌握。

除了瞭解"白口"這一地名的人以外,一般的讀者無法在第一時間憑著自己的認知對這一對異文作出是非的判斷,這很正常,但對於從事校勘的人來說,在完成對校即獲得了這一對異文之後,則理應本著恢復文獻原貌的宗旨,進一步圍繞這一對異文,對相關的歷史地理的事實展開充分的調查,以期作出合乎事實的判斷。

這如同有兩個人都拿了一份各自抄寫的人名名單給你看,這兩份名單都抄自一個共同的底稿。底稿上的每一個名字都實有其人,且其人只有一個名字。假定一種極端的情況,即名單上的人你都不認識,你是第一次見到這些名字。如果上述這兩位抄寫名單時都不小心抄錯了幾個字,這些抄錯的字大概率不相同。如果忽略那些小概率情形,也就是兩人在抄寫同一個名字時出現了同樣的錯誤,那麼理論上講,你通過比較這兩份文件,能發現兩人各自抄錯的名字,也就獲得了在最大程度上還原這份名單的可能性。然而,在沒有底稿可以作比較的情況下,僅僅通過比較這兩份名單,你並不能真正還原出一份與底稿一致的名單來。通過比較你在兩份名單相對應的位置得到了一些不同的名字,例如一個作"王達",一個作"王遠"。無論是"王達"還是"王遠",對你來說都是第一次看到,你只知道這兩個不同的名字,只有一個是對的,這樣的話,你在比較完了之後,你是沒有辦法立刻判斷哪一個名字才是正確的。如果你想知道究竟這些相對應的不同名字中哪一個才是正確的,只憑比較這兩份名單是沒有用的,你得從其他的途徑去考察,去搜尋證據,才能作出進一步的判斷。將這兩份名單作逐字的比較來發現那些被抄錯的名字,其性質就是對校,而在見不到底稿的前提下,要還原那些被抄錯的名字,僅僅依據對校是無法完成的。

　　作這樣的假設，是爲了説明的方便，而這就是對校普遍的情況。當然，如果是一個正好瞭解這份名單背景，碰巧熟悉名單中的"王逵"的校勘者，他可能一看到名單中的"王達"，就能斷定是一個抄錯的名字。作出這種判斷依據的是校勘者所掌握的信息，而無關乎對校。事實上，如果是非常熟悉的對象，即使没有這樣的比較也可以作出判斷，將名單中的訛誤清理掉。比如説一個對漢朝歷史稍有點瞭解的校勘者，如果他看到"飛將軍季廣誤以石爲虎而射之"這樣的句子，他不需要作文本的比較，便很容易作出"季"是"李"字之誤的判斷的。但是，今天的校勘者，能遇到多少"季廣"呢？更多的很可能是"王達"。這就是校勘古書者的真實處境——他面對的古籍所涉及的知識，多數的情況下會或多或少地超出他的認知，通過對校得到的異文，很可能是他並不熟悉的對象。例如遇到上舉的"白口""百口"這一類的異文，對於今天的校勘者來説，很可能是第一次遇到，在以異文爲綫索展開充分調查，最大程度地擴展與"白口"這個地名相關的歷史地理方面的認知之前，讓他僅在發現版本差異時就第一時間斷定兩者的真僞，這顯然是困難的，這也就是爲什麽説僅憑對校並不能完成完全意義的校勘的原因。

　　綜上所述，對校只是客觀發現異文的方式，對校本身並不能爲校勘者提供對所發現的異文作判斷的依據。古籍整理本的校勘記，如果只寫"甲，某本作乙"，從校勘工作的角度來看，並不是完整的校勘。當然這不失爲校勘工作中比較重要的一部分，作爲一種客觀的版本記録，這樣的處理亦符合古人所提倡的多聞闕疑的原則。因爲校勘者遇到的異文，並不是所有的都可以論是非、定去取的，由於主觀與客觀的原因，完全有可能有一些是一時無法判定是非的。也有一些古籍整理本的校勘記，只寫"甲，原作乙，據某某本改"這樣的内容，這種校勘記寫法，簡潔是簡潔了，但無論從校勘工作的實際出發，還是從校勘記的寫作考慮，都是值得商榷的。如果不提供校勘者對"甲"
"乙"這一對異文所作的論證，讀者通過這樣的校記，只能知道有些版
本作"甲"，有些版本作"乙"，但並不明瞭校勘者是"甲"非"乙"的理
由究竟是什麼。如果確有論證，不過校勘者的工作中最能體現其學
術價值的部分，却並沒有在校勘記中得以展示，這便是闕失了關鍵信
息的不完整的校勘記。如果是未經論證，那麼所謂的"據某某本改"
之類的話，並不能算是真正意義的校勘。

　　作爲一種客觀的校勘，對校在揭示異文方面有著其他校法無可
比擬的優勢，尤其對於大段甚至整頁的脫文，更是非對校不能補。這
種大段脫文的補入，多半不需要再作論證（當然補入的文字中的訛誤
另當別論），不過，總的説來，這種補大段脫文的情形在對校工作中比
較少見，除此以外對校所得的異文，其是非去取，是必須要通過充分
的論證才可以作出判斷的。

三、他校的本質

　　陳垣所列舉的三種具體的他校手段中，如前兩種"其書有採自前
人者，可以前人之書校之"以及"有爲後人所引用者，可以後人之書校
之"，其本質乃是一種變相的對校。

　　不管是"以前人之書校之"，還是"以後人之書校之"，對於校勘
的對象即引用文字的校勘來説，仍然不失爲一種逐字比對的客觀校
勘手段。與通常所説的對校即同書不同版本之間的比對相比，上述
這兩種他校的區別在於是不同書之間的比對，但對於這兩種他校所
校的對象即引用文字來説，其性質未嘗不可看作是不同版本之間的
對校。

　　其實，"其書有採自前人者"與"有爲後書所引用者"，講的是同
一個對象，不過前者説的是用被引用的書來校引用的書，後者則是用

引用的書來校被引用的書。

關於"其書有採自前人者"的例子,如中華書局點校本《後漢書‧肅宗孝章帝紀》記章帝建初五年三月甲寅詔:

> 孔子曰:"刑罰不中,則人無所措手足。"今吏多不良,擅行喜怒,或案不以罪,迫脅無辜,致令自殺者,一歲且多於斷獄,甚非爲人父母之意也。有司其議糾舉之。(頁一四○)

其中所引用孔子的話,來自《論語‧子路》,通行的《論語》的原文爲:

> 刑罰不中,則民無所錯手足。

兩相比對,可以發現兩處文字的不同:其中的一個不同,是"措"字作"錯"。這是一對通假字,所記的是同一個詞,表示的是同一個概念,因此嚴格說起來,這只是一個用字習慣的問題,並不屬於真正意義上的校勘問題,沒有必要作是非的判斷。這裏的焦點是另一處文字的不同,即"人"與"民"的不同。由於"人"和"民"是兩個不同的詞,分別表示不同的概念,孔子的話中只可能表示一個概念,因此,這兩個字(當然其性質是詞)至少有一個不是孔子的原文。

在這個例子中,應該是通行的《論語》的文本保留了孔子所說的話的原貌,也就是說,《後漢書》所載的章帝詔書中引孔子的這一句,其原文應該與傳世的《論語》的原文一致,作"刑罰不中,則民無所措手足"。今本《後漢書》中的"民"被改作"人",應該是唐人爲了避唐太宗的名諱所致。

"民"與"人"的區別,在於"民"是相對於統治者來講的,專指被統治的對象,而"人"並不具有這個特點。本詔書所說的,是不良之"吏"所治理的"民",而不是一般意義的包括君主官吏在內的"人"(下文"爲人父母"這樣的成語,本自《孟子‧梁惠王上》,通行的《孟子》原文作"爲民父母",《後漢書》的這個"人"字,同樣也是爲避李世民的諱所改）。

在這個他校的個案中，從本質上講，是拿范曄《後漢書》所引用的《論語》的版本（也可以説是漢章帝的詔書中所引用的《論語》的版本），來對校被唐人改動過的《論語》的版本，即李賢注本的《後漢書》中的《論語》版本。

關於"有爲後書所引用者"的例子，如通行本《尚書·堯典》有：

> 乃命羲和，欽若昊天，厤象日月星辰，敬授人時。

《史記·五帝本紀》相應的文字作：

> 乃命羲、和，敬順昊天，數法日月星辰，敬授民時。

《漢書·律曆志上》有：

> 故《書》曰："乃命羲、和，欽若昊天，曆象日月星辰，敬授民時。"

中華再造善本影印上海圖書館宋刻本《藝文類聚》卷五"歲時部下"之"曆"門：

> 《尚書》曰："迺命羲、和，欽若昊天，曆象日月星辰，敬授民時。"

針對《堯典》中的"敬授人時"一句，阮元刻本有校勘記稱：

> 古本"人"作"民"，注同。按唐以前引此句未有不作"民"者。疏云"敬授下人以天時之早晚"，"下人"猶"下民"也，知孔疏所據之本猶作"民"字，後人因疏作"人"，並經傳改之。自開成石經以後，沿譌至今。

通行本《尚書·堯典》中的"敬授人時"，原文應作"敬授民時"，改"民"作"人"，是因爲唐代開成時刻石經避李世民諱所致。除了阮刻本校勘記所謂的"古本"，即日本足利學校所藏《尚書》寫本以外，中國通行的版本,在作"敬授人時"這一句上並無異文。如果沒有這一個"古本",那麼這一處異文便無法通過對校來發現。不過,即使沒有該"古本",校勘者還是可能通過他校來揭示這一異文。如果利用漢代以來引用《尚書·堯典》這一段文字的典籍來對《堯典》中對應的文字作他校的話,不難發現有"民"與"人"的差異。

這個他校的個案,本質上也不過是利用唐代以前的《尚書》版本,即《史記》《漢書》撰寫時所引的《尚書》版本,來對校唐開成石經以來的《尚書》版本。

至於第三種,即"其史料有爲同時之書所並載者,可以同時之書校之",與前兩種雖略有區別,但仍不失爲文字之間的客觀比對。

四、本校的主觀性

本校是通過考察、分析本書的文本來發現文字訛誤的方法。雖然本校依據的是客觀的本書的文本,但本校的實質,乃是一種推理的校勘,因此,本校體現了校勘者的主觀性。

陳垣論及"本校"時,舉了他在校《元典章》時所做的本校,他通過"以綱目校目録,以目録校書,以書校表,以正集校新集"等,發現了很多節目方面的訛誤。像綱目與目録等之間的差異矛盾,是客觀存在的,這種差異的發現還是比較容易的,不過它不像對校那樣直接明顯,但凡是校勘者都會發現,它需要校勘者針對本書的節目,作細致的有針對性的觀察比較,再作進一步的分析推論,陳垣所做的《元典章》節目方面的本校工作,體現了他對於節目方面存在的文字訛誤的主觀認識。

理論上講,典籍文本中所有由傳寫而造成的文字訛誤,都會在一定程度上造成文義的矛盾,只是有些是明顯的,容易引起人們的注意;有些是不明顯的,不容易被發現。本校的難點,在於校勘者需要

通過考察所校典籍文本,發現其中的矛盾之處,以此來推定那些由傳
寫造成的文字訛誤。

同一本書,有可能自面世以來即屢經校勘,但某一版本中存在的
問題,特別是那些無法通過對校等手段來發現的問題,過了千百年也
未必有人發現,這是因爲不同的校勘者對於本書文本的觀察,角度不
同,敏感點與敏感度也不相同,所以本校具有明顯的主觀色彩。通過
聯繫本書前後的內容,來發現書中有哪些無法解釋的矛盾,進而推論
由傳寫導致的文字訛誤,這完全依賴不同的校勘者獨到的觀察分析。

錢大昕《廿二史考異》卷一二《後漢書·郭太傳》載:

> 初太始至南州,過袁奉高,不宿而去;從叔度,累日不去。或
> 以問太。太曰:奉高之器,譬之泛濫,雖清而易挹。叔度之器,汪
> 汪若千頃之陂,澄之不清,撓之不濁,不可量也。已而果然,太以
> 是名聞天下。

> 予初讀此傳,至此數行,疑其詞句不倫:蔚宗避其父名,篇中
> 先後,皆稱"林宗",即它傳亦然。此獨書其名,一疑也;且其事已
> 載《黃憲傳》,不當重出,二疑也;叔度書字而不書姓,三疑也;前
> 云"於是名震京師",此又云"以是名聞天下",詞意重沓,四疑
> 也。後得閩中舊本,乃知此七十四字,本章懷注引謝承書之文,
> 叔度不書姓者,蒙上"入汝南則交黃叔度"而言也,今本皆儳入正
> 文,惟閩本猶不失其舊。閩本係明嘉靖己酉歲按察使周採等校
> 刊,其源出於宋刻,較之它本爲善。

這一條札記,足以體現出錢大昕在對文本的觀察與分析方面的過人
之處。我們看武英殿本《後漢書·郭太傳》,上述所引的這段文字,正
作正文。作爲官本的武英殿本,刊刻的時候由政府組織學者做過全
面的校勘,但當時負責整理李賢注本《後漢書》的學者,誰也沒有發現
這一點。有了錢大昕所發現的四個方面的矛盾,即使沒有閩本,也基

本能得出這一段文字並不是范曄《後漢書》原文的判斷。

　　當然,也許有人會説,只要拿閩本作對校,就一下子可以看出這一段文字是小字注文,説不定錢大昕是先看到了閩本作注文,然後寫作此札記時先陳述其作正文的矛盾之處,再倒引閩本爲證。筆者覺得這是不可能的事情。且不説以錢大昕的人品,決不至於做這等自欺欺人的事情(當然今天會有不少人很難接受這一點);以錢大昕的天資與學問,這等體現其於不疑之處生疑的能力的例子,在他的《廿二史考異》《十駕齋養新録》中也是比比皆是。張元濟《校史隨筆》中論及《漢書》景祐本的好處,有"錢大昕考異可信"一節,稱錢大昕並没有見過景祐本,但他的《廿二史考異》中有關《漢書》的札記中不少校勘方面並没有版本依據的推論,景祐本正可爲其貢獻版本證據。這足以説明錢大昕閉門造車出門合轍的本事。

　　今天這個時代,如果有人那樣説錢大昕,一點也不奇怪。説這種話的人,很可能連對校這樣的工作都没有做過,更遑論本校。本校有一定的難度,不是所有從事校勘的人都能隨便輕易去做的,也不是一個校勘者一下子就可以徹底完成的。本校要求校勘者既具有細膩敏鋭的觀察能力,又擁有嚴謹縝密的邏輯思維,再加上勇於懷疑的精神。除了擁有上述基本的素質以外,在具體的校勘時,還需要校勘者投入足够的時間與精力,對所校的文獻作充分的調查,才有可能發現書中的矛盾,進而揭示那些傳寫的文字訛誤。

　　細膩敏鋭的觀察力,是能作出對校的基本要求。對於校勘者來説,所校的典籍中出現的任何疑問都不能輕易放過,一點點的蛛絲馬迹都有可能成爲發現文字訛誤的重要綫索。

　　傳世的《後漢書·班固傳》載班固《兩都賦》,其中有下列幾句:

　　　　於是乘鑾輿,備法駕,帥群臣,披飛廉,入苑門。

關於"乘鑾輿",李賢注稱:

　　蔡邕《獨斷》曰：天子至尊，不敢褻瀆言之，故託於乘輿。

宋代劉攽通過對比分析李賢的注與范曄的正文，發現兩者有矛盾，因此，他在《東漢書刊誤》中針對這一句作了如下的推論①：

　　“乘鑾輿”，案注所解“乘輿”之義，則多此“鑾”字。

劉攽很細心，他發現李賢注引蔡邕《獨斷》，解的是“乘輿”，而不是“乘鑾輿”，憑借這個本書的證據，他認爲“鑾”字是衍文。

　　班固的這一篇《兩都賦》也收入蕭統的《文選》之中，南宋尤袤所刻李善注《文選》中此句亦作：

　　於是乘鑾輿，備法駕，帥群臣，披飛廉，入苑門。

而李善注對應“乘鑾輿”的也與李賢注相同：

　　蔡雍《獨斷》曰：天子至尊，不敢褻瀆言之，故託於乘輿也。

　　清代顧廣圻爲胡克家覆刻尤袤本《文選》，在其《文選考異》中對這一句作了如下考證：

　　案“鑾”字衍也。注引《獨斷》以解“乘輿”，中間不得有“鑾”字甚明。考《後漢書》章懷注引《獨斷》與此同，亦不得有“鑾”字，今本皆衍耳。《上林賦》曰“於是乘輿弭節徘徊”，《甘泉賦》曰“於是乘輿乃登夫鳳皇兮”，句例相似，孟堅之所出也。袁、茶陵二本“鑾”作“鸞”，詳五臣濟注仍言“乘輿”，是其本初無“鸞”字，各本之衍當在其後。讀者罕察，今特訂正。又《東都賦》“乘輿乃出”注云“乘輿已見上文”，指謂此，可借證。

顧廣圻與劉攽一樣，根據注文所引《獨斷》的内容，推測正文原作“乘輿”（當然，也可能是顧受了劉的啓發，因爲武英殿本《後漢書》在這

———————

① 據清武英殿《後漢書》所附。

一句的李賢注的後面列出了劉攽的上述案語）。不過，顧廣圻更進一步根據五臣注中呂延濟對這一句所注的“乘輿，天子也”一句，推斷五臣注的底本正文也應該作“乘輿”，這同樣也是本校的方式。在校語的最後，顧廣圻還引用了《東都賦》注文所稱“乘輿已見上文”，指出其實際所指即是此文，這也可以看作是一種本校，其性質是利用本書的材料，從另一個角度證明此文原作“乘輿”，其“鑾”字不當有。

對於這個例子來説，要校出“鑾”字是衍文，無論是對校，還是他校，都無能爲力，只有本校才能起到關鍵的作用。從顧廣圻的論述中可以看出，即使不算上五臣注的材料，在李善注本的《文選》中，也至少有兩處李善注文可以被校勘者利用來作本校，以揭示“鑾”字爲衍文。

筆者個人覺得，顧廣圻的本校，加上他從司馬相如的《上林賦》以及揚雄的《甘泉賦》中找出以“乘輿”表示天子的用例，確實已經非常有説服力了。不過，筆者認爲，這一處的本校，除了顧氏所舉以外，其實還有可以利用的材料。

如果從押韻的角度來考察這一段文字的話，若作“乘鑾輿”，那麼“乘鑾輿”與“備法駕”“帥群臣”“披飛廉”“入苑門”成爲並列的五個結構相同、文意相承的句子，按照韻文偶句入韻的通例，那麼應該從“備法駕”的“駕”字開始押韻，但“駕”字（禡韻）不僅與相應的偶句的“廉”字（鹽韻）無法通押，就是和“臣”（真韻）、“門”（魂韻）也押不起來。這種情況出現在班固的名賦中，豈不匪夷所思？ 事實上，如果是作“乘鑾輿”的話，那麼五個處於句末的字中，唯有“臣”與“門”相押韻，屬於真元通押，這個應該沒有問題，問題是前面三句直到“帥君臣”才入韻，也是罕見而值得懷疑的。如果是作“乘輿”，那麼“於是乘輿備法駕”是第一句，而“帥君臣”與“入苑門”正好處於偶句，“臣”“門”相押，合乎節奏與韻例，因此從韻文的角度來看，也是以作“乘輿”爲合適。

另外,從修辭的角度來看的話,如果作"乘鑾輿",則與緊接著的"備法駕"相矛盾,且不説一事兩叙,語涉重複,就只説其先"乘"而後"備",也是不合理的。這樣的章法出自班固的筆下,同樣值得懷疑。

目前看來,在這個個案裏,可以作爲本校的材料分別有:一、李善(李賢)本處的注文;二、李善別篇的相關注文;三、正文的韻脚;四、正文的修辭。這四個方面的疑點是客觀存在的,但它們是否會成爲本校的材料,則取決於校勘者的觀察是否深入。

至於本校所需的嚴謹縝密的邏輯思維,上舉兩例當然已有所體現,這裏還想再舉一個著名的例子來作説明。

酈道元的《水經注》一書,傳寫者在傳寫的過程中,往往將注文與《水經》的正文混在一起。這種混亂的情況,大概在宋代以前就發生了,因此,宋元以來該書的所有版本中,《水經》的經文與酈道元的注文都在一定程度上喪失了原來的面貌。清代戴震在乾隆年間對《水經注》作了不少校勘的工作,其中最爲世人矚目的成績,是他通過考察分析《水經》的經文與注文的體例,發明了辨析經文與注文的四個條例,他在《水經酈道元注序》這樣説:

> 《水經》立文,首云某水所出,已下無庸重舉水名;而注内詳及所納群川,加以採摭故實,彼此相雜,則一水之名不得不更端重舉。經文叙次所過郡縣,如云"又東過某縣"之類,一語實該一縣;而注則沿溯縣西以終於東,詳記所逕委曲。經據當時縣治,至善長作注時,縣邑流移,是以多稱故城,經無言故城者也。凡經例云"過",注例云"逕"。①

---

① 此據四部叢刊影印經韻樓本《戴東原集》卷六。據胡適《戴東原〈書水經注後〉全文的發現》,戴震自署發明此四條例的時間,在乾隆三十年(1765)秋。胡文見安徽教育出版社2003年版《胡適全集》第15卷。

戴震揭示的四個條例中,其中第一、二、四條都與《水經》與酈注的體例相關,這反映出戴震對於《水經注》一書的觀察之細;而最能體現戴震縝密的邏輯思維的,是第三條。他在第三條中認爲,關於縣治的名稱,因爲經文記録的是撰寫《水經》時的縣治實際所在的城市,所以不可能稱"故城",而到了酈道元作注的時候,這些縣治有的已經移往別處,所以酈注要稱"故城"。這是根據經文與注文寫作時代的不同而導致的遣詞造句方面的差異而作的推理。這一推論理由充分,邏輯嚴密,令人信服。

蕭穆《敬孚類稿》卷八《記孫淵如先生水經注手校本》録有孫星衍自記:

> 《水經》向無善本,予驟讀之,便知經、注錯亂。以意定之,凡所乙者數十處。嗣以唐人引此書,若《史記正義》、《索隱》、《文選注》、《藝文類聚》、《初學記》、《元和郡縣圖志》校之,又正其謬者十五。頃得休寧戴東原本,所校極精,多與酈意相合,復是正數十條。始知閉門合轍,語非妄也。

"所校極精",指的大概便是戴震所作的本校,精於校勘的孫星衍如此稱贊,良非虛譽。

筆者也曾做過一些本校的嘗試,如本書前文《是"光武"還是"世祖"》①,利用今本范曄《後漢書》自身的材料,通過比較今本《後漢書》中東漢開國皇帝劉秀與明、章二帝在稱呼上的差異,判定今本《後漢書》中"光武"的稱呼,其中的絶大部分是唐人爲了避李世民諱所改,范曄的原文實作"世祖"。這是一個從全書體例的角度作本校的例子。

---

① 原發表於《史林》2011 年第 5 期。

五、論《新唐書糾繆》《元史本證》與本校

陳垣論及本校法，稱"吳縝之《新唐書糾繆》、汪輝祖之《元史本證》，即用此法"。如果説校勘的宗旨是糾正文書在傳鈔過程中的文字訛誤以恢復文書原貌的話，則這兩種書都不能作爲校勘的典型。

關於吳縝與《新唐書》的因緣，宋王明清《揮麈後録》卷二載：

> 嘉祐中，詔宋景文、歐陽文忠諸公重修《唐書》。時有蜀人吳縝者，初登第，因范景仁而請於文忠，願預官屬之末。上書文忠，言甚懇切。文忠以其年少輕佻，距之。縝鞅鞅而去。逮夫新書之成，迺從其間指摘瑕疵，爲《糾繆》一書。

據王明清的説法，則吳縝撰作《新唐書糾繆》，並不是爲了對《新唐書》的鈔者在傳鈔時發生的文字訛誤作校勘而做《新唐書》的功臣，而只是爲了指摘攻擊《新唐書》的作者在編寫方面存在的問題以泄私憤。

《新唐書糾繆》是否確是憤歐陽修之拒而作，另當別論，我們看吳縝的序，可知其書主要是針對《新唐書》的編修失誤的：

> 縝以愚昧，從公之隙，竊嘗尋閲《新書》，間有未通，則必反覆參究，或舛駁脱謬，則筆而記之。歲時稍久，事目益衆。深怪此書牴牾穿穴，亦已太甚，揆之前史，皆未有如是者。推本厥咎，蓋修書之初，其失有八：一曰責任不專，二曰課程不立，三曰初無義例，四曰終無審覆，五曰多採小説而不精擇，六曰務因舊文而不推考，七曰刊修者不知刊修之要而各徇私好，八曰校勘者不舉校勘之職而惟務苟容。

《新唐書糾繆》共二十卷，每卷一門，共二十門，其門目如下：

一曰以無爲有;二曰似實而虛;三曰書事失實;四曰自相違
舛;五曰年月時世差互;六曰官爵姓名謬誤;七曰世系鄉里無法;
八曰尊敬君親不嚴;九曰紀志表傳不相符合;十曰一事兩見而異
同不完;十一曰載述脫誤;十二曰事狀叢複;十三曰宜削而反存;
十四曰當書而反闕;十五曰義例不明;十六曰先後失序;十七曰
編次失當;十八曰與奪不常;十九曰事有可疑;二十曰字書非是。

但看這些名目,便知其書專爲指摘《新唐書》的編者之誤而寫,更不要
說循目而讀其書了。雖然吳縝自序所列《新唐書》"八失"中有"校勘
者不舉校勘之職而惟務苟容"一條,並就此作申述說:

何謂校勘者不舉校勘之職而惟務苟容? 方新書之來上也,
朝廷付裴煜、陳薦、文同、吳申、錢藻,使之校勘。夫以三百年一
朝之史,而又修之幾二十年,將以垂示萬世,則朝廷之意豈徒然
哉? 若校勘者止於執卷唱讀,案文雠對,則是二三胥吏足辦其
事,何假文館之士乎? 然則朝廷委屬之意重矣。受其書而校勘
者安可不思! 必也討論擊難,刊削繕完,使成一家之書,乃稱校
勘之職。而五人者曾不聞有所建明,但循故襲常,惟務喑嘿,致
其間訛文謬事,歷歷具存,自是之後,遂頒之天下矣。豈非校勘
者不舉其職而惟務苟容之故歟?

但吳氏所說的校勘,不過是指《新唐書》的書稿最後修改工作的一部
分,並非指今一般意義上所說的校勘,其所論的對象,仍屬《新唐
書》的底本定稿過程中所存在的問題,而並非定稿後的傳鈔問題。如
果要從校勘旨在恢復古書原貌這一點出發來看此二十門,則其書大
致無關乎校勘。如果一定要說其中有與校勘相關的內容,大概唯有
舉其第九卷"紀志表傳不相符合"一門。這裏便以其第一條《百官
志》太宗定內外官數與《曹確傳》不同"爲例略作說明:

> 《百官志》云：初太宗省内外官，定制爲七百三十員，曰："吾以此待天下賢材足矣。"
>
> 今案《曹確傳》云：太宗著令，文武官六百四十三，謂房喬曰："朕設此待天下賢士。"此與《百官志》所載語意同而數不同，未知孰是。

這一條是通過比較《新唐書》本書前後的内容，揭示了有關唐太宗設置文武官數的異文，看上去似乎是利用本書所作的本校，但筆者認爲，這不能看作是校勘。

吳縝《新唐書糾繆》書前附有其《進〈新唐書糾繆〉表》，其中轉引時任史部尚書的胡宗愈的奏文有：

> 按《新唐書》乃歐陽修、宋祁據舊史所撰。修與祁皆當世名儒，所撰唐書亦雜採諸家異説，修撰帝紀、表、志，而祁爲列傳，各據所聞，商略不同，故其書事迹詳略，先後不免或有差誤。

胡宗愈將《新唐書》中出現差誤的原因，分爲兩個方面，一是《新唐書》的作者據舊史寫作時雜採諸家異説，一是《新唐書》由兩位名儒分别完成相對獨立的部分。這大概是當時人對《新唐書》所存在的問題的一個比較合乎事實的解釋。在本例中，吳縝指摘《新唐書》中《百官志》與《曹確傳》的不同，主要由於上述第二個方面的原因。嚴格説起來，吳縝在這一門中所指出的問題，雖然在同一部《新唐書》中，但也未嘗不可以看作歐著與宋著的差異。如果我們抛開底稿與傳寫的區别不論，那麽吳書本門所論，屬於對兩個不同的作者所撰寫的不同的文書作比較，其性質實接近於他校；如果是分别在歐撰的紀、表、志或宋撰的列傳内部展開比較，那麽其性質略接近於本校。

一部書中文字方面的謬誤，有兩類：一類來自作者，即撰寫時留下的，可稱爲原稿之誤；一類來自傳鈔者，即傳鈔時發生的，可稱爲傳鈔之誤。校勘是爲了恢復古書的原貌，其工作的範圍只應該局限在傳鈔之誤上;原稿之誤是書的原貌,對這類錯誤進行考證不屬於校勘的範圍,校勘者非但不應該改正這些錯誤,而且應儘量保留這些原稿之誤的本來面目。吳縝所考證的《新唐書》的謬誤,都屬於原稿之誤,與校勘要解決的傳鈔之誤無關,所以,《新唐書糾繆》不能作爲校勘的典型。

無論吳縝的指斥是否出於有意掊擊歐宋,即使其所糾盡中要害,倘若一一據其説而改正,則改正越多,歐宋所著的《新唐書》的原貌便喪失越多,這種工作實與校勘的宗旨背道而馳。當然,世上所有運用邏輯推理的考證方法,本質上都是相似的,稱《新唐書糾繆》的方法與本校法相似,亦未嘗不可,但若以之作爲校勘的典型,刻意效仿,因而勇於代作者修改古書,這顯然不是校勘者所應該知道的。

汪輝祖的《元史本證》五十卷與《新唐書糾繆》相似,也是旨在用本書的材料來考證《元史》編寫者留下的問題。汪氏在其書中將自己的考證分成三類,即證誤、證遺、證名。他在自序中對這三類的工作作了説明:

> 予録《三史同名》,閲《元史》數周,病其事迹舛闕,音讀歧異,思欲略爲釐正,而學識淺薄,衰病侵尋,不能博考群書,旁搜逸事,爲之糾繆拾遺,因於課讀之餘,勘以原書,疏諸别紙。自丙辰創筆,迄於庚申,流覽無間,刺取浸多,遂彙爲一編,區以三類:一曰證誤。一事異詞,同文叠見,較言得失,定所適從。其字書爲刊寫脱壞者弗録焉。二曰證遺。散見滋多,宜書轉略,拾其要義,補於當篇。其條目非史文故有者弗録焉。三曰證名。譯無定言,聲多數變,輯以便覽,藉可類求。其漢語之彼此訛舛者弗録焉。

可以看出,他考證的目的,是要釐正《元史》一書中的"事迹舛闕,音讀歧異",他所列舉的本書的三類内容中,證遺與證名兩類,可以説和校勘完全没有關係;就是"定所適從"的證誤,也是"其字書爲刊寫脱壞者弗録焉",即不涉及因爲傳寫刊刻而導致的文字訛誤,因此,與《新唐書糾繆》一樣,《元史本證》一書也只可視爲史學考證的著作,不可當作校勘的典範。

六、理校與其他校法之關係

關於理校法的使用,陳垣在《校勘學釋例》中有如下説明:

> 遇無古本可據,或數本互異,而無所適從之時,則須用此法。此法須通識爲之,否則鹵莽滅裂,以不誤爲誤,而糾紛愈甚矣。故最高妙者此法,最危險者亦此法。

陳氏以爲理校法的使用場合有兩種:一是"無古本可據",一是"數本互異而無所適從"。前者是指無法通過版本對校來獲得異文的情形,當然也應該包括無法通過性質相似的他校這種客觀獲得異文的情形。後者是指通過對校(也應該包括他校)獲得異文後而無法定是非的情形。分析陳氏上述兩方面的説明,可知理校法有兩個主要的功能:一、可以在對校與他校之外揭示文字訛誤;二、通過推理來論定對校與他校等所發現的異文的是非。

理校法的這兩個功能,決定了它與其他三種校法的關係是:一、作爲一種與本校相同性質的主觀發現異文的方法,可以作爲對校、他校這樣的客觀發現異文的方法的補充。二、爲其他校法所得異文的是非判斷提供論證。

從主觀發現異文的特點來説,理校的性質與本校相同。如果更進一步從推理的角度來看待理校與本校的關係,則可以説理校其實包括了本校,因爲一切的本校都可以視爲推理的校勘。陳垣在"本校"定義下,説明了他校勘《元典章》時所用的本校方式:

予於《元典章》曾以綱目校目録，以目録校書，以書校表，以正集校新集，得其節目訛誤者若干條。至於字句之間，則循覽上下文義，近而數葉，遠而數卷，屬詞比事，秖悟自見，不必盡據異本也。

陳氏所做的這些"本校"的特點，都與"理校"相似，即：一、在對校、他校之外發現文字訛誤；二、通過推理證明文字訛誤之所在。前者固無庸贅言。至於後者，推尋陳氏通過本校發現《元典章》節目訛誤的邏輯，是《元典章》的綱目與目録、目録與書、書與表、正集與新集之間應該一致，而通過比較發現上述綱目與目録等出現不一致，結論是其中必有訛誤。這種校勘，本質上講是利用本書的材料來作推理，通過前後的矛盾來發現文字的訛誤。

所有本校都屬理校，而理校也往往離不開本書内容的印證，因爲一切的理校的發生，都是因爲校勘者發現所校勘的文本中出現了某種矛盾或不合理的情形。所謂的"矛盾"，是指與本書上下文内容的關係而言；所謂的"不合理"，是指違反某種衆所周知的常識或某一方面的專門知識之類的情形。前者既是屬於推理論證文字訛誤的理校，也完全可以看作是利用本書材料發現文字訛誤的本校；後者則與本校稍有不同，區别在於並非利用本書的材料來作推論。關於前者，上述錢大昕對《後漢書·郭太傳》及顧廣圻對《文選·兩都賦》所作的本校，都可以説既是本校又是理校。以下再舉一例略作説明。

上海古籍出版社1992年版《唐代墓誌彙編》收《大唐故張處士墓誌銘並序》（編號"永徽007"），其銘文有：

珠潛水媚，劍藏光溢。立侍漢朝，坐論晉室。都督儒雅，早標文質。儀同領袖，夙昭名寶。載生令哲，素稟貞真。遺榮樂道，懷橘思親。積善餘慶，□之古人。矧伊今日，德亦有鄰。（頁一三五）

本誌拓片,收入《千唐誌齋藏誌》一書,檢其圖像,其中"夙昭名寶"的"寶"字,實作▨,可知《唐代墓誌彙編》的釋讀並没有錯。對於墓誌的原稿來説,刻誌上石即爲一次傳寫,錯誤也在所難免,筆者推斷這個"寶"字,原作者所寫的當是"實"字。作出這一推論的依據來自三個方面:

一是修辭。"都督儒雅,早標文質"與"儀同領袖,夙昭名寶"是一對駢偶的句子,其中的"文質"二字,是一對相對的概念,與之對應的"名寶"則不然,對於講究修辭的作者來説,這樣的對仗有欠工整。若作"名實",則"名"與"實"二字正好也是一對相對的概念,可以構成工整的駢偶。

二是用韻。"寶"字處韻脚,根據文義層次及修辭結構,該字應該與"溢""室""質"這三個入聲質韻的字相押,但"寶"字屬上聲皓韻,無法通押,"實"正是入聲質部字。

三是文義。"名寶"於此文義無取,"儀同領袖,夙昭名實"意指在隋任上儀同的墓主父張建,很早就表現出作爲領袖的名與實。

這個例子當然可以看作是本校,因爲無論是從修辭、用韻還是文義來看,文字訛誤的懷疑都只與訛文所在的上下文有關。同時,本例又屬於推理的校勘,是由於發現因訛文而導致的修辭、用韻以及文義三個方面的矛盾而作的推理校勘:修辭方面的推理,依據的是駢偶句的特點及訛文的不合;用韻方面的推理,依據的是韻例及訛文的出韻;文義方面的推理,依據的是"名寶"於文義的不合。

至於因爲違反常理而令人懷疑有文字訛誤的例子,我們看《周禮‧夏官‧職方氏》的這段文字:

> 凡邦國千里,封公以方五百里則四公,方四百里則六侯,方三百里則七伯,方二百里則二十五子,方百里則百男,以周知天下。

鄭玄有注：

> 方千里者，爲方百里者百，以方三百里之積，以九約之，得十
> 一有奇。云"七伯"者，字之誤也。

鄭玄認爲，將一千里的平方除以三百里的平方，也就是一百除以九，得到的應該是十一有餘，所以方一千里應該可以封"十一伯"，而《周禮》的文本却作"七伯"，所以他認爲"七伯"的"七"字是一個訛字。雖然鄭玄没有明確説明，但顯然這一訛誤很可能來自"十一"的寫法（豎行）像"七"字這一點（賈公彥疏中已説明）。這是僅僅就"凡邦國千里……方三百里則七伯"一句的中的訛文所作的純粹的推理的校勘，其邏輯依據來自數學的常識。這當然可以看作是理校，但其訛誤也是通過上下文的分析得出的，即陳垣論及本校法時所謂的"字句之間，尋覽上下文義……屬詞比事，牴牾自見"者。

　　綜上所述，可以看出理校與本校在發現異文方面的關係，一切的本校的異文發現都包含了邏輯推理的過程，因而都具有理校的性質。理校具有本校之外發現異文的可能。

七、一切校勘皆須理校

　　陳垣所説的理校，實際包含了兩種工作，一是通過推理發現文字訛誤（無古本可據），二是通過推理來論證對校他校所發現的異文（數本互異而無所適從）。今天的學者論及理校，多集中在前者，而於後者則往往語焉不詳。

　　陳垣引來作爲其"理校"定義的段玉裁的話，也即"校書之難，非照本改字不譌不漏之難，定其是非之難"一句，出自《經韻樓集》卷十二《與諸同志書論校書之難》。如果細讀這一封書信，可知段氏通篇所論，全在説明經、注、疏合刻的本子，注、疏者所各自依據的經的底

本,未必是今天合刻在一起的經的底本,彼此原曾各有源流,自宋人強合在一起刊刻流傳,導致經文與注疏之文彼此矛盾,校勘者應該通過考證,將經還經,注還注,疏還疏,各恢復其本來面目,不應該因爲合刻在一起的原因而改彼就此。陳書所引的這一句,在段玉裁的這一篇中是全文首句,乃是一句啓下的話。段氏這句話的意思,不過是説校勘中論證是非的重要性而已,並不是要單説一種特別的推理的校勘。文中就經注矛盾共舉了五個例子,其中與第三個例子相關的文字如下:

> 《春秋左傳》:"衛侯賜北宫喜謚曰貞子,賜析朱鉏謚曰成子,而以齊氏之墓與之。"杜注曰:"皆死而賜謚及墓田,傳終言之。"宋本亦或作"皆未死而賜謚及墓田,傳終而言之",二者皆出於宋本,孰爲是與?曰:"皆死而賜"者是也。二人時未死也,既死而賜,故要其終而言之。若云"皆未死而賜",則"傳終言之"句不可接而爲贅辭矣。是一本作"未死而賜"者,非也。然則死而賜,於説經是與?曰:《春秋》常事不書。書者,爲其未死而賜也。云"死而賜",則杜注之底本得矣,而於義理實非也。云"未死而賜",則杜注之底本失矣,而於義理有合也。

這個例子是以兩個宋本的異文爲對象,説明論證所依據的邏輯,究其性質,不過是爲對校所得的異文作判斷而已,並不屬於不論版本而純作推理的情況。

上述段玉裁所做的邏輯論證,依陳垣的説法,即屬於理校的範疇。段氏所謂的"二者皆出於宋本,孰爲是與",便是陳氏所説的"或數本互異,而無所適從之時"。

理校要爲"數本互異,而無所適從之時"提供一種判斷的手段,也就是爲對校、他校等通過客觀手段所得到的異文的是非判定提供邏輯依據。那麼校勘者面對異文,什麼時候是"無所適從"的? 筆者覺

得,除了一些較爲特殊的情況,例如利用一個完整的版本對校一個有
闕頁或大段脱文的不完整的版本,那麼大段的脱文的補入一般不需
要從理校的角度去作判斷(當然,一般來説,補完整後的文字總是令
所校的文本更爲合理),除此以外,所有對校所得的異文,理論上講都
有可能會讓校勘者感到"無所適從"。因爲每個校勘者的所熟悉的領
域不同,對有些校勘者來説可以輕而易舉作出正確判斷的場合,有可
能會讓另外的校勘者感到"無所適從"。另外,每個校勘者在任何時
候也總有自己不同的認知極限,面對的異文所涉及的知識一旦超出
其限度,也總會令他産生"無所適從"的感覺。

　　這樣"無所適從"的場合,需要理校,即需要推理的論證以作出判
斷,自然無庸贅言。此外,會有一些判斷,看上去似乎很明確,校勘者
未必會有"無所適從"之感,這種場合便不需要推理的論證嗎? 答案
應該是否定的。因爲即使是看上去最容易作出的判斷,也必定有其
邏輯的依據,換句話説,再簡單的異文判定,也都是理校的結果。

　　我們看下面的這個例子。

　　中華書局 2018 年出版《宋書》點校修訂本卷一《武帝紀上》有:

　　　　高祖以晉哀帝興寧元年歲次癸亥三月壬寅夜生。

整理者針對"興寧元年"出校記稱:

　　　　"年",原作"帝",據三朝本、南監本、北監本、汲本、殿本、局
　　　　本改。

在整理者看來,底本的"帝"字,是"年"字的形近之訛。這條校勘記
雖然列出了三朝本等版本方面的依據,但並没有説明這一校改的論
證過程。整理者對"帝""年"二字作出是非判斷的依據可以有很多,
最明顯的大概是"帝"字在句子中無法讀通,中國歷史上也並没有所
謂的"興寧元帝"這樣的皇帝,唯有作"年"才符合史書記載的通例。

　　這是一個比較容易作出判斷的例子。在這個例子中，校勘者作出校改時當然是經過論證的，只是沒有在校記中説明而已。因爲是顯而易見的訛誤，但凡稍知古漢語語法並略讀過一點史書的人，很容易作出基本相同的論證，所以，即使校記沒有説明，這種校改也會因爲被認爲是恢復了文本的原貌而受到普遍的接受，當然，本例的校改，還有三朝本等六種不同版本作"年"的物證。即使這樣，我們依然認爲要在"帝""年"之間作出抉擇，論證仍屬必不可少，因爲物證的意義來自於合理的推理，版本異文必須與推理論證相結合，才能表現出證據的價值。版本異文不過是從客觀的角度爲推理論證提供了進一步的證據，推理論證才是校改的核心依據。事實上，在本案中，即使沒有與其他版本作對校，我們也可以判斷"晉哀帝興寧元帝"的第二個"帝"字一定是一個訛字。作出這種判斷，憑借的是我們對歷史事實的瞭解，因爲根本就沒有"興寧元帝"這樣的皇帝，這是根據基本的歷史知識所作的推理。因爲如果從衆所周知的歷史事實出發，這裏的文字訛誤顯得太過明顯，以至於讓人生出無須論證的感覺來。這就好象有人説，他在深夜的天空中看到了太陽，所有地球上的人都知道他説的話是不真實的，這種結論似乎都不需要論證，但實際上是具有邏輯依據的。

　　與上述"帝""年"這樣容易作出正確判斷的例子相比，也有一些異文的情況，今天的校勘者似乎很容易作出判斷，但如果深入考察，就可以發現那些輕易作出的判斷實屬似是而非。這種情況，最能説明論證的重要性。

　　我們看下面的例子。

　　《册府元龜（校訂本）》卷八二〇《總録部·立祠》序文：

　　　《禮》曰："法施於人，則祀之。以死勤事，以勞定國，能禦大災，能捍大患，則祀之。"又曰："孟夏禱祀，古之卿士，有益於人者

（引者按：此句當作一句讀，中間不應有兩逗號）。"此乃古先哲
王，旌有功，襃有德，載在祀典，領之祀官，以垂勸乎天下也。乃
有自天生德，崇四教以化人，事君盡忠，以直諫而殞命。或化流
於千里，或仁洽於一國，以至家行敦篤，鄉邑之所欽慕；威名殫輝
（引者按：殫，當從宋本作輝），戎狄之所威服……（頁九五四〇）

其中的"一國"，來自本書的校訂者所依據的底本明代黄國琦刻本
《册府元龜》，中華書局影印宋本《册府元龜》則作"一同"。在本書的
《校點説明》中，整理者明確説明以中華書局影印殘宋本爲校本，並就
與宋本相關的校勘列有以下兩點説明："1. 凡底本與宋本有異者，若
宋本文意爲優，據宋本校正，並出校記；若二者文字均可通，一般只出
異文校。""2. 凡底本有訛脱衍倒者，據宋本、參校本及正史或其他相
關文獻改正，並出校記。"由本卷後所附的大部分校勘記中出現"據宋
本改"的字樣可以看出，整理者確曾用宋本與底本作過對校，但未就
"一國"出校記，甚至連異文校都没有。如果我們排除漏校的因素，那
麼，從《校點説明》出發，推想整理者不出校的原因，很可能是認爲底
本的"一國"並没有訛誤，而宋本的"一同"是不可通的。

　　對於今人來説，要對本個案中"一國"與"一同"這一對異文作判
斷的話，恐怕大部分人會選擇"一國"爲是。作出這種判斷，大概主要
是因爲，古漢語中的"一國"這個詞，在現代漢語中仍在沿用，其含義
與用法，對於今人來説完全熟悉。而今人對於"一同"這兩個字，一般
只理解爲相當於"一齊""一起"的副詞。這樣的副詞，出現在介詞
"於"的後面構成一個介詞結構，顯然不合於現代漢語的語法，所以要
讓今天的讀者在"或仁洽於一國"與"或仁洽於一同"兩句中判斷哪
一句正確的話，相信多數的人會選擇前者，因爲那看上去更爲合情
合理。

　　然而事實上，與明本的"一國"相比，宋本的"一同"才更有可能

是《册府元龜》序文的原貌。

"一同"是一個淵源有自的古詞,在本序中屬於作者刻意使用的一個具有修辭意味的典故詞。

該詞的早期用例至少可以追溯到《左傳・襄公二十五年》:

> 且昔天子之地一圻,列國一同,自是以衰。

杜預注"一圻"爲"方千里",注"一同"爲"方百里"。

《國語・楚語上》也有:

> 齊桓、晉文皆非嗣也……是以其入也,四封不備一同,而至於有畿田,以屬諸侯,至於今爲令君。

韋昭注"同"爲"地方百里曰同"。

《册府元龜》序文的作者在此文中用"一同"與"千里"相對,實際上是爲了追求典雅而以上述《左傳》之文爲典,喻指全國("千里",即"一圻",也即"天子之地",不直接用"一圻",當然是爲了在駢句中避免重複"一"字)和局部地區("一同",即"列國")。用"一同"這樣的典故詞來爲序文的典雅色彩作渲染,是《册府元龜》各部門序文的作者常用的手段。就表示方百里的"一同"一詞而言,序文中就有不少例子,如卷二三五的《列國部・建國》序:

> 重之以分器,袮之以世族,大者著乎賜履,小亦僅乎一同,藩屏輔衛,於是乎在。(頁二六二○)

又如卷七○一《令長部》總序:

> 夫一同之地,有社稷焉,有吏民焉,可以事神,可以爲政,有督責之令,有刑罰之威……(頁八○九五)

又如同卷《令長部・選任》序:

> 令長參五等之列,布一同之政,苟非選任,曷補風化?(頁八

〇九六)

又如卷七〇二《令長部·遺愛》序:

> 觀夫寄百里之命,布一同之政,若乃清白自處,風教外行,訴合民情,允臻王化……(頁八一一一)

又如卷七〇七《令長部·貪黷》序:

> 一同之地,禍福所由,百乘之賦,豐約斯繫。(頁八一五五)

根據上述考察,可以明確兩個方面的歷史事實:一、在古漢語的詞彙史上,至少在先秦時期,曾經有過用"一同"這樣的詞來指稱方圓一百里的事實;二、宋代寫作《册府元龜》序文的作者(據晁公武《郡齋讀書後志》的記載,具體的序文作者有李維等五人,最後由楊億改定),有以"一同"作爲典故詞來渲染典雅文風的事實。

這兩方面的事實,可以爲校勘者判斷本案的"一國"與"一同"這一對異文的是非提供依據。對於今天的人來説,這兩方面的事實未必都是完全掌握的,因此與上述"帝""年"的例子不同,對本例的異文作出正確的判斷並不是一件輕而易舉的事情。判斷是否正確,是否合乎事實,取決於校勘者是否瞭解歷史事實。校勘者只有通過有針對性地對相關歷史事實作充分的考察,拓展自己對異文所涉及的各個方面的認識,才有可能作出正確的判斷。

充分的調查考察的目的,是爲了作出嚴密可信的論證。對本例來説,校勘者之所以不取"一同",如果不是漏校,那麼究其原因,很可能是校勘者未曾對"一同"這樣的詞作過充分的調查,便輕易地作出了判斷。本例體現了建立在充分調查基礎之上的嚴密的論證對於完成真正意義上的校勘的重要性。

胡適在爲陳垣的《校勘學釋例》的序中,稱校勘學的工作有三個主要的成分:"一是發見錯誤,二是改正,三是證明所改不誤。"在筆者看來,胡適所説的後面的兩個成分,其實是不可分割的一件事情,没有不需要證明的改正,所有的改正都必須建立在嚴密論證的基礎之上,論證結束,改正也就在其中了,因此,如果要更概括地説明校勘的工作内容,其實不過兩個方面,即一是發現異文,二是判斷異文是非以決定去取。要作出判斷,必須對異文作充分的考察與論證。圍繞著異文展開的推理論證,才是校勘工作的核心所在。

　　校勘的宗旨既在於恢復文獻的原貌,因此,真正意義上的校勘工作,必須完成對於異文的去取選擇。而這種選擇,必依賴有力的論證。這是校勘工作的關鍵内容,也是校勘工作的難點所在。清代的校勘學非常發達,當時第一流的校勘學者,深知此理。顧廣圻在爲《韓非子》二十卷校本所寫的跋中説:①

　　　　向聞人説校書何難,無以應之,今已得一語,曰:"所謂'何難'者,只是未校。若真校便難。"

而瞿鏞在《鐵琴銅劍樓藏書目録》卷一四《韓非子二十卷(校宋本)》條評論顧廣圻的校勘時説:

　　　　顧氏所校,絶不專輒輕改,亦不遷就宋刻,漫無别白,其訂誤必精心剖辨,依據確鑿。嘗謂人言校書何難者,以未嘗校故也,如真欲校之,便不爲是言矣。

對異文作是非去取的判斷,便需要論證,嚴格説起來,這永遠都不會是一件容易的事情。顧廣圻所説的"難",便是指論證。在顧廣圻看來,真正意義上的校勘,也就是他所説的"真校",是對異文作充分審慎的考證,然後作是非的判斷,這不是輕而易舉的事情。一個外行人看到有校勘者在做"對校"的工作時,以爲做這種文字的比較,根本没

①《思適齋書跋》卷三,黄明標點本五七頁。

有什麼難度可言,因而發出"校書何難"的輕蔑,這也難怪他,因爲他只看到了校勘工作相對容易的一部分,而並没有看到校勘工作關鍵而困難的部分。在顧廣圻看來,如果没有論證,即使做了版本對校,得到了一堆異文,也還屬"只是未校"而已,而"真校",也即判斷異文是非的校勘的核心工作,實際並没有完成。

段玉裁在《與諸同志書論校書之難》(《經韻樓集》卷十二)説:

> 校書之難,非照本改字不訛不漏之難,定其是非之難。

所謂的"照本改字不訛不漏",就是通過對校找出版本之間所有的文字差異——異文,這自然不是什麼難事;所謂的"定其是非",説的便是針對異文展開的推理論證,這是真正體現校勘工作學術價值的核心部分,也因此才是校勘的困難所在。段玉裁對於校勘工作的難點的論述,與上揭顧廣圻所言,真可謂異曲同工。這樣的話,只有長期從事校勘工作的人才能説出,也只有從事真正意義的校勘工作的人才能有深刻的體會。

今人在校勘過程中出現的誤判,絕大部分是由時代的隔閡造成的。今天的報紙上一篇用現代漢語寫作的文章,如果其中有因爲排版印刷而導致的文字訛誤,也就是所謂的傳寫之誤,是很容易被讀者發現的。這在很大程度上是因爲讀者與文章的作者處在同一個時代,與文章所使用的語言没有隔閡。在古籍傳寫過程中出現的那些文字訛誤,不是那麼容易被發現,其主要的原因,是因爲今人不完全瞭解古代的歷史造成的。這裏所謂的古代的歷史,更多的是指語言的歷史,而語言的歷史中包含了政治、軍事、經濟、思想文化等等方面的因素。

古籍校勘必須面對兩個方面的事實:一方面,不同的校勘者對歷史的了瞭解各不相同,同一個校勘者對歷史的認識也是隨著持續的學習而不斷拓展的,因此,無論如何,有一個公認的事實是,任何一位校勘者在從事某一古籍的具體的校勘工作的時候,其歷史知識都是有限的;另一方面,古籍的傳寫之誤有可能出現在任何一處文字之中,它不以校勘者的歷史認知爲限。這兩個方面的矛盾,是導致校勘者在異文判斷方面出現誤判的根本原因。

對於這一點,終生從事校勘實踐的顧廣圻有深刻的理解。他在《書〈文苑英華辨證〉後》(《思適齋集》卷一五)一文中,對導致校勘錯誤的原因作了在筆者看來最經典的概括:

> 予性素好鉛槧,從事稍久,始悟書籍之訛,實由于校。據其所知,改所不知,通人類然,流俗無論矣。

其中"據其所知,改所不知"八字,所有從事校勘的人都應該置於座右,以爲警戒。每個人的所知是不同的,但即使最博學的通人,其所知也永遠是有限的。且不要說那些確實陌生的概念,即使是看上去很熟悉的字眼,也有可能有著校勘者所不知的一面。以有限的認知去應對校勘所遇到的近乎無限的各種異文問題,只要異文涉及的知識超出校勘者的認知,那麼就難免會作出錯誤的判斷。

業師吳金華先生從事《三國志》數十年,在《三國志》的文本校勘方面,取得了累累碩果,久爲世人矚目。今天看來,他的成果中也還有一些可以再作商榷。例如先生所著《三國志校詁》"三國志卷三校詁":

> 且軍師在外數千萬人,一日之費,非徒千金,舉天下之賦以奉此役,猶將不給。(《魏志三·明帝紀》注引《魏略》/頁一〇五)
>
> 盧弼《集解》:元本"千"作"十"。
>
> 華按:當從元本。此時魏國人口約有四百五十萬,其中能從軍出征者不過數十萬而已,斷無"軍師在外數千萬人"之理。《孫子兵法·兵戰》曰:"日費千金,然後十萬之師舉矣。"此既云

"一日之費非徒千金",則"數千萬人"當作"數十萬人"乃合情理。《群書治要》卷二十五、《資治通鑑》卷七十三亦作"數十萬人",可見唐宋人所見多有不誤者,應據正。

筆者在《"數千萬"校議》①一文中,專門就這一處的異文作了論證,結論與老師的完全相反。拙文通過不少例證,反復説明"數千萬"是兩漢三國時期的特殊表達方式,表示的是幾千至上萬,相當於今天所説的"成千上萬",而不是今天所説的"幾千萬"的意思。老師在"數千萬"這一異文的判斷失誤,其性質正是"據其所知"(數千萬=幾千萬)"改所不知"(數千萬=成千上萬)。吴先生是富有經驗的一流的校勘專家,他對兩漢魏晉時期的歷史語言相當熟悉,這一點在學界應該是有目共睹的,但即使是這樣的好手,也仍然有可能出現誤判。身爲他的學生,舉這個例子,當然不是要説明自己比老師更高明(筆者不過是在這一個具體的詞語上多作了一點調查而已,事實上,筆者自以爲這一否定老師結論的方法,也是拜老師所賜),而只是想據此説明,校勘者對歷史的認識永遠都不會有窮盡之時。任何一位從事校勘的人,對於任何一處異文的判斷,哪怕看上去理由是那麼的明顯,是非是那麼的分明,也要始終告誡自己,切莫犯"據其所知,改所不知"的錯誤,任何判斷都必須審慎,任何的判斷都必須通過充分的考察、嚴格的論證來完成。

八、校勘必求多種校法結合

完全的校勘,或者説對文書中某一處由傳寫而導致的文字訛誤的改正,必須擁有嚴密的邏輯依據,也就是説至少要做理校,已如前

---

① 原發表於《文獻語言學》第七輯,已收入本書。

述,然而,因爲主、客觀方面的各種原因,推理的過程不能保證絕對符合實際的情況,因此,推理爲校勘完成的必要條件,但並不是充分條件。這也是校勘學界對於僅僅依據推理作出的校改往往不能輕易信從的原因所在。

任何的校改,除了具備必要的主觀的邏輯推理之外,還應該儘量提供客觀的證據,以使校改的結果儘可能避免不符合實際的情況出現,因此,校勘者對任何一處文字訛誤的判定,都應該充分運用所有的校法,結合主、客觀兩個方面作出令人信服的論證。

一處異文的判斷,如果確與事實相符,那麼無論通過哪一種校法去驗證,其結果也應該是一致的。這一點與中醫的診斷有點相似。

中醫理論認爲,一個人生病,總會有所表現,醫者應該通過各種途徑去判斷其病癥。具體的判斷手段,有望、聞、問、切四種。理論上説,每種病的病癥都會在這四個方面表現出來,都有可能被診斷者觀察到,因此,高明的醫生,往往能够只憑一二種診法便準確判斷病癥,不過,即使號稱神醫者,也不過是人,恐怕也難免會有所不知,所以,最可靠的方法,是將這四種診法結合起來,從四個不同的角度對同一對象作充分的考察,綜合分析四種診法所得到的結果再下判斷,這樣才能在最大程度上避免僅憑一種診法而導致的誤診。

校勘也是這樣,一處文字的訛誤,總會在很多方面表現出來。如果要從四校法的角度來看的話,那麼,也許可以這麼説,古書中任何一處傳寫之誤,都有可能在四種校法中被發現。任何一種版本的任何一處傳寫訛誤,其未誤的原貌保留在同書的其他版本中的,可以通過對校發現;原貌保留在他書之中的,可以通過他校發現;任何一處文字的傳寫訛誤,都有可能在本書中造成上下文的矛盾,通過本校會被發現;所有的文字訛誤,都至少會在某一方面違反正常的邏輯或不符合事實,這些則可以通過推理發現。

這裏舉一個例子予以説明。

明代黄國琦刻本《册府元龜》卷一三〇《帝王部·延賞》載：

　　源懷爲車騎大將軍、隴西王賀之子，景明二年，上表曰："昔高祖昇遐，南安在位，出拜東廟，爲賊臣宗愛所弑。時高祖避難，龍潛苑中，宗愛異圖，神位未定，臣亡父先臣賀與長孫渴侯、陸麗等奉迎高宗，纂徽寶命。麗以扶負聖躬，親所見識，蒙授撫軍大將軍、司徒公、平原王。興安二年，追論定策之勳，進先臣爵西平王。皇興季年，顯祖將傳大位，先臣時都督諸將屯於武川，被徵詣京，特見顧問。先臣固執不可，顯祖久乃許之，遂命先臣持節授皇帝璽綬於高祖。至太和十六年，麗息叡狀私書，稱其亡父與先臣拔立高宗，朝廷録封叡鉅鹿郡開國公。臣時丁艱草土，不容及例。至十二年，除臣雍州刺史。臨發奉辭面奏先帝，申先臣舊勳，時敕旨但赴所臨，尋當別判。至二十二年，車駕幸雍，臣復陳聞，時蒙敕旨征還當授。自宫車晏駕，遂爾不申。竊惟先臣遠則拔立高宗，寶曆不墜；近則陳諫顯祖，神器有歸。如斯之勳，超世之事，麗以父功而獲山河之賞，臣有家勛不霑茅社之錫，得否相懸，請垂裁處。"

　　這一段文字中出現了三處"高祖"的字樣，其中的前兩處屬於傳寫的訛誤。這兩處訛誤，我們都可以單獨通過四種校法來發現。

　　首先是本校。

　　源懷的表文是按時間順序來叙說的，他先從"昔高祖昇遐"說起，又記其後"時高祖避難，龍潛苑中"，最後又説"遂命先臣持節授皇帝璽綬於高祖"。如果這三處"高祖"是同一人的話，那麽就有明顯的矛盾：高祖既死之後，如何又會避難而龍潛苑中？又如何能受皇帝璽綬？從事情發生的先後來看，這三個"高祖"顯然不可能是同一個人。根據文中的意思，其第二個"高祖"，與下文的"高宗"似是同一個人，且此人應與另兩個"高祖"無關。從下文兩處提及此事時都稱"拔立高宗"，則可以初步推斷第二個"高祖"有可能是"高宗"之誤。除此以外的另兩個"高祖"，從時間上看，也至少必有一誤。

其次是理校。

當然，上述的本校也已蘊含了理校的意味，除此以外，如果我們熟悉或者查證有關北魏的歷史，可知源懷所述，所謂的"高祖昇遐"一事，其實對應的是北魏世祖太武皇帝拓跋燾的去世，所謂"高祖避難"的事情，對應的是高宗文成皇帝拓跋濬避難於苑中，而"遂命先臣持節授皇帝璽綬於高祖"，也即《魏書·顯祖紀》所記册命太子曰"今使太保建安王陸馛、太尉源賀持節奉皇帝璽綬，致位於爾躬"，叙述的是顯祖傳皇帝位給時爲太子後稱高祖孝文皇帝的拓跋宏之事。據此可知，其第一個"高祖"，當是"世祖"之誤，第二個"高祖"，當是"高宗"之誤。

其次是他校。

源懷此表亦見載於《魏書·源賀傳》，相對應的文字分別作：

> 昔世祖昇遐……時高宗避難……遂命先臣持節授皇帝璽綬於高祖。

據此可知《册府元龜》的第一個"高祖"有可能是"世祖"之誤，第二個"高祖"有可能是"高宗"之誤。

其次是對校。

收藏於日本静嘉堂文庫的宋本《册府元龜》中，對應於明本的三個"高祖"，分別作"世祖""高宗""高祖"。

從這個例子可以看出，無論運用四種校法中的哪一種，都有可能校出前兩個"高祖"的異文，因爲這兩處"高祖"的訛誤，會造成《册府元龜》不同版本之間出現異文，會使《册府元龜》與其他文獻的記載出現文字差異，會使所在的文本的上下文產生矛盾，會違反歷史的事實。

通過本例來對這四種校法作一些分析,可以看出四種校法相互之間的一些區別。

對校是最客觀最明顯地揭示異文的方式,但這種方式只是表明了異文的存在,並不能直接判定異文的是非。他校與對校相似,通過這種方式很容易發現那兩處異文,就本例而言,他校較之本校更有助於對異文作出判斷,因爲他校所使用的《魏書·源賀傳》表文及相關的背景材料,能引導校勘者進一步查明"世祖""高宗""高祖"三者之間的相互關係。本校與理校本質上來説是一致的,都是通過文本的前後矛盾來推斷文字的訛誤。如果一定要説兩者之間的區別的話,那麼就本例而言,第二個"高祖"有可能是"高宗"的訛誤這一條是純粹的本校,即通過上下文的比較來發現的,對這一條來説,即使校勘者不瞭解北魏的歷史,僅據此表文意,也能大致作出判斷;另外,即使不瞭解北魏的歷史,也依然會對於另外兩個"高祖"產生疑問,只是不能確定究竟是哪一個存在問題。相對於上述本校的理校,其推理的依據,則主要建立在北魏歷史事實的基礎之上,在理校過程中所作的工作,不再限於在本書的文本及不同的版本之間作考證,而是利用已有的知識,通過邏輯分析來作出判斷。

從中可以看出,每一種校法都各有特點,每一種校法都能從不同的角度揭示異文,其中本校與理校所包含的主觀的分析爲校改提供了邏輯的依據,而對校與他校則爲校改提供了客觀的物證。誠然,別本和他書中的異文是客觀存在的,但是,那些異文要成爲是非判斷的客觀物證,則主要取決於主觀的邏輯分析。這也就是筆者以爲理校在任何一個校勘個案中不可或缺的理由。

在筆者看來,校勘的工作,與破案很相似。常言説"若要人不知,除非己莫爲",一切的犯罪行爲都必然會留下蛛絲馬迹,能否發現與利用這些蛛絲馬迹來破案,取決於偵探的方法運用是否得當,考察是否細致,推論是否合理,等等。如果把發生在傳鈔過程中的前面的兩個"高祖"這樣的文字誤寫,比作是一起僞裝詐騙的話,那麼這一行爲一定會在很多方面留下痕迹,僞裝者與被僞裝者畢竟不是同一個人,他們之間存在著形形色色的差異,當僞裝者進入到被僞裝者所特有的生活空間時,這種差異總會在一定程度上暴露僞裝者的身份。偵探的職責是找出這樣的差異,確認罪犯的身份。校勘者所面對的訛誤的文字,與作者的原文相比,總是有區別的,多數的時候,這種區別的本質是語言中的不同的詞之間的差異,無論這種區別是非常明顯的還是比較隱晦的。由於這種區別的存在,訛誤的文字一定會使作者的原意在一定程度上被篡改,使得訛誤處或與上下文之間產生種種矛盾,或違背客觀的歷史事實,只有通過觀察分析這樣的矛盾,才能最終確認訛誤文字的性質。

　　每一個具體的案子,都會對偵探提出挑戰。影響一個案子偵破的因素有兩點:一是案件遺留的信息,這是客觀的;二是偵探的能力,這是主觀的。某種意義上講,後者尤爲重要。這主要體現在兩個方面:首先,雖然案件遺留的信息是客觀的,但能否獲得這些信息,或者説能在多大程度上掌握這些信息,卻取決於偵探的調查觀察的水平;其次,即使擁有同樣的案件信息,如何認識利用這些信息,使之成爲推理的材料,對於不同的偵探而言,也有巧拙的區別。一個偵探的發現與推理的能力,是偵破案件最爲重要的因素。一個優秀的偵探,一定是一個不僅善於發現綫索,而且擅長分析推理的人。從事校勘的學者中,如王念孫、段玉裁、顧廣圻、錢大昕等無一不是這樣的優秀偵探。

　　對於校勘者來説,要完成某一個具體的校勘個案,必須充分擁有與之相關的真實可靠的材料,必須利用這些材料作出嚴密審慎的邏輯推理,因此,在具體的校勘過程中,將所有的校法結合起來,從客觀與主觀兩個方面展開工作,是其實現校勘目的的不二法門。

　　如果要用最簡單的話來説明校勘這種工作的核心内容,那就是:

實事求是。

主要參考文獻：

〔清〕阮元校刻:《十三經注疏》,中華書局,1980 年。

〔漢〕司馬遷撰:《史記》,中華書局,1959 年。

〔漢〕班固撰:《漢書》,中華書局,1962 年。

〔南朝宋〕范曄撰:《後漢書》,中華書局,1965 年。

〔晉〕陳壽撰:《三國志》,中華書局,1959 年。

〔唐〕房玄齡等撰:《晉書》,中華書局,1974 年。

〔南朝梁〕沈約撰:《宋書》,中華書局,1974 年。

〔南朝梁〕蕭子顯撰:《南齊書》,中華書局,1972 年。

〔唐〕姚思廉撰:《梁書》,中華書局,1973 年。

〔唐〕姚思廉撰:《陳書》,中華書局,1972 年。

〔北齊〕魏收撰:《魏書》,中華書局,1974 年。

〔唐〕李百藥撰:《北齊書》,中華書局　1972 年。

〔唐〕令狐德棻等撰:《周書》,中華書局,1971 年。

〔唐〕魏徵、〔唐〕令狐德棻撰:《隋書》,中華書局,1973 年。

〔唐〕李延壽撰:《南史》,中華書局,1974 年。

〔唐〕李延壽撰:《北史》,中華書局,1974 年。

〔後晉〕劉昫撰:《舊唐書》,中華書局,1975 年。

〔宋〕歐陽修、〔宋〕宋祁撰:《新唐書》,中華書局,1975 年。

周紹良編:《唐代墓誌彙編》,上海古籍出版社,1992 年。

〔宋〕吳縝撰:《新唐書糾謬》,《景印文淵閣四庫全書》本,臺灣商務印書館,1983 年。

〔清〕汪輝祖撰,姚景安注:《元史本證》,中華書局,2004 年。

〔唐〕歐陽詢撰:《藝文類聚》,上海古籍出版社,1965 年。

〔宋〕王欽若等撰:《宋本冊府元龜》,中華書局,1989 年。

〔宋〕王明清撰:《揮麈録》,上海書局出版社,2009 年。

〔清〕錢大昕撰:《廿二史考異》,世紀出版集團上海古籍出版社,2004 年。

〔梁〕蕭統編,〔唐〕李善注:《文選》,上海古籍出版社,1986 年。

〔梁〕蕭統編,〔唐〕李善注:《文選》,清嘉慶十四年胡克家刻本。

〔宋〕王欽若等撰、周勛初等校訂:《册府元龜(校訂本)》,鳳凰出版社,2006 年。

〔清〕戴震撰:《戴東原集》,《四部叢刊》,商務印書館,1929 年。

〔清〕段玉裁撰,鍾敬華校點:《經韻樓集》,上海古籍出版社,2009 年。

〔清〕顧廣圻撰,黄明點校:《思適齋書跋》,上海古籍出版社,2019 年。

陳垣:《校勘學釋例》,上海書店出版社,1997 年。

張元濟:《校史隨筆》,商務印書館,1990 年。

跋

某生之年,有史無前例之大事焉,某則素無大志。自弱冠負笈白下,但知讀書可得啓益心智之樂,初未思所以爲器也。其時校弛禁錮,學任泛濫,故卒其學業而無所用於世,唯守故紙堆於虞山之麓。地本僻也,偏宜放逐;世既遠矣,漸至頹廢。職事以外,閑暇之時,或挾彈臂鷹,巡山而繞郭;或呼朋引類,通宵以達旦。劉寄奴四子俱黑,猶不見借;張延符一身兩役,尚未爲勞。

將届而立,遂翻然悔,捐棄嗜欲,謝絶等儔。思尋雲間二陸,不復吴下阿蒙。業師金陵吴先生,以治承祚書蜚聲學林。其爲學也,因艱辛成卓識;而刻苦者,實輕躁之毒藥。於是示以門徑,授以規矩,循循以誘,諄諄而誨。燈下几上,偶獲淺見一二;席前壇後,輒賜謬獎再三。侍坐有年,寒窗每生春風;相得無間,温言不關秋霜。磨礪之誡日嚴,放逸之心漸收。朝夕於兹,徒以簡策爲心;寒暑無怠,未容稻粱介懷。

業雖從文,性本尚武。求學隨園,始好蹴戲。既知命矣,猶有興焉。攻城搴旗,甘寧所以先登;禦敵斬將,淩統因而後還。蒼天以下,雖權勢無能爲力;緑茵之上,唯勇毅始克成功。遣生合忘死爲一,雕蟲與蹋鞠不二。每恨生而有涯,終失意於馳騁;未知老之將至,且取樂於鑽研。

嗟乎!馮諼弭難以前,何彈長鋏;公孫立功之後,獨屏大樹。不降不辱,仲尼因而贊夷叔;無曲無阿,轅固所以勸孫弘。熙熙攘攘,固名士之本色;兀兀役役,信吾輩之宿業。北門會友,魯酒何足展眉;南窗讀史,燕歌可以養氣。陶宅楊柳,常對屢空之簞瓢;杜曲桑麻,將託自斷之命數。晨興舉足從黃犬,一任亂走;春來俯首向紅萼,兩相癡笑。所以首施者,乃在短衣匹馬與紙閣蘆簾之間也。

　　夫昆山亭林,倡天下興亡匹夫有責;而元和澗蘋,誠據其所知改所不知。外家姓同二賢,慈母年且八秩。集此叢稿,名之"儀顧",以介眉壽,兼申景仰。壬寅中秋海虞季忠平識於琴川舊居。